# 선불교에 대한 철학적 명상

2007년 정부(교육과학기술부)의 재원으로 한국연구재단의 지원을 받아 수행된 연구임(KRF-2007-361-AL0016)

Philosophical meditations on Zen Buddhism by Dale S. Wright
Copyright © Cambridge University Press., 1998
Korean Translation Copyright © Kowledge and Education Press.
All rights reserved.

This Korean edition was published by arrangement with
Cambridge University Press
through Cambridge University Press, Korea.

이 책의 한국어판 저작권은 (주)캠브리지 유니버서티코리아를 통해
저작권자와 계약한 지식과교양 출판사에 있습니다.
신저작권법에 의해 한국 내에서 보호를 받는 저작물이므로
출판사의 허락 없이 무단전재 및 무단복제를 금합니다

# 선불교에 대한 철학적 명상

저자 데일 라이트   역자 윤원철

## 목차

*약어일람 / 일러두기

**서언**　8

**1장**　텍스트—황벽의 인연　23

**2장**　읽기—통찰하기　51

**3장**　이해—깨달음의 콘텍스트　91

**4장**　언어—무소의의 영역　131

**5장**　수사—매개의 도구　167

**6장**　역사—마음의 족보　209

**7장**　자유—억제의 수련　233

**8장**　초월—황벽을 넘어서라　267

**9장**　마음—선의 일대사　297

**10장**　깨달음—마음을 깨쳐라　339

**결론** — 선의 이론과 수행　383

참고문헌   401

역자의 참고문헌   410

찾아보기   413

**약어 일람**

T.　　大正新脩大藏經
TK.　　高麗大藏經
Z.　　續藏經
ZZ.　　新纂大日本續藏經

**일러두기**

원서는 Dale S. Wright, *Philosophical Meditations on Zen Buddhism* (New York: Cambridge University Press, 1998)이다.
1. 저자는 인물들의 생몰연대를 제시하지 않았으나, 이 번역본에서는 주요 인물의 경우 처음 언급될 때 연대를 제시하였다. 선사들의 생몰연대는 주로 이철교 외 편찬, 『선학사전』(서울: 불지사, 1995)과 駒澤大學內 禪學大辭典編纂所 編, 『(新版)禪學大辭典』(東京: 大修館書店, 2000) 등을 참조하여 제시하였다.
2. 본문과 각주에서 모두 서술하는 문장 속에서는 필요한 경우 한자나 외국어 표기를 괄호 안에 제시하였으나, 경문(經文)이나 선서(禪書)의 원문을 제시하거나 단순히 서지사항을 제시할 때에는 원어를 그대로 썼다.
3. 중국의 고유명사를 한글로 표기할 때, 현대의 인명이나 지명 등은 원어의 발음으로 표기하는 것을 원칙으로 하되 옛 일에 대해 이야기 하는 대목에서는 처음 등장할 때에만 원어 발음을 제시하고 그 뒤로는 한국에서 발음하는 대로 표기하였다. 옛 중국의 인명과 문헌제목은 처음부터 한국 발음으로 표기하였다. 일본의 고유명사는 원어발음으로 표기하였다.

# 서언

1934년, 존 블로펠드John Blofeld(1913~1987)라는 영국인 청년이 중국으로 향하는 일본 무역선에 탑승하고 있었다. 바로 그 전 주에 캠브리지대학을 졸업하였고, 졸업하자마자 먼 길을 나섰다. 대학에서는 "동양"에 관한 온갖 문헌을 닥치는 대로 섭렵하였으며 특히 에드윈 아놀드 경Sir Edwin Arnold이 「아시아의 빛The Light of Asia」이라는 시에서 낭만적으로 묘사한 붓다에 심취하였다. 그 여행을 위해서 블로펠드는 한껏 철저히 준비하느라고 했지만, "중국에 도착해보니 모든 것이 내가 상상했던 것과는 물론 엄청나게 달랐다"고 훗날 토로하기도 했다.[1] 하지만 그런 당혹감에도 불구하고 인간 마음의 "궁극적인 변화"를 일으키는 통찰이 불교전통에 들어있다는 블로펠드의 필생의 신념은 결코 변치 않았다. 그는 캠브리지 대학생 시절에 불교에 귀의하였고, 결국에는 20세기 중에 불교를 서구에 전한 가장 영향력이 큰 인물 가운데 한 사람이 되었다. 그 전법傳法의 첫 업적이 황벽희운黃檗希運(?~850)의 어록을 영어로 번역한 *The Zen Teaching of Huang Po on the Transmission of Mind*였다.[2] 중국 이름

---

**1** Blofeld, *The Wheel of Life*, p.33.

도 지었고, 황벽선사를 서구에 제대로 전하는 그릇이 되기 위해 중국문화 탐구에 몰두하였다.

왜 하필 황벽이었을까? 블로펠드가 중국에서 만난 불교 승려들이 한결같이 강하게 추천하였기 때문이다. 황벽은 "선의 황금시대"에 활약한 가장 영향력이 큰 선사 가운데 한 사람이었으며, 선종 청규淸規의 원조로 유명한 백장회해百丈懷海(749~814)의 제자였다. 또한 임제종 종조인 임제의현臨濟義玄(?~867)의 스승으로서 선종 정통계보의 중심에 위치하는 인물이었다. 그 강력하고 압도적인 인물에 관한 이야기들이 천년의 세월을 넘어 블로펠드에게까지 전해진 셈이다. 블로펠드는 황벽의 어록에 매료되었고, 그 영역서 서문에서 말하기를 "지금까지 우리 언어로 나온 책 가운데 최고의 지혜를 이토록 멋지게 설명한 글은 일찍이 없었다"고 하였다.3 또한 "서구의 독자들에게 가장 필요한 책"이라고도 하였다.4 그런 흥분은 훗날 좀 가라앉기는 했지만, 어쨌든 블로펠드는 탁월한 선

---

**2** 역주_현재 전해지는 황벽의 주요 어록으로는 『전심법요』(傳心法要)와 『완릉록』(宛陵錄)이 있다. 블로펠드는 이 둘을 한 데 모아 번역하였다. 『대정신수대장경』(大正新脩大藏經, 이후 T로 약칭) 권48에 『황벽산단제선사전심법요』(黃檗山斷際禪師傳心法要)와 『황벽단제선사완릉록』(黃檗斷際禪師宛陵錄)이라는 제목으로 수록되어 있고, 『사가어록』(四家語錄)의 일부로서는 『대일본속장경』(大日本續藏經, 이후 Z로 약칭) 권119, 『신찬대일본속장경』(新纂大日本續藏經, 이후 ZZ로 약칭) 권69에 『균주황벽산단제선사전심법요』(筠州黃檗山斷際禪師傳心法要)와 『황벽단제선사완릉록』(黃檗斷際禪師宛陵錄)이라는 제목으로 수록되어 있다. 블로펠드의 영어번역은 『사가어록』의 『전심법요』와 『완릉록』을 저본으로 하였다. 그밖에 『고려대장경』(高麗大藏經, 이후 TK로 약칭)에 수록된 『조당집』(祖堂集) 권16, 『송고승전』(宋高僧傳, T. 50) 권20, 『경덕전등록』(景德傳燈錄, T. 51) 권9, 『천성광등록』(天聖廣燈錄, Z. 135; ZZ. 78) 권8, 『건중정국속등록』(建中靖國續燈錄, Z. 136; ZZ. 78) 권1, 『종문연등회요』(宗門燃燈會要, Z. 136; Z. 79) 권7, 『오등회원』(五燈會元, Z. 138; ZZ. 80) 권4, 『불조역대통재』(佛祖歷代通載, Z. 132; ZZ. 76) 권16, 『석씨계고략』(釋氏稽古略, Z. 132; ZZ. 76) 권3에 황벽의 행장과 언행에 관한 기록이 있다.

**3** Blofeld, *Huang Po*, p. 8.

**4** Blofeld, *Huang Po*, p. 8.

택을 한 셈이었다. 황벽의 어록은 "선의 황금시대"를 대표하는 선서禪書이기도 하려니와, 중요한 문제들에 대한 깊은 통찰을 도발적으로 던지고 있는 혁신적인 사상서이기 때문이다. 번역에 여러 해가 걸렸고, 그 동안 선찰禪刹에 머물기도 하였다. 블로펠드 자신은 그 노작에 대해 겸손한 태도를 보였지만, 그건 사실상 작은 업적이 결코 아니었다. 원고는 1958년에 마침내 완성되었고 이듬해에 그로브출판사에서 발행되었으며, 그 후 수차례 더 인쇄·발행되었다. 처음에는 그다지 많이 팔리지 않았지만 곧 그 진가가 빛을 보게 된다.

내가 블로펠드의 그 책을 접한 것은 1968년이었다. 동네 책방의 "동양의 지혜" 코너에서 페퍼백으로 한권 사서 읽었다. 굳이 그런 책을 찾아 읽은 데에는 당시의 시대적인 분위기가 작용했다. 당시 선禪에 대해 읽는다는 것은 곧 낭만주의라는 특정의 문화전통에 들어가서 특정의 스타일로, 즉 "낭만적으로" 독서를 한다는 의미였다. 좀 더 구체적으로 말하자면, 블레이크Blake와 워즈워스Wordsworth, 에머슨Emerson과 쏘로우Thoreau를 비롯해서 케루악Kerouac과 와트Watt 등등의 인물을 거쳐 존 블로펠드에 이르는 근대 낭만주의자들의 계보를 통해서 황벽을 전수받는다는 의미였다. 자기 것과는 전혀 다른 문화와 역사의 이상에 대해 개방적인 태도를 취한다는 데에 블로펠드 시대 낭만파의 특징이 있었다. 자기가 속한 시대와 지역의 틀을 넘어서 사유와 상상의 나래를 펼 때 근본적인 지혜와 개혁이 가능하다는 것이 그들의 신념이었다.

그런 의미에서는 내가 쓰고 있는 바로 이 책도 근대 낭만주의 전통에 속한다고 할 수 있다. 그러나 이제 세기가 바뀌는 시점에서 돌아보건대 블로펠드가 황벽선사의 가르침을 영어권에 소개한 이후 굉장히 많은 변화가 있었다. 이 새로운 시대를 가리킬 별도의 명칭이 없어서 그냥 포스트모던이니 포스트로맨틱이니 하는 말을 사용하는데, 여기에서 '포스트'라는 말 속에는 우리가 사는 이 세상이 블로펠드가 중국으로 향하던 1930년대의 문화, 그리고 그의 황벽 어록 번역에 담긴 50년대의 문화와는 근본적으로 다르다는 인식, 소망 또는 전제가 들어있다. 그래서 이 책에서는 그 차이가 선불교에 대한 이해를 어떻게 바꾸어놓았는지, 또한 지금은 황벽을 선배들과는 어떻게 다르게 읽고 받아들이는지를 탐구하고자 한다.

불교에 대한 영어 책이 나오기 시작했던 19세기와 비교하면 지금은 그 양이 굉장히 많아졌다. 최근까지만 해도 그 책들은 사실상 모두가 두 가지 근대적인 형태 가운데 하나를 취하였다. 근대학문의 전통에 입각해서 불교의 역사를 분석하고 사회적 의미를 탐구하는 것이 그 하나이다. 다른 하나는 불교의 진리와 변혁의 힘을 서구에 전달하려는 낭만주의적인 입장이다. 그리고 양쪽의 대표적인 인물들이 상대방의 입장을 서로 극렬히 비판한다. 학문적인 입장에서 보면 낭만주의자들이 전해주는 불교는 한마디로 전혀 정확하지 못하다. 아시아에서 실제로 전개되었던 불교의 모습이 아니라 자기들이 현재 가지고 있는 이상을 투사해서 이야기하는 것이라고 비판한다. 한편으로 낭만주의의 관점에서 보면 학문적 연구는 불교의 핵심을 고스란히 놓쳐버리고 있다. 불교를 규명한다고 하면서도 깨달음을 이루고 괴로움을 해결하는 문제와는 아무런 관계없이, 불교연구를 빙자해서 실제로는 근대학문의 정신을 들이대고 있을 뿐이라는 것이다. 그 두 입장 사이의 결투는 근대에 전개된 가장 근본적인 대립 가운데 하나로 널리 알려져 있다. 과학적 합리주의와 낭만적 영성주의의 대립은 근대문화의 쌍둥이 자손이며, 그 둘을 양축으로 해서 근대의 인성人性이 구축되었다. 그 두 입장은 지극히 긴밀한 관계이며, 따라서 불교를 서구에 전하는 데에도 불가피하게 그 둘이 모두 엉켜 들어 있을 수밖에 없었다. 불교를 학문적으로 연구하는 목적은 정확한 지식을 얻는 데 있었다. 여기서 지향하는 깨달음은 세상의 문화와 역사를 완벽하게 이해하는 것이다. 한편 낭만주의자들이 불교를 연구하는 목적은 새로운 의식을 향한 혁명적인 돌파구를 찾는 데 있었다. 여기에서는 깨달음이란 곧 인류의 근본적인 변혁을 뜻하였다. 최근까지도 이 두 입장은 서로 화해할 수 없는 듯이 보였다.

그런데 이 갈등은 사실은 진짜가 아니며, 그 두 입장은 겉으로는 대립하는 듯이 보이지만 실제로는 근대성의 핵심적인 두 형태이고, 따라서 근본적인 유사성을 지니고 있다는 인식이 대두하였다. 겉으로 드러나는 대립 때문에 그 근본적인 유사성이 감추어졌을 뿐이라는 것이다. 이제 우리는 근대를 넘어서고 있다는 주장들이 나오고 있는데, 그런 주장의 신빙성을 뒷받침해주는 요소 가운데 하나가 바로 그런 인식이다. 과학적 합리주의와 근대 낭만주의는 일단의 공통된 전제를 깔고 있으며, 그래서 오히려 둘 사이에 논쟁이 있을 수 있었다. 그렇다면 그 둘 가운데 어느 한 입장에 속하거나 그 어느 쪽의 "후기post" 형태인 입장에서는 그 점을 간과할 수 없다. 그러므로 이제 그 점을 간과할 수 있다는 사실은 블로펠드의 시대에 선을 읽는 것과는 사뭇 다르게 선을 읽는 역사적 단계가 진개되고 있음을 뜻한다. 읽는 방법과 스타일이 다르고 결론도 다를 것이다. 그 방법, 스타일, 결론에서 바로 지금의 문화와 사고방식에 담긴 여러 가지 특징이 드러난다. 우리가 보는 황벽은 블로펠드의 황벽과는 다를 터이다. 왜 그래야 하나? "시대"에 따라 그렇게 요동치는 것은 우리가 너무 시대적 변화에 휘둘리기 때문이 아닐까? 블로펠드는 황벽을 낭만주의의 렌즈를 통해서 읽고, 우리는 황벽을 "후기낭만주의"의 안경을 통해서 읽는다. 왜 도대체 시대적 사조의 영향을 떨쳐버리고 황벽을 그 자체로 읽지 않는가?

그러한 물음이 여전히 의미 있다고 여겨진다면, 우리가 낭만주의와 과학의 독트린을 넘어서고자 하면서도 아직 그 둘에 마음이 사로잡혀 있음을 말해준다. 특정 문화를 매개로 하지 않고 "정신"을 직접 건져 올리려는 낭만주의의 시도와, 한편으로 모든 편견을 떨치고 오직 자료만을 검토하거나 텍스트를 그 자체로만 읽으려고 하는 과학의 태도는 서로 통한다. 양쪽 모두 이해 주체의 정신은 그가 처한 콘텍스트와는 별도로 독자성을 가지며 그 콘텍스트의 영향을 받지 않고 대상을 순수하게 이해할 수 있다는 전제를 깔고 있다. 하지만 지금의 관점에서 보자면 인간의 정신을 그런 식으로 보는 전제는 더 이상 수긍할 수 없게 되었다. 실험의 대상이 되는 사물이나 읽기의 대상이 되는 텍스트와 마찬가지로 인간의 정신도 콘텍스트에 의존한다. 특정의 문화적, 역사적 틀 속에서 특정된 형태로 대상을 이해할 수밖에 없는 것이다. 이렇게 보면 위의 물음들은 해체되고 아무런 의미도 없게 된다. 무엇인가를 "그저 그냥 있는 그대로 읽을 수"는 없다. 현재 우리에게 끼치는 전통의 영향력이 우리의 읽는 방식을 결정하게 마련이다. 그 영향력이 과학적 학문이라는 모습을 취할 수도 있고 낭만주의라는 모습을 취할 수도 있다. 또는 그 둘을 모두 넘어서는 어떤 형상으로 나타날 수도 있다. 어쨌든 전통의 각인이 우리에게 그 어떤 형상으로도 찍히지 않을 수 있다는 주장이 더 이상 설

자리가 없다는 점만은 분명하다. 그러니까, 전통의 영향을 받지 않고 황벽의 선을 그 자체로 보는 것은 불가능하다는 얘기이다. 그러므로 지금의 선 독자들은 블로펠드가 보지 못한 것을 볼 수도 있을 터이다. 선에 대한 이해는 어느 것이건 특정의 문화를 매개로 해서 형성된다는 점이 바로 그것이다. 이를 할 수 없이 인정해야 하는 기분 나쁜 족쇄로만 여길 필요는 없다. 오히려 이 시대에 선을 새롭게 통찰하기 위한 최선의 출발점이 된다. 이 시대 이 자리에서 선을 통찰하기 위해서는 현재 우리의 경험을 형성하고 있는 배경요소들에 대한 검토가 요청되기 때문이다. 이 점은 선의 정신과도 상통한다. 선의 어투로 말하자면, 지금 바로 여기서 책을 읽는 "주인공"을 직시할 일이지 그 주인공을 숨기는 데 집착하지 말라는 것이다. 바로 이것이 지금 우리의 사유에서나 선에서나 모두 핵심이 되는 출발점이다. 따라서 이 책에서도 이 주제는 되풀이해서 거론될 것이다.

 이 책에서 전개되는 선에 대한 성찰도 바로 그 점을 출발점으로 한다. 그 출발점이 우리를 이끌고 가는 곳은 황벽의 주제 가운데 하나인 전승 傳承이라는 것이 과연 무엇을 의미하는가 하는 문제이다.[5] 전승이란 "깨달음"을 포함해서 문화의 온갖 형태가 한 세대에서 다음 세대로, 하나의 형태에서 다른 형태로, 나아가 또 다른 형태로 끊임없이 이어짐을 말한다. 이 과정을 우리는 어떻게 이해할 것인가? 한 세대의 마음과 체험이 과거에 의하여 현재의 모습으로 빚어지는 과정은 어떤 것인가? 20세기에서 21세기로 넘어가는 시점의 영어권 독자인 우리가 9세기 중국 선사 황벽으로부터 무엇인가를 전수받는 그 과정을 어떻게 이해할 터

---

**5 역주_**황벽 어록의 제목이 『전심법요』임을 염두에 둔 말이다.

인가? 선을 읽는 우리의 행위에서는 어떤 전승의 원리가 드러나고 또한 우리 자신의 어떠한 진상이 드러나는가? 우리가 지금 우리 것이 아닌 문화와 시대의 위대한 텍스트들―블로펠드가 전해준 것을 비롯해서 수천가지―을 읽고 이해하는 교육을 받는다는 것, 이것은 후대에 과연 어떤 결과를 낳을까?

이 책에서 전개될 철학적 명상도 그런 물음들 속에서, 또 그 물음들 주위를 맴돌면서 진행된다. 지금 이 시대에 황벽의 선을 이해하려고 할 때 중요하게 대두하는 주제들과 계속해서 대화하다 보면 필연적으로 그런 물음들을 묻지 않을 수 없기 때문이다. 이 과정에서 우리는 블로펠드가 제공한 황벽 이야기를 빌미로 해서 우리 자신의 생각을 전개하고 다듬어나갈 수 있을 것이다. 블로펠드의 핵심 역할이 바로 그것이다. 따라서 이 책의 논의는 이런 저런 주제들에 대하여 블로펠드 자신의 견해와 그 이후에 가능해진 이해 사이의 대화 속에서 오락가락 전개될 것이다.

이를 두고 철학적 명상이라고 일컬은 의미는 무엇인가? 데카르트의 고전적인 "명상"과 마찬가지로, 인간 체험의 가장 근본이 되는 것에 대한 물음을 다룬다는 의미에서 철학적이다. 하지만 한 가지 아주 중요한 차이가 있다. 그리고 데카르트 식 명상에 담긴 근대정신과 지금 이 시대의 사고방식 사이에 가로놓인 흥미로운 차별성을 바로 그 차이에서 볼 수 있다. 즉 데카르트 식의 명상은 모든 선행 사유를 제치고 마음속으로 직접 뛰어들고자 하지만, 이 책의 명상은 무엇보다도 우선 "읽기"라는 점이 다르다. 언어와 문화, 그리고 선행하는 텍스트 등을 매개로 해서 접근하는 것도 철학적 명상만큼이나 직접적이라고 간주한다. 그러므로 독자적인 "비판적 회의"를 제일의 원칙으로 삼지 않고, 읽기와 해석이라는 저변의 활동을 우선적인 관심사로 한다. 신중한 읽기를 위해서는 물론 비판적 성찰이 필요하다. 하지만 그것만으로는 충분치 않다. 지금 이 시대의 관점에서 보면, 데카르트 식의 자기 정화淨化 노력은 헛되다.[6] 자기 자신 밖에서 진행되는 그 어떤 더 거대한 추세와 영향 들을 피할 수 없기 때문이다. 우리가 어떤 텍스트를 읽는 행위, 그리고 그에 임하는 우리의 의도 아래에는 수많은 요소들이 감추어진 채 작용하고 있다. 우리 자신의 의도는 읽는 행위와 그 과정, 결과를 결정하는 숱한 요소 가운데 하나일 뿐이다. 텍스트에 대해 우리가 가하는 일(해석, 이해) 너머에, 그 텍스트가 우리에게 가하는 작용이 있다. 그리고 그 위에 문화와 역사의 힘이 사유의 주체와 대상 양쪽 모두에 작용한다. 문화와 역사가 독자와 텍스트 사이의 상호작용이 벌어질 무대장치를 마련해놓는 것이다. 이런 성찰도, 또 데카르트의 명상도, 그 뒤에 각자 깔린 전승의 계보를 벗어나서 사물을 그 자체로 본다는 것은 있을 수 없는 일이다. 그 어떤 입장과 관점도 나름의 계보에 매어있다는 이 보편적인 운명은 사실 유감스러워 할 게 전혀 아니다.

그러나 과연 어떤 의도를 가지고 읽기에 임하느냐가 출발점으로서 역시 중요하기는 하다. 이 책에서 전개하는 읽기를 "명상"이라고 일컫는 데에는 세 가지 의도가 있다.

첫째, 명상적인 읽기는 사색적thoughtful이다. 무엇인가를 받아들인다는 것이 읽기의 한 핵심이기는 하지만, 읽기가 꼭 수동적인 행위만인 것은 아니다. 읽기는 적극적이고 참여적인 행위기도 하다. 텍스트가 전하는

---

[6] 역주_여기에서 "데카르트 식의 자기 정화"란 모든 선행적인 사유, 선험적인 관념을 떨쳐버리고 직관적인 "명상"에 임하고자 하는 것을 가리킨다.

것을 받아들이려면 독자도 저자가 한 일, 즉 사유를 해야 한다. 도겐道元 (?~1253) 선사가 법문을 마친 뒤에 "이를 두고 밤낮으로 곰곰이 생각하라"고 이르곤 한 것도 그런 뜻일 터이다. 명상적인 읽기는 일종의 철학적인, 성찰적인 행위이다. 아무리 분명한 것이라도 그저 그냥 받아들이고 말지는 않는다. 관습적인 이해에 매달리기를 거부하고, 이미 파악한 것을 넘어서 밀고나간다. 읽기를 시작하면 곧 우리의 마음이 활동을 개시하게 된다. 새로운 무엇인가를 생각하거나 이미 생각한 것을 더 깊이 체험하고자 움직이는 것이다. 비판적인 독자는 읽는 행위를 통하여 해방을 추구한다. 미숙한 이해, 자기 기만, 좁은 사유의 제한으로부터의 해방을 추구하는 것이다. 그래서 이 책은 단순히 황벽에 대한 책이 아니다. 황벽의 선을 철학적 명상 속에서 대면하는 과정 중에 일어나는 문젯거리들에 대한 책이다. 그러니까 황벽은 앎의 대상이라기보다는 앎의 매개인 셈이다. 이 책의 저자와 독자 양쪽 모두가 마음의 개발을 추구하는 데 황벽이 매개로 작용하는 것이다.

둘째로, 명상적 읽기는 반조적$_{reflexive}$이다. 텍스트를 거울로 삼아 독자 자신의 마음을 비추어 본 것이다. 명상적인 읽기에서는 자기 자신에 대한 인식이 핵심적으로 중요하다. 그런 의미에서 읽기는 일종의 대화이다. 독자와 텍스트 사이에 오가는 대화인 것이다. 비판적인 읽기에서는 텍스트가 말하는 것에 대해 독자가 질문을 던진다. 그러나 반조적인 읽기에서는 텍스트의 내용이 우리에게 질문을 던진다. 네 생각은 어때? 저자가 얘기한 것을 흡수하려고만 하는 일방적인 읽기는 되돌려 독자를 비추어주지 않는다. 독자의 마음을 깨워주지 않는 것이다. 하지만 명상적인 독서는 독자의 주체가 그 행위에 전적으로 임재할 것을 요청한다.

그것이 명상적인 독서의 목적 가운데 하나이기도 하다. 이 책은—모든 책이 다 그렇지만—독자에게 특별한 독서 행위를 펼쳐 보인다는 점을 염두에 두기 바란다. 비판적으로, 그리고 사색적으로 이 책을 읽으면 필자의 읽기 행위를 볼 수 있을 것이다. 저자가 무엇을 읽었는지 뿐만 아니라 어떻게, 왜 읽었으며 그 효과는 어땠는지를 볼 수 있을 것이다. 하지만 이것도 첫 단계일 뿐이지 그것만으로는 충분하지 않다. 나아가 여러분 자신의 독서 행위에 대한 자각을 일으키고, 그것을 변화시키는 데 까지 이르러야 한다. 마음이 동원됨으로써 마음을 변혁시키는 독서가 가장 좋은 독서인 것이다.

셋째로, 그러니까 명상적인 읽기의 목표는 자기변혁에 있다. 읽는 행위를 통해서 마음과 성격의 변화를 추구한다. 변화하려면 변화를 받아들이려는 태도가 필요하다. 그런 자세를 가지기는 결코 쉬운 일이 아니다. 변화는 허심탄회하게 물음을 제기하는 과정을 통해서만 이루어질 수 있다. 황벽의 선에 대해서 물음을 제기하건, 또는 그 선을 이용해서 자기 자신에 대해 의문을 제기하건 간에, 그것은 자신의 지금 정체성과는 다른 상태의 가능성에 대해서도 우리의 마음을 열어주는 것이다. 그런 개방적인 마음은 읽기를 행할 때 진정한 가능성에 주의를 쏟는다. 그런 마음이 행하는 명상은 갖가지 가능한 형태의 경험, 달리 말하자면 그 마음이 취할 수 있는 온갖 정체성에 대한 탐색이요 실험이다. 블로펠드가 그런 읽기의 좋은 표본을 제공해준다. 그는 자신의 삶을 가지고 불교 사상을 실험했던 것이다. 그의 글을 보면, 그는 언제나 자기에게 밀린 불교 사상의 의미를 실제로 체험하고자 애썼음을 알 수 있다. 이를 위해 진지한 열성을 기울이고 극히 개방적인 마음으로 낯선 사상에 대한 실험에 임함으로써 그는 훌륭한 사도이자 문화의 경계를 넘어 길을 안내하는 획기적인 항해사가 되었다. 이런 식의 실험을 실행하기 위해서는 우리 자신의 생각과 마음의 상태를 변화의 위험에 기꺼이 노출시키겠다는 각오가 필요하다. 다른 이들과 자기 자신을 대조 검토하는 가운데 내가 변화할 용의가 있어야 하는 것이다. 그렇게 할 때 철학적 명상은 일종의 실천적이고 윤리적인 행위가 되며, 이를 통하여 지금 이 시대 여기 우리 나름의 깨달음이 형성될 것이다.

 이 책에서 행하는 명상은 일련의 주제를 따라간다. 그 주제들 자체가 지닌 논리적인 순서를 그대로 따를 것이다. 황벽이나 블로펠드라면 각자 자기 시대와 지역의 지적知的 콘텍스트에 맞추어서 주제와 순서를 달리 선택했을 터이다. 아무튼 여기에서는 다음과 같은 순서로 명상을 진행하겠다. 우선 우리가 황벽의 선불교를 접하는 것은 텍스트를 통해서인데, 그 점이 의미하는 것이 무엇인가 하는 문제에 대해 여러 가지 물음을 제기한다. 황벽의 시대에 "텍스트"란 무엇이었는지, 당시의 콘텍스트에서 텍스트를 읽는다는 것은 블로펠드나 또 지금 우리와 어떻게 달랐을지 묻는다. 그래서 이 책의 처음 두 장에서는 '불교 텍스트란 무엇이며 우리는 그것을 어떻게 읽어야 하는가?'라는 문제를 다룬다. 우리가 언어를 읽는 것은 이해를 목적으로 한다. 따라서 그 다음 몇 장에서는 다음과 같은 주제를 다룬다. 황벽의 선을 이해한다는 것은 어떤 의미이며, 우리의 이해를 매개하는 언어는 그 이해에 어떤 영향을 끼치는가? 기왕에 언어를 문제 삼았으므로 다음에는 불교의 철학적 영역으로 더 깊이 들어가서, 언어에 대한 불교의 정교한 고찰과 선의 어투에 대해 광범하게 논의한다. 깨달음을 이룬 선사들의 마음에서 언어가 하는 역할은 무엇인가? 인간의 정신이 언어에 얽매이는 문제에 대해서 살펴볼 것이며, 이 물음은 또 다른 근본적인 물음으로 이어진다. 즉 선불교가 특수한 형태의 역사인식을 고무하는 양상에 대한 물음이다. 선불교는 언어와 역사 같은 문화의 세력이 불가피하게 삶의 모습을 결정한다는 점을 간파하면서도 또 한편으로는 모든 제약을 초월하는 해탈을 갈구한다. 7장과 8장에서는 황벽의 선이 이룩하는 해탈의 성격에 대해서 살펴본다. 그리고 인간에게 가능한 초월은 과연 어떤 것인지를 묻는다. 마지막으로 다룰 두 주제는 황벽 자신이 제기한 것으로, 황벽 선의 가장 근본적인 초점에 해당한다. 마음과 깨달음이 그것이다. 마음은 황벽이 선의 "대사大事", 즉 가장 중요한 일이라고 일컫는 것이요, 깨달음은 선불교의 궁극적인 목표이다. 이들 주제에 대해 고찰하는 목적은 다음과 같은 물음을 가능한 한 분명하게 묻고자 함이다. 바로 지금 여기에서 우리가 황벽의 깨달은 마음을 최선으로 이해할 길은 무엇인가? 그러니까 우리의 과제는 황벽의 옛 생각에 대해 서술하는 데 있는 것이 아니라, 지금 이 자리에서 우리 자신의 사유를 전개하는 데 있다. "그들은 어떤 생각을 했는가?"가 문제가 아니라 "우리는 어떤 생각을 해야 하는가?"가 우리의 물음이다.

이 책에서는 우리 자신의 삶을 성찰하는 개념들을 취해서 명상을 펼치므로, 동아시아 개념들의 번역어는 가급적 가장 일반적으로 쓰이는 것을 채택하기로 한다. 그래서 예를 들어 "선禪"이라는 말은 황벽에 대해서 말할 때는 중국 발음에 따라 "찬Ch'an, Chan"이라고 음사하는 게 마땅하겠지만 여기에서는 일본 발음인 "젠Zen"으로 쓸 것이다. 여러 가지 역사적인 이유로 해서 "젠"이라는 말이 이제 영어의 한 단어가 되었기 때문이다. 그리고 중국 글자를 알파벳으로 음사하는 데에는 웨이드자일즈

Wade-Giles 방식을 따르는데, 이는 존 블로펠드가 이 방식을 따랐기 때문에 여기서도 그렇게 하는 것이 편리하겠기 때문이다.

무엇인가를 나 자신의 것으로 소화하는 일이 단순히 개인적인 일은 결코 아니다. 황벽도 잘 알고 있었듯이, 전승이 이루어지는 데에는 언제나 수많은 요소들이 작용하게 마련이다. 나의 마음이 지금 이렇게 된 데에는 나의 스승들, 특히 앨런 앤더슨Alan Anderson, 왕파초우Wang Pachow, 그리고 로버트 샬만Robert Scharlemann의 영향이 컸다. 또한 여러 가까운 친구들이 대화를 통해서, 또 원고를 읽고 비판해줌으로써, 이 책에서 전개한 명상의 특질을 다듬는 데 도움을 주었다. 엘머 그리핀Elmer Griffin, 스티븐 헤인Steven Heine, 데이비드 제임스David James, 캐런 킹Karen King, 데이비드 클렘David Klemm, 다나 마에다Donna Maeda, 케이스 메일러Keith Naylor, 마사 롱크Martha Ronk, 그리고 다이애나 라이트Diana Wright가 그들이다. 근본적으로는 부모님께서 내게 스며들게 한 성향, 즉 이해에 대한 갈구라는 바탕에 그 모든 영향이 합쳐진 결과라고 해야 할 것이다. 그래서 이 책을 나의 아버지 해롤드 라이트Harold D. Wright에 대한 소중한 추억과 어머니 매리온 라이트Marion M. Wright의 변함없는 사랑에 감사의 마음과 함께 바치고자 한다.[7]

또한 이 책을 만들어내는 데 귀중한 도움을 준 글렌다 엡스Glenda Epps, 메리 풀렌Mary Pullen, 린다 휘트니Linda Whitney, 그리고 캠브리지대학 출판부의 편집인들과 직원들에게 깊은 감사의 마음을 전한다.

---

**7** 5, 6, 7장의 일부는 이미 발표된 적이 있는 글이며, 그 발행자들이 너그럽게 허락해준 덕분에 여기에 다시 실을 수 있었다. 그 논문들은 다음과 같다. "The Discourse of Awakening: Rhetorical Practice" (*Journal of the American Academy of Religion* 61/1, 1993); "Historical Understanding: The Ch'an Buddhist Transmission Narratives and Modern Historiography" (*History and Theory* 31/1, 1992); "Emancipation from What? The Concept of Freedom in Classical Ch'an Buddhism"(*Asian Philosophy* 3/3, 1993).

# 1장
# 텍스트─황벽의 인연

**24** 선불교에 대한 철학적 명상

이처럼 글로 진상을 나타낼 수 있다면야 선이 무슨 소용 있으랴?
― 황벽1

황벽 자신이 한 말로 보건대, 그는 근기가 낮은 이들에게는 책과 가르침이 필요하다고
인정했음을 알 수 있다.
― 존 블로펠드2

모든 것이 무상無常하다고 하는 불교의 기초교리는 정말 딱 맞는 말이다. 황벽이 살았던 9세기의 세계는 이제 거의 남김없이 다 사라졌다. 남은 것이라고는 텍스트뿐이다. 오직 텍스트만이 그 먼 옛 시대 선의 세계를 우리에게 전해준다. 그 텍스트들도 황벽의 생애에 관한 역사적 사실을 자세하게 알려주는 자료를 제공해주지는 않는다.3 하지만 그 텍스트들을 통해서 황벽선사의 모습이 생생하게 전해진다고 한 존 블로펠드의 말도 옳다. 황벽은 영향력이 아주 큰 선사였으며, 그가 주지로 있었던 사찰은 선불교가 번창한 남중부 중국에서도 가장 크고 가장 중요한 사찰

---

**1** Blofeld, *Huang Po*, p. 22.
**2** Blofeld, *Huang Po*, p. 102.
**3** 황벽의 생몰연대도 정확하게 알 수 없다. 입적한 연대를 849년이라고 하는 문서도 있고 857년이라고 하는 것도 있다. 하지만 어느 연대도 확실한 증거가 없다. 황벽이 지금의 푸젠(복건, 福建)성 지역에서 태어나 자랐다고 언급한 문서도 있다. 하지만 그의 성이나 이름, 고향 마을의 이름은 어느 곳에도 기록되지 않았다. 『송고승전』(宋高僧傳)에 실린 그의 공식적인 행장을 보면, 어린 나이에 복건 황벽산사(黃蘗山寺)에서 출가했으며 법명은 희운(希運)이다.

가운데 하나였다. 유명한 선사 백장 회해百丈 懷海의 제자이며 임제 의현臨濟 義玄의 스승으로 선맥의 계보에 올라있다. 체격이 무척 컸고 목소리에도 좌중을 압도하는 힘이 있었다. 문하의 제자들에게는 두려움과 깨달음을 안겨주는 모습으로 묘사된다.

황벽이 사람들을 가르친 방법은 매우 다양하다. "마음"의 본성 같은 난해한 철학적 주제에 대해서 이야기하는가 하면, 기이한 행동과 우레 같은 웃음으로 제자들을 당황케 하기도 했다. 방대한 불교 경전과 문헌에 대해 해박한 지식을 드러내는가 하면, 수수께끼 같은 이야기를 하기도 하고 심각한 철학적 논의를 비웃기도 하였다. 그는 그렇게 당혹스러울 만큼 다양한 이미지로 묘사된다. 그러나 황벽은 "그 어떤 깊은 내면의 체험"을 바탕으로 이야기를 한 것이기 때문에,[4] 겉으로 모순인 듯이 보이는 점들도 깊은 차원에서는 다 뜻이 있거나 아니면 별로 중요치 않거나 둘 중 하나라는 것이 존 블로펠드의 확신이었고 그런 확신을 가지고 황벽어록의 번역을 진행하였다.

그러나 블로펠드도 나중에는 황벽에 관한 텍스트가 과연 순수한 것인지 회의를 표하기도 하였다. 텍스트가 황벽의 손으로부터, 그러니까 황벽의 마음으로부터 직접 전해진 게 아니라는 점이 걱정이었다. 배휴裵休(797~860)라는 인물이 황벽의 생각에 대한 자기의 생각을 적어서 전하는 매개자 역할을 했기 때문이다. 그래서 블로펠드는 다음에 번역할 선서禪書를 고를 때 당사자가 직접 집필했다고 생각되는 것을 찾았다. "황벽이나 그밖에 다른 선사들의 가르침은 그 제자들이 골라서 기록한 것만 남아있다"고 언급하면서.[5] 그런 점에서 블로펠드는 근대의 전형적인 관심

---

[4] Blofeld, *Huang Po*, p. 8.

사를 표명하는 셈이다. 정확성을 기하려는 과학적인 관심과 함께 또 한 편으로는 신빙성과 독창성을 중시하는 낭만주의의 성향을 보여주기 때문이다. 우리는 황벽의 선을 알고 싶다면 그 어떤 매개의 개입도 없이 원천으로부터 직접 접하기를 원한다. 하지만 그것은 불가능하다. 관련된 텍스트들의 정체를 분명하게 알고자 한다면, 또한 그리하여 우리가 선을 읽을 때 과연 무슨 일을 하고 있는지를 분명히 해두려면, 황벽의 문헌들이 어떻게 생겨났고 어떤 역사를 거쳤는지 고려할 필요가 있다.

황벽의 어록에 대해 향후 과학적인 연구를 통하여 알려지게 될 사항들을 블로펠드가 미리 알았더라면, 그는 아마도 그 어록을 번역하는 일에 착수하지 않았을 것이다. 그가 가장 크게 걱정하던 일들이 사실로 나타났다. 그 텍스트들은 황벽의 마음으로부터 직접 나온 것이 아니었을 뿐 아니라 셀 수 없이 많은 매개의 손을 거쳐서 전해졌음이 밝혀졌던 것이다. 블로펠드의 손에 들어와 그가 또 한 번 매개자의 손질을 가하게 될 때까지("내가 한 일은 그저 약간의 해석일 뿐"이라고 블로펠드는 말한다)[6] 그 텍스트는 이미 수많은 손길을 거쳐 왔다.

불교의 기초교리개념인 "연기緣起"를 끌어들이면 이들 텍스트의 위상

---

[5] Blofeld, *The Zen Teaching of Hui Hai*, p. 33. 하지만 같은 글에서 또 다음과 같이 언급하는 것을 보면, 블로펠드는 이것을 아주 심각한 문제로 여기지는 않았음이 분명하다. 즉 자기의 황벽어록 번역서는 "그 당시에도 어떤 이들에게는 깨달은 마음의 묘한 작용을 들여다보는 기회를 주었다"고 자신 있게 말하고 있는 것이다(pp. 14~15). **역주**_당사자가 직접 집필한 것으로 생각되어서 블로펠드가 다음에 번역할 것으로 선택했다는 선서는 대주 혜해(大珠慧海, ?-?)의 『돈오입도요문론』(頓悟入道要門論, Z. 110)이다. 혜해가 다른 사람들과 문답을 주고받는 일화들을 모은 『제방문인참문어록』(諸方門人參問語錄)도 함께 번역하여 실었다. 명(明)나라 때(1374) 묘협(妙叶)이 편찬한 『대주선사어록』(大珠禪師語錄)에 그 두 문헌이 함께 실려있다. 블로펠드의 번역은 *The Zen Teaching of Hui Hai on Sudden Illumination*이라는 제목으로 출판되었다.

[6] Blofeld, *The Zen Teaching of Hui Hai*, p. 17.

을 이해하는 데 도움이 된다. 불자들은 이미 오래전부터 잘 알고 있었듯이, 연기 개념은 왜 모든 것이 무상無常인지, 사물이 왜 하필 지금의 특정 모습이 되었는지를 설명하는 데 아주 유용하다. 연기법의 교리에 의하면, 모든 것은 자성自性이 없고 무상無常하다. 다른 존재에 의지하여 생겨나고 계속 변화한다. 그것이 의지하는 다른 존재들 자체도 늘 변화하기 때문이다. 텍스트도 물론 마찬가지이다. 어떤 순간에 어떤 사물이 특정의 모습과 상태인 것은 그 자체가 워낙 그런 성질을 가지고 있기 때문이 아니다. 다른 존재들로부터의 영향이 그렇게 만든 것이다. 지금 우리가 가지고 있는 황벽의 텍스트, 그 본질을 이해하기 위해서는 그것을 지금의 모습이게 한 연緣들을 자세히 추적해봐야 한다. 블로펠드가 그 텍스트의 순수성에 대해 꺼림칙해 한 것은 블로펠드 자신이 생각한 것보다 훨씬 더 의미 있는 의심이었다. 하지만 그 텍스트가 워낙 "무자성無自性"임을 연기법을 통해서 이해하게 되면, 그 텍스트의 위상에 대한 실망감을 극복하고 그것이 전승된 과정에 관하여 매우 중요한 발견을 할 수 있을 것이다.

　황벽의 가르침이 우리에게 전해지기까지 어떤 매개들을 거쳤는가? 우선, 우리는 황벽의 말과 생각이 그 텍스트의 기원이라고 여기지만 그 말과 생각도 온갖 선행하는 요소들에서 연기한 것이리라는 짐작을 출발점으로 삼을 수 있겠다. 황벽은 "그 어떤 깊은 내면의 체험을 바탕으로 설법했다"[7]는 블로펠드의 의견에 동조하더라도, 그 체험이 그의 스승이라든가 불교의 사상과 경전, 그의 부모, 역사적 상황 등등에 의하여 형성되었다는 점도 간과할 수 없을 터이다. 황벽은 독자적이고 고립된 개인

---

[7] Blofeld, *Huang Po*, p. 8.

이 아니라 특정 선맥 속에 위치했고 더 크게는 불교전통에 속했으며, 당시 중국의 언어와 문화를 통해서 그에게 제공된 자원들 속에 있는 연기적인 존재였던 것이다.

이리야 요시타카入矢義高가 황벽의 어록을 일본어로 번역하면서 방대한 주석을 단 것을 들여다보면8 황벽의 텍스트와 마음이 얼마나 다른 텍스트들과 얽혀 있고(inter-textual) 연기적인지 느낄 수 있다. 그의 언어가 오직 그만의 고유한 언어인 경우는 거의 없다. 방대한 중국 불교 문헌에 정통한 이리야 요시타카는 거의 모든 대목에서 다른 문헌과 인물로부터 의식적으로 또는 무의식적으로 가져온 언어를 찾을 수 있었다. 경전이나 여느 문헌을 언급하면서 인용하기도 하고 언급 없이 차용하기도 한다. 현대의 저술가였다면 표절로 비난받았을 것이다. 그러나 당시에는 문제가 되지 않는 일이었다. 황벽의 텍스트도 마치 수많은 참고문헌의 대목들을 모아서 나름의 목적 하에 새로운 형태로 구성하여 내놓은 듯한 모양이다. 이런 텍스트를 분석하는 것은 현대 문헌사학자에게는 끝없는 추적을 계속해야 하는 일종의 악몽이다. 하지만 연기법에 의하면 무엇인가의 진상을 밝히려는 일은 워낙 그렇게 끝이 없는 일이다. 컴퓨터를 동원해도 마찬가지일 것이다.

그러므로 황벽 텍스트의 시원始原과 역사를 추적하는 작업을 어느 지점에서 시작하든 간에 그 지점이 진짜 시원일 수가 없다. 그 자리 또한 어떤 배경이 있을 터이고, 밝혀내야 할 "연기성"은 그렇게 끝없이 펼쳐지기 때문이다. 횡벽 택스트의 시원이라 여겨지는 황벽의 깨친 마음 그 자체도 기실은 수많은 요소의 산물이라면, 황벽산사의 법당을 우리 이

---

8 入矢義高, 『伝心法要・宛陵録』, 禅の語録 8, 東京: 筑摩書房, 1965.

탐구의 출발지점으로 삼는 것도 그저 임의의 선택일 뿐이다. 그러나 어쨌든 그곳을 추적의 출발지점으로 삼기로 한다.

누구를 매개로 황벽선사의 가르침을 담은 어록 텍스트가 우리에게 전해졌는가 하는 물음으로 되돌아가자. 우선 황벽의 재가 제자 배휴의 손을 거쳤다는 점은 블로펠드도 알고 있었다. 배휴 자신이 서문에서 자기가 그 글을 쓰게 된 사연을 밝히고 있다. 배휴가 어떤 인물인지 아는 것이 (그가 왜 그 일을 했는지 이해하는 데 도움이 되겠다.9 그가 842년에 홍저우, 홍주(洪州)에 관직을 받아 부임하면서 황벽을 만났다.10 황벽은 거기에서 이미 당시 새롭게 대두하고 있던 선불교의 지도급 인물로서 널리 명성을 떨치고 있었다. 배휴는 곧 황벽의 제자가 되었고, 황벽을 위해 절을 하나 새로 짓게 하였다. 홍주의 도읍에서 서쪽으로 며칠 걸리는 곳이었다.11 그 산 이름을 원래 희운선사가 복건(福建)에서 출가한 절 이

---

**9** 배휴는 후난(호남 湖南)의 한 명문가에서 태어났다. 진시(陳試)에 합격하고 여러 벼슬을 거쳐서 853년에는 재상의 자리까지 올랐다. 학식이 높았고 평생토록 당대 최고의 사상가들과 교류하였다. 유자(儒者)였지만 나이가 먹을수록 불교사상에 심취하였다. 화엄사상가이자 선사였던 규봉 종밀(圭峰 宗密, 780~841)의 문하에서 배우기도 하였으며 화엄종의 청량 징관(淸凉 澄觀, 738~839), 또 더 뒤에는 황벽과 같은 연배로서 후난지방에서 이름을 떨치던 선사 위산 영우(潙山 靈祐, 771~853)와 교류하기도 했다. 때론 오랫동안 은둔하며 불서(佛書)를 탐독했다고 한다. 그의 글씨는 당대 최고로 평가된다. 『구당서』(舊唐書) 177, 『신당서』(新唐書) 182에 그의 행장이 실려 있다. 종밀과의 관계에 대한 자세한 사항은 Broughton, *Kuei-Feng Tsumg-mi*와 Gregory, *Tsuing-mi* 참조.
**역주**_배휴의 행장은 『경덕전등록』(景德傳燈錄) 12, 『오등회원』(五燈會元) 4에도 수록되어 있다. 『경덕전등록』은 이후 『전등록』으로 약칭함.

**10** 홍주는 중국 남중부에 위치한 곳으로, 두 세대 전에 마조(馬祖) 선사가 거기에서 활동한 바 있고 9세기 중엽에 이르면 수많은 선찰(禪刹)이 자리 잡고 선을 주도하고 있었다.

**11** 최근에 일본 불교학자들이 이 지역에서 초기 선 전통의 흔적을 추적하다가 황벽산에서 그 절터를 찾아냈다. 그 직후에 나도 황벽의 흔적을 찾아서 그 지역을 방문하였다. 그 고장 사람들 말에 의하면 20세기 중엽까지도 쇠퇴한 채로나마 절 노릇을 했다고 한다. 모택동 일행이 "대장정" 때 이곳을 베이스캠프로 사용했다. 절이 파괴된 것은 문화혁명 때였고 이제는 우물 외에 남아 있는 것이 없다. 절의 자재들을 가지고 그 자리에 공동농장의 가게 등 새 건물을 짓는 데 사용했다. 1950년대 중 언젠가 그 지역의 명칭을 "혁명정신"에 부합되게 고쳤

름을 따다가 황벽산이라고 지었으며, 희운의 호 황벽도 바로 그 산 이름에서 비롯된 것이다.12 845년에 무종武宗이 대대적인 불교 탄압을 시행하여 수많은 사원이 파괴되고 많은 승니가 환속 당하거나 피난하는 일이 벌어졌는데,13 황벽의 행장에는 그가 이 시기에 어디 있었는지 언급되지 않았다. 그러나 황벽의 제자 가운데 한 사람의 행장에 보면 법난이 끝나자 당시 완릉宛陵에서 복무하고 있던 배휴가 황벽을 그 산에서 불러내서 데리고 갔다는 대목이 있다.14 배휴는 『전심법요』 서문에서 밤낮없이 열과 성을 다해 황벽의 가르침을 받았다고 쓰고 있다. 그리고 "물러나서는 배운 것을 글로 적었다. 가르침의 오분의 일 정도밖에는 안 되지만, 이것은 법문의 직접적인 전승이라고 생각한다."15 그 뒤 황벽의

---

었지만 지금 주민들은 다시 "황벽"이라는 명칭을 되찾고 "외자(外資)"를 유치해서 선의 "성지"로 재건하고 일본인 순례자들을 끌어들이는 관광 사업을 일으키려고 시도하고 있다. 무상(無常), 정말 맞는 말이다.

12  일본불교의 오바쿠슈(黃檗宗)는 장시(강서 江西)의 이 절이 아니라 명대(明代) 복건의 황벽사를 그 종파의 연원으로 삼는다.

13  역주_회창(會昌)의 법난(法難)을 말하는 것인데, 회창의 법난은 대개 843년부터 이듬해까지 진행된 것으로 보지만 라이트는 845년으로 표기하고 있다.

14  T. 50, p. 817c.
역주_출처는 『송고승전』(宋高僧傳). 여기에서 말하는 황벽의 제자는 초남(楚南)이다.

15  T. 48, p. 379c; Blofeld, Huang Po, p. 28.
역주_원문은 "退而紀之 十得一二 佩爲心印." 문맥으로 볼 때 블로펠드의 번역보다는 백련선서간행회의 번역이 더 정확하다고 생각된다. 백련선서간행회의 번역은 다음과 같다. "황벽선사를 개원사에 모시고는 아침저녁으로 가르침을 받아 물러나와서 기록하였는데, 열 가운데 한둘밖에는 얻지 못하였다. 이를 마음의 인장(心印)으로 삼아 차고 다녔다." 백련선서간행회 옮김, 『선림보전』(禪林寶典), 서울: 장경각, 1986, p. 237(이후 『선림보전』으로 표기함).

블로펠드와 백련선서간행회의 번역은 모두 『사가어록』(四家語錄)에 수록된 『전심법요』와 『완릉록』을 저본으로 하고 있으나 라이트는 『대정신수대장경』(大正新脩大藏經)에 수록된 것들을 출처로 제시하고 있다. 따라서 『사가어록』 수록본에만 있는 대목들에 대해서는 원문의 출처를 제시하지 않고 있는데, 이 번역에서는 『속장경』(續藏經) 소재 『사가어록』에서 일일이 출처를 찾아 표기하였다.

입적을 전후해서 배휴는 재상이 되어 이임하게 된다.16 얼마 동안인가 재상으로 일하다가 은퇴한 뒤에는 오직 불교신행에 전념하였다.

은퇴한 뒤 우선 착수한 일이 바로 황벽의 가르침을 글로 쓰는 것이었다.17 황벽의 가르침을 받을 때 적어두었다는 방대한 자료를 가지고 "마음을 전하는 일에 대한 가르침의 요체傳心法要"를 재생시키는 데 최선을 다하였다.18 황벽의 텍스트가 배휴의 마음과 노트에 연緣하여 생겨났다는 사실이 가지는 의미 몇 가지에 대해서 생각해보자.19 무엇보다도 우선, 배휴가 매개 역할을 해주지 않았다면 황벽의 가르침을 담은 텍스트가 존재하지 않았을 터이다. 다른 것은 있을 수도 있었을지 몰라도 적어도 이 텍스트는 있을 수 없었다. 둘째로, 배휴가 글로 쓸 때에는 처음에 황벽선사가 말로 한 것보다는 아무래도 좀 더 체계적이고 합리적으로 썼으리라 짐작된다. 왜 그렇게 생각할 수 있는가? 여러 가지 이유가 있다. 말로 한 것을 글로 옮길 때에는 흔히, 또 당연히, 초점이 더 날카로워진다. 말을 하는 동안에는 매끄럽지 못한 문장을 말하면서도 잘 의식하

---

**16** 황벽의 입적연대는 정확하게 알 수 없다. 다만 황벽산에 대한 관심이 다시 일어나면서 조사를 하던 중에 옛 절터 가까운 언덕에서 지난 천 여 년 동안의 역대 주지들과 그 밖에 중요한 승려들의 비 수백 개와 함께 황벽의 비가 발견되었다.

**17** 역주_각주 15에 제시한 백련선서간행회의 번역에서 보듯이 배휴가 황벽의 가르침을 기록하는 작업은 그가 공직에서 은퇴한 뒤에 시작된 게 아니라 가까이에서 황벽의 가르침을 받는 동안에 이미 시작되었을 수도 있다. 원고의 방대한 양을 감안하면 그런 식으로 일찍부터 기록해서 모아놓았을 가능성이 더 크다. 그러나 원고를 정리해서 황벽 문하의 선승들에게 회람시켜 정확성을 점검하고 유통시킨 것은 훗날의 일이었을 것이다.

**18** 후대에 이 기록에 붙여진 제목 가운데 하나가 "전심법요"이다.

**19** 말을 문자화할 때 일어나는 일, 그리고 말과 글의 차이에 대해서 근래에 많은 연구가 이루어졌다. 베르나르 포르(Bernard Faure)는 *Chan Insights and Oversights*에서 이 최근의 연구들이 중세 선 전통과 관련해서 시사해주는 점들을 고찰하였다. 구술(口述)과 성문(成文) 사이의 관계를 이해하기 위해서는 그가 참고한 데리다(Derrida)라든가 라카프라(LaCapra), 옹(Ong), 리꾀르(Ricoeur) 등을 참고하는 것이 가장 좋은 방법일 터이다.

지 못하지만, 자기가 말한 것을 그대로 글로 옮겨놓고 볼 때에는 우리 자신도 놀라곤 한다. 배휴는 황벽을 세상에 소개하는 입장이었다. 특히 당시 중국 지식인들의 세계에 알리는 입장이었다. 당연히 황벽을 최선의 모습으로 내세웠을 것이다. 또 하나의 이유는, 배휴 자신이 체계적인 불교사상을 배웠다는 점이다. 그의 이전의 스승이었던 규봉 종밀로부터이다. 황벽을 만났을 때에는 배휴 자신이 이미 한 사람의 불교사상가였다. 이미 그의 마음속에 갖추어져있던 체계에다가 황벽에게서 배운 것을 첨가하는 양상이었다. 배휴의 귀는 황벽의 가르침을 "체계화"해서 알아들었을 것이다. 황벽이 그에게 준 가르침의 요체는 의식 속에 짜여있는 틀을 풀어버리라, 합리적 체계라는 것이 얼마나 부정확하고 공허한 것인지를 직시함으로써 마음을 해방시키라는 것이었다 해도, 배휴가 황벽의 가르침을 체계적으로 정리해서 알아들었으리라는 점에는 변함이 없었을 터이다. 배휴의 서문에서는 독자에게 가르침을 주고자 하는 그의 열성을 읽을 수 있다. 그러니까 우리는 황벽의 법문까지 이르기 전에 먼저 마음의 본질에 대해서 자기 나름의 가르침을 제시하고 있는 배휴를 만나게 되는 것이다. 배휴는 그 나름대로 뭔가 가르쳐주려는 것이 있었다. 그것을 어디서 가져왔든지 간에……

　배휴의 역할이 가지는 세 번째 의미는 황벽의 가르침을 전달하는 그 텍스트의 언어가 누구의 것인지를 생각해보면 대뜸 부각될 것이다. 배휴는 최고의 교육을 받고 세련되고 부유한 유자儒者 계급이었다. 황벽은 고답적인 문하를 비웃으면서 일부러 당시의 속투를 사용하며 지방에서 대두하던 새로운 불교운동의 떠오르는 별이었다. 그러면 황벽의 "전심傳心"은 누구의 언어로 이루어졌다고 할 것인가? "두 사람 모두의 언어"

라고 보는 것이 좋을 듯하다. 황벽의 가르침에 대해 그 형식과 내용 모두에 매료되지 않았다면 배휴가 황벽의 제자가 되지 않았을 것이다. 배휴의 세련된 감각에는 황벽의 말투가 거칠게 들렸겠지만, 그 말투도 좋아했을 것이다. 한편, 재상까지 지낸 사람이 글을 쓸 때, 특히 자신의 지식인 친구들이 읽을 수도 있는데, 그 황벽의 말투를 그대로 글로 옮겼으리라고 생각하기는 어렵다. 그 텍스트 대부분이 잘 다듬어진 지성적인 문체로 쓰였다. 그러나 간혹 구어체가 그대로 튀어나오기도 한다. 그런가 하면 세련된 문체가 아니며 형식과 내용 양면 모두에서 속어가 난무하는 부분도 있다(이에 대해서는 나중에 다시 본격적으로 살펴보겠다).[20]

넷째이자 마지막으로, 배휴의 엄청난 특권적 지위가 아니었다면 그 텍스트의 운명이 어땠을까 생각해볼 수 있다. 배휴는 그냥 평범한 유발有髮제자가 아니었다. 황벽의 선을 알리는 데 그보다 더 훌륭한 입장에 있는 인물이 있을 수 없었다. 황벽선사에게 거국적인 관심이 쏟아지게 된 데에는 배휴의 명성과 지위가 상당한 공헌을 했을 것이다. 어떤 사람들이 얼마나 많이 이 텍스트를 찾게 되었느냐 하는 데에 배휴라는 인물의 매개자로서의 역할이 큰 영향을 끼쳤을 것이다. 결국에는 물론 황벽

---

**20** 배휴가 전하는 황벽의 이미지와 임제가 언급하는 이미지를 비교해보면 이 점이 얼마나 의미심장한지 느낄 수 있을 것이다. 임제의현이 젊을 적에 홍주의 도읍에 있는 태안사(太安寺)에서 황벽 문하로 들어간 것은 배휴와 황벽이 만나기 몇 해 전이었다. 『임제록』(臨濟錄)은 배휴의 시대보다 후대에 쓰였다. 부유하고 영향력도 큰 유자이자 고위관리였던 배휴가 그리는 황벽은 불교 교리와 문헌에 환하고, 높은 신분의 청중 앞에서 세련되고 강렬한 설법을 하는 인물이다. 한편 파격적인 스타일로 유명한 임제가 전하는 황벽은 좀 다르다. 미혹한 말과 행동을 호되게 꾸짖고, 전통적인 교리의 복잡한 문제들에 대해서는 관심이 없다. 이 차이는 어쩌면 선사들(임제 같은)과 사대부(배휴 같은) 사이의 차이에서 비롯했을 수 있다. 또는 위대한 인물상에 대한 송대(宋代)와 당대(唐代)의 관념이 달랐기 때문일 수도 있다. 또는 야나기다 세이잔(柳田聖山)이 말하듯이 한 개인이 그런 면을 다 가지고 있었기 때문이었을 수도 있다. 어쨌든 여기서 중요한 점은, 보는 시각에 따라 대상의 모습이 달라진다는 것, 그리고 이것이 바로 이 텍스트들의 생동력이 작동하는 지평이라는 점이다.

의 명성이 배휴의 명성을 압도하게 되었다. 블로펠드도 배휴를 서양에 소개하는 데에는 흥미가 없었다. 위대한 황벽만을 원했다. 그래도 의문은 남는다. 그가 실제로 전한 것은 과연 누구인가?

블로펠드는 황벽의 마음이 바로 이 텍스트의 시원始原이라고 여겼기 때문에 적어도 처음에는 만족하였다. 하지만 실제로는 그것도 많은 시원 가운데 하나일 뿐이다. 배휴가 집필한 뒤에는 어떻게 되었는가? "문하생인 태주스님과 법건스님에게 주어서 옛산의 광당사로 돌아가 장로들과 청법 대중에게 지난 날 몸소 듣던 바와 같은지 다른지를 묻게 하였다"고 한다.21 장로들과 청법 대중이 그 내용에 대해서 얼마나 동의했을까? 재상을 지냈던 사람이 집필한 원고인데, 제정신인 스님이라면 실제로는 어떻게 생각하든 간에 틀렸다는 말은 할 수 없었을 것이다. 더욱이 배휴 같은 유력자가 자신들의 스승에게 계속해서 관심을 가지고 있다는 것은 그 제자들에게는 나쁠 것 없는 일이었다. 다른 한편으로 배휴는 혹시 잘못된 부분이 있으면 고쳐달라고 청하고 있다. 어떤 첨삭가필이 이루어졌는지 지금으로서는 알 수가 없는 일이다.

그러나 상당한 양의 첨가가 있었다는 강력한 증거가 있다. 텍스트를 "형식비평적form-critical"으로 분석해보면 그것이 보인다. 어떤 대목들은 문체가 다르고 관점도 전혀 다르다. 그 관점은 분명히 선방 수좌의 관점으로, 그 원고의 감수를 부탁 받은 황벽산 스님들의 관점이다. 무엇을 첨가하였을까? 야나기다 세이잔에 의하면, 원로 스님들은 황벽선사의 가르침을 모은 개인적인 노트들을 간직하고 있었으리라고 한다. 배휴외

---

**21** T. 48, p. 379c; *Blofeld, Huang Po*, p. 28.
　역주_출처는 『전심법요』. 원문은 "遂出之授門下僧大舟法建 歸舊山之廣唐寺 問長老法衆 與往日常所親聞 同異如何也." 한글 번역은 『선림보전』, p. 237.

Wade-Giles 방식을 따르는데, 이는 존 블로펠드가 이 방식을 따랐기 때문에 여기서도 그렇게 하는 것이 편리하겠기 때문이다.

무엇인가를 나 자신의 것으로 소화하는 일이 단순히 개인적인 일은 결코 아니다. 황벽도 잘 알고 있었듯이, 전승이 이루어지는 데에는 언제나 수많은 요소들이 작용하게 마련이다. 나의 마음이 지금 이렇게 된 데에는 나의 스승들, 특히 앨런 앤더슨Alan Anderson, 왕파초우Wang Pachow, 그리고 로버트 샬만Robert Scharlemann의 영향이 컸다. 또한 여러 가까운 친구들이 대화를 통해서, 또 원고를 읽고 비판해줌으로써, 이 책에서 전개한 명상의 특질을 다듬는 데 도움을 주었다. 엘머 그리핀Elmer Griffin, 스티븐 헤인Steven Heine, 데이비드 제임스David James, 케런 킹Karen King, 데이비드 클렘David Klemm, 다나 마에다Donna Maeda, 케이스 메일러Keith Naylor, 마사 롱크Martha Ronk, 그리고 다이애나 라이트Diana Wright가 그들이다. 근본적으로는 부모님께서 내게 스며들게 한 성향, 즉 이해에 대한 갈구라는 바탕에 그 모든 영향이 합쳐진 결과라고 해야 할 것이다. 그래서 이 책을 나의 아버지 해롤드 라이트Harold D. Wright에 대한 소중한 추억과 어머니 매리온 라이트Marion M. Wright의 변함없는 사랑에 감사의 마음과 함께 바치고자 한다.[7]

또한 이 책을 만들어내는 데 귀중한 도움을 준 글렌다 엡스Glenda Epps, 메리 풀렌Mary Pullen, 린다 휘트니Linda Whitney, 그리고 캠브리지대학 출판부의 편집인들과 직원들에게 깊은 감사의 마음을 전한다.

---

**7** 5, 6, 7장의 일부는 이미 발표된 적이 있는 글이며, 그 발행자들이 너그럽게 허락해준 덕분에 여기에 다시 실을 수 있었다. 그 논문들은 다음과 같다. "The Discourse of Awakening: Rhetorical Practice" (*Journal of the American Academy of Religion* 61/1, 1993); "Historical Understanding: The Ch'an Buddhist Transmission Narratives and Modern Historiography" (*History and Theory* 31/1, 1992); "Emancipation from What? The Concept of Freedom in Classical Ch'an Buddhism" (*Asian Philosophy* 3/3, 1993).

# 1장
# 텍스트―황벽의 인연

**24** 선불교에 대한 철학적 명상

이처럼 글로 진상을 나타낼 수 있다면야 선이 무슨 소용 있으랴?
— 황벽1

황벽 자신이 한 말로 보건대, 그는 근기가 낮은 이들에게는 책과 가르침이 필요하다고 인정했음을 알 수 있다.
— 존 블로펠드2

모든 것이 무상無常하다고 하는 불교의 기초교리는 정말 딱 맞는 말이다. 황벽이 살았던 9세기의 세계는 이제 거의 남김없이 다 사라졌다. 남은 것이라고는 텍스트뿐이다. 오직 텍스트만이 그 먼 옛 시대 선의 세계를 우리에게 전해준다. 그 텍스트들도 황벽의 생애에 관한 역사적 사실을 자세하게 알려주는 자료를 제공해주지는 않는다.3 하지만 그 텍스트들을 통해서 황벽선사의 모습이 생생하게 전해진다고 한 존 블로펠드의 말도 옳다. 황벽은 영향력이 아주 큰 선사였으며, 그가 주지로 있었던 사찰은 선불교가 번창한 남중부 중국에서도 가장 크고 가장 중요한 사찰

---

1 Blofeld, *Huang Po*, p. 22.
2 Blofeld, *Huang Po*, p. 102.
3 황벽의 생몰연대도 정확하게 알 수 없다. 입적한 연대를 849년이라고 하는 문서도 있고 857년이라고 하는 것도 있다. 하지만 어느 연대도 확실한 증거가 없다. 황벽이 지금의 푸젠(복건, 福建)성 지역에서 태어나 자랐다고 언급한 문서도 있다. 하지만 그의 성이나 이름, 고향 마을의 이름은 어느 곳에도 기록되지 않았다. 『송고승전』(宋高僧傳)에 실린 그의 공식적인 행장을 보면, 어린 나이에 복건 황벽산사(黃蘗山寺)에서 출가했으며 법명은 희운(希運)이다.

가운데 하나였다. 유명한 선사 백장 회해百丈 懷海의 제자이며 임제 의현臨濟 義玄의 스승으로 선맥의 계보에 올라있다. 체격이 무척 컸고 목소리에도 좌중을 압도하는 힘이 있었다. 문하의 제자들에게는 두려움과 깨달음을 안겨주는 모습으로 묘사된다.

황벽이 사람들을 가르친 방법은 매우 다양하다. "마음"의 본성 같은 난해한 철학적 주제에 대해서 이야기하는가 하면, 기이한 행동과 우레 같은 웃음으로 제자들을 당황케 하기도 했다. 방대한 불교 경전과 문헌에 대해 해박한 지식을 드러내는가 하면, 수수께끼 같은 이야기를 하기도 하고 심각한 철학적 논의를 비웃기도 하였다. 그는 그렇게 당혹스러울 만큼 다양한 이미지로 묘사된다. 그러나 황벽은 "그 어떤 깊은 내면의 체험"을 바탕으로 이야기를 한 것이기 때문에,[4] 겉으로 모순인 듯이 보이는 점들도 깊은 차원에서는 다 뜻이 있거나 아니면 별로 중요치 않거나 둘 중 하나라는 것이 존 블로펠드의 확신이었고 그런 확신을 가지고 황벽어록의 번역을 진행하였다.

그러나 블로펠드도 나중에는 황벽에 관한 텍스트가 과연 순수한 것인지 회의를 표하기도 하였다. 텍스트가 황벽의 손으로부터, 그러니까 황벽의 마음으로부터 직접 전해진 게 아니라는 점이 걱정이었다. 배휴裵休(797~860)라는 인물이 황벽의 생각에 대한 자기의 생각을 적어서 전하는 매개자 역할을 했기 때문이다. 그래서 블로펠드는 다음에 번역할 선서禪書를 고를 때 당사자가 직접 집필했다고 생각되는 것을 찾았다. "황벽이나 그밖에 다른 선사들의 가르침은 그 제자들이 골라서 기록한 것만 남아있다"고 언급하면서.[5] 그런 점에서 블로펠드는 근대의 전형적인 관심

---

**4** Blofeld, *Huang Po*, p. 8.

사를 표명하는 셈이다. 정확성을 기하려는 과학적인 관심과 함께 또 한편으로는 신빙성과 독창성을 중시하는 낭만주의의 성향을 보여주기 때문이다. 우리는 황벽의 선을 알고 싶다면 그 어떤 매개의 개입도 없이 원천으로부터 직접 접하기를 원한다. 하지만 그것은 불가능하다. 관련된 텍스트들의 정체를 분명하게 알고자 한다면, 또한 그리하여 우리가 선을 읽을 때 과연 무슨 일을 하고 있는지를 분명히 해두려면, 황벽의 문헌들이 어떻게 생겨났고 어떤 역사를 거쳤는지 고려할 필요가 있다.

황벽의 어록에 대해 향후 과학적인 연구를 통하여 알려지게 될 사항들을 블로펠드가 미리 알았더라면, 그는 아마도 그 어록을 번역하는 일에 착수하지 않았을 것이다. 그가 가장 크게 걱정하던 일들이 사실로 나타났다. 그 텍스트들은 황벽의 마음으로부터 직접 나온 것이 아니었을 뿐 아니라 셀 수 없이 많은 매개의 손을 거쳐서 전해졌음이 밝혀졌던 것이다. 블로펠드의 손에 들어와 그가 또 한 번 매개자의 손질을 가하게 될 때까지("내가 한 일은 그저 약간의 해석일 뿐"이라고 블로펠드는 말한다)6 그 텍스트는 이미 수많은 손길을 거쳐 왔다.

불교의 기초교리개념인 "연기緣起"를 끌어들이면 이들 텍스트의 위상

---

5 Blofeld, *The Zen Teaching of Hui Hai*, p. 33. 하지만 같은 글에서 또 다음과 같이 언급하는 것을 보면, 블로펠드는 이것을 아주 심각한 문제로 여기지는 않았음이 분명하다. 즉 자기의 황벽어록 번역서는 "그 당시에도 어떤 이들에게는 깨달은 마음의 묘한 작용을 들여다보는 기회를 주었다"고 자신 있게 말하고 있는 것이다(pp. 14~15). **역주**_당사자가 직접 집필한 것으로 생각되어서 블로펠드가 다음에 번역할 것으로 선택했다는 선서는 대주 혜해(大珠慧海, ?-?)의 『돈오입도요문론』(頓悟入道要門論, Z. 110)이다. 혜해가 다른 사람들과 문답을 주고받는 일화들을 모은 『제방문인참문어록』(諸方門人參問語錄)도 함께 번역하여 실었다. 명(明)나라 때(1374) 묘협(妙叶)이 편찬한 『대주선사어록』(大珠禪師語錄)에 그 두 문헌이 함께 실려있다. 블로펠드의 번역은 *The Zen Teaching of Hui Hai on Sudden Illumination*이라는 제목으로 출판되었다.

6 Blofeld, *The Zen Teaching of Hui Hai*, p. 17.

을 이해하는 데 도움이 된다. 불자들은 이미 오래전부터 잘 알고 있었듯이, 연기 개념은 왜 모든 것이 무상無常인지, 사물이 왜 하필 지금의 특정 모습이 되었는지를 설명하는 데 아주 유용하다. 연기법의 교리에 의하면, 모든 것은 자성自性이 없고 무상無常하다. 다른 존재에 의지하여 생겨나고 계속 변화한다. 그것이 의지하는 다른 존재들 자체도 늘 변화하기 때문이다. 텍스트도 물론 마찬가지이다. 어떤 순간에 어떤 사물이 특정의 모습과 상태인 것은 그 자체가 워낙 그런 성질을 가지고 있기 때문이 아니다. 다른 존재들로부터의 영향이 그렇게 만든 것이다. 지금 우리가 가지고 있는 황벽의 텍스트, 그 본질을 이해하기 위해서는 그것을 지금의 모습이게 한 연緣들을 자세히 추적해봐야 한다. 블로펠드가 그 텍스트의 순수성에 대해 꺼림칙해 한 것은 블로펠드 자신이 생각한 것보다 훨씬 더 의미 있는 의심이었다. 하지만 그 텍스트가 워낙 "무자성無自性"임을 연기법을 통해서 이해하게 되면, 그 텍스트의 위상에 대한 실망감을 극복하고 그것이 전승된 과정에 관하여 매우 중요한 발견을 할 수 있을 것이다.

황벽의 가르침이 우리에게 전해지기까지 어떤 매개들을 거쳤는가? 우선, 우리는 황벽의 말과 생각이 그 텍스트의 기원이라고 여기지만 그 말과 생각도 온갖 선행하는 요소들에서 연기한 것이리라는 짐작을 출발점으로 삼을 수 있겠다. 황벽은 "그 어떤 깊은 내면의 체험을 바탕으로 설법했다"[7]는 블로펠드의 의견에 동조하더라도, 그 체험이 그의 스승이라든가 불교의 사상과 경전, 그의 부모, 역사적 상황 등등에 의하여 형성되었다는 점도 간과할 수 없을 터이다. 황벽은 독자적이고 고립된 개인

---

[7] Blofeld, *Huang Po*, p. 8.

이 아니라 특정 선맥 속에 위치했고 더 크게는 불교전통에 속했으며, 당시 중국의 언어와 문화를 통해서 그에게 제공된 자원들 속에 있는 연기적인 존재였던 것이다.

이리야 요시타카入矢義高가 황벽의 어록을 일본어로 번역하면서 방대한 주석을 단 것을 들여다보면8 황벽의 텍스트와 마음이 얼마나 다른 텍스트들과 얽혀 있고(inter-textual) 연기적인지 느낄 수 있다. 그의 언어가 오직 그만의 고유한 언어인 경우는 거의 없다. 방대한 중국 불교 문헌에 정통한 이리야 요시타카는 거의 모든 대목에서 다른 문헌과 인물로부터 의식적으로 또는 무의식적으로 가져온 언어를 찾을 수 있었다. 경전이나 여느 문헌을 언급하면서 인용하기도 하고 언급 없이 차용하기도 한다. 현대의 저술가였다면 표절로 비난받았을 것이다. 그러나 당시에는 문제가 되지 않는 일이었다. 황벽의 텍스트도 마치 수많은 참고문헌의 대목들을 모아서 나름의 목적 하에 새로운 형태로 구성하여 내놓은 듯한 모양이다. 이런 텍스트를 분석하는 것은 현대 문헌사학자에게는 끝없는 추적을 계속해야 하는 일종의 악몽이다. 하지만 연기법에 의하면 무엇인가의 진상을 밝히려는 일은 워낙 그렇게 끝이 없는 일이다. 컴퓨터를 동원해도 마찬가지일 것이다.

그러므로 황벽 텍스트의 시원始原과 역사를 추적하는 작업을 어느 지점에서 시작하든 간에 그 지점이 진짜 시원일 수가 없다. 그 자리 또한 어떤 배경이 있을 터이고, 밝혀내야 할 "연기성"은 그렇게 끝없이 펼쳐지기 때문이다. 황벽 텍스트의 시원이라 여겨지는 황벽의 깨친 마음 그 자체도 기실은 수많은 요소의 산물이라면, 황벽산사의 법당을 우리 이

---

**8** 入矢義高,『伝心法要・宛陵録』, 禅の語録 8, 東京: 筑摩書房, 1965.

름을 따다가 황벽산이라고 지었으며, 희운의 호 황벽도 바로 그 산 이름에서 비롯된 것이다.12 845년에 무종武宗이 대대적인 불교 탄압을 시행하여 수많은 사원이 파괴되고 많은 승니가 환속 당하거나 피난하는 일이 벌어졌는데,13 황벽의 행장에는 그가 이 시기에 어디 있었는지 언급되지 않았다. 그러나 황벽의 제자 가운데 한 사람의 행장에 보면 법난이 끝나자 당시 완릉宛陵에서 복무하고 있던 배휴가 황벽을 그 산에서 불러내서 데리고 갔다는 대목이 있다.14 배휴는 『전심법요』 서문에서 밤낮없이 열과 성을 다해 황벽의 가르침을 받았다고 쓰고 있다. 그리고 "물러나서는 배운 것을 글로 적었다. 가르침의 오분의 일 정도밖에는 안 되지만, 이것은 법문의 직접적인 전승이라고 생각한다."15 그 뒤 황벽의

---

었지만 지금 주민들은 다시 "황벽"이라는 명칭을 되찾고 "외자(外資)"를 유치해서 선의 "성지"로 재건하고 일본인 순례자들을 끌어들이는 관광 사업을 일으키려고 시도하고 있다. 무상(無常), 정말 맞는 말이다.

12  일본불교의 오바쿠슈(黃檗宗)는 장시(강서 江西)의 이 절이 아니라 명대(明代) 복건의 황벽사를 그 종파의 연원으로 삼는다.

13  역주_회창(會昌)의 법난(法難)을 말하는 것인데, 회창의 법난은 대개 843년부터 이듬해까지 진행된 것으로 보지만 라이트는 845년으로 표기하고 있다.

14  T. 50, p. 817c.
역주_출처는 『송고승전』(宋高僧傳). 여기에서 말하는 황벽의 제자는 초남(楚南)이다.

15  T. 48, p. 379c; *Blofeld, Huang Po*, p. 28.
역주_원문은 "退而紀之 十得一二 佩爲心印." 문맥으로 볼 때 블로펠드의 번역보다는 백련선서간행회의 번역이 더 정확하다고 생각된다. 백련선서간행회의 번역은 다음과 같다. "황벽선사를 개원사에 모시고는 아침저녁으로 가르침을 받아 물러나와서 기록하였는데, 열 가운데 한둘밖에는 얻지 못하였다. 이를 마음의 인장(心印)으로 삼아 차고 다녔[다]." 백련선서간행회 옮김, 『선림보전』(禪林寶典), 서울: 장경각, 1986, p. 237(이후 『선림보전』으로 표기함).

블로펠드와 백련선서간행회의 번역은 모두 『사가어록』(四家語錄)에 수록된 『전심법요』와 『완릉록』을 저본으로 하고 있으나 라이트는 『대정신수대장경』(大正新脩大藏經)에 수록된 것들을 출처로 제시하고 있다. 따라서 『사가어록』 수록본에만 있는 대목들에 대해서는 원문의 출처를 제시하지 않고 있는데, 이 번역에서는 『속장경』(續藏經) 소재 『사가어록』에서 일일이 출처를 찾아 표기하였다.

탐구의 출발지점으로 삼는 것도 그저 임의의 선택일 뿐이다. 그러나 어쨌든 그곳을 추적의 출발지점으로 삼기로 한다.

누구를 매개로 황벽선사의 가르침을 담은 어록 텍스트가 우리에게 전해졌는가 하는 물음으로 되돌아가자. 우선 황벽의 재가 제자 배휴의 손을 거쳤다는 점은 블로펠드도 알고 있었다. 배휴 자신이 서문에서 자기가 그 글을 쓰게 된 사연을 밝히고 있다. 배휴가 어떤 인물인지 아는 것이 (그가 왜 그 일을 했는지 이해하는 데 도움이 되겠다.9 그가 842년에 홍저우, 홍주(洪州)에 관직을 받아 부임하면서 황벽을 만났다.10 황벽은 거기에서 이미 당시 새롭게 대두하고 있던 선불교의 지도급 인물로서 널리 명성을 떨치고 있었다. 배휴는 곧 황벽의 제자가 되었고, 황벽을 위해 절을 하나 새로 짓게 하였다. 홍주의 도읍에서 서쪽으로 며칠 걸리는 곳이었다.11 그 산 이름을 원래 희운선사가 복건(福建)에서 출가한 절 이

---

9 배휴는 후난(호남 湖南)의 한 명문가에서 태어났다. 진시(陳試)에 합격하고 여러 벼슬을 거쳐서 853년에는 재상의 자리까지 올랐다. 학식이 높았고 평생토록 당대 최고의 사상가들과 교류하였다. 유자(儒者)였지만 나이가 먹을수록 불교사상에 심취하였다. 화엄사상가이자 선사였던 규봉 종밀(圭峰 宗密, 780~841)의 문하에서 배우기도 하였으며 화엄종의 청량 징관(清凉 澄觀, 738~839), 또 더 뒤에는 황벽과 같은 연배로서 후난지방에서 이름을 떨치던 선사 위산 영우(潙山 靈祐, 771~853)와 교류하기도 했다. 때론 오랫동안 은둔하며 불서(佛書)를 탐독했다고 한다. 그의 글씨는 당대 최고로 평가된다. 『구당서』(舊唐書) 177, 『신당서』(新唐書) 182에 그의 행장이 실려 있다. 종밀과의 관계에 대한 자세한 사항은 Broughton, *Kuei-Feng Tsumg-mi*와 Gregory, *Tsuing-mi* 참조.
역주_배휴의 행장은 『경덕전등록』(景德傳燈錄) 12, 『오등회원』(五燈會元) 4에도 수록되어 있다. 『경덕전등록』은 이후 『전등록』으로 약칭함.

10 홍주는 중국 남중부에 위치한 곳으로, 두 세대 전에 마조(馬祖) 선사가 거기에서 활동한 바 있고 9세기 중엽에 이르면 수많은 선찰(禪刹)이 자리 잡고 선을 주도하고 있었다.

11 최근에 일본 불교학자들이 이 지역에서 초기 선 전통의 흔적을 추적하다가 황벽산에서 그 절터를 찾아냈다. 그 직후에 나도 황벽의 흔적을 찾아서 그 지역을 방문하였다. 그 고장 사람들 말에 의하면 20세기 중엽까지도 쇠퇴한 채로나마 절 노릇을 했다고 한다. 모택동 일행이 "대장정" 때 이곳을 베이스캠프로 사용했다. 절이 파괴된 것은 문화혁명 때였고 이제는 우물 외에 남아 있는 것이 없다. 절의 자재들을 가지고 그 자리에 공동농장의 가게 등 새 건물을 짓는 데 사용했다. 1950년대 중 언젠가 그 지역의 명칭을 "혁명정신"에 부합되게 고쳤

지 못하지만, 자기가 말한 것을 그대로 글로 옮겨놓고 볼 때에는 우리 자신도 놀라곤 한다. 배휴는 황벽을 세상에 소개하는 입장이었다. 특히 당시 중국 지식인들의 세계에 알리는 입장이었다. 당연히 황벽을 최선의 모습으로 내세웠을 것이다. 또 하나의 이유는, 배휴 자신이 체계적인 불교사상을 배웠다는 점이다. 그의 이전의 스승이었던 규봉 종밀로부터이다. 황벽을 만났을 때에는 배휴 자신이 이미 한 사람의 불교사상가였다. 이미 그의 마음속에 갖추어져있던 체계에다가 황벽에게서 배운 것을 첨가하는 양상이었다. 배휴의 귀는 황벽의 가르침을 "체계화"해서 알아들었을 것이다. 황벽이 그에게 준 가르침의 요체는 의식 속에 짜여있는 틀을 풀어버리라, 합리적 체계라는 것이 얼마나 부정확하고 공허한 것인지를 직시함으로써 마음을 해방시키라는 것이었다 해도, 배휴가 황벽의 가르침을 체계적으로 정리해서 알아들었으리라는 점에는 변함이 없었을 터이다. 배휴의 서문에서는 독자에게 가르침을 주고자 하는 그의 열성을 읽을 수 있다. 그러니까 우리는 황벽의 법문까지 이르기 전에 먼저 마음의 본질에 대해서 자기 나름의 가르침을 제시하고 있는 배휴를 만나게 되는 것이다. 배휴는 그 나름대로 뭔가 가르쳐주려는 것이 있었다. 그것을 어디서 가져왔든지 간에……

　배휴의 역할이 가지는 세 번째 의미는 황벽의 가르침을 전달하는 그 텍스트의 언어가 누구의 것인지를 생각해보면 대뜸 부각될 것이다. 배휴는 최고의 교육을 받고 세련되고 부유한 유자儒者 계급이었다. 황벽은 고답적인 문화를 비웃으면서 일부러 당시의 속어를 사용하며 지방에서 대두하던 새로운 불교운동의 떠오르는 별이었다. 그러면 황벽의 "전심傳心"은 누구의 언어로 이루어졌다고 할 것인가? "두 사람 모두의 언어"

입적을 전후해서 배휴는 재상이 되어 이임하게 된다.16 얼마 동안인가 재상으로 일하다가 은퇴한 뒤에는 오직 불교신행에 전념하였다.

은퇴한 뒤 우선 착수한 일이 바로 황벽의 가르침을 글로 쓰는 것이었다.17 황벽의 가르침을 받을 때 적어두었다는 방대한 자료를 가지고 "마음을 전하는 일에 대한 가르침의 요체傳心法要"를 재생시키는 데 최선을 다하였다.18 황벽의 텍스트가 배휴의 마음과 노트에 연緣하여 생겨났다는 사실이 가지는 의미 몇 가지에 대해서 생각해보자.19 무엇보다도 우선, 배휴가 매개 역할을 해주지 않았다면 황벽의 가르침을 담은 텍스트가 존재하지 않았을 터이다. 다른 것은 있을 수도 있었을지 몰라도 적어도 이 텍스트는 있을 수 없었다. 둘째로, 배휴가 글로 쓸 때에는 처음에 황벽선사가 말로 한 것보다는 아무래도 좀 더 체계적이고 합리적으로 썼으리라 짐작된다. 왜 그렇게 생각할 수 있는가? 여러 가지 이유가 있다. 말로 한 것을 글로 옮길 때에는 흔히, 또 당연히, 초점이 더 날카로워진다. 말을 하는 동안에는 매끄럽지 못한 문장을 말하면서도 잘 의식하

---

**16** 황벽의 입적연대는 정확하게 알 수 없다. 다만 황벽산에 대한 관심이 다시 일어나면서 조사를 하던 중에 옛 절터 가까운 언덕에서 지난 천 여 년 동안의 역대 주지들과 그 밖에 중요한 승려들의 비 수백 개와 함께 황벽의 비가 발견되었다.

**17** 역주_각주 15에 제시한 백련선서간행회의 번역에서 보듯이 배휴가 황벽의 가르침을 기록하는 작업은 그가 공직에서 은퇴한 뒤에 시작된 게 아니라 가까이에서 황벽의 가르침을 받는 동안에 이미 시작되었을 수도 있다. 원고의 방대한 양을 감안하면 그런 식으로 일찍부터 기록해서 모아놓았을 가능성이 더 크다. 그러나 원고를 정리해서 황벽 문하의 선승들에게 회람시켜 정확성을 점검하고 유통시킨 것은 훗날의 일이었을 것이다.

**18** 후대에 이 기록에 붙여진 제목 가운데 하나가 "전심법요"이다.

**19** 말을 문자화할 때 일어나는 일, 그리고 말과 글의 차이에 대해서 근래에 많은 연구가 이루어졌다. 베르나르 포르(Bernard Faure)는 *Chan Insights and Oversights*에서 이 최근의 연구들이 중세 선 전통과 관련해서 시사해주는 점들을 고찰하였다. 구술(口述)과 성문(成文) 사이의 관계를 이해하기 위해서는 그가 참고한 데리다(Derrida)라든가 라카프라(LaCapra), 옹(Ong), 리꾀르(Ricoeur) 등을 참고하는 것이 가장 좋은 방법일 터이다.

의 명성이 배휴의 명성을 압도하게 되었다. 블로펠드도 배휴를 서양에 소개하는 데에는 흥미가 없었다. 위대한 황벽만을 원했다. 그래도 의문은 남는다. 그가 실제로 전한 것은 과연 누구인가?

블로펠드는 황벽의 마음이 바로 이 텍스트의 시원始原이라고 여겼기 때문에 적어도 처음에는 만족하였다. 하지만 실제로는 그것도 많은 시원 가운데 하나일 뿐이다. 배휴가 집필한 뒤에는 어떻게 되었는가? "문하생인 태주스님과 법건스님에게 주어서 옛산의 광당사로 돌아가 장로들과 청법 대중에게 지난 날 몸소 듣던 바와 같은지 다른지를 묻게 하였다"고 한다.[21] 장로들과 청법 대중이 그 내용에 대해서 얼마나 동의했을까? 재상을 지냈던 사람이 집필한 원고인데, 제정신인 스님이라면 실제로는 어떻게 생각하든 간에 틀렸다는 말은 할 수 없었을 것이다. 더욱이 배휴 같은 유력자가 자신들의 스승에게 계속해서 관심을 가지고 있다는 것은 그 제자들에게는 나쁠 것 없는 일이었다. 다른 한편으로 배휴는 혹시 잘못된 부분이 있으면 고쳐달라고 청하고 있다. 어떤 첨삭가필이 이루어졌는지 지금으로서는 알 수가 없는 일이다.

그러나 상당한 양의 첨가가 있었다는 강력한 증거가 있다. 텍스트를 "형식비평적form-critical"으로 분석해보면 그것이 보인다. 어떤 대목들은 문체가 다르고 관점도 전혀 다르다. 그 관점은 분명히 선방 수좌의 관점으로, 그 원고의 감수를 부탁 받은 황벽산 스님들의 관점이다. 무엇을 첨가하였을까? 야나기다 세이잔에 의하면, 원로 스님들은 황벽선사의 가르침을 모은 개인적인 노트들을 간직하고 있었으리라고 한다. 배휴의

---

**21** T. 48, p. 379c; *Blofeld, Huang Po*, p. 28.
　**역주**_출처는 『전심법요』. 원문은 "遂出之授門下僧大舟法建 歸舊山之廣唐寺 問長老法衆 與往日常所親聞 同異如何也." 한글 번역은 『선림보전』, p. 237.

라고 보는 것이 좋을 듯하다. 황벽의 가르침에 대해 그 형식과 내용 모두에 매료되지 않았다면 배휴가 황벽의 제자가 되지 않았을 것이다. 배휴의 세련된 감각에는 황벽의 말투가 거칠게 들렸겠지만, 그 말투도 좋아했을 것이다. 한편, 재상까지 지낸 사람이 글을 쓸 때, 특히 자신의 지식인 친구들이 읽을 수도 있는데, 그 황벽의 말투를 그대로 글로 옮겼으리라고 생각하기는 어렵다. 그 텍스트 대부분이 잘 다듬어진 지성적인 문체로 쓰였다. 그러나 간혹 구어체가 그대로 튀어나오기도 한다. 그런가 하면 세련된 문체가 아니며 형식과 내용 양면 모두에서 속어가 난무하는 부분도 있다(이에 대해서는 나중에 다시 본격적으로 살펴보겠다).20

넷째이자 마지막으로, 배휴의 엄청난 특권적 지위가 아니었다면 그 텍스트의 운명이 어땠을까 생각해볼 수 있다. 배휴는 그냥 평범한 유발有髮제자가 아니었다. 황벽의 선을 알리는 데 그보다 더 훌륭한 입장에 있는 인물이 있을 수 없었다. 황벽선사에게 거국적인 관심이 쏟아지게 된 데에는 배휴의 명성과 지위가 상당한 공헌을 했을 것이다. 어떤 사람들이 얼마나 많이 이 텍스트를 찾게 되었느냐 하는 데에 배휴라는 인물의 매개자로서의 역할이 큰 영향을 끼쳤을 것이다. 결국에는 물론 황벽

---

20 배휴가 전하는 황벽의 이미지와 임제가 언급하는 이미지를 비교해보면 이 점이 얼마나 의미심장한지 느낄 수 있을 것이다. 임제의현이 젊을 적에 홍주의 도읍에 있는 태안사(太安寺)에서 황벽 문하로 들어간 것은 배휴와 황벽이 만나기 몇 해 전이었다. 『임제록』(臨濟錄)은 배휴의 시대보다 후대에 쓰였다. 부유하고 영향력도 큰 유자이자 고위관리였던 배휴가 그리는 황벽은 불교 교리와 문헌에 환하고, 높은 신분의 청중 앞에서 세련되고 강렬한 설법을 하는 인물이다. 한편 파격적인 스타일로 유명한 임제가 전하는 황벽은 좀 다르다. 미혹된 말과 행동을 호되게 꾸짖고, 전통적인 교리의 복잡한 문제들에 대해서는 관심이 없다. 이 차이는 어쩌면 선사들(임제 같은)과 사대부(배휴 같은) 사이의 차이에서 비롯했을 수 있다. 또는 위대한 인물상에 대한 송대(宋代)와 당대(唐代)의 관념이 달랐기 때문일 수도 있다. 또는 야나기다 세이잔(柳田聖山)이 말하듯이 한 개인이 그런 면을 다 가지고 있었기 때문이었을 수도 있다. 어쨌든 여기서 중요한 점은, 보는 시각에 따라 대상의 모습이 달라진다는 것, 그리고 이것이 바로 이 텍스트들의 생동력이 작동하는 지평이라는 점이다.

이 흔히 비밀스럽게 도모되곤 했던 이유도 이해할 만하다. 그런데, 하지 말라는 일을 애당초 왜 한 걸까? 야나기다는 이렇게 설명한다.

> 스승이 위대하여 제자가 많을수록 각 제자는 개인적으로 가르침을 받을 기회가 적었다. 스승과 직접 대면하는 것은 아주 영광스러운 일이었다. 그런 영광을 누린 이들 가운데에는 몰래 그 일을 기록해 간직하는 이들도 있었다. 그러다가 자기가 직접 체험한 것에다가 다른 이들에게서 들은 것도 덧붙여서 스승의 언행에 대한 기록을 추려서 편찬하기에 이르렀다. 그것은 아주 자연스러운 과정이었다.[27]

왜 그것이 "아주 자연스러운 과정"인가? 무엇보다도 우선 위에서 언급했듯이 사실상 언어문자에 대한 선의 입장에 어긋나고, 우리 근대의 낭만주의적인 언어관이나 실용주의적인 언어관에도 어긋나지만, 선사의 말씀과 그의 깨달음 사이에 매우 긴밀한 관계가 있다고 여겼기 때문이다.[28] 황벽선사가 설법하면 누구나 귀 기울여 들었다. 듣는 것만으로는 충분치 않았다. 외우고 되씹고 곰곰 생각하였다. 깨달은 이의 말씀이기 때문이다. 그 말씀을 두고두고 간직하기에는, 아마도 몰래 해야 했겠지만, 글로 써놓는 것보다 나은 방법이 없다. 또한 정확성과 신빙성을 기하는 최선의 방법이기도 하다. 그렇게 하면 설법을 들을 때 머리에 담아

---

**26** Pas, *The Recorded Sayings of Ma-tsu*, p. 39.
**역주**_라이트는 이 대목이 마조의 어록에 나오는 것처럼 인용하였지만, 사실은 『조당집』(祖堂集) 권15에 수록된 마조의 제자 동사(東寺) 화상의 말이다. 원문은 "自大寂襌師去世病好事者錄其語本不能遺筌領意……"(TK. 45, p. 328c). 라이트는 마조의 어록 자체에 이런 언급을 담는다는 아이러니를 기록자나 편찬자가 깨닫지 못한 것 같다고 논평하였으나, 이 대목이 마조의 어록에 들어있는 것이 아니므로 이 논평은 타당치 않다고 판단되어 본문 번역에서 빼버렸다.
**27** Yanagida, 위의 글, p. 188.
**28** 이 책 4장과 5장에서 다루는 주제 가운데 하나가 바로 이것이다.

원고가 도착하자 그것을 꺼내놓고 점검했을 것이다.[22] 그럴싸한 얘기다. 선서禪書 일반의 성격에 대한 우리의 이해에도 잘 맞아떨어진다. 황벽의 텍스트도 예외는 아닌 것이다.[23]

선종이 등장하는 데에는 선어록이라는 장르가 핵심적인 역할을 하였다. 다음 장에서 살펴보겠지만 선사들은 문서를, 또한 문서공부 하는 것을 강하게 비판하였다. 경전공부도 하지 말라 하고, 선의 가르침조차 쓰거나 심지어 외우지도 말라고 하였다.[24] 예를 들어『임제록』에서는 "큰 책자 위에다 죽은 노장들의 말을 베껴 가지고 남이 보지 못하도록 세 겹네 겹 보자기에 싸 놓고는 그것을 '오묘한 이치'라고 하면서 애지중지" 하는 학인들을 신랄하게 꾸짖는다.[25] 그리고 마조의 어록에 대해서는 다음과 같은 비판이 있다. "[마조대사가 세상을 떠난 뒤] 그 말씀을 기록한 이들이 있었으니, 늘 겉으로 드러나는 것들을 중시하는 병에 걸려 있는 자들이라" 정작 진짜 마조의 정수는 담지 못했다.[26] 이것이 텍스트에 대해 널리 퍼져있는 태도였다. 그런 강력한 비판을 감안하면 어록 편찬

---

22 柳田聖山,「解説」, 入矢高義,『伝心法要』, p. 172.

23 Yanagida, "The 'Recorded Sayings' Text" 참조.

24 배휴도 자기의 집필행위가 가지는 어정쩡한 의미를 의식하고 있었다.『전심법요』중에 배휴가 "선"을 시로 표현하려는 데 대해 황벽이 타박하는 대목이 나온다. 신실한 선불교인이라면 누구나 그런 식으로 말하겠지만, 배휴는 서문에서 다음과 같이 말하였다. 처음에는 "감히 드러내어 발표하지 못하다가, 이제 신령스런 경지에 드신 그 정묘한 뜻이 미래에 전하여지지 못할까 두려워하여, 드디어 내어놓[았다]"(T. 48, p. 379c; Blofeld, Huang Po, p. 28).
   역주_배휴 서문에서 인용된 대목의 원문은 "不敢發揚 今恐入神精義不聞於未來 遂出之." 한글 번역은『선림보전』, p. 237. 배휴가 시를 지어 황벽선사에게 보여주는 대목은 이 책 56쪽 참조.

25 Yanagida, "*The Recorded Sayings Texts*" p. 188.
   역주_출처는『진주임제혜조선사어록』(鎭州臨濟慧照禪師語錄). 이후『임제록』으로 약칭함. 원문은 "大策子上抄死老漢語 三重五重複子裹 不敎人見 道是玄旨 以爲保重"(T. 47, p. 501c). 한글 번역은 백련선서간행회 옮김,『임제록·법안록』(臨濟錄·法眼錄), p. 87.

두려고 애써야 할 필요 없이 설법 그 자체에 집중하고 그 내용에 대해 곰곰이 생각하는 데 더 신경을 쓸 수 있었다.

황벽산에도 그런 비밀 기록들이 있었을 가능성이 높다. 그리고 배휴의 원고가 도착했을 때 끄집어냈을 것이다.[29] 누군가의 노트에 배휴의 원고에는 없는 중요한 사항이 있었다면 첨가했을 수도 있다. 그런 식으로 그 원고는 늘어났다. 얼마나 늘어났는지는 아무도 알 수가 없다.

어떤 말씀들을 받아 적어 두었겠는가? 물론 황벽의 모든 말씀을 빠짐없이 기록하였을 리는 없다. 이미 잘 알고 있기 때문에 기억할 필요가 없을 만큼 평범하거나 하찮은 말씀들은 빼고, 매우 인상 깊고 간직할 만한 말씀들을 기록하였을 것이다.[30] 특히 가장 기록할 만한 가치가 있는 것은, 이해하기 어렵지만 조금만 생각해보면 눈을 확 떠지게 하는 그런 말씀이었을 것이다. 도무지 무슨 뜻인지 종잡을 수 없을 만큼 너무 어려우면 기억하기 힘들다. 다만 너무나도 의외이고 기이해서 상상력을 잡아채는 수도 있다. 굉장히 비범하고 완전히 콘텍스트를 벗어난 까닭에 아예 명상의 대상이 된 말씀들도 있다. 그 중에 몇 가지는 후대에 공안집公案集에 수록되어 이후의 세대들에게 수수께끼로 던져지기도 하였다.

『전심법요』에 다음과 같은 대목이 있다. "어느 날 선사께서 법당에 들

---

**29** 10세기 말에 편찬된 『조당집』(祖堂集)은 당시 황벽선사의 어떤 행록(行錄)이 전해지고 있었음을 언급하고 있다. 入矢義高, 『伝心法要』, p. 172.
**역주**_정확한 전거는 柳田聖山, 「解說」, 入矢義高, 『伝心法要』, p. 172이다.

**30** "내 말을 기억하지 말라(莫記吾語)"는 마조의 말이 그 한 예이다. 이보다 더 기억에 잘 남는 말도 드물 것이다. 또한 이보다 더 실천하기 어려운 말도 없다. 그 말씀을 실천하려고 한다면 곧 어기는 셈이 되겠기 때문이다.
**역주**_"내 말을 기억하지 말라(莫記吾語)"는 대목의 전거는 『사가어록』(四家語錄)에 수록된 『강서마조도일선사어록』(江西馬祖道一禪師語錄), Z. 119, p. 810a이다. 한글 번역은 백련선서간행회 옮김, 『마조록·백장록』, pp. 26~27.

어오셨다. 스님들이 다 모이자 주장자를 휘둘러 치려하고 내쫓으려 하였다. 스님들이 물러나려 하자 문득 부르셨다. 돌아보자 말씀하셨다. '달이 활 같도다. 비는 조금인데 바람만 거세다.'"[31] 무슨 뜻인지 도무지 알 수 없다. 아마도 우리만 그런 것이 아니라 누구라도 이게 무슨 소리인지 도저히 알 수 없을 것이다. 어쩌면 그 현장에는 단서가 있었을 수도 있다. 또는 특별한 소수만 뜻을 알 수 있을지도 모른다. 아무튼 이런 것이, 즉 더 깊이 숙고해보면 깨달을 수도 있을 법하다고 한 그런 것이 바로 기록할 만한 에피소드이다.

여기에서 어록 편찬과정에 두 개의 관문이 있음을 본다. 편찬자들의 손길을 거쳐야 했을 뿐 아니라, 우선 인간의 해석에 내재해 있는 검열의 메커니즘을 통과해야 했던 것이다. 애초가 누군가가 말씀을 듣고 기억하고 쓰고 보관해야 한다. 전승되는 과정에서는 보존되는 것보다 잊히는 것이 많다. 구두로 전승되든 문서로 전승되든 마찬가지이다. 아무튼 배휴의 원고가 황벽산에 도착했을 때 거기 승려들이 얼마나 흥분했을지 상상할 수 있다. 개인들의 비밀 노트가 아직 공개되지 않고 있었다면, 이야말로 빛을 볼 좋은 기회였을 터이다. "그래, 나도 때때로 적어둔 게 좀 있어"라며 내놓으면, 어느 누가 그것을 허물로 비난했겠는가? 오히려 고마워했을 것이다. 그런 국면에서는 아무것도 적어둔 게 없는 이들이 오히려 후회했을 것이다.[32]

---

[31] 『고존숙어록』(古尊宿語錄), Lu K'uan Yu, *Ch'an and Zen Teachings*, p. 125.
　　**여주_인문**은 "師上堂 大衆纔集 師拈拄杖 時打散 復召大衆 衆回首 師云 月似彎弓少雨多風"(Z. 118, p. 181a).

[32] 토마스 후버(Thomas Hoover)도 "황벽선사가 오늘날 우리에게 알려지게 된 것은 말씀의 기록에 집착한 어떤 추종자가 있었던 덕분"이라고 해서, 그런 묘한 긴장을 근대 낭만주의적인 입장에서 토로한 바 있다(*The Zen Experience*, p. 123). 달리 말하자면, "우리야 고맙지만, 그런 짓은 하면 안 되는 거였지"라는 뜻이다.

그러니까 그렇게 보존된 황벽의 가르침과 이미지는 수많은 사람들의 의식에 의거한 것이다. 그 중에는 물론 남들보다 특히 더 영향력 있는 사람들이 있게 마련이고 그런 누군가, 또는 요즘 말로 하자면 위원회 같은 집단이, 텍스트의 전반적인 편찬 작업에서 편집인이라든가 기획자 같은 역할을 했을 것이다. 황벽선사의 텍스트도 여느 선어록과 마찬가지로 처음부터 끝까지 일관되고 조직적인 서술로 되어있지 않기 때문에,33 어느 대목을 어디에 넣을지를 누군가가 결정해야 했다. 어떤 교훈, 법문 또는 일화를 앞에 넣고 어떤 것을 뒤에 넣을지, 또한 어떤 것을 빼버릴지 결정해야 하는 것이다. 이에 따라 황벽 텍스트의 성격이 결정된다. 어쩌면 딱 하나의 텍스트만 만들어진 게 결코 아니었을 수도 있다. 텍스트를 가지려면 대개 필사를 하는 수밖에 없는데, 각자 필사하면서 어떤 부분만 베끼고 나머지는 빼버린다거나, 순서를 뒤바꾸어 베꼈을 수도 있다.

인쇄술은 텍스트의 무상한 변동을 가라앉힌다. 특정의 선택된 판본을 널리 유통시키기 때문이다. 황벽 당시 중국에는 이미 인쇄술이 있었지만 보편화되지는 않았고,34 여전히 대체로 "필사 문화manuscript culture"가 주류였다.35 9세기 중국 불교사원에서도 텍스트의 유통은 개인이 나름의 필요에 따라 필사하는 방식으로 이루어졌으며, 따라서 흔히 필사과

---

**33** 종밀(宗密)의 글 중에 질문자가 다음과 같이 말하는 대목이 생각난다. "질서가 없으며 시작도 끝도 보이지 않는다"(Broughton, *Kuei-feng Tsung-mi*, p. 104).
역주_출처는 『선원제전집도서』(禪源諸詮集都序). 원문은 "無斯綸緖 不見始終"(T. 48, p. 399c). "선가(禪家)에서 말하는 것을 보면 대개, 질문을 하면 반문을 하고 때로는 긍정하고 때로는 부정하여 종잡을 수 없다"("今覽所集諸家禪述 多是隨問反質旋立旋破")는 비판 뒤에 이어 나오는 말이다. 한글 번역은 김무득 옮김, 『선의 근원』, 서울: 우리출판사, 1991, p. 53; 전종식 역해, 『도서』(都序), 서울: 도서출판 예학, 2007, p. 33 참조.
**34** 중국 인쇄술의 간략한 역사에 대해서는 Liu Guojun, *The Story of Chinese Books* 참고.
**35** Gerald Bruns가 "인쇄 문화의 폐쇄적인 텍스트와 필사 문화의 개방적인 텍스트"를 구별한 것을 참고(*Inventions: Writings, Textuality, and Understanding in Literary History*, p. 44).

정에서 그 목적에 따라 변형이 일어나게 마련이었다. 텍스트를 고정된 것, 변형시켜서는 안 될 것으로 여기지 않았다는 얘기이다. 첨삭가필이 이루어졌고, 다른 텍스트를 끌어다가 붙이기도 하였다. 황벽의 텍스트에도 수많은 다른 텍스트의 조각들이 흡수되었다. 그런가 하면 후대의 어떤 텍스트들은 황벽의 어록을 통째로 끌어들여 수록하면서 거기에다가 전에 없던 부분을 다른 데에서 가져와 덧붙이기도 하였다. 말로 주고받는 담화는 워낙 유동적이지만 텍스트 사이의 관계도 언제든지 변화하고 뒤집어질 수 있는 유동적인 것이다. 인쇄술이 보편화되기 전에는 그 유동성이 특히 컸지만, 그 뒤에도 금방 사라지지 않고 오랫동안 지속되었다. 또한 인쇄술은 텍스트들의 취합을 아주 쉬운 일이 되게 하였다.

　어쨌든, 인쇄 이전 선 텍스트들은 필사본으로 유통되었고, 따라서 첨삭가필의 가능성에 개방되어 있었다. 독자들도 텍스트의 수정, 확장에 참여하였다. 자기의 필요에 따라 특정 대목을 확대하거나 강조하기도 하고 연결이 안 된다고 생각하는 부분을 채워 넣기도 하였다. 그와 같은 다시 쓰기는 그 텍스트를 업데이트하는 일인 셈이다. 그 텍스트가 바로 지금의 상황에 대해 말해주는 것을 끄집어내서 드러내는 일이 바로 그런 다시 쓰기를 통해 이루어지기 때문이다.

　그리고 텍스트와 언어, 이념의 변화를 가속화시킨 중세 선의 문화 가운데 하나는 유행遊行이었다. 선승들이 이 절에서 저 절로 돌아다니노라면 새로운 사상과 새로운 표현, 새로운 텍스트 들을 접하게 마련이었다. 이른바 홍주종의 선서禪書들을 보면 다른 절로 "사자使者"를 보내서 거기서는 무슨 얘기를 하고 어떤 수행을 하는지를 알아보게 하고 선의 "대사大事"에 대해 얘기를 나누게 하는 일이 흔히 있었음을 짐작할 수 있다. 그럴 때면 물론 메모를 했을 것이다. 그 일을 맡은 승려는 돌아와서 그가 보고 들은 것을 풀어놓았다. 사찰들은 그런 식으로 서로 밀접히 연결되어서 활발하게 소통하였다. 황벽의 전기에 그의 어록이 "온 세상에 널리 유통된다"[36]고 한 것은 바로 이처럼 서로 연결되어 있던 사찰들의 세계를 말한다. 황벽의 가르침이 그런 식으로 유통되는 가운데 다른 선사들의 마음과 텍스트에 스며들었다. 그리고 마찬가지로 다른 선사들의 가르침과 언어가 황벽사로 전해지기도 했을 터이고, 그 가운데 일부는 황벽의 텍스트에 스며들기도 했던 것이다.

우리는 그런 것을 일단 부정적인 일로 여긴다. 그것은 원본 훼손, 즉 진정한 황벽을 훼손하는 짓이요 역사적 사실을 왜곡하는 짓으로 생각되기 때문이다. 하지만 나쁘게만 볼 일이 아니다. 필사 텍스트에서는 그런 작업이 오히려 긍정적인 필수과정이다. 그러한 "다시 쓰기"가 없이는 마음과 텍스트의 전승이 이루어질 수 없다. 텍스트와 전통의 무상한 변화는 것은 그 전에는 없었던 새로운 가능성이 실현되는 과정이라고 이해하는 것이 가장 합당하다. 하지만 근대 역사주의의 관점에서는 이 무상함이 심각한 문제이다. 근대 역사주의의 시각에서 보면 텍스트는 자신의 문화와 시대를 대변하는데, 그 뒤에 일어나는 변형은 그것을 가려버린다. 하지만 중세 선 수행자들은 역사학자가 아니었다. 그들은 자기들에게 전승된 텍스트들이 자기 시대와는 다른, 그 텍스트의 시대를 대변하는 게 아니라 선의 "대사大事"를 말한다고 여겼다. 그리고 그 "대사"는 텍스트의 시대에만 국한되는 게 아니라 바로 지금 여기에서 실현되어야 할 일이다. 이를 위해서 텍스트의 언어나 내용이 업데이트될 필요

---

[36] T. 50, p. 842bc.
**역주**_전거는 『송고승전』 권20의 「당홍주황벽산희운전」(唐洪州黃蘗山希運傳), 원문은 "語錄而行于世." 정확한 출처는 p. 842b.

가 있을 때는 다시 쓰기를 해주는 편집자들이 늘 있게 마련이었다. 예를 들어 후대에 황벽의 텍스트를 편집한 이들은 텍스트에 나오는 구어口語, 특히 속어적인 표현들 몇몇을 바꾸어버리는 데 거리낌이 없었다. 사실상 그렇게 하지 않으면 안 되겠다고 생각했을 것이다. 언어는 시대에 따라 바뀌게 마련이고—속어적인 표현이 아마 가장 빨리 바뀔 것이다—따라서 정형적인 표현들은 힘을 잃게 된다. 의미는 말할 것도 없다. 황벽의 가르침이 후대에도 효력이 있으려면 그 언어를 새 시대에 어느 정도 맞출 필요가 있었다. 그러니까 당대의 필요에 따라 원본을 변형시키는 것은 텍스트를 훼손하는 것이 아니라 오히려 역설적이게도 텍스트의 보전에 기여하는 일이었다. 그 텍스트가 처음 만들어졌을 때 가졌던 힘을 후대에도 다소나마 계속해서 발휘하기 위해서는 그 형식도 당대에 알맞아야 했고, 그래서 계속 변형된 모습으로 보존되어왔던 것이다.

배휴가 황벽에게 사사하기 전에 스승으로 모셨던 규봉종밀은 황벽의 선에 비판적이었는데, 그 또한 우리가 이야기하고 있는 바로 그 점을 말하고 있다. "요컨대 이는 다만 당시의 상황에 따라 당사자의 근기에 응할 뿐"이라고 했던 것이다.37 그런데 종밀이 몰랐던 게 있으니, 심지어는 종밀 자신의 저술도 포함해서 성공적인 텍스트라면 워낙 다 그렇다는 점이다. 그리고 그 중에 소수의 텍스트가 당대뿐 아니라 다른 시대와 지역에서도 의미 있게 받아들여지게 되고 그것이 "고전"이 된다. 그런 텍스트는 그저 우연히 어쩌다 생겨난 게 아니라 온통 복잡한 "연기"의

---

**37** Broughton, *Kuei-feng Tsung-mi*, p. 105. 아니나다를 홍주 사역 선서(禪書)의 이런 면을 "본질로부터 기능으로의 전환," 달리 말하면 본질로부터 실천으로의 전환이라고 일컫는다(『無の探求』, p. 177).
　　역주_출처는 『선원제전집도서』. 원문은 "舉要而言. 但是隨當時事應當時機"(T. 48, p. 400a). 한글번역은 김무득 옮김, 『선의 근원』, p. 54; 전종식 역해, 『도서』, p. 34 참조. Jefferey Lyle Broughton, *Zongmi on Chan*, NY: Columbia University Press, 2009, p. 107 참조.

산물이다. 그것이 장래에 어떤 모습이 될지 예견한다거나 이전에 어떤 경로를 밟아왔는지 추적하는 것이 불가능할 만큼 복합적인 "연기"의 그물이다.

어떤 텍스트가 다른 시대 다른 지역의 독자에게 다가가기 위해서는 변형이 필요한데, 그런 변형이 특히 번역과정에서는 별로 눈에 띄지 않고 비교적 쉽게 이루어진다. 블로펠드의 번역에서도 그런 변형이 자연스럽게 일어났다. 근대 영어권에서 영적靈的인 모색을 하는 이들이 선호하는 언어는 낭만주의였고 블로펠드 자신의 취향도 그러했다. 따라서 블로펠드는 바로 그 언어를 써서 황벽을 번역하였다. 이때 매우 큰 변형이 일어났기는 했지만, 그 이전까지 중국에서 그 텍스트가 유통되는 과정에서 이미 거쳐 온 변형과 성격은 똑같았다. 독자가 무상한 만큼, 무상한 텍스트만이 성공적으로 전승된다. 그것을 두고 애석하게 생각한다면 모든 것이 워낙 무상하다는 불교의 기본적인 통찰에 어긋나는 태도이다.[38] 사실 불교 전통에서는 내내 그런 집착이 헛된 것임을 말해왔다. 그 어떤 선택도 영구불변의 근거에 의해서 확정적으로 이루어지는 게 아니라 연기적緣起的으로 이루어지며, 그 어떤 근거라 할지라도 모두 다 유동적이다. 그러므로 확고한 근거와 불변의 원형을 잡으려는 욕구는 애초에 잘못된 것이며 또한 고통스럽기도 하다. 텍스트가 계속 변형을 거친다는 것은 오히려 건강하다는 증거이다. 새로운 상황의 복합적인 인연에 따라 새로운 변형이 이루어지는 것은 불교에서 말하는 연기법에도

---

**38** 중세 중국인들 가운데에는 위대한 경서(經書)들이 훼손되는 것을 애석해 하며 그것을 돌에 새겨 변형을 막고자 한 이들도 있었다. 하지만 뜻밖에도 그런 금석문(金石文)보다는 필사본으로 유통된 것들이 훨씬 더 오래 보존되었다. 계속해서 필사된 텍스트들은 변형되기는 하더라도 지속적으로 유통되지만, 돌이라고 해서 풍화를 끝까지 이기지는 못하기 때문이다.

합당한 일이다.

　황벽의 어록도 그런 "연기"를 계속해왔다고 보는 안목에서 그 역사를 대강 훑어보자. 그 문헌이 거쳐 온 "연기"의 역사는 매우 복잡해서 그 모든 사연을 글로 적기는 애당초 불가능하다. 여기서는 편의상 그것이 전승되어온 과정 중에 주요 대목들만 정리해보기로 한다.

- 배휴의 서문은 황벽산에 원고를 보낸 얼마 뒤에 쓰였다. 당시 수도였던 장안長安에서 857년 10월 8일에 쓴 것으로 되어 있다.

- 『완릉록宛陵錄』은 그 언어와 내용의 성격으로 보아 황벽산 승려들의 작품인 듯하다.39 늦어도 11세기 초까지는 배휴의 텍스트와는 별도로 유통되었다. 그 뒤에는 두 텍스트가 한데 합쳐졌다.

- 초기에는 제목이 없었다. 구두로는 황벽어편黃檗語篇이라 불리며 유통되었다. 뒤에 여러 가지 제목이 붙었지만 가장 흔히, 또 지속적으로 쓰인 것은 『황벽선사전심법요黃檗禪師傳心法要』이다.

- 현존하는 가장 오래된 황벽의 어록은 952년에 쓰였고 근래에 한국에서 다시 발견된 『조당집祖堂集』에 들어 있다. 여러 선사들의 행록行錄과 함께 황벽의 행장이 연대순으로 자세히 기록되어 있다.

- 반세기쯤 뒤에 『경덕전등록景德傳燈錄』에 황벽에 관한 약간 더 많은, 그리고 좀 다른 텍스트들이 수록되었다. 그리고 점차로 그 이전의 법문 기록들이 첨가되었다. 그 기록들이 후대에 별도 형태의 『전심법요』로 알려지게 되었다. 이 텍스트의 원본은 알 수 없고 1283년판만 전해진다.

---

**39** 이것은 이리야 요시타카(入矢義高)의 『伝傳心法要』 뒤에 실린 「解說」에서 야나기다 세이잔(柳田聖山)이 피력한 견해이다.
　**역주**_정확한 출처는 pp. 175f.

- 황벽선사의 텍스트가 선종의 정전正典으로 자리 잡은 것은 송대宋代에 와서이다. 송대에는 황제의 윤허 하에 불교 경전의 판본 중에 정전을 선별하여 공인公認하고 편찬하는 작업이 활발하게 진행되었다. 황벽의 어록도 그 반열에 오른 것이다.

- 당대唐代에는 고전 경서들의 인쇄가 이미 이루어지고 있었다. 송대에 와서는 불교 문헌들도 인쇄 간행되기에 이르렀다. 이것이 텍스트의 변형속도를 늦추었다. 기준이 되는 정본正本의 개념이 등장했기 때문이다. 한편 인쇄술 덕분에 유통이 용이해지고 유통 범위가 넓어졌으며 읽기도 쉬워졌다.

- 임제종의 세력 덕분에 『임제록』이 널리 유통되었다. 『임제록』에는 스승과 제자 사이인 황벽과 임제의 대화가 많이 나오고 그것들이 황벽의 텍스트를 더욱 풍부하게 하였다. 송대부터는 거기 나오는 황벽의 괄괄한 이미지가 『전심법요』에 나오는 합리적이고 이념적인 이미지보다 더 널리 알려지게 되었다.

- 일본에서는 『전심법요』가 1283년에 처음 간행되었다. 선어록으로서는 일본에서 처음 간행된 것이 『전심법요』였다. 그것이 언제 일본에 전해졌는지는 분명치 않다. 선학자 우이 하쿠주宇井伯壽는 일본 임제종의 종조인 에이사이榮西가 가져왔으리라고 짐작한다. 아무튼 바로 그 즈음에 푸저우福州 대장경[40]이 일본에 들어왔고 황벽의 어록이 그 속에 들어 있었다. 사무라이들이 황벽의 텍스트를 매우 좋아했고, 그들은 카마쿠라鎌倉 시대에 선이 크게 융성하는 데 주도적인 역할을 하였다.

---

**40** 역주_1080년 복주(푸저우)의 동선사(東禪寺)에서 착수하여 1104년에 완성한 동선사본(東禪寺本)이 있으며, 이것은 1112년에 신역천태부(新譯天台部)의 장소(章疏)를 더하여 6,000여 권으로 되었다. 또 이 해부터 시작된 복주 개원사(開元寺)의 대장경 편찬은 1146년에 완성되어 개원사본(開元寺本)이라고 불린다.

- 송대 말엽에 이르면 공안선公案禪이 널리 퍼졌다. 공안집에서도 황벽의 명성과 언행들이 중요한 자리를 차지하였다. 임제의 스승이라는 위치 때문이었을 것이다. 그런데 공안선의 유행으로 "마음"에 대한 황벽의 설법은 뒤로 물러나고 이른바 선문답 에피소드들이 전면에 부각되었다. 사상적, 교리적 통찰보다는 기이함이 선택의 기준이 되었던 것이다.

- 그 밖에 수많은 불전 편찬과 간행을 통해 황벽의 텍스트들이 계속 유통되었는데, 각자가 약간씩 다른 황벽을 전해준다. 그 가운데 가장 중요한 것이 『사가어록四家語錄』일 것이다. 이것은 송대 초에 홍주 지역의 또 다른 선계파에서 편찬한 것이다.41 이 문헌은 홍주종의 네 조사들, 즉 마조와 백장, 황벽, 임제가 차례로 사제師弟 관계로 이어지는 계보를 확인해준다는 점에서 중요하다. 『사가어록』이 간행될 때에 이르면, 이 네 조사가 선의 황금시대를 대표하고 있었다. 그때 선사들은 "정말로" 깨달은 이들이었다. 그들의 그런 이미지는 당시의 현실과 대비를 이루는 역할을 하였다. 즉 당시의 타락상을 비추어보게 하고 순정한 이상과 수행을 지향하게 하는 거울과도 같은 역할을 했던 것이다.

- 14세기 중엽에 이르면 성리학이 불교를 대신해서 지식인들의 최신사조가 되었다. 그러나 성리학에는 이미 불교의 신행이 깊이 스며들어가 있었다. 성리학이 지배하는 동안에도 황벽의 텍스트들은 그다지 비판의 대상이 되지 않았다. 논리적이고 이념적인 형식을 갖추고 있었기 때문이다. 비판의 대상이 된 것은 주로 논리적인 서술을 배제한 선서들이었다. 어쩌면 야나기다가 지적하듯이 유자儒者인 배휴가 편찬한 것이어서 유학자들의 비판을 면했는지도 모른다. 어쨌든 더 이상 지식인들에 의해 읽히지는 않게 되었고 그 뒤 수 세기 동안 그다지 유통되지 않고 잠잠했다.42

---

**41** 역주_임제종 황룡파(黃龍派)를 가리킨다. 지금 전해지는 『사가어록』은 명대(明代)에 다시 편찬된 것이다.

- 스즈키 다이세쓰(D. T. Suzuki, 鈴木大拙)가 선사들에 대한 영어 저술을 내놓기 시작한 바로 그 때, 중국에서는 선서들이 반혁명적이라고 해서 금서가 되었다. 황벽의 어록도 마찬가지였다. 하지만 이미 수 세기 동안 거의 읽히지 않은지라 그 내용이 무엇인지 아는 사람은 거의 없었다. 내가 블로펠드의 『전심법요』를 샀을 당시에는 중국에서 문화혁명의 와중에 불교 서적들을 불태우고 있었다.

자, 이제 황벽의 텍스트들을 누가 썼는지에 대해 무슨 이야기를 할 수 있을 텐가? 누가 썼으며 누구의 마음을 전하는가? 대답을 하려고 하기 전에 우선 이 질문의 좌표를 인식해야 한다. 저자가 누구냐를 묻는 것은 근대의 문제의식이다. 중세의 선승들이라면, 저자가 누구냐를 우선 따지면서 선서 읽기를 시작하려는 우리를 이해하지 못할 것이다. 황벽이라는 인물의 깨달은 마음을 정확하게 드러내는 한에서만 황벽의 텍스트를 인정하려는 것은 낭만주의에서 물려받은 태도일 뿐이다. 20세기의 우리들에게는 너무나 당연한 태도가 되어버렸지만, 최근에는 그게 유일하게 당연한 태도는 아니라는 성찰이 일고 있다.

블로펠드는 철저하게 낭만주의 전통에 입각하였다. 배휴의 손으로 쓰였다는 것, 그리고 자기의 손으로 영어로 번역되었다는 것, 그런 점들은 황벽선사 그 자체를 전하는 데 아무런 장애가 되지 않는다고 여겼다. 텍

---

**42** 송대 이후 그밖에도 여러 가지 변화들이 텍스트의 성격에 영향을 미쳤다. 개인들이 즐겨 서책을 수집하기에 이르렀고 공공 도서관들이 설립되기 시작했다. 두루마리 대신에 "선장"(線裝) 또는 "첩장"(帖裝)이라는 새로운 형태의 제본이 등장했다(그것들도 계속해서 "권"(卷) 즉 "두루마리"라고 불렸다. "권"은 형태를 불문하고 서책 일반을 가리키는 말이다). 이 새로운 제본술은 글을 읽는 행태에 큰 변화를 가져왔다. 어느 특정 부분을 찾아갈 때 두루마리를 쭉 펼치지 않고도 곧장 해당 쪽을 펼치면 되는 것이다. 또한 서책을 "서함"(書函)이라는 상자에 보관하게 된 것도 하나의 변화였다. 이로써 서책을 보다 오랜 기간 보관할 수 있게 되었다.

스트를 통해서 텍스트 뒤의 진짜 황벽을 만날 수 있다는 것이다.[43] 그리고는 배휴가 자신은 성실하게 황벽의 가르침을 최대한 정확하게 기록하려 했다는 말에 곧이곧대로 의지하려 한다. 배휴는 황벽의 깨달음 마음을 전승시키는 중립적인 매개자가 자기의 역할이라고 주장했던 것이다.[44] 그러나 이를 수긍하려면 다시 또 낭만주의적인 믿음이 필요하다. 우리는 이제 역사와 글쓰기, 해석 등의 일에 대해서 너무나 많은 것을 알게 되어서, 배휴가 그 텍스트의 성립에 오직 기계적인 기록 역할만 하였다는 주장을 받아들이기 어렵다. 그는 그저 기록만 한 게 아니다. 새로이 등장한 장르의 한 텍스트를 저작하고 있었던 것이다. 황벽이 글로 쓴 적이 없는 것을 배휴가 쓰고 있었다. 더욱이, 그가 쓴 이야기 속의 황벽의 말과 생각이 사실 그대로라면, 황벽은 그것이 글로 쓰이기를 원치 않는 인물이었다.[45]

배휴 다음에도 수많은 필자들이 개입했다는 점을 위에서 언급한 바

---

[43] 블로펠드의 이런 생각은 『대주선사어록』(大珠禪師語錄) 번역에서 가장 두드러지게 피력되었다. 그 텍스트는 "마치 대주 혜해선사가 우리와 얼굴을 맞대고 그의 마음으로부터 직접 얘기를 해주는 듯하여, 우리를 그에게 더 가까이 끌어준다"고 쓰고 있다(*The Zen Teaching of Hui Hai*, p. 33). 저자의 "마음" 속으로 독자를 이끌어주는 텍스트가 성공적인 텍스트라고 보는 생각이 바탕에 깔려 있다.

[44] 그러나 배휴의 벼슬 가운데 하나가 "감찰어사(監察禦史)"였다는 점은 이 주장을 무색케 한다(『舊唐書』 177, p. 7b).
역주 『구당서』에서는 열전(列傳) 127에, 『신당서』(新唐書)에서는 권195, 열전 107에 배휴의 전기가 실려 있다.

[45] 황벽 희운의 장기는 분명히 웅변에 있었다. 어록을 보면 그는 말솜씨가 비상했고 듣는 이를 압도할 만큼 생동감과 밀도가 있는 언변을 토해낸다. 같은 시대 여느 선사들과 마찬가지로 그 또한 매우 솜씨 좋은 언변가였던 것 같다. 상당법문에서도 그랬고 개인적인 대화에서도 그러했다. 당시 불교 승려들은 무엇보다도 그러한 능력에서 성패가 갈렸다. 선사들은 법당에서 불상처럼 단 위에 앉아서 설법하였다. 깨달음의 살아있는 화신으로서 설법한 것이다. 사찰의 그런 정황에 대한 좀 더 자세한 이야기는 Collcutt, *Five Mountains*, p. 195 참조.

있다. 우선 황벽산의 선승들이 있다. [배휴의 『전심법요』 서문을 보면] 그들은 황벽과 배휴가 함께 만들어낸 그 텍스트를 검증하고 다듬어달라는 요청을 받았다. 역설적이게도 그 텍스트에 담긴 설법의 첫 청중이 사실상 그 저자가 된 것이다. 둘째로, 그런 개정 과정이 수 세기 동안 지속되었고, 보다 나은 텍스트를 만든다는 생각에서 첨삭가필이 이루어졌다. 그런 지속적인 저작 과정은 갈수록 더욱 확대된 듯하다. 황벽으로부터 가르침이 배휴에게 전해졌고, 배휴는 그것을 글로 써서 황벽산의 선승들에게 전해주었으며, 그 텍스트가 대를 이어 전해지면서 선찰들의 세계에 널리 유통되는 가운데 수많은 이들이 편찬과 저작에 손을 보태었던 것이다.

그러니까 지금 우리 손에 있는 텍스트의 작가가 누구냐는 물음에 대한 최선의 답은, 어느 한 개인이나 마음이 아니라 수 세기에 걸쳐 형성되어온 중국의 선 전통 전체라고 하는 것이 옳겠다. 선불교 공동체에서 가장 영향력 있는 가르침과 이야기, 그리고 지혜를 담은 이 텍스트가 그 주인공의 손에서 단독으로 빚어진 게 아니라 공동으로 저작하고 편찬한 것이라는 사실은 특정의 저자를 기대하는 우리의 낭만주의적인 선입견을 배반한다. 이 텍스트의 저자는 누구라 특정지을 수 없는 익명의, 달리 말하자면 무아無我인, 집단이기 때문이다. 그 텍스트가 변화해온 과정을 통해서 우리는 선불교 공동체 최고의 이상이 전개되고 변화해온 양상을 볼 수 있다. 황벽이라는 인물의 이미지가 신행의 패러다임으로 그 어록에 견지되어온 것은 사실이다. 하지만 이 이미지는 선수행 공동체의 이상이 그렇게 투영된 것이다. 또한 그 황벽의 이미지는 시대에 따라 변화해왔다.

이 텍스트의 작가가 무아인 셈이라는 점은 "황벽"이라는 이름의 유래에서도 분명하게 드러난다. 그것은 원래 새로 지은 산사의 이름이었다. 그러니까 먼저 그 지역과 사찰이 그 이름으로 불리고 있었는데, 희운이 그 산사에 오래 살았고 또 주지였기 때문에 "황벽희운선사"라고 불리게 되었다.46 그 뒤를 이은 다른 여러 조사들도 "황벽"이라 불리게 된다. 그들의 가르침도 "황벽의 선"이었다. 황벽희운을 패러다임으로 해서 무수한 선 작가들이 그 선찰의 간판 아래 활약했던 것이다. 중국에서 황벽이라는 명칭은 한 특정 개인을 가리키는 게 아니었다. 이제 우리도 그런 맥락에서 이 텍스트를 읽을 필요가 있다.

　　이런 성격의 텍스트를 이해하는 데 "연기緣起"보다 더 합당한 개념을 찾기는 어렵다. 연기법이란 독자적이고 독립적인 존재와 현상은 없고 모두가 상호의존하며 또한 그래서 모두가 "무아"라는 불교의 진리이다. 황벽이라는 인물도 또 그의 텍스트도 연기적인 현상이라는 것이 우리의 발견이다. 그 발견이 우리를 실망케 한다면, 실망스러운 바로 그만큼 우리는 선을 읽을 필요가 절실한 셈이다.

　　"글 읽기" 또한 텍스트와 마찬가지로 "연기적"인 현상이다. 우리가 글을 읽는 갖가지 특정 방식은 온갖 요인들로부터 "연기"하는 것이며, 거기에 작용하는 수많은 복합적인 인연들은 우리 자신도 다 알아차리지 못한다.

---

**46 역주**_언제 어디서부터 비롯되었는지는 분명치 않으나 승려의 법명 앞에 흔히 그와 인연이 깊은 지명을 마치 호(號)처럼 붙이고, 나아가 법명은 생략하고 그 지명만 가지고 곧 그의 호칭으로 사용하는 것은 이른바 남방불교와 북방불교에서 공통적으로 널리 볼 수 있는 관습이다.

# 2장
# 읽기—통찰하기

**52** 선불교에 대한 철학적 명상

화엄경을 읽어보라. 어느 한적한 곳에서 촛불 빛에 비추면서 읽으면 더 좋고. 읽으면서 거기 묘사된 경이로운 광경들을 음미해보라. 그러다보면 분명히 어떤 심오하고 신비로운 체험이 자기도 모르게 터질 것이다.
― 존 블로펠드[1]

당신은 온갖 책 읽기를 너무 좋아한다.
― 넹하이스님이 존 블로펠드에게[2]

엄청나게 많은 선서禪書가 있다. 그 중에서 육조六祖 혜능慧能은 글을 읽지 못했다는 그 이야기만큼 많이 읽힌 이야기도 드물 것이다. 선종이 점차 형태를 갖추고 전통과 정체성을 구축하기 시작하면서, 당시 유행하던 교학 전통을 선이 강력하게 비판한다는 생각에 대단한 자부심을 갖게 되었다. 선이 어떻게 해서 생겨났는가에 대한 전통적인 설명은 이제 그 역사적 정확성이 여러 가지로 의문시되고 있다. 하지만 황벽 시대의 선 전통에 대해 송대宋代 텍스트들이 전하는 이미지에 의하면 일종의

---

[1] Blofeld, *Beyong the Gods*, p. 98.
[2] Blofeld, *The Wheel of Life*, p. 151.
　**역주**_넹하이(能海, 1886~1967)는 근대 중국불교의 고승으로, 전국인민대회 대표, 중국불교협회부회장, 산서성불교협회회장 등을 역임하였으며 『보리도차제론과송강기』(菩提道次第论科颂讲记), 『귀의삼보시종학수섭요송』(归依三宝始终学修摄要颂), 『사분율장』(四分律藏) 등의 저술을 남겼다.

반反교학주의가 실제로 선 수행 공동체의 구심점이었던 것만은 분명하다. 당나라 중엽에 이르기까지 중국불교의 중심이었던 경전을 읽고 연구하는 데 몰두하는 추세에 대해서 강하게 비판하고 나섰던 것이다. 글을 읽는 것이 부처와 그 밖에 여러 성인들의 깨달음의 행각과 도대체 무슨 관계가 있단 말인가? 황벽, 그리고 그의 유명한 스승과 제자 들은, 적어도 텍스트에서 전하는 그들의 이미지에 의하면, 글을 읽는 것을 탐탁해 하지 않았다.

> 도道는 경전공부로 이루는 게 아니다. 옛 성인들은 경전공부를 끊었다.3

> 그러므로 부처님께서 세상에 출현하시어, 똥치는 그릇을 들고 희론의 똥을 제거하신 것이다.4

---

**3** T. 48, p. 382c; Blofeld, *Huang Po*, p. 55.
　역주_『대정신수대장경』에 수록된 『전심법요』 원문이건 블로펠드의 번역이건 라이트가 전거로 제시한 곳에는 이 인용문과 정확히 일치하는 대목이 없다. 다만 원문에 "道亦不可學"(382c6)이라는 문장이 있고 이를 블로펠드는 "[T]he Way is not something which can be studied."라고 번역하였으며(p. 55), 뒤에 "古人心利纔聞一言便乃絶學. 所以喚作絶學無爲閒道人"(p. 382c15-16)이라는 대목이 있고 이를 블로펠드는 다음과 같이 번역하였다. "Some of the ancients had sharp minds; they no sooner heard the Doctrine proclaimed than they hastened to discard all learning. So they were called 'Sages who, abandoning learning, have come to rest in spontaneity' "(p. 56). 이렇게 볼 때, 라이트는 블로펠드의 문장을 직접 인용하지 않고 뜻을 취하고 조합하여 자기 자신의 어휘로 제시한 것이라고 짐작된다.

**4** Blofeld, *Huang Po*, p. 130.
　역주_『대정신수대장경』에 수록된 증상사보장명본(增上寺報藏明本) 등 종래에 유통되는 『완릉록』에는 이 부분이 없고 『천성광등록』(天聖廣燈錄)의 내용을 옮겨 증보해서 명나라 때(1589) 간행된 『사가어록』(四家語錄) 수록본에만 있다. 원문은 "所以佛出世來. 執除糞器 除論之糞." 한글 번역은 백련선서간행회 옮김,『선림보전』, p. 343.

황벽의 제자 임제도 스승의 말을 이어받아 경전을 '똥 덩어리糞塊',5 '부질없는 티끌閑塵'6이라 하였고, 이런 입장은 그 이후로도 대대로 지속되었다. 선서禪書에는 글공부에 반대하는 그런 구절이 엄청나게 많이 나온다. 그런 구절이 하도 많이 나오다보니, 그런 말을 해주는 선서 또한 많은 시간을 들여 열심히 읽고 공부하기보다는 부질없다 여기고 내던져버리는 것이 그 말씀을 제대로 따르는 셈이 아닐까 하는 생각이 들 정도이다. 중국 불교의 정통 주류였던 경전 공부와 학문적인 관심은 그만하면 되었으니 이제 끝내자는 것이었다.

하지만 그처럼 읽기를 경계하는 가르침에는 묘한 아이러니가 담겨있다. 그 아이러니는 선승들에게 대대로 던져지는 문제이다. 뿐만 아니라 우리에게도 문제가 된다. 특히 우리가 텍스트를 읽는 행위를 할 때 곰곰 생각해보아야 할 문젯거리이다. 언어문자를 경계하고 부질없다고 하는

---

**5** T. 47, p. 500b; Sasaki, *The Recorded Sayings of Lin-chi*, p. 25.
**역주**_『임제록』의 이 대목에서 '똥 덩어리'라는 표현은 직접적으로 경전이나 글을 가리키는 뜻으로 쓰인 것은 아니지만, 그것도 다 포함된다고 볼 수 있다. 앞 뒤 문맥은 다음과 같다. "그대들 제방의 도 배우는 일들이여, 사물에 전혀 의존하지 말고 한번 나와 보아라. 내 그대들과 법을 논하고자 한다. 5년, 10년이 지나도 누구 한 사람 없구나! 모두가 풀과 잎사귀에 달라붙어 사는 대나무 정령들이며 둔갑한 여우로서 똥 덩이 위에 달라붙어 어지럽게 빨아대는구나"(儞諸方道流. 試不依物出來. 我要共儞商量. 十年五歲並無一人. 皆是依艸附葉竹精靈野狐精魅. 向一切糞塊上亂咬). 한글 번역은 백련선서간행회 옮김, 『선림보전』, p. 75. 강조는 역자.

**6** T. 47, p. 499a; Sasaki, *The Recorded Sayings of Lin-chi*, p. 16.
**역주**_『임제록』의 이 대목에서 '부질없는 티끌'이라는 표현도 직접적으로 경전이나 글을 가리키는 말로 쓰인 것은 아니지만, 여기서도 역시 경전이나 글까지 포함된다고 볼 수 있다. 그 표현이 들어있는 전체 문장은 다음과 같다. "도 배우는 이들은 이제 스스로를 믿는 것이 무엇보다 중요하니, 밖으로 찾지를 말라. 모두 저 부질없는 6진경계를 반연하여 도무지 삿되고 바른 것을 구분하지 못한다. 조사니 부처니 하는 것은 모두가 부처님 가르침의 자취 가운데 일일 뿐이다(如今學道人且要自信. 莫向外覓. 總上他閑塵境. 都不辨邪正. 祇如有祖有佛. 皆是敎跡中事)". 한글 번역은 백련선서간행회 옮김, 『선림보전』, p. 58. 이 한글 번역에서는 "진(塵)"을 "6진"으로 옮겼다. 강조는 역자.

그 가르침을 텍스트에서 읽고 받아들인다는 것은 자기모순이 아닌가 말이다. 하지만 선에서는 이것이 그다지 당황스러운 문제가 되지 않는 듯하다. 선서의 저자들은 언어문자를 경계하고 책 읽기를 하지 말라는 가르침을 글로 적을 때 적어도 하나만은 예외로 전제한 셈이다. 자기들의 그 글만은, 책 읽기를 하지 말라는 그 가르침만은, 읽히기를 원했던 것이다. 여기에서 곰곰이 성찰해볼 필요가 있다. 책을 읽지 말라는 것은 책 읽기의 반대가 되는 것, 곧 즉각적이고 직접적인 체험을 추구하라는 얘기를 하기 위함이다. 그러나 따지고 보면 언어문자의 세계와 즉각적인 체험의 세계를 서로 반대로 놓는 구도 그 자체가 이미 언어문자를 통해서 구축된 것이다. 그러니까 그 구도는 자기 자신을 부인하는 명제를 들이밂으로써 즉각적인 체험의 실재성을 받쳐주는 기능을 하는 셈이다. 이런 의미에서 선서禪書들은 독자로 하여금 그것을 읽음으로써 읽기 전보다 "실제계實際界"를 더욱 실감케 하는 작용을 한다. 하지만 그 사정을 이런 식으로 서술해놓고 보면, 언어문자를 경계하는 선서의 가르침에는 중요한 한계와 조건이 전제되고 있으며 따라서 그것을 너무 문자 그대로 읽어서는 안 된다는 생각이 든다. 글 읽기가 선 수행에서 부인할 수 없이 중요한 비중을 차지한다는 점은 어느 선서에서나 어렵지 않게 찾아낼 수 있다. 황벽의 어록에서도 마찬가지이다. 그 중 몇 가지만 예를 들어보자.

우선, 언어문자를 부인하는 취지의 이야기이면서도 글 읽기의 불가피성을 되풀이해서 부각시키는 대목이 있다.

하루는 상공이 시詩 한 수를 대사께 지어 올리자 대사께서 받으시더니 그대로 깔고 앉아 버리면서 물었다.
"알겠느냐?"
"모르겠습니다."
"이처럼 몰라야만 조금은 낫다 하겠지만, 만약 종이와 먹으로써 형용하려 한다면 우리 선문禪門과 무슨 관계가 있겠느냐?"7

그런데 그 다음에 나오는 이야기는 그런 비판에 대한 배휴의 응답도, 황벽의 의도에 대한 더 자세한 설명도 아니다. 하기는 황벽이 말하고자 하는 요점은 워낙 분명하다.8 그런데도 위의 대목 바로 다음에 배휴가 올렸다는 시를 적고 있다. 방금 그게 다 부질없는 짓이라고 타박을 받았음에도 불구하고 마치 황벽의 메시지를 알아듣지 못했거나 또는 알아듣고도 믿지 않는 듯하다. 또는 그 시가 너무 좋아서 선의 정신에 부합하건 않건 상관없이 도저히 버릴 수 없었는지도 모르겠다. 더욱이 후대에 그 텍스트에 손을 댄 수많은 편찬자들도 그 시를 거기에 그대로 놓아두어 우리에게까지 전해졌다. 그런데 배휴의 시 다음에 또 한 번 독자를 곤혹스럽게 할 만큼 놀라운 대전환이 벌어진다. 방금 배휴가 시를 쓴 것을 비난한 황벽이 응대하는 시를 내놓은 것이다.9 그 시의 요지도 언어문자에

---

**7 역주**_원문은 "相公一日上詩一章. 師接得便坐却. 乃問會麼. 相公云不會. 師云與麼不會猶較些子. 若形紙墨 何有吾宗"(『사가어록』, Z. 119, p. 839b). 한글 번역은 『선림보전』, p. 314.

**8 역주**_선지(禪旨)를 "종이와 먹으로써 형용하려" 하는 것은 헛된 짓임을 황벽은 분명하게 말하고 있다. 특히 이 대목에서는 언어를 가장 압축적으로 정제해서 구사하는 시(詩)까지도 타박하고 있으니 여느 글은 말할 것도 없다.

**9 역주**_황벽의 시는 다음과 같다. "마음은 큰 바다와 같아 가이 없고 / 입으론 붉은 연꽃을 토하여 병든 몸 기르네. / 비록 한 쌍의 일 없는 손이 있으나 / 한가한 사람에게 일찍이 공경히 읍(揖)한 적이 없었노라"(心如大海無邊際 / 口吐紅蓮養病身 / 雖有一雙無事手 / 不曾祇揖等閒人). 원문 출처는 『사가어록』, Z. 119, p. 839b. 한글 번역은 『선림보전』, p. 315.

대한 경계를 담고 있지만, 어쨌든 황벽도 그 얘기를 하기 위해 언어문자의 세계로 들어와야만 했던 것이다. "불립문자不立文字"의 입장을 버리고 읽기의 불가피성을 인정한 셈이다.

둘째, 특히 황벽을 포함해서 많은 홍주종洪州宗 선사들의 어록에는 다른 문헌들이 무수히 인용되고 있다. "어록"은 말 그대로 말씀을 기록한 텍스트니만큼, 황벽은 그 방대한 문헌들을 기억하고 있다가 설법에 동원하였다고 볼 수 있다. 그러니까 분명히 황벽은 그 텍스트들을 그저 읽은 게 아니라 기억해둘 수 있을 만큼 자주, 그리고 주의 깊게 읽은 것이다. 황벽은 여러 가지 문헌을 광범하게 인용하고 있다. 그의 독서 범위는 매우 넓었고, 자신이 읽은 것으로부터 많은 영향을 받았음이 분명하다. 그러니까 그의 어록이 우리에게 전해주는 황벽은 왕성하고 꼼꼼한 독서가의 모습이다. 어떻게 그럴 수 있는가?

블로펠드도 황벽이 책을 읽었다는 사실을 간과하지 않았고, 이에 대한 설명도 제시한다. 선수행의 예비단계에서는 경전공부도 의미가 있지만, 일단 보다 직접적인 형태의 체험이 자리 잡기 시작하면 책을 놓아버려도 된다는 것이다.

> 수행이 덜 진전된 사람들을 위해서는 책도 필요하고 여러 가지 교육이 필요함을 황벽선사도 알고 있었다는 것이 그 말씀에서 분명히 드러난다…… 그러므로 아주 드문 몇몇의 경우 외에는 누구에게나 무언의 가르침 이전에 언어문자를 통한 가르침이 불가피하게 필요한 것이다.[10]

---

**10** Blofeld, *Huang Po*, p. 22.

일부 서양 사람들이 생각하듯 선사들이 아예 처음부터 책을 내던져버린 것은 아닙니다. 직접적인 체험을 통해서 언어문자를 초월할 정도의 예비지식을 충분히 얻었을 때 비로소 책을 던져버리는 것이다.11

고도로 언어문자의 매개에 의지하는 독서가 어떻게 즉각적인 "직접경험"의 단계로 이끌어주는지는 설명하지 않았고, 그 둘 사이의 긴장관계도 언급하지 않았다. 그렇지만 언어문자에 의지하다가 이를 넘어서는 경지로 넘어간다는 식의 이야기는 많은 선서에서 쉽게 찾아볼 수 있다. 황벽의 제자 임제는 이에 대해 약간의 설명을 제공하였다. 임제는 "경론을 두루 공부"한 뒤 "이는 세상 사람을 구제하는 약의 처방이며 각자의 견해를 드러내는 것일 뿐임을 깨닫고"는 내던져버렸다고 한다.12 하지만 이런 설명보다는 앞에서 언급한 블로펠드의 이야기가 훨씬 더 설득력이 있다. 『임제록』에서는 임제가 언어문자를 넘어설 수 있었던 경지가 이전에 경론을 공부한 결과였다고는 말하지 않고 있다. 임제는 그냥

---

**11** Blofeld, *The Zen Teaching of Hui Hai*, p. 139.

**12** T. 47, p. 502c. Yanagida, *The Life of Lin-chi* 참조.
역주_라이트는 이 대목에 따옴표를 하고 전거를 들고 있지만, 전거로 제시한 부분의 『임제록』에는 라이트가 제시하는 인용문 전체와 정확하게 일치하는 대목이 없다. 다만 그러한 취지를 나타내는 대목이 여기 저기 산재해서 나온다. 일찍이 널리 경론을 공부했다는 대목은 연소(延沼)가 쓰고 존장(存獎)이 교감(交勘)했다는 임제혜조선사탑기(臨濟慧照禪師塔記)에 나온다. "출가하여 구족계를 받고 강원에 계시면서 계율을 깊이 연구하시고 경론을 널리 공부하셨다. 그러다가 하루는 갑자기 '이는 세상 사람을 구제하는 약의 처방전일 뿐, 경전 밖에 따로 전하는 뜻은 아니다'하며 탄식하시고는 곧 옷을 갈아입고 제방을 행각하였다" (及落髮受具. 居於講肆. 精究毘尼. 博賾經論. 我而歎曰. 此濟世之醫方也. 非教外別傳之旨. 卽更衣遊方), 한글 번역은 『백련선서간행회 옮김, 『임제록·법안록』, p. 149. 라이트가 전거로 제시한 T. 47, p. 502c에는 다음과 같은 대목이 있다. "3승(三乘)·5성(五性)과 원돈교(圓頓教)의 자취는 모두 그때그때 병에 따라 약을 주는 것이지 실제로 무엇이 있는 것은 결코 아니다. 설혹 있다 하더라도 그것은 가까운 개념들로 설명하기 위해 설정한 문자로서, 안배(按排)하여 그렇게 쓰는 것이다"(三乘五性圓頓教迹是一期藥病相治. 並無實法. 設有皆是相似表顯路布文字. 差背且如是說), 한글 번역은 백련선서간행회 옮김, 『임제록·법안록』, p. 97.

모든 경론 공부는 중요치 않다고 깨닫고는 내던져버렸다는 식이다. 바로 이게 블로펠드가 말하고 싶었던 것일지도 모른다. 그러나 임제 자신이 의식했건 안 했건 간에 그가 경론을 던져버리게 된 것은 우선 경론을 공부해보았기 때문에 비로소 가능했다고 할 수 있다. 그런 식으로 생각을 이어가다 보면, 책읽기의 중요성은 블로펠드가 인정하려고 한 선을 훌쩍 넘어서는 수준이라는 결론에 이른다. 선 수행 입문 단계에서 필요할 뿐만이 아니다. 깨달은 마음도 이전의 읽기에 의지해서 "연기"한다. 경론을 읽은 영향과 그 결과가 계속해서 그 경지에 보존되고 그 경지를 보충해 준다.

블로펠드가 그런 결론을 듣는다면 아마도 움찔할 것이다. 그가 젖어 있는 낭만주의에는 학식學識에 대해 상당히 강렬한 반감이 담겨 있기 때문이다. 이를테면 학교를 다니며 배운 적이 없는 덕분에 문화나 훈련이라는 장애에 얽매이지 않고 음악이건 미술이건 또는 철학이건 그 무엇에나 핵심을 꿰뚫는 천재 시인의 이미지, 그런 것을 낭만주의 전통에서 볼 수 있다.[13] 근대 낭만주의에 젖은 이들은 자기들의 창의성이 다른 사람들의 영향을 받아 형성되었을 수도 있다는 데 대해 지금도 상당한 두려움을 표출한다.[14] 타인의 영향을 받아 형성되는 통찰은 독창적이라 할 수 없으며 따라서 가치가 없는 것으로 간주한다. 서구 낭만주의의 이런 요소가 우리의 선서禪書 읽기에도 분명히 어느 정도 영향을 끼쳤다. 적어도, 우리가 선을 감상하는 방식이 거기에서 결정되었다. 낭만주

---

**13** 낭만주의 저술가들과 그 선구자들에서 나타나는 이런 이미지가 어디에서 나왔는가 하는 데 대해서는 Bruns, *Inventions: Writing, Textuality, and Understanding in Literary History* 참조.

**14** Bloom, *The Anxiety of Influence* 참조.

자들이 상상했던 그 어떤 것도 뛰어넘는 정말로 자연스러운 천재성을 선에서 발견하고 주목하는 우리의 취향도 다 거기에서 유래한다.15

그렇게 보면, 존 블로펠드가 나중에 자기가 영국에서 학교를 다닐 때 했던 독서 훈련을 비판하는 이야기를 한 것도 결국 선과 낭만주의의 영향이 합작한 결과로 형성된 견해임을 알 수 있다. 그가 자신의 종교적 경험에 대해 자서전적으로 회고하는 글 중에 다음과 같은 대목이 있다.

> 당시 내가 성찰능력을 가지고 있었더라면, 그게 일종의 거의 무아 경지였음을 의식할 수도 있었을 게다. 정교하게 인위적으로 짜인 서양식 교육에 대한 인간 "천성Nature"의 그 멋진 승리를 말이다. 하지만 서양식 교육은 이른바 "엄연한 사실"만을 신봉하는 의식을 나의 정신에 이미 깊이 새겨놓았다. 더욱이 나의 정신을 이 분법적인 추론의 칼날로 잘게 토막 쳐놓았다. 그게 얼마나 깊이 뿌리박은 막대한 장애인지, 20년 동안 기회 있을 때마다 동양 최고 현인들의 지도를 받으며 무진 애를 써도 극복할 수 없었다.16

그러니까 블로펠드에게 독서는 "막대한 장애"가 되었다는 얘기인데, 이는 선사들에게 독서가 어떤 기능을 했는지 그 자신이 설명한 것과는 반대이다. 어쨌든 블로펠드는 독서의 영향이 자기에게 너무 깊이 박혀서 독서를 멈추어도 의식 속에 여전히 머물러 있다고 하였다. 그러나 불

---

**15** 존 맥래(John McRae)도 선 전통에서 그 훌륭한 사례를 발견하였다. 오조(五祖) 홍인(弘忍)은 경전을 읽은 적이 없는데도 들으면 다 마음으로 이해했다는 것이다(The Northern School, p. 263).
  역주_라이트는 그 사례의 주인공을 신수(神秀)로 오기하였으나 홍인으로 바로잡았다. 라이트가 참조한 것은 맥래의 『전법보기』(傳法寶紀) 번역인데, 해당 대목의 원문은 "雖未視諸經論 聞皆心契"이다(야나기다 세이잔, 『초기 선종사』 1, p. 420). 한글 번역은 같은 책, p. 330 참조.

**16** Blofeld, The Wheel of Life, p. 17.

자였던 만큼 또한 낭만주의자이기도 했던 블로펠드는 인간의 "천성"을 왜곡시킨 교육의 영향을 극복하고 결국 그 "천성"이 승리하리라는 기대를 여전히 간직하고 있었다. 블로펠드가 동양을 접하고 불자가 되도록 이끈 것은 독서였다. 그러니까 그의 독서도 선사들이 말하는 "입문단계"의 교화에 해당한다.17 하지만 블로펠드는 그 점을 인정하기보다는, 일찍이 받은 교육의 부정적 효과를 제거해야 하는 불가능해 보이는 과제를 짊어지고 있다고만 생각했다.

"입문단계" 이론은 얼핏 보기에는 그럴 듯하다. 하지만 그것만으로는 선 수행의 역정에서 독서가 가지는 위상을 이해할 수 없다. 낭만주의에서의 위상은 말할 것도 없다. 블로펠드는 필생토록 글을 썼고, 그의 저작들은 모두 그의 독서가 어디까지 이르렀는지, 어떻게 진전되었는지를 잘 보여준다. 그는 결코 글 읽기를 멈추지 않았고 줄이지도 않은 것 같다. 블로펠드는 늘 그랬듯이 겸손한 태도로, 자신이 입문단계를 넘어서 보지를 못해서 그렇다고 설명할지도 모르겠다.18 하지만 그가 그렇게 철썩 같이 존중했던 황벽이나 임제 같은 선사들에 대해서도 그런 판정을 적용할 수 있었을까? 그 대선사들도 블로펠드와 마찬가지로 필생토록 글을 읽었음을 보여주는 문헌상의 증거들이 있다. 두 가지 예를 살펴보자.

---

**17** 역주_많은 선사들이 이른바 "사교입선"(捨敎入禪)론을 폈다. 즉 처음에는 경전공부로 입문을 해서 나중에는 경전공부를 버리고 선에 들어가야 한다는 것이다.
**18** 블로펠드의 글을 자세히 살펴보면, 그는 이 문제에 대해서 아주 모호한 태도를 취하고 있음이 드러난다. 곳에 따라 여러 가지 다른 견해를 표명하는데, 이에 대한 해명은 없다. 예를 들어 *Beyond the Gods*에서는 다음과 같이 말한다. "신비주의 전통은 워낙 책에서 배울 수가 없다는 점이 그 본질적인 특성이다"(p. 151). 그러나 같은 책 앞쪽에서는 다른 태도를 보인다. 서구에서 선이 퍼지는 상황을 보건대 "너무 많은 사람들이" "교외별전(敎外別傳)"이라는 구절에 "맹목적으로" 사로잡혀 있어서 "실망스럽다"고 토로하고 있다(p. 93).

『전등록』에 보면, 임제가 황벽의 절로 돌아왔을 때 늙은 황벽이 경전을 읽고 있었다. 이를 보고 임제가 평소처럼 재치 있게 말하였다. "저는 스님이 괜찮은 분으로 생각했는데, 여기 검은콩(먹으로 쓴 글자들)이나 삼키고 있는 아둔한 노스님이 분명하군요."19 글 읽기를 강력하게 부인하는 임제의 입장이 사교입선론 즉 독서는 입문단계에서나 할 일이라는 이론에 입각한다고 풀이한다면, 한 가지 주목할 점이 있다. 황벽이 그의 말년까지도 글을 읽고 있었다는 사실이 그것이다. 그러니까 황벽은 여전히 입문단계에 머물고 있었던 셈이라는 얘기가 된다. 그게 아니라면 널리 얘기되어왔고 블로펠드도 언급한 그 입문단계 이론이 틀렸다는 얘기가 된다. 두 번째는 『임제록』에 다음과 같은 대목이 있다. "하나가 셋이고 셋이 하나이다. 이와 같이 이해하면 비로소 경전을 읽을 수 있을 터이다."20 글을 읽는 것이 나중의 어떤 목적을 위한 예비 수단이라면, 특히나 결국에는 그게 깨달음과 상관없음을 깨닫게 되는 것이라면, 깨달음의 지혜를 "얻은 뒤"에 경전을 읽으라는 소리를 도대체 어느 누가 왜 하겠느냐

---

**19** T. 47, p. 505.
역주_『임제록』 행록(行錄)에 나오는 대목이다. 원문은 "我將謂是箇人. 元來是揞黑 豆老和尙." 한글 번역은 백련선서간행회 옮김, 『임제록·법안록』, pp. 135f.

**20** T. 47, p. 498c; Sasaki, *The Recorded Saying of Lin-chi*, p. 16.
역주_원문은 "一卽三三卽一如是解得始好看敎." 라이트가 인용했고 위의 본문에서 그대로 번역한 사사키의 번역은 다음과 같다. "The one is the three, the three is the one. Gain understanding such as this and then you can read the sutras." 즉 "간(看)"을 "read"로 옮긴 것이다. 그렇게 보면 "하나가 셋이요 셋이 하나"인 도리를 깨달은 뒤에야 경전을 읽을 수 있다는 뜻이 되므로 라이트의 논지에 부합한다. 그러나 백련선서간행회의 번역에서는 두 번째 문장을 다음과 같이 옮기고 있다. "이와 같이 알 수 있다면 비로소 일대장교(一大藏敎)를 보는 것이다"(『임제록·법안록』, p. 58). 즉 "간(看)"을 "보다"로 번역하였다. "본다"는 것은 단순한 "읽기"가 아니라 글의 뜻을 완전히 알아차리게 됨을 의미한다고 해독한다면, 여기에서 라이트가 내세우려는 논지를 뒷받침하는 논거로는 그다지 합당치 않은 인용인 셈이다. 오히려, 깨달음 이전의 글 읽기로는 그 글의 뜻을 온전히 이해할 수 없고 깨닫고 나면 모든 가르침의 의미도 다 알게 된다는 이야기이기 때문이다.

는 말이다.21

이 구절을 좀 더 자세히 살펴보면 깨달음의 경지가 경전의 어떤 구절에 함축되어 있다고 여기는 관념을 엿볼 수 있으며, 임제는 그 구절을 화엄불교 문헌을 철저히 공부함으로써 배웠음을 알 수 있다.22 단순히 읽는 것만으로는 이 문구를 요해할 수 없고 그 이상의, 훨씬 이상의 무엇이 필요하다는 임제의 말은 분명히 옳다. 그런데, 그러고 보니 의도치 않게도 읽는다는 행위가 수행의 시작에도 위치하고 또 끝에도 위치한다고 말하는 셈이 되어버렸다. 사실상 수행역정의 어느 지점이건 이 문구를 맞닥뜨리게 되는 그곳에서는 이미 글 읽기가 행하여진 것이니, 글 읽기는 선의 전역에 걸쳐 어디에서나 있을 수 있는 일인 셈이다. 글 읽기는 그처럼 선에서 유비쿼터스하다. 선 수행 어디에나 글 읽기가 펼쳐있는 것이다. 그래서 항시 다른 수행방편을 압도할 우려가 있다. 그런 까닭에

---

**21** 마찬가지로, 종밀(宗密)은 선서(禪書)의 용도에 대한 질문을 받고 "두 가지 목적이 있다"고 대답한다. "아직 완벽히 깨치지 못한 이들"을 깨우치는 데 도움이 되며, 이미 깨쳤으나 불심(佛心)에 더 깊이 계합하고자 하는 이들에게 도움이 된다는 것이다(Broughton, *Kuei-fa-ing Tsung-mi*, p. 107).
**역주_** 이 대목의 전체 내용은 다음과 같다. "질문: [선(禪)에서는] 뜻을 깨닫는 일을 중요하게 여기고 오직 글에 매달리는 것은 귀하게 여기지 않는다 하였는데, 그러면 왜 이처럼 온갖 문구와 게송을 모아 엮어낸단 말인가? 대답: 이 결집사업에 두 가지 목적이 있다. 그 첫째는, 스승의 가르침을 받고도 깨달음이 구극에 이르지 못한(또는 깨달음이 느린) 이들이나 제방의 선지식을 만나 샅샅이 계합하는 가르침을 받을 기회가 없었던 이들이 있으니, 그런 이들이 이를 열람하고 여러 스승들의 말씀과 뜻을 두루 보아 그 마음이 통하여 어느 생각은 끊게 하고자 함이다. 둘째는, 이미 깨친 이들이 바야흐로 사람들의 스승이 되려 함에 그들로 하여금 [선사들의 가르침을] 널리 보고 들어 훌륭한 방편을 더욱 갖추고 [그 가르침에 대한] 이해에 의지하여 대중을 거두고 질문에 답하며 가르칠 수 있도록 하려는 것이다." 원문은 "問旣重得意不貴專文, 卽何必纂集此諸句偈. 答集有二意. 一有雖經師授而悟不決究(冗). 又不逢諸善知識處處勘契者. 今覽之遍見諸師言意. 以通其心以絶餘念. 二爲悟解了者欲爲人師. 令廣其見聞增其善巧. 依解攝衆答問敎授也"(T. 48, p. 400a). 한글 번역은 김무득 주석, 『선의 근원』, pp. 61~62; 전종식 역해, 『도서』, pp. 35~36 참조.

**22** 야나기다 세이잔은 『임제록』에서 볼 수 있는 화엄사상과 유식사상의 영향에 대해 언급한다. "The Life of Lin-chi", p. 72.

그 위상을 올바르게 깨우치기 위해 언어문자를 경계하는 언급이 부단히 나와야 했던 것이다.

글 읽기를 경계하는 선의 정서는 "불립문자不立文字"라는 슬로건으로 압축되어 전해왔고, 이 슬로건은 초조初祖 보리달마로부터 직접 계승되었다고 여겨진다. 그런 슬로건이 누구한테서 비롯했든 간에, 황벽 당대에 이미 선의 한 중요한 특징으로 이야기되고 있었던 듯하다. 하지만 그게 무슨 뜻인지, 또 어떻게 실제 수행에 적용할지를 정확하게 규정하기는 쉬운 일이 아니었다.23 홍주종洪州宗에서는 이 문제가 당시 많은 선사들이 제기하고 대대로 전수한 핵심 관심사 가운데 하나였다. 이 점은 그리 많은 선서를 뒤적이지 않아도 금방 알아차릴 수 있다. '언어문자'를 버리라는 가르침의 의미에 대해서 단일한 해석은 분명히 없었다. 말 그대로 "글을 읽지 말라"는 뜻이었을까? 아니면 "너무 많이 읽지 말라"거나 "이런저런 것들만 읽어라"거나 "이런저런 것들만 이런저런 식으로만 읽어라"라는 뜻이었을까? 그 가르침을 말 그대로 받아들인 이들도 있었음이 분명하다. 그런 이들은 글 읽기를 멈추거나 아예 처음부터 거부하면서 그 슬로건을 명분으로 내세웠다. 또한 소수지만 일부는 아무 말도 말라는 뜻으로 해석하고 아예 사찰에서 떨어져 나와 깊은 산속으로 들어간 뒤 종적이 끊긴 이들도 있었다. 그러나 대부분은 선의 특징적인 수행방법이 대두하는 와중에서도 여전히 글 읽기를 계속했다.24 글 읽기를 경계

---

**23** 여기에서 나는 그리피스 포울크(Griffith Foulk)의 다음과 같은 언급을 그대로 따르고 있다. "9세기 이후 대부분의 선불교인들은 '불립문자'를 정통 선 교리로 받아들였지만, 그 의미에 대해서는 설이 분분하였다"("The Ch'an School", p. 235).

**24** 중국과 일본의 전통 선찰에서 글 읽기가 가지고 있던 위상에 대해서는 콜커트(Collcutt)가 *Five Mountains*, pp. 215~218에서 흥미롭게 전해준다.

하는 가르침을 그들은 과연 어떤 의미로 이해했던 것일까?

어록을 보면 황벽선사는 왕성하게 독서를 하면서도 또한 글 읽기를 혹독하게 비판한다. 그러므로 위의 물음에 대한 답을 찾는 출발점으로 황벽의 어록이 딱 알맞다. 사실 글 읽기와 경전공부를 주제로 하는 대목이 수십 군데나 나온다. 왜 그럴까? 무엇보다도 우선, 글 읽기와 경전공부가 황벽이 이어받은 중국 정통 불교의 핵심 수행이었기 때문일 터이다. 둘째로는 그들의 신행에 획기적인 변화가 일어나고 있었기 때문이다. 황벽은 바로 그 변화의 중심적인 통로 역할을 한 인물상 가운데 한 명이었다. 그 변화란 글 읽기에서 안 읽기로의 변화가 아니다. 그보다는, 그 이전 세대에 중국불교에서 행했던 글 읽기와는 근본적으로 다른 성격의 읽기로 변화한 것이다. 따라서 글 읽기를 경계하는 황벽의 말을 어떻게 읽어야 할지 알아내기 위해서는 이 문제에 대한 황벽의 견해에 배경이 된 글 읽기의 맥락을 들여다볼 필요가 있다.

중국불교의 역사 전반에 걸쳐 다양한 종류와 방식의 글공부가 중심적인 위치를 차지하고 있었음은 분명하다.[25] 사찰이 중국의 주요 교육기관이 되었고, 송대 이후 성리학의 교육기관이 이를 일부 대체할 때까지 여전히 그랬다. 중국불교 역사의 대부분에 걸쳐서 승려라면 곧 글을 읽고 쓸 줄 알리라고 여겨졌다. 물론 실제로 모든 승려가 글을 읽고 쓸 줄

---

**25** 9세기 중엽 황벽선사의 시대, 또 그 이후 송대까지 중국문화에서 문자문명이 얼마나 널리 자리 잡고 있었는지를 염두에 둘 필요가 있다. 읽고 쓰는 것은 이미 2천년 이상이나 중국문화의 한 부분이었다. 선찰에서도 일상생활 구석구석에서 경전뿐만 아니라 임대차증서라든가 명부, 합의서, 조정의 포고문, 소임(所任) 배정표, 법명과 지위를 명기한 명패, 표지판 등등 온갖 종류의 문서가 사용되었다. 승려들은 워낙 소지품이 간소하지만, 승려의 신분임을 증명하는 도첩(度牒)이라는 문건은 모든 승려가 반드시 소지해야 하는 물건 가운데 하나였다. 일상생활에서도 문서는 불가피한 요소였고 선승들도 그 점을 잘 알고 있었다. 글을 읽지 못한다는 것은 매우 심각한 핸디캡이었다.

알았던 것은 아니겠지만, 아무튼 사람들은 그렇게 기대하였다. 때때로 경제적인 이유, 특히 조세 문제 때문에 조정에서는 경전에 관한 필답시험을 치러서 승려의 수를 줄이려 했다. 황벽의 시대에도 전국에 걸쳐 모든 승려가 치러야 하는 시험이 시행될 예정이었다.[26] 비구와 비구니들은 경전을 읽거나 암송하는 시험을 치러야 했다. 한자는 표음문자가 아니며 더욱이 "불교한문"은 구어체가 아닌 점을 고려하면 500쪽의 한문 경전을 읽기는 결코 쉬운 일이 아님을 충분히 짐작할 수 있을 것이다. 마치 복잡한 그림 같은 표의문자들을 다 알고 있어야 하고 또한 그 음을 알아야 한다. 더욱이 일상생활의 구어에서 그 음이 가리키는 의미를 넘어서 불교경전의 문장에서 가지는 의미를 알아야 한다.[27] 아니면 300쪽 분량의 경전을 암송하는 시험을 선택할 수도 있었다. 이것도 500쪽의 경전을 읽는 것과 비슷한 난이도라고 간주되었다. 이런 시험을 통과하지 못하는 승려는 사찰에서 쫓겨나고 다시 납세의 의무를 져야 했다.[28]

아무튼, 경전을 읽을 줄 아는 것을 승려의 기본적인 자질로 여겼다는 점이 중요하다. 왜 그랬을까? 부단히 참선수행을 한다거나 계율을 잘 지키는 것, 또는 제례의식을 잘 아는 것 등등 여러 가지 다른 기준도 있을 수 있는데, 왜 하필 경전에 대한 지식을 그토록 중시했을까? 앞에서 언급한 문화적 배경에서 일부 해답을 찾을 수 있다. 중국은 워낙 세계에서 가장 문예를 중시하는 문화였고, 유교 전통이 누린 특권은 사회 주요 부

---

[26] Weintein, *Buddhism Under the T'ang*, pp. 111~112.
[27] 그렇다고 해서 반드시 뜻까지 알아야 하는 것은 아니었다. 그러나 어떤 언어에서든지 뜻을 알아야 외우기가 쉽다.
[28] 거대한 체구에다가 행동과 말이 거칠고 격식을 하찮게 여기는 황벽선사가 관리 앞에서 경전을 읽거나 암송하는 광경을 상상해 보라. 웬만한 강심장이 아니라면 시험을 면제해 줄 수밖에 없었을 것이다.

문의 문화 전반에서 교육과 읽기가 늘 핵심적인 비중을 차지하도록 뒷받침하였다.

중국불교가 경전을 중시하는 성향에는 또 하나 중요한 이유가 있다. 그것은 애초에 중국인들이 어떻게 불교와 접하게 되었는가 하는 사정과 관계가 있다. 무엇보다도 우선 막대한 분량의 경전을 통해서 불교가 소개되었고, 이를 번역, 분류, 해석하는 엄청나게 방대한 문화적인 작업이 필요했다. 중국 사람들에게 불교를 전파하는 데에는 포교승들도 중요한 역할을 했지만, 그 중에서도 특히 번역을 하는 이들의 역할이 아주 중요했다. 불교 경전은 중국인들의 사유방식과 일상의 행동방식 깊숙한 데까지 영향을 끼쳤으며, 이에 비추어 중국문화의 모습이 재편성되는 과정이 수세기에 걸쳐 진행되었다. 그런 점을 감안하면 경전공부가 초기 중국불교 전통에서 주도적인 비중을 차지했던 이유를 충분히 이해할 수 있다.

수세기 동안 중국불교에서 가장 중요하고 유명한 승려들은 대량의 경전과 논소論疏에 정통한 학자들이었다. 그런 소양을 갖추려면 평생을 그 일에 전념해야 했다. 문헌학과 번역을 전문으로 하는 이들도 있었고, 수천 가지 경전이 다양하게 출간되는 만큼 그것을 분류하고 역사를 추적하는 전문가가 따로 있었다. 그밖에 또 경전을 해석하고 비교하며 그 의미를 연관시키는 일을 전문으로 하는 이들도 있었고, 경전의 의미를 바탕으로 해서 더 깊은 성찰과 철학적 사유로 나아가는 이들도 있었다.[29] 어느 특정 경전에 정통한 승려들이 많았다. 대개는 대중에게 낭송해주거나 제례에서 독경을 하기 위해서였고, 또는 그 경전의 가르침에 대해

---

**29** 이런 차원의 불교경전 공부에 대해서는 Lopez, *Buddhist Hermeneutics* 참조.

명상을 하기도 했다. 나아가, 새로운 경전이 소개되어 번역되고 기존 번역이 있더라도 다시 새롭게 번역되기도 했으며, 새로운 교상판석教相判釋이 제시되고 계속해서 새로운 주석이 나오면서 불교 문헌의 양이 지속적으로 늘어났다. 그런 문화 환경을 감안하면 인쇄술의 발명은 결코 우연한 일이 아니었다. 그처럼 문헌에 몰두하는 경향에 대해 결국 선이 날카롭게 비판하고 나선 것도, 하지만 그러한 선 또한 동아시아 불교에서 가장 방대하고 영향력 있는 문헌들을 낳았다는 사실도 그리고 보면 놀랄 일이 아니다.[30]

어떤 방식의 경전공부가 황벽을 비롯한 선사들의 비판의 표적이 되었을까? 뜻도 모른 채 의례적으로 독경을 하거나 공덕을 쌓기 위해 경전을 공부하는 것이 그 중 하나였다. 아예 독경을 전업으로 삼는 승려들도 있었다. 초기 불교부터 독경을 큰 공덕으로 여기는 전통이 그 배경이었다. "전경轉經"이라는 관습도 있었다. 경전의 처음 몇 줄만 독송하고 다음 경전으로 넘어가는 식으로 전체 장경藏經을 쭉 훑어버리는 것이다. 경전의 의미야 어떻든 간에 그렇게 해서 모든 경전을 남김없이 수지독송受持讀誦하고 유통시키는 공덕을 쌓는다고 여겼다. 전체 장경을 다 읽겠노라고 원을 세우고 이에 전념하는 이들도 있었다. 그 어마어마한 분량을 다 읽으려면 뜻을 생각할 겨를도 없이 속독速讀을 해야 했고, 그래도 십수 년이 걸렸다. 아예 윤장대輪藏臺를 설치해서 돌림으로써 실제로 경전을 읽는 수고 없이도, 그리고 글을 읽을 줄 모르더라도, 마찬가지 공덕을 얻을 수 있다고 여기기도 했다. 그런 수행은 정신수련을 위해서라기보다는

---

**30** 그런 의미에서 "송대(宋代)의 선은 불립문자를 표방하면서도 중국 특유의 목소리를 담은 불교문헌을 가장 풍부하게 생산해냈다"고 한 하인리히 두물린(Heinrich Dumoulin)의 지적은 탁견이다(*Zen Buddhism: A History*, p. 245).

경전 그 자체의 "요청"에 따른 것이며, 또한 신神과 같은 존재로서의 부처가 지시하는 데 따른 것이었다.31 성스러운 문헌에 대한 그런 주술적인 관념은 전 세계의 종교전통에서 널리 볼 수 있으며 불교문화 전반에서도 두루 나타난다.32

하지만 선이 퍼붓는 비판의 초점은 이것이 아니다. 그런 관념과 신행의 문제점은 식자識者건 아니건 이미 많은 수행자들이 분명하게 알고 있었다. 선이 공격의 표적으로 삼은 것은 당대唐代 불교계의 주류로서 특권적인 지위를 누렸던 불자들의 학문적인 경전공부였다. 그들의 경전공부는 경전에 대한 주술적인 신앙으로 쉽사리 흘러버리는 그런 것이 아니었다. 그들의 약점은 세련된 사유가 없는 점이 아니라 오히려 너무 거기에 빠져든 데 있었다. 황벽을 비롯한 선사들은 그런 학문적인 경전공부의 어떤 특성을 비난한 것일까? 이에 대한 답을 찾는 것은 간단한 일이 아니다. 거기에는 두 가지 이유가 있다. 그런 학문적인 경전공부 자체가 이미 아주 다양하게 전개되고 있었다는 게 그 하나이고, 또한 세월과 함

---

**31** 역주_경전에는 대개 그 경을 받아 지니고 독송하며[수지독송(受持讀誦)] 남을 위해 설해주면 그 공덕이 아주 크다고 말하곤 한다. "신과 같은 존재로서의 부처가 지시"라 함은 경전을 수지독송하는 공덕에 대해 마치 신이 그 신행에 대한 보상으로 베푸는 은총 같은 것으로 여기는 관념을 염두에 둔 표현이다.

**32** 경전에 신비한 힘이 있다고 여기는 주술적인 관념을 직접적으로 비난하는 대목이 블로펠드의 『대주선사어록』 번역에 나온다.
어떤 법사가 물었다. "「반야경」을 지니고 읽으면 가장 공덕이 많다는 말을 스님께선 믿으십니까?" 대사가 대답했다. "믿지 않는다 …… 경은 문자이니, 종이와 먹의 성품이 공(空)하거늘 어디에 영험이 있으랴. 영험이라는 것은 경을 지니는 사람의 마음 쓰기에 있다 …… 시험 삼아 경 한 권을 책상 위에 올려놓아 보아라. 아무도 지니는 이가 없다면 그래도 영험이 저절로 있겠는가?" (*The Zen Teaching of Hui Hai*, p. 114).

역주_원문은 "有法師問 持般若經 最多功德 師還信否. 師曰 不信 …… 經是文字紙墨. 文字紙墨性空. 何處有靈驗. 靈驗者 在持經人用心 …… 試將一卷經 安著案上. 無人受持 自能有靈驗否"(『경덕전등록』권 28, T. 51, p. 442c). 번역은 백련선서간행회 편, 『돈오입도요문론강설』, 성철스님 법어집 1집 4권, 서울: 장경각, 1986, p. 250.

께 부단히 변화해왔다는 점이 또 하나의 이유이다. 그렇지만 여기에서는 목적이 어디 있는지를 기준으로 해서 그러한 경전공부의 특성과 또 이에 대한 황벽의 비판을 살펴보기로 한다. 불교경전이 중국에 전해졌을 때 중국에는 이미 나름의 사유방식이 있었고 세련된 철학이 다양하게 정립되어 있었다. 경전의 내용은 중국의 그 기존 사유방식과 사뭇 달랐다. 그러므로 경전을 공부해서 이에 대한 지식을 쌓는 것이 불자로서 추구할 목표요 가장 긴요한 일로 여겨졌다. 경전의 기원, 배경, 구조, 주요 개념, 그리고 불교의 주제에 대한 그 경전의 전반적인 입장이 무엇인가 하는 것이 경전공부의 초점이었다. 그리하여 경전은 그 자체로 지적 관심의 대상이 되었다. 이런 경전공부에 대한 선의 비판은 공통적으로 경전을 "객체화"하는 데 대해, 또한 지식 그 자체를 목적으로 하는 데 대해 초점을 맞추고 있다. 경전에서 깨달음에 대해 뭐라 하는지를 아는 것과 자신이 깨달음을 체험하는 것은 전혀 다른 문제라는 점을 들고 나왔다.

종밀은 오히려 바로 그 점에서 경전공부도 유효하다는 논변을 폈다. 하지만 종밀의 변론도 선의 강력한 비판에 대응하기에는 충분치 못했다. 종밀은 질문자의 입을 빌어 "뜻을 얻는 게 중요하지 글을 잘 아는 게 중요치 않다"고 하였지만,[33] 경전공부에 대한 황벽의 입장은 "전문적인 지식"이나 "뜻 파악"이 중요한 게 아니라 그 경전을, 또 뜻을 꿰뚫고 나아가 그에 비추어 진실을 보아야 한다는 것이었다. 그러니까 경전공부의 취지는 "앎"도, 심지어 "이해"도 아니고, 경전이 말하고자 하는 것을

---

**33** Broughton, *Kuei-feng Tsung-mi*, p. 107.
    **역주**_"[선에서는 이미 뜻을 얻는 것을 중시하지 글을 잘 아는 일은 귀히 여기지 않거늘, [당신은] 왜 이 온갖 [선의] 글과 게송들을 모아 묶으려 하는가?(既重得意不貴專文. 卽何必纂集此諸句偈)"라는 질문 중에 나오는 대목이다(『선원제전집도서』, T. 48, p. 400a).

직접 체험하여 지혜를 구현하는 데 있다는 얘기이다. 경전 자체는 "무자성無自性"이고, 따라서 경전 그 자체에 대한 지식이나 이해는 아무런 가치도 없다. 하기는 경전뿐만 아니라 세상 모든 일이 그렇다. 경전이라고 해서 특별히 더 하찮거나 더 가치 있는 것으로 취급할 일은 아니다. 경전은 무엇인가를 드러내려고 마련된 것이다. 하지만 경전 그 자체를 목적으로 하고 접근하면, 다시 말해 경전 그 자체를 알기 위해서 공부하는 이들에게는 그것이 드러나지 않는다. 경전을 투과해야지만 그것을 체득할 수 있다. 황벽과 홍주종 선사들의 어록을 보면 경전을 대하는 새로운 태도, 그리고 새로운 설법 방식이 대두한다. 그 새로운 방식은 직접 체험을 지향하고 "깨달음"의 순간을 유발하는 데 초점을 둔 것이었다.

그러니까 황벽도, 또 그 어느 선사들도 경전 자체를 반대한 게 아니었고 실제로 경전을 내던져버리지도 않았다. 그보다는, 불교의 "대사大事", 즉 깨달음에 장애가 되는 그 어떤 상황에 대해 강력하게 경고하려 했다고 이해하는 것이 옳을 터이다. 여기에서도 황벽의 우상타파적인 본능이 작동한 듯하다. 불상佛像과 마찬가지로 경전도 객체화되고 대상화되고 있었다. 부처의 말을 그렇게 객체화·대상화 하는 것도 부처를 밖에서 찾는 것과 마찬가지로 잘못된 일이다. 두 가지 다 자기 안에 이미 있는 부처를 보지 못하게 한다. 부처와 경전을 하찮게 여기는 듯한 불경스러운 선사들의 언행은 그 거룩한 것들도 실상은 모두 "공空"임을 보이고자 함이며, 그리하여 수행자를 올바른 태도로 인도하기 위한 것이다.

그러니까 지식을 위해서 경전을 공부하지 말고, 다시 말해 경전을 객체로 대하면서 들여다보고 생각하고 하는 식으로 읽지 말고, 경전 그 자체를 뚫고 지나서 그것이 제시하는 진실을 보아야 한다는 게 황벽의 어록이 제시하는 새로운 글 읽기라 하겠다. 따라서 올바른 선 수행자라면 경전을 공부하는 데 몰두하기보다는 진실을 찾는 데 힘을 기울여야 한다는 얘기이다. 이를 위해 경전에 일부 의지할 수도 있다. 경전은 워낙 진실을 가급적 온전하게 드러내주고자 하기 때문이다. 그런 입장을 담고 있는 다음 대목을 꼼꼼히 읽어보자.

> 지금 사람들은 하많은 알음알이를 구하고, 널리 글의 뜻을 캐면서 그것을 "수행"이라고 하지만, 넓은 지식과 견해 때문에 도리어 장애가 된다는 사실을 알지 못하기 때문이니라. 이는 마치 어린아이에게 젖만 많이 먹일 줄 알지 소화가 되는지 안 되는지 도통 모르는 것과 마찬가지니라…… 이른바 알음알이가 녹아내리지 않으면 모두가 독약이 된다는 것이니라.34

여기에서 "글의 뜻을 캔다"는 것은 분명히 경전공부를 가리킨다. 이것을 인간의 욕구에 연관시켜 음식을 먹고 소화시키는 일을 비유로 들고 있다. 경전에 대한 지식을 자랑하는 사람은 단지 욕구를 좇아 배불리 먹어대는 것과 같다. 그것은 경전의 메시지에 반하는 행태이다. 경전의 요점은 탐욕과 아집을 극복하라는 것이기 때문이다. 경전을 샅샅이 훑어대는 식욕은 "소화불량"을 일으킨다. 그러니까 이 비유의 핵심을 다음과 같이 정리할 수 있을 것이다. 경전은 자칫 잘못된 방법으로 "섭취"하기 쉬운데, 그러면 아주 해로운 결과를 낳는다. 기껏해야 경전에 "대한" 지식을 얻자고 경전을 공부한다면 "소화불량"에 걸린다. 경전이 소화되어 흡수되지 못하면 우리의 몸과 정신에 독소로 쌓인다. 그런 식으

---

**34** T. 48, p. 382c; Blofeld, *Huang Po*, p. 56.
　　**역주**_원문은 "今時人只欲得多知多解, 廣求文義, 喚作修行. 不知多知多解翻成壅塞. 唯知多與兒酥乳契. 與與不消都總不知…… 所謂知解不消, 皆爲毒藥." 한글 번역은 『선림보전』, pp. 264f.

로 읽는 경전은 독자에게 흡수되어 한 몸이 되지 못한 채 과체중과 생체 기능 장애를 일으킨다. 눈을 뜨게 해주는 게 아니라 오히려 가릴 뿐이다.

황벽의 어록은 경전에 "대한 지식"을 위한 경전 읽기를 아주 강하게 비판한다. 그 강한 어조로 인하여 마치 글 읽기를 전면적으로 부정하는 듯이 보일 수도 있다. 하지만 그런 것은 분명히 아니다. 황벽의 어록에서도, 부처도 경전을 외우고 많이 알기만 하는 것을 경계하고 그 뜻을 깊이 체득하라고 가르쳤다는 경전 구절들을 인용하며 논거로 삼는다. 그런 황벽의 설법으로 미루어보아도 그는 결코 글 읽기를 그만두지 않았다. 그는 올바른 읽기방법을 가르치려고 했지 글을 읽지 말라고 가르친 게 아니었다.

황벽선사의 기라성 같은 제자 가운데 목주 도명睦州道明이 있다. 황벽을 모시고 주지를 지내기도 한 인물이다. 그에 관한 『전등록』의 기사 가운데 두 대목이 중요한 시사점을 전해 준다.

> [목주]대사가 경을 보는데 상서尙書인 진조陳操가 와서 물었다.
> "화상께서는 무슨 경을 읽고 보십니까?"
> "『금강경』을 보고 있소."
> "6조朝 시대에 번역되었는데, 이는 몇 번째 번역이 됩니까?"
> 대사가 경을 쳐들고서 말했다.
> "온갖 유위有爲의 법은 꿈이나 허깨비·거품·그림자와 같소."[35]

---

**35** T. 51, p. 291c; Chang, *Original Teachings*, p. 111.
 **역주**_원문은 "師看經次. 陳操尙書問. 和尙看什麼經. 師云. 金剛經. 尙書云. 大朝翻譯此當第幾譯. 師擧起經云. 一切有爲法如夢幻泡影." 인용된 영문 번역 원문에서는 "몽환포영(夢幻泡影)"을 "몽환"과 "포영"으로 나누어 "허망한 꿈, 거품의 그림자"라고 옮겼으나, 여기에서는 네 가지를 각자 따로 나열하였다. 한글 번역은 김월운 옮김, 『전등록』 2, p. 48; 문재현 옮김, 『전등록』 2, p. 245 참조.

또 대사가 『열반경』을 보는데, 어떤 스님이 와서 물었다.
"화상께서는 무슨 경을 보십니까?"
대사가 경을 쳐들고 말했다.
"이는 「다비품茶毘品」의 가장 마지막이니라."36

경전을 읽지 말라는 메시지가 이 대목들의 요점이라는 섣부른 판단을 내리기 전에, 우선 여기에서 경전을 읽고 있는 이가 누구인지를 감안하고 잘 생각해보아야 한다. 이 대목들은 목주선사를 선양하고자 하는 이야기이다. 그런데 보다시피 목주가 마침 글을 읽고 있는 어떤 윗사람에게 가서 힐문하는 내용이 아니라, 목주 자신이 경전을 읽고 있는 장면이다. 이 에피소드의 취지가 단순히 글을 읽지 말아야 한다는 것이라면, 목주 자신이 비판의 대상이었어야 한다. 두 이야기에서 모두 글을 읽고 있는 당사자는 목주 자신이기 때문이다. 그런데 분명히 그렇지 않다. 오히려 글 읽기와 관련해서 목주가 상대방을 비난하고 있다. 그 의미가 무엇일까? 첫 번째 이야기에서는 어느 번역본을 읽고 있느냐는 한 관리의 질문이 빌미가 되고 있다. 이에 대한 목주의 답변은 다음과 같이 풀이할 수 있겠다. "어떤 번역본이냐를 따질 필요 없다. 모든 것은 인연으로 생겨났으니 자성自性이 없고 모두가 다른 것에 의존한다. 경전도 꿈이요 허깨비며 물거품, 그림자 같은 것"이라 이를 투과해서 봐야지, 육조 때 번역본이냐 뭐냐 하며 그 물건 그 자체로 보아서는 안 된

---

**36** T. 51, p. 291c; Chang, *Original Teachings*, p. 111
　**역주**_원문은 "師又因看涅槃經. 僧問. 和尚看什麽經. 師拈起經云. 遮箇是茶毘品最末後." 한글 번역은 김월운 옮김, 『전등록』 2, pp. 48~49; 문재현 옮김, 『전등록』 2, p. 245 참조.
　창(Chang)은 "遮箇是茶毘品最末後"를 "이는 마지막으로 다비할 것이니라"라고 번역하였는데, "「다비품」의 가장 마지막"이라는 말의 속뜻을 그렇게 풀이할 수도 있으므로 틀린 번역은 아니라고 생각된다.

다. 그렇게 한다면 경전읽기를 시작해야 할 바로 그 지점에서 읽기를 멈추어버리는 셈이다.

 꿈, 허깨비, 물거품 등 목주가 동원한 비유는 바로 그가 읽고 있던 금강경에서 가져온 것이다. 이는 목주 자신이 그 경전을 나름대로 "소화"하고 있음을 보여준다. 목주는 모든 것이, 심지어 경전 그 자체까지도, 꿈이요 허깨비며 물거품 같은 것임을 배운다. 만물이 꿈이요 허깨비며 물거품이라 함은 무슨 뜻인가? 꿈이요 허깨비며 물거품이라 해서 실재가 아니라 할 수는 없다. 그것들도 실제로 존재한다.[37] 목주가 그런 것들을 비유로 동원한 것은 실재하지 않음을 얘기하고자 함이 아니다. 그보다는, 그것들의 독특한 존재양상에 주목했기 때문이다. 물거품이나 그림자는 잡을 수도 없고 고정되어 있지도 않다. 무엇보다도, 독자적으로 존재하지 못하며 일시적이고 의존적이다. 불교 용어로 말하자면, 독자적이고 영구한 "자성"이 없이 "공"한 것이다. 경전도 그와 마찬가지다. 그렇다면 경전 읽기는 어떤 식으로 해야 하나? 세상의 본질에 대해서 경전이 우리 눈앞에 펼쳐주는 것을 보아야 경전을 제대로 읽는 것이다. 그러려면 그 매체인 기호(언어문자)에 구속되어서는 안 된다. 목주가 금강경을 읽을 때 경전 자체는 그의 관심사가 아니었다. 그래서 그게 어떤 번역본이냐 하는 따위는 문제 삼지 않았다. 다시 말해 경전 그 자체를 꿰뚫고 나아가야지만 경전을 제대로 읽을 수 있으며,[38] 그럴 때에만 비로소

---

**37 역주**_여기에서 "실제로 존재한다"고 함은 꿈이나 허깨비도 우리가 그것들을 경험하는 그대로 실체로서 존재한다는 뜻은 아닐 터이다. 꿈이나 허깨비는 진짜가 아닐지라도, 아무튼 그런 현상이 있기는 있는 것이다. 그림자나 물거품도 마찬가지이다. 그림자는 그것을 있게 한 물체와 같은 방식으로 존재하는 것이 아니며 잡을 수도 없고 고정되어 있지도 않지만 아무튼 존재한다. 물거품 또한 물에서 생기는 일시적인 현상이기는 하지만 어쨌건 그런 현상이 존재하기는 한다.

그 경전이 가리켜 보여주는 진실을 본다. 그렇게 진실을 볼 때에는 자기 자신의 변화를 체험한다. 깨달음이다. 그런 깨달음 체험으로서의 읽기는 집착을 여의어야만 가능하다. 경전을 읽을 때건 사물을 파악할 때건 마찬가지이다. 경전이건 사물이건 대상을 객체화하거나 물화物化하지 말아야 한다.

두 번째 인용문은 좀 더 과격한 내용이다. 경전을 제대로 읽지 못하고 오히려 경전의 취지를 가려버리는 식으로 읽고 있다면, 다시 말해 언어문자나 판본으로서의 경전을 꿰뚫어 보기보다는 책 그 자체에 집착한다면, 차라리 그 경전을 없애버리는 게 낫다는 얘기이다. 경전 자체에 집착하는 이에게, 그걸 불태워 버려야 비로소 경전의 취지인 공도리空道理를 알아듣겠냐고 일갈한다.39 목주가 어떤 경을 읽고 있는지 궁금해서 질문한 그 승려도, 눈앞에서 경전을 불태워 없애버리면 비로소 이해할 수 있을까? 그 행위 또한 공도리의 "그림자"요 공도리는 경전 그 자체에 있기보다는 이 세상의 이치를 가리키는 기호임을 알아차릴 때에만 그 행위의 교훈을 제대로 이해할 수 있을 것이다. 선사들이 종종 실제로 그런 파괴행위, 즉 "비우는" 행위를 보여줬다는 일화들이 전해진다. 그런 과격한 행위는 경전이 가르치고자 하는 바로 그 지혜를 상징적으로 표현하는 하나의 예이다. 그런 행위로 가장 유명한 선사 가운데 한 사람이 덕산 선감德山宣鑑이다.40 그는 금강경에 정통했다고 하는데, 그러나 결

---

**38 역주**_그처럼 현상적인 차원을 꿰뚫고 지나 본질을 보는 것을 선사들은 흔히 "투과(透過)"라는 말로 표현된다. 인용문에서 목주선사가 읽고 있었다는 『금강경』의 주제 또한 상(相), 즉 현상적인 것은 공(空)임을 깨달아야 한다는 것이다.

**39 역주**_그 인용문에서 목주선사가 열반경을 읽고 있다가 다비를 언급한다는 점도 의미심장하다. 열반경은 석가모니가 마지막 설법을 하고 난 다음 열반에 들고 제자들이 장례를 치르는 장면을 내용으로 한다. 장례는 다비 즉 화장(火葬)으로 치렀다. 위의 주 36 참조.

국에는 자기가 심취해서 공부하던 금강경과 또 그에 대한 숱한 주석서들을 모두 불태워버렸다.[41] 금강경의 가르침에 대한 자신의 깨달음을 표현하는 일종의 공희제의供犧祭儀를 그런 식으로 치른 것이다. 선禪에는 오늘날까지도 여전히 그런 정신이 흐르고 있다.[42] 공도리를 가르쳐주는 경전을 읽고 제대로 알아들었다면, 그 뜻을 자기 자신과 경전, 그리고 경전을 읽는 자신의 행위에도 그대로 적용을 해야지만 그 뜻이 온전하게 드러난다. 경전 그 자체도 결국에는 공이요 경전을 읽는 자신의 행위도 공임을 깨달아야 하는 것이다.

따라서 책을 통해서 선을 읽고 있는 우리의 지금 이 행위도 문제가 된다. 글 읽기에 대한 황벽의 비판은 지금 우리가 행하는 이 독서에도 그대로 적용되는가? 만약 그렇다면, 그런 비판이 타당한지 아닌지를 어떻게 판단해야 하는가? 황벽이 문제 삼은 것 가운데 하나는 글을 읽는 동기가 어디에 있느냐 하는 것이다. 그 물음은 우리 자신에게도 던져볼 필요가

---

**40** 역주_780~865. 당나라 때 지금의 쓰촨(사천, 四川)성 젠난(검남, 劍南) 출신. 속성은 주(周)씨. 청원 행사(靑原行思, ?-741)의 문하로, 금강경에 정통하여 주금강(周金剛)이라고 일컬어졌다고 한다. 원래는 남방선(南方禪)을 비판하려고 용담 숭신(龍潭崇信, 782-865)을 찾아갔으나 오히려 감화를 받아 제자가 되고 그의 법을 이었다고 한다. 『송고승전』 12, 『조당집』 5, 『전등록』 15, 『오등회원』 7 등에 그에 관한 기사가 실려 있다.

**41** 역주_『벽암록』 제4칙 "덕산협복"(德山挾複)에 덕산이 용담의 가르침으로 깨치고서는 지고 다니던 『금강경』 주석서를 불태워버렸다는 기사가 나온다(T. 48, p. 143c).

**42** 베르나르 포르(Bernard Faure)는 가가시마 겐류(鏡島元隆)를 인용하여, "불립문자" 교리는 경전 자체가 아니라 경전을 잘못 읽는 행위를 거부한 것이지만 이를 계속해서 강조하다 보니 자연스럽게 지적(知的)인 모든 것을 노골적으로 거부하는 경향이 대두했다고 지적한다(Chan Insights and Oversights, p. 218). 옳은 지적이라고 생각된다. 중국과 또 다른 지역에서도 선이 결국 불교의 중심에서 주변으로 밀려나게 된 것은 그런 경향에도 분명히 일부 원인이 있다. 자신의 행위에 대해 성찰하려 하지 않거나 그럴 능력이 없으면 종국에는 고지식하고 협착한 태도에 빠지고 말게 마련이다.
역주_포르가 인용한 가가시마 겐류의 저서는 『道元禪師とその門流』(東京: 誠信書房, 1961)이다.

있을 듯싶다. 도대체 왜 글을 읽고 있는가? 목적이 무엇인가? 글을 읽는 목적은 여러 가지일 수 있고 또 시간이 지나면서 변할 수도 있다. 그런데 대개는 정말 중요한 사안을 동기로 하는 게 아니라 천박한 관심으로 글을 읽는다는 것이 선에서 글 읽기를 비판하는 요점 가운데 하나이다. 예를 들자면 이게 어떤 판본인지 알아보려고, 중세 중국에서는 글을 어떤 식으로 읽었는지 보려고, 선에 대해 지식을 얻으려고, 또는 그냥 재미삼아 읽기도 한다. 물론 관심사가 변할 수도 있다. 그런 사소한 관심을 넘어서 뭔가 더 큰 목표로 나아가지 못한다면 황벽의 비판에 고스란히 해당되는 글 읽기이다. 도대체 왜 "판본"에 관심이 있고, 무엇 때문에 중세 중국의 독서관행에 관심을 갖는가? 또는 왜 선에 대해 알고 싶어 하는가 말이다.

　황벽의 어록에서는 그런 궁극적인 목적을 "대사大事"라고 일컫는다. 그 이외에 다른 목적으로 글을 읽는다면 글 읽기의 취지를 오해한 것이고, 그래서 글 읽기의 이득을 온전히 누리지 못한다고 한다. 그렇다면, 어떤 일보다 중요하다는 그 "대사"란 과연 무엇인가? "마음"이 바로 그것이고, 마음에 대한 "깨달음"이야말로 정말 중요한 일이라는 게 황벽의 가르침이다. 물론 다른 중요한 일들도 있다. 하지만 그런 것들은 "대사"를 제대로 이루는 데 도움이 되는 한에서만 중요하다. "마음"과 "깨달음"이 과연 어떤 것인지는 다음에 이어지는 장들에서 차차 탐색할 예정이다. 여기에서는 다만, 오직 그것을 목표 또는 동기로 하는 경우에만 선을 글로 읽는 행위도 궁극적으로 정당화된다는 황벽의 가르침을 전제로 놓고 생각해보기로 한다. 황벽의 그 주장은 옳은가? 황벽의 그 가르침을 받아들인다면, 독자들은 각자 자기 자신의 독서 행위를 점검해보아야 할 것이다. 당신이 지금 행하고 있는 이 글 읽기는 당신의 "일대사大事"와 어떻게, 얼마나 관련이 있는가? 우리가 글을 읽는 목적은 과연 무엇인가? 읽었는지 안 읽었는지가 나의 삶에 정말 중요하고 결정적인 문제일 만큼 심화되고 승화된 글 읽기로 발전할 수 있는가? 황벽의 가르침 앞에서 우리는 자신에게 그런 물음을 던져야 한다.

이런 문제를 생각하며 글을 읽는다면, 바야흐로 자기가 읽고 있는 글에 온전하게 몰입한 셈이다. 글 읽기와 관련해서 황벽의 어록이 우선 문제로 삼는 것이 글 읽기의 동기와 목적이라면, 그 다음 문제는 읽는 이의 "자아"이다. 판본이 어떤 것인지를 알아내고자 책을 읽기는 쉽다. 심지어 "황벽의 생각은 무엇이었는지"를 보려고 글을 읽는 것도 쉬운 일이다. 그 글이 말하는 내용을 독자 자신의 문제에 연관시키지 않기 때문이다. 사실 우리가 행하는 글 읽기는 대개 그런 식이다. 정보를 얻는다거나 또는 글의 내용을 객관적으로 정리해서 소화하는 것이 고작이다. "객관성"이란 텍스트 또는 대상과 자기 자신 사이에 어느 정도 거리를 유지하는 것이다. 객관성이라는 개념의 정의가 이미 그렇고, 또한 실제로 객관적이라 하면 곧 그렇게 상대와 자신 사이에 거리를 둠을 의미한다. 즉 자기 자신의 생각과 감정을 텍스트나 대상이 보여주는 것과 섞이지 않게 하는 것이다. 그동안 객관적인 분석 방법을 통해서 황벽과 또한 선에 대해서 많은 것이 밝혀졌다. 그런 식의 연구가 아니었다면 밝혀낼 수 없었을 것들도 많다. 역사가들은 지금 이 시대 우리가 낭만적으로(주관적으로) 투사해서 상상하는 황벽과 엄정한 역사학적(객관적) 분석을 통해 밝혀내는 황벽을 엄격하게 구별해야 한다고 주장한다. 그렇게 하지 않는다면 "텍스트의 진정한 내용"을 완전히 놓치리라고 생각한다. 틀린 얘기는 아니다. 하지만 황벽의 어록에 의하면, 글을 올바르게 읽으려면 독자 자신의 자아가 개입하지 말아야 하는 게 아니라 오히려 그 글 읽는 행위에 온전히 동원되어야 한다고 한다. 지금 다른 것도 아니고 황벽을, 선을, 읽고 있는 우리는 특히 그래야 할 것이다. 객관적이고 역사학적인 분석 그 자체가 목적일 수는 없다. 그런 것은 정말로 중요한 그 어떤 목표에 도달하기 위한 하나의 수단일 뿐이다. 나 자신의 삶에 대해 중요한 의미가 있는 게 아니라면, 그게 다른 누군가에게는 중요할 거라고 생각해야 할 이유가 무엇이겠는가? 사실 우리가 황벽에 대해 무언가를 아느냐 모르느냐 하는 그 자체는 중요치 않은 일이다. 하지만 황벽의 어록을 읽으면서 그 어록이 말하는 중요한 안건들에 대한 감각이 깊어진다면, 그건 중요한 일이다. 그 안건들은 우리 자신의 삶에서도 드러날 수 있기 때문이다.

바로 여기에서, 황벽이 글 읽기와 관련해서 우선적으로 중시한 동기와 목적, 그리고 다음으로 중시한 것 즉 글 읽는 이 자신의 자아가 글 읽는 과정에 온전히 들어가야 한다는 점, 이 둘은 동전의 양면과도 같은 관계임을 알 수 있다. 글을 읽는 목적이 그 글 자체에서 주제로 삼는 바로 그 사안에 있다면, 그 때문에 글을 읽는 것이라면, 당연히 자기 자신을 온전히 그 글에 몰입시키며 읽게 마련이다. 단순히 정보를 얻고자 객관적으로 거리를 두고 읽는다면 텍스트의 취지와 힘이 약화되거나 없어져 버린다. 그 글의 주제가 독자에게 아무런 문제도 되지 않은 채 읽히는 것이다. 그러나 당신이 지금 읽는 것이 선이라면 단단히 준비해야 할 것이다. 읽는 이 자신의 자아, 바로 그것이 선서禪書의 "대사" 즉 주제이기 때문이다.

객관적인 글 읽기에서는 독자가 텍스트에 참여하기보다는 외부의 관찰자가 된다. 자기 자신은 개입하지 않은 채 다른 사람들, 즉 텍스트에 등장하는 인물들 사이에 벌어지는 일을 관찰한다. 황벽이 어느 교학승敎學僧의 경전공부를 두고 헛된 짓이라고 비웃는 대목을 읽을 때, 그 현장으로부터 거리를 두고 있는 입장이라면 편안한 심정으로 황벽의 조롱에 공감하며 재미있어 할 수 있다. 자기 자신의 문제를 개입시키지 않는 동안은, 즉 황벽의 비난이 내가 아니라 다른 사람들을 향한 것이라고 여기는 한, 그 이야기의 힘을 살짝 피해버리므로 압박을 받지 않는다. 하지만 대신에 그 이야기가 주는 가장 중요한 교훈도 놓쳐버린다. 반대로 황벽이 말하는 그 정신을 가지고 선을 읽는다면, 그 이야기가 퍼붓는 조롱의 진짜 대상은 다른 누가 아니라 바로 지금 여기서 그 글을 읽고 있는 독자 자신이 되는 것이다.

그러나 선서禪書에서 이야기하는 것들을 그 자체로 제대로 이해하려면 우리 자신의 선입견, 우리 자신의 생각은 제쳐놓고 임하는 것이 당연하지 않으냐면서 고개를 갸우뚱할 수도 있다. 그렇지 않다. 그것이 당연하게 생각되는 이유는 우리가 현대 서양의 독자이기 때문일 뿐이다. 근대 초기까지만 해도 그런 생각이 당연한 것은 아니었고 조심스럽게 고려되었을 뿐이었으나, 이제는 아주 자연스러운 선입관으로 자리 잡았다.[43] 그런 생각은 독자라는 것의 정체에 대한 오해에서 비롯되었다. 독자가 가지고 있는 관념과 전제는 단순히 독자의 부속물이 아니라 독자의 마음 그 자체를 구성한다. 그것들을 제쳐놓는다 함은 곧 진정한 독자이기를 그만 두는 것이다. 그런 식으로 우리의 "마음"을 제쳐놓고 임한

---

**43** "선입관은 그것이 선입관이라는 점만으로 이미 합당치 않다고 생각된다면, 즉 이해란 곧 선입관을 배제하는 것, 선입관을 덮어쓰우지 않는 것이라고 생각된다면, 그것은 우리가 아직도 계몽주의의 선입관을 그대로 지니고 있기 때문이다"(Weinsheimer, *Gadamer's Hermeneutics*, p. 167).

다면 글 읽기라는 게임을 시작하기도 전에 그만 두어버리는 셈이다. 글을 읽을 때, 우리가 가지고 있는 관념과 선입견을 옆으로 제쳐두려고 해서는 안 된다. 오히려 그것들을 끄집어내어 펼쳐놓고 뚜렷하게 의식해야 한다. 그래야만 글을 읽는 가운데 자기가 지금까지 가지고 있던 관념과 선입견이 도전을 받고 변화를 받아들일 수 있게 된다. 하지만 우리의 근대적인 글 읽기는 그런 식이 아니었다. 역사적 사실을 진리의 기준으로 중시하는 근대 학문의 추세가 그 주된 원인이었다. 그래서 황벽의 어록을 읽을 때에도 우리 자신의 생각은 유보하고 그 텍스트에 반영된 사상이나 행위, 제도 등의 모습을 객관적인 방법을 통해 재구성해내는 것이 목적이라고 여기게 되었다. 텍스트를 그 텍스트 자체의 콘텍스트 속에 놓고 읽으려고 한다. 그렇게 함으로써 우리 자신이 위치하고 있는 자리와 텍스트의 현장 사이에 거리를 유지시킨다. 그런 식의 글 읽기에서 독자의 "마음"이 하는 역할은 일종의 거울과도 같은 것이어야 한다고 여긴다. 그 자체는 글 읽기에 개입하지도, 영향을 받지도 않으면서 오직 텍스트에서 보여주는 선禪의 모습을 그대로 정확하게 비치는 거울과도 같은 역할이어야 한다는 것이다.

 하지만 선 읽기에서는 그보다는 자기 자신의 주관적인 입장을 가급적 확실하게 파악하는 반조적返照的인 성찰이 요구된다. 따라서 텍스트를 자기 자신의 "마음" 속으로 더욱 철저하게 "소화"해야 하는 것이다. 그렇게 하려면 어떻게 해야 하나? 텍스트의 의미를 "소화"해서 내 것으로 한다 함은 우선 텍스트 자체가 말하는 것과 함께 그 텍스트가 속한 콘텍스트를 최대한으로 파악하되, 거기에 머물지 않고 그것을 우리 자신의 콘텍스트 안으로 끌어 와서는 바로 지금 여기에서 우리가 영위하고 있는 삶과 연결시킴을 말하는 것이다. 여기까지 이르지 않는다면 그 어떤 방식으로 읽건 간에 텍스트의 취지 즉 "대사大事"가 글을 읽고 있는 독자 자기 자신의 대사는 아닌 것으로 취급되어 저만치 거리를 두고 맴돌게 된다. 그냥 '그런 얘기가 그 글에 있었지' 하는 기억이나 '그 글을 읽어 보니 그런 일이 있었다는군' 하는 정도로만 텍스트가 독자의 마음속에 남을 뿐이지 독자의 삶에 정말 중요한 어떤 의미를 가지기에는 이르지 못한다. 황벽은 "분별적인 섭취"[식식識食]와 "지혜로운 섭취"[지식智食] 를 대비시키는데, 지혜로운 섭취란 육신과 정신에 분명하게 이용될 수 있는 것에만 집중하는 것을 말한다.44 글 읽기에 적용한다면, 단순히 정보나 지식을 축적하기보다는 텍스트의 메시지를 사려 깊게 수용하여 전유(專有, appropriation)하는 것이다. 음식이 생명체의 신진대사 체계에 흡수되어 양분으로 작용하듯이, 텍스트 또한 그것을 읽는 사람에게 흡수되어 사유와 체험에 양분이 되는 한에서만 쓸모가 있는 것이다.

그런데 텍스트를 그런 식으로 "수용"하려면 한편으로는 어느 정도 "버리기"도 필요하다. 황벽의 처방에 따라 글을 읽을 때 진행되는 정신

---

**44** T. 48, p. 380b; Blofeld, *Huang po*, p. 39.
**역주**_『전심법요』에 이 개념이 등장하는 대목은 다음과 같다. "분별적인 섭취와 지혜로운 섭취가 있다. 사대(四大)로 이루어진 우리의 몸은 굶주림과 질병이 근심거리인데, 알맞게 영향을 공급해서 탐착이 일어나지 않게 하는 것을 일컬어 지혜로운 섭취라고 한다. 한편 제멋대로 허망한 분별심을 일으켜서 오직 입에 맞는 것만 찾아 먹으며 집착하는 것을 일컬어 분별적인 섭취라고 한다"(有識食有智食, 四大之身飢瘡爲患. 隨順給養不生貪著. 謂之智食. 恣情取味妄生分別. 惟求適口不生厭離. 謂之識食). 백련선서간행회의 번역에서는 식(食)을 섭취의 대상인 음식으로 보아 식식(識食)과 지식(智食)을 각각 "분별의 양식"과 "지혜의 양식"으로 옮겼으나(『선림보전』, p. 248), 라이트가 인용하는 블로펠드의 번역에서는 섭취하는 대상인 양식(糧食)보다는 섭취하는 행위에 초점을 두어 지식(智食)을 "wise eating" 즉 "지혜로운 섭취"라고 번역하였다. 원문의 문맥으로 보건대 섭취의 대상인 음식 자체에 원천적으로 좋고 나쁜 것이 있으므로 가려 먹어야 한다는 얘기라기보다는 섭취하는 주체의 태도를 문제 삼는 취지의 얘기이므로 여기에서는 블로펠드의 번역을 취하였다.

작용에는 의지의 노출과 포기라는 요소가 포함된다. 우리는 대개 독서란 텍스트라는 대상을 뚫고 들어가는 독자의 활동과 노력이라고 여기는데, 그렇게만 보면 텍스트가 온갖 방식으로 독자에게 영향을 끼치면서 독자를 설득하거나 무장 해제시키고 변화시키는 면은 완전히 간과하게 된다. 선은 그런 면에 대해 특히 뚜렷이 알고 있었다. 자아와 그 주체는 실체가 없다고 하는 것이 불교의 기초적이며 전통적인 교리이다. 선도 그 교리의 전통 안에 위치한다. "무아無我"라는 교리 즉 주체가 "공空"이라는 얘기는 독서를 통해 일어나는 변화는 독자라는 주체가 홀로 일으키는 게 아니라는 뜻이다. 글을 읽고 있는 사람의 정체성과 상태는 그가 읽는 텍스트에 "의존"하여 "생겨난다." 다시 말하자면 텍스트를 "연緣"으로 하여 생겨나는 것이다[연기緣起]. 그 가장 좋은 예로 공안집公案集 읽기를 들 수 있다. 처음에는 책에서 공안을 읽고서, 차차 마음속으로 그것을 계속 읽고 또 읽어서 마침내 그것이 자기 자신에게 깊숙이 꿰뚫고 들어오게 된다. 공안을 그렇게 제대로 읽으려면 독자도 그 공안의 배경이 된 일화의 주인공 역할에 동참해야 한다. 공안은 대개 스승과 제자 사이, 또는 동료 선승 사이에 벌어지는 대화를 배경으로 하는데, 우리가 흔히 선문답禪問答이라 일컫는 이야기들이 그것이다. 그 일화들은 이를테면 마치 개그맨이 무대에 나와 서서 풍자나 우스운 얘기를 풀어놓는 것을 연상시키기도 한다. 개그맨의 우스갯소리가 대개 그렇듯이 선문답에도 일종의 반전 포인트가 있다. 예를 들어 질문자가 알고 싶거나 얻고 싶어 하는 것, 달성하고자 하는 것이 실상은 이미 진즉에 그가 처해 있는 바로 그 자리임이 드러나곤 한다.[45]

---

**45 역주**_이 대목은 원문에 충실하게 옮겨서는 뜻이 전달되기가 어려운 까닭에 해설을 첨가하

그 일화에 등장하는 수행자와 함께 독자도 그런 반전의 "대상"이 된다. 그런 반전을 당한다는 것, 뒤집힘을 당한다는 것은 자기가 깨달음의 과정을 이끌어가는 주체라는 환상으로부터 깨어나는 일종의 "깨달음"을 체험하는 셈이다. 그런 체험에 이르는 독서는 그러니까 더 이상 텍스트를 파악한다거나 소유하는 "행위" 즉 황벽이 말하는 "분별적인 섭취"에 해당하지 않는다.[46] 그런 글 읽기는 독자 자신이 주체로서 무엇인가를 구하고자 하는 "탐착"의 활동이 아니다. 텍스트가 드러내는 것, 또한 그것이 일으키는 변화에 개방되는 정신활동이다. 이 2장 첫머리에 인용한 블로펠드의 글에서는 "신비로운 체험"이라는 표현을 썼지만, 그 어떤 주술적이거나 기적 같은 일을 도모할 필요는 없다. 사실상 우리가 어떤 텍스트를 읽으면서 분석하고 성찰하는 동안 한편으로는 저절로 텍스트가 우리에게 작용을 가해온다. 하지만 그것도 독자가 어떤 태도로 임하느냐에 달려있다. 텍스트가 가해오는 도전과 자극에 자신을 기꺼이 노출시키고 자기의 "마음"에 닥쳐오는 변화를 두려워하지 않고 받아들일 준비가 되어 있는 태도가 바로 그것이다.

한 가지 중요한 질문이 있다. 자신을 텍스트에 "기꺼이" 노출시키고 그 영향을 받아들이고자 하는 태도를 가지려면 "믿음"이 필요한가? 텍스트에 대해 열린 자세를 가진다 함은 텍스트가 말하는 것이 진실이라고 믿는다는 뜻인가? 이는 많은 심사숙고가 필요한 중요한 문제이다. 하지만 여기서는 일단 한 가지 구별만 염두에 두고 논의를 계속하기로 한다. 즉 텍스트와의 만남을 통해 진리가 드러날 수 있다는 가능성에 자신을 열

며 번역하였다.
**46** 각주 34 참조.

어두는 것과 그 텍스트에 담긴 특정의 교리적 입장에 선험적으로 동조하는 것은 전혀 다른 일이다. "동조commitment"는 일종의 폐쇄적인 행위여서, 선의 깨달음이 "개방성"을 바탕으로 하는 것과는 정반대이다. 선서禪書에 보면, 맹신적인 태도를 비난하면서 오직 "다르마dharma(법法)"를 직접 체험할 것을 강조하는 대목이 숱하게 나온다. 이를테면 교리도 비판적으로 수용하라는 얘기인데, 교리를 그대로 믿기보다는 각자 직접 체험으로 확인하라고 강조하는 이러한 입장은 초기경전에서 붓다가 그렇게 가르친 이래 불교에서 내내 전통으로 이어져온 것이다.

그렇다면 선에서, 또 불교 전반에서는 "믿음"의 역할이 없는 게 아니냐고 생각할 수도 있겠지만, 이것도 단순한 생각이다. 불교 문헌을 펼쳐서 읽기로 했다면, 적어도 그것이 뭔가 자신의 어떤 관심사와 관련해서 읽을 가치가 있다는 믿음이 있기 때문이다. 선승들이 수행의 길에 들어선 것도 애초에 이를 통해 뭔가 깨달을 게 있다는 믿음에서 시작했을 터이다. 우리는 늘 이런 저런 믿음을 가지고 산다. 물론 시간이 흐르면서 그 믿음을 버리거나 바꾸기도 한다. 하지만 어떤 텍스트를 읽는다고 해서 반드시 그 텍스트가 말하는 것을 받아들여서 지금까지 자기가 가지고 있던 믿음을 바꿀 필요는 없다. 사실상 그럴 수도 없다. 수용하는 과정은, 특히 비판적인 수용을 위해서는, 시간이 걸린다. 처음에는 읽어보고도 텍스트가 주장하는 게 뭔지, 그 주제에 대해서 내 생각은 어떤지를 정확하게 알지 못하기 십상이다. 그래서 "텍스트의 마음"과 자기 자신의 마음 사이를 오가는 대화의 교환을 통해 성찰하면서 깨달음에 이르는 것은 시간을 요하는 어려운 과정이다. 깨달음은 한 순간에 터질지 몰라도 그것이 "연기緣起"하는 사연은 재구성해보려 해도 도저히 불가능할 만큼 매우 복합적이다.

　이제 블로펠드 식의 낭만주의적인 독서가 지닌 약점 하나를 알아차릴 수 있을 것이다. 텍스트가 말하는 것이 진실이며 궁극적인 깨달음이 거기 담겨있다는 믿음을 애초에 전제로 깔고 임했다는 점이 바로 그것이다. 그런 경우 글 읽기란, 거기 있음을 이미 아는 그 진리를 찾아내는 행위일 뿐이다. 예를 들어 블로펠드는 『대주선사어록』을 번역하면서 서문에서 다음과 같이 말하였다. "[대주선사는] 우리에게 귀중한 진리를 가르쳐준다⋯⋯ 선물 중에서도 최고의 선물이다. 즉 불멸의 지혜와 그로부터 피어나는 평화가 바로 그것이다."[47] 블로펠드는 텍스트가 가르쳐주는 진리에 자신을 개방하고 "대사" 외의 다른 것에는 관심을 두지 않는다는 점에서 황벽이 제시하는 올바른 글 읽기의 기준에 부합한다. 그러나 이런 자세는 믿고자하는 열망이 너무 강해서 텍스트의 "타자성他者性"을 간과하고 따라서 텍스트가 독자에게 던지는 근본적인 도전을 묵살해버릴 위험이 있다. 그런 경우 독자가 지금 믿게 된 것은 텍스트가 던져주는 가르침보다는 사실상 독자 자신이 예전에 이미 가지고 있던 견해와 더 밀접한 관계가 있을 가능성이 매우 높다. 블로펠드도 때로는 자신이 이미 가지고 있던 믿음을 텍스트에 투사함으로써 자기가 보기에는 그 텍스트가 도저히 믿지 않을 수 없이 자명한 의미를 보여준다고 여기곤 하는 위험한 태도를 드러낸다. 선서禪書의 가치는 무엇보다도 우선 독자의 자아와 선입견을 해체시키는 데 있는데, 그런 식의 헌신적이고 충직한 믿음에 빠지면 자기 마음의 근본적인 뒤집힘이 일어날 수 없다. 위기나 도전을 만날 수 없기 때문이다. 따라서 선서를 낭만주의적으로 읽

---

**47** Blofeld, *The Zen Teaching of Hui Hai*, pp. 17~18.

는 것은 근대 역사학에서 사료를 분석하며 읽는 방식과는 매우 다름에도 불구하고, 결과는 아주 비슷하다. 둘 다 텍스트로부터의 도전과 공격을 회피할 길을 찾아내는 것이다. 낭만주의자들은 자기의 선입견을 바탕으로 텍스트에다가 의미를 투사함으로써 자기 자신을 안전하게 보존한다. 한편으로 역사학자들은 텍스트를 다른 시대 다른 장소의 사람들에 관한 것으로만 취급함으로써 자기 자신의 자리를 보존한다. 어떻게 해야 이런 약점들을 배제할 수 있을까? 아마도 우선은 양쪽의 강점을 받아들이는 것도 한 방법일 것이다. 즉 텍스트의 타자성을 우리 자신의 관심사와 의제의 콘텍스트 속에 비판적으로 끌어와 수용하는 것이다.

그러나 읽기라는 것은 글에만 국한되는 게 아니다. 문헌의 영역을 넘어 확장될 수 있다. 사실 선을 읽는다는 것은 단순한 선서 읽기보다 훨씬 더 많은 것을 요구한다. 온 세상이 텍스트이다. 얼굴표정도 읽고 몸짓도 읽는다. 움직임과 기호, 소리, 행동, 마음, 콘텍스트, 그리고 상황도 읽을 거리이다. 사실상 무엇이라도 잠재적으로 기호가 될 수 있고 통찰력 있는 독자에게 읽을거리가 된다. 황벽 같은 선사들은 바로 그런 능력이 뛰어난 이들이다. 황벽은 그 오랜 경력을 통해 수천 명의 제자를 배출했는데, 그들 각자가 복잡한 텍스트로서 해석거리이며 각자의 언행은 그 깊은 의미의 해독을 기다리는 텍스트이다. 선사들은 또한 "시절時節"을 읽을 줄 알아야 한다. 즉 마음과 법의 전수가 이루어지는 일단의 역사적—정치적, 경제적, 문화적—상황과 추이를 읽어야 하는 것이다. 그것을 읽지 못하면 결국 전승에 실패한다. 그러니까 글이긴 글이 아니긴 간에 텍스트 읽기는 선에서도 예나 지금이나 면면히 계속되는 활동인 것이다. 선사들은 도처가 읽을거리임을 잘 알기 때문에 세상을 텍스트라 부르기 시작했다. 선사들의 눈앞에 펼쳐지는 실재가 "거대한 경전"이다.48 판독하기 쉽지 않으나 오직 그것만이 진정으로 중요한 텍스트였다. 이런 차원에서 "읽기"는 곧 "해석"과 동의어이며, 나아가 "이해"와 같은 의미이다. "읽기"의 의미를 그렇게 확장해놓은 마당에 던져야 할 질문이 있다. 황벽의 어록을 그냥 단순히 읽는 게 아니라 이해한다는 것은 무엇을 의미하는가? 황벽의 선에서 이해는 어떤 역할을 하는가?

---

**48** Blofeld, *The Zen Teaching of Hui Hai*, p. 126.
　**역주**_라이트는 『대주선사어록』으로부터 "큰 경전이 있어 부피가 삼천대천세계와 같다"는 표현을 취하여 인용한 것이라고 짐작된다. 참고로 이 대목의 전문은 다음과 같다.
　"무엇을 큰 경전이 작은 티끌 속에 들어있다고 합니까?"
　대사가 대답했다.
　"지혜가 경전이니, 경에 말씀하시기를, '큰 경전이 있어 부피가 삼천대천세계와 같은데 한 티끌 속에 들어 있다' 하였으니, 한 티끌이란 한 생각의 티끌이다. 그러므로 한 생각의 티끌 속에서 항하사 게송을 연설해 내거늘 사람들이 알지 못할 뿐이다."
　얼핏 보면 라이트는 그 표현을 원문의 취지와 동떨어지게 인용한 듯 보일 수도 있으나, 삼천대천세계가 그대로 진리요 지혜의 내용이라 "큰 경전"이라 할 만하다는 의미로 읽으면 라이트가 말하는 식으로 이해해도 무방하다고 생각된다. 티끌처럼 작은 한 생각에 그 모두가 들어있다는 것은 선의 어법에서 흔히 접할 수 있는 표현이다. 원문은 "何名有大經卷內在一微塵. 師曰. 智慧是經卷. 經云. 有大經卷量等三千大千界. 內在一微塵中. 一塵者是一念心塵也. 故云. 一念塵中演出河沙偈時人自不識"(『경덕전등록』 권28, T. 51, p. 444a). 번역은 백련선서간행회 편, 『돈오입도요문론 강설』, p. 267.

# 3장

# 이해―깨달음의 콘텍스트

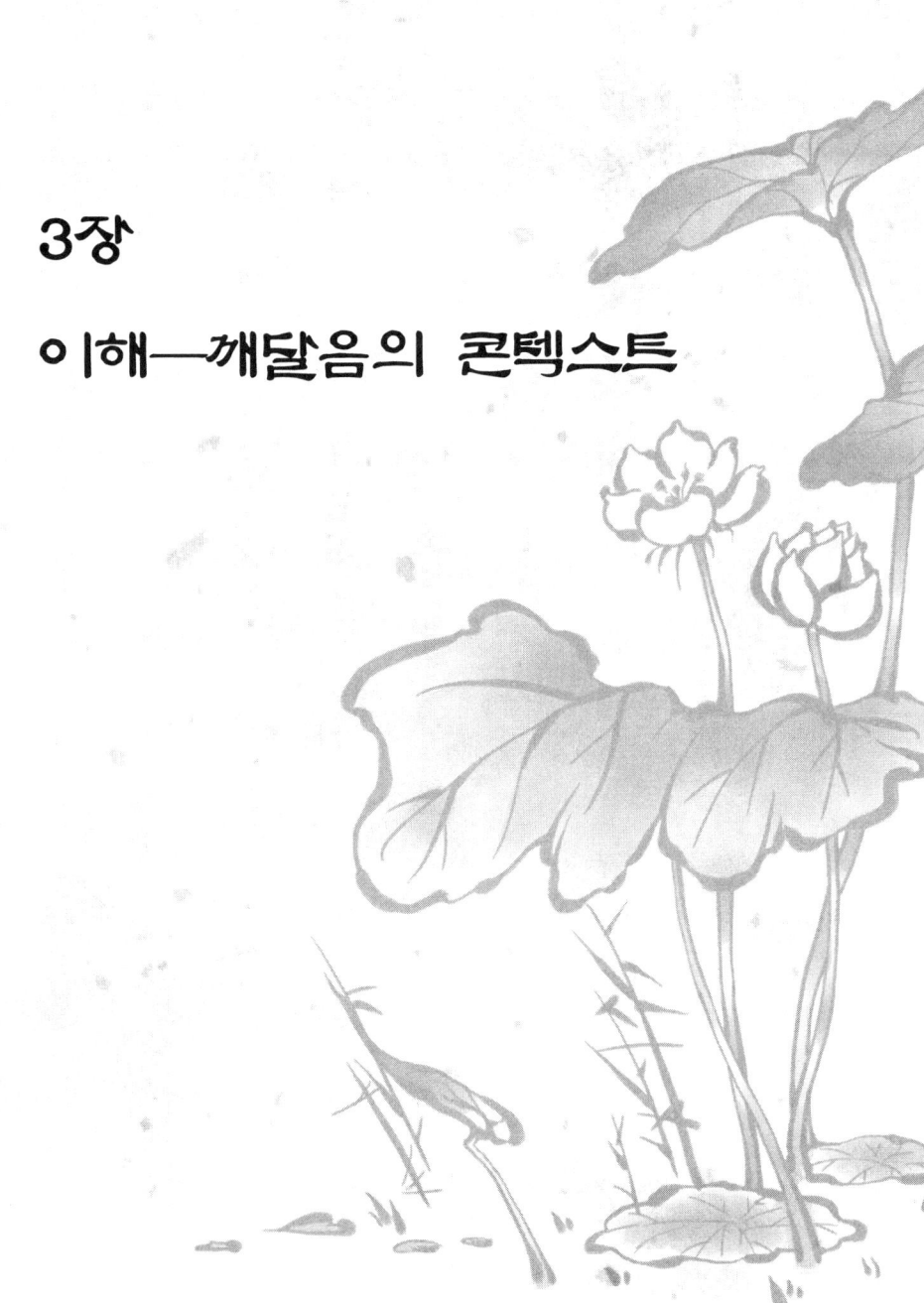

**92** 선불교에 대한 철학적 명상

[황벽선사의 어록을 번역하면서] 원전의 의미를 정확하게 옮기고자 하였다. 그렇지 않은 곳이 있다면, 내가 원전의 의미를 잘못 이해하는 실수를 저지른 탓일 게다.
— 존 블로펠드[1]

또 자기 자신의 실제는 능히 체달하지 못한 채 다만 말만을 배워서 가죽 주머니에 넣고 가는 곳마다 자기가 선을 안다고 칭하지만, 그래서야 도대체 어떻게 그대들의 생사문제를 해결할 수 있겠는가?
— 황벽[2]

언어로 선을 배우는 것은 선을 제대로 이해하는 게 아니라는 황벽의 말이 옳다면, 어떻게 해야 선을 이해하는가? 이 물음에 답을 찾기 위해서는, 또한 그리하여 선을 제대로 이해하려는 목적에서 선을 읽으려면, 우선 이해라는 것이 과연 무엇인지 생각해보고 이에 대한 이해부터 갖출 필요가 있겠다. 황벽은 지식은 이해가 아니라고 비판하는데, 그렇다면 이해란 무엇인가? 일단은 이 장章에서 전개할 이야기의 목적에 따라 "이해"는 앎과는 다르며 인간의 삶에 더 근본적인 무엇이라고 전제하기로 한다. 이해는 "앎"과는 달리 우리가 모든 활동 중에 행하는 그 무엇이

---

**1** Blofeld, *Huang Po*, p. 25.
**2** Chang, *Original Teachings*, p. 105.
　**역주**_원문은 "且當人事宜不能體會得. 但知學言語. 念向皮袋裏安著到處稱我會禪. 還替得. 汝生死麼"(T. 51, p. 266c). 한글 번역은 김월운 옮김, 『전등록』 1, p. 572. 문재현 옮김, 『전등록』 2, p. 33 참조.

라 보자는 것이다. 무엇을 하든—먹을 때나 일할 때나 또는 생각을 할 때나—우리는 항상 이해라는 활동을 한다. 무엇을 이해하는가? 자기가 하고 있는 그 특정 활동에 관련된 온갖 요소와 배경 들을 이해하는 것이다. 이런 의미의 이해는 그러니까 우리가 세계와 파장을 맞추는 가장 실제적인 요건이며, 세계 속에 자신의 자리를 확립하고 세계와 동조하고 세계에 참여하는 활동이다. 사람마다 또 문화마다 특정 사안에 대해 이해하는 구체적인 내용은 다르겠지만, 어쨌든 이해는 우리가 살아가며 활동하는 데 필수적인 배경으로 늘 전개되고 있는 것이다.

이해라는 것이 그처럼 보편적으로 전개되고 있는 활동이라는 점을 설명하기 위해 간단한 예를 하나 들어보자. 이는 이해의 특성을 드러내는 데에도 도움이 될 것이다. 예를 들어 황벽산의 사찰에도 공양주가 있었을 텐데, 그는 자신이 맡은 일을 수행하면서 의식조차 하지 않는 가운데 이미 여러 가지 많은 일에 대한 이해를 가지고 있었을 것이다. 음식을 만든다는 게 어떤 일인지, 무엇을 해야 하는지, 어떻게 왜 해야 하는지를 분명하게 이해하고 있었을 터이다. 그 모든 사항에 대해서 자세한 지침서를 만들려 한다면 수년에 걸쳐 수천 쪽의 글을 써야 할 분량이다. 하지만 그 공양주는 모든 것을 그의 마음속에, 그리고 눈과 손과 몸의 움직임에 이미 지니고 있다. 공양간에 들어서면 잠깐이라도 생각하느라 머뭇거릴 필요 없이 음식을 만든다. 모든 것을 이미 다 이해하고 있는 덕분이다. 칼은 어디에 있고 어느 것이 얼마나 날카롭거나 무디어져 있고 어느 재료로 무엇을 하는 데는 어느 칼을 써야 할지를 다 알며, 왜 그래야 하는지를 이해하고 있다. 어떤 사항들에 대해서는 의식에 분명하게 떠올라 있는 지식을 활용하는 경우도 있을 것이다. 특히 거의 공식화된 방법이라든가 계산이 필요한 사항들이 그렇다. 예를 들면 쌀의 종류에 따라 물의 양을 알맞게 조절한다든가 공양을 할 승려의 수에 따라 밥 짓는 양을 결정한다든가 하는 것이다. 하지만 그런 지식들도 엄청난 양의 무의식적인 이해를 바탕으로 하고 있다. 즉 의식적인 지식은 이해라는 빙산의 일각에 불과하다. 보이지는 않지만 수면 아래 방대하게 도사리고 있는 이해가 수면 위에 드러나는 지식을 떠받치고 있는 것이다. 예를 들면 온도나 경도硬度에 관한 물리법칙이라든가 미각味覺, 알맞은 시간에 대한 판단, 공양간 일손들 사이의 심리적인 교류, 사찰의 전반적인 분위기 등등 일일이 헤아릴 수 없을 만큼 많은 사항들에 대한 복합적인 이해가 바탕에서 작동한다. 만약에 공양주가 이 모든 사항들을 늘 의식하고 무슨 일을 할 때 대목마다 관련된 사항들을 하나하나 짚어보아야 한다면, 황벽산사의 대중은 쫄쫄 굶어야 했을 것이다. 이해가 인간 삶의 모든 측면에 필수적인 배경으로 깔려 있다는 점을 이 예를 통해서 알 수 있다. 인간의 모든 활동에 스며있으며 이해가 전제되지 않으면 인간의 활동이 불가능하다. 음식 만드는 일에서뿐만 아니라 선을 읽는 행위에서도 마찬가지이다. 밥을 짓건 선을 읽건 어느 경우든 간에, 어떤 이해가 작용하느냐에 따라 사물과 우리 자신의 관계가 결정되며 우리 앞의 사물들이 의미 있는 콘텍스트로 조직화된다.

세상은 우리에게 어떤 식으로 이해되는가? 한 가지 분명한 것은, 우리가 사는 세계는 온갖 사물과 현상으로 구성되는데 우리는 그것들을 각자 낱개로 경험하는 게 아니라 셀 수 없이 많은 갖가지 관계의 망 속에서 이해한다는 점이다. 주방의 칼을 예로 들자면, 우리는 하나의 칼을 온갖 다른 사물이나 일 들과의 관계 속에서 이해한다. 그 칼과 당근이나 양배

추, 우리의 손가락, 도마, 싱크대, 서랍, 다른 칼 등과의 관계 속에서 이해하는 것이다. 그 칼을 사용하는 행위도 수많은 콘텍스트로 둘러싸여 있다. 예를 들면 그 칼로 야채를 써는데, 야채를 써는 것은 수프를 만들기 위해서이다. 수프를 만드는 것은 끼니 준비를 위해서이고, 끼니를 제공하는 것은 승려들에게 먹이기 위해서이다. 승려들을 먹이는 것은 그들이 수행을 해서 깨달음을 이루게 하기 위함이고, 승려들이 깨달음을 구하는 것은 지혜와 자비로 온 세상을 제도하기 위함이다. 이번에는 손가락을 예로 들자면, 우리는 우리의 손가락들을 그것 자체로서가 아니라 당근이라든가 칼, 또는 책, 의무, 부상, 또는 무엇인가를 가리키는 행동과 손가락의 관계 속에서 이해한다. 그밖에도 헤아릴 수 없이 많은 온갖 것이 우리의 손가락을 가지고 우리에게 손가락질을 하며, 또 한편으로 우리의 손가락은 그것들을 가리킨다. 그러니까 이해한다는 것은 그 모든 요소들을 하나로 묶어 유기적으로 기능토록 하는 활동이다. 살다 보면 늘 새로운 것과 마주치게 된다. 그럴 때면 우리가 이미 알고 이해하고 있는 세계와 그 새롭게 경험한 것을 어떻게든 관계 지움으로써 그것을 이해의 범위 속에 끌어들여 자리 잡게 한다.

  그런 과정을 모두 주관적인 활동으로만 간주하는 것이 우리의 근대적인 성향이다. 즉 순전히 개인의 마음이 그런 작용을 한다고 여기는 것이다. 하지만 그런 선입관을 좀 내려놓을 필요가 있다. 이해라는 활동에는 개인의 주관보다 더 크고 복잡하며 더 근본적인 과정들이 작동하기 때문이다. 우선, 이해라는 것이 개인적인 일이라기보다는 다분히 하나의 사회적인 활동이라는 점을 상기해야 할 것이다. 우리가 무엇인가에 대해 가지고 있는 이해는 대개 주위 사람들이 가지고 있는 이해와 비슷하며, 가까운 관계의 사람들일수록 비슷한 이해를 공유하는 경우가 많다. 칼이라는 게 어떤 것이며 어떻게 사용하는 것인지, 책이란 무엇이며 어떻게 읽는 것인지, 연장자란 어떤 이들이며 그들은 어떻게 대해야 하는지, 다친다는 것은 무엇이며 방지하려면 어떻게 해야 하는지 등등 아주 많은 일들에 대해서 우리는 다른 이들과 이해를 공유한다. 다른 이들로부터 배워서 얻게 된 이해도 많다. 그리하여 우리는 문화적으로 구축된 방대한 이해의 망에 참여하게 된다. 사회화라는 게 바로 그런 것이다. 어린아이일 때는 말할 것도 없고 성인이 되어서도 우리는 주위 다른 사람들의 행동을 관찰하고 모방한다. 자기가 직접 발견하거나 만들어내고 순전히 홀로 결정하는 일은 거의 또는 심지어 전혀 없다. 그러니까 우리는 스스로 이해를 구축한다기보다는 이미 깔려있는 이해의 장 속에 빠져 들어가는 셈이다. 다시 말해 이미 구조가 갖추어져 있고 특정된 이해 방식들이 정립되어 있는 세계 속으로 우리가 들어가 참여하는 것이다. 그렇게 보면 무엇인가를 알고 이해하는 일은 순전히 개인의 주관적인 활동이라기보다는 "주관들 사이의 상호교섭inter-subjectivity"을 배경으로 한다. 공통의 언어와 관습, 제도, 행동 등을 통하여 개개인의 주관과 그 사이의 관계가 형성되는 것이다.

    황벽산의 사찰과 같은 특정 공동체에 참여하기 위해서는 그 공동체에 특유한 형태의 이해와 행동 방식에 참여해야 한다. 공유된 이해는 공통의 지각과 감각, 즉 "상식"으로 기능한다. 공동체의 구성원은 그것을 바탕으로 해서 갖가지 활동을 진행한다. 간혹 이해의 배경으로 기능하는 그 상식에 대해 의문을 제기하게 되는 경우도 있다. 하지만 대개는 우리 삶의 구석구석에 너무나도 가깝게 밀착되어 있어서 의식조차 하지 않채로 늘 활용하며 살아간다.

우리의 일상생활 전체의 배경에 워낙 전반적으로 기존의 이해가 이미 깔려있다는 바로 그 사실 때문에, 우리는 그 전체를 볼 수 없고 이론으로 정형화할 수도 없다. 그러려면 우리 사고와 행동의 배경이 되는 이해를 객체화해서 바라보아야 하는데, 이를 위해서도 또한 이미 그것을 작동시킬 수밖에 없는 것이다. 우리가 이해를 형성한다기보다는 이해가 우리의 사고와 행위를 빚어낸다. 그런 의미에서 우리는 이미 전통으로 내려온 여러 가지 이해의 틀에 소속되고 사회적으로 얽혀있다. 남들은 참여하지만 우리는 참여하지 않는 이해의 전통도 많음은 물론이다.

이해란 근본적으로 사회적 행위라고 보는 것은 우리의 근대적인 사고방식에 거스르는 시각이다. 특히 그동안 우리가 선에 대해 가졌던 관념과는 사뭇 어긋난다. 선은 아주 극단적인 개인주의를 표방하며 개인 내면의 심층적인 주관성에 관한 것이라는 관념이 그동안 우리에게 익숙해진 근대적이고 낭만주의적인 시각이었다. 하지만 거기에는 근대 서구인으로서 우리의 성향이 반영되어 있음을 이제 알아차릴 수 있게 되었다. 개인주의와 주관주의에 대해 다양한 비판이 제기되었고, 이제는 선에 대해, 또한 인간의 이해활동 전반에 대해 후기낭만주의적인 시각에서 조망할 수 있게 되었다. 그런 시각에서 보면 황벽의 선처럼 일종의 공동체 차원에서 구축된 이해의 전통을 연구하는 가운데 오히려 우리 자신의 근대적 개인주의와 주관주의의 특성을 목격할 수 있다.

황벽산에서 일어난 일들도 그 공동체가 공유한 이해의 장을 배경으로 해서 펼쳐진 것이라는 점을 염두에 두면서, 이제 황벽산의 선을 공동체의 차원에서 들여다볼 수 있을 터이다. 거기에서는 "깨달음"이 모든 활동의 궁극적인 목적이 되는 집단적인 사안이었다. 일과의 짜임새와 각자 맡는 일의 구성은 물론이고 사원의 구조부터가(송대의 비슷한 사원들 구조를 보면 알 수 있다) 그 목적의식을 반영하고 있었다. 그곳의 이런저런 풍경을 그려볼 수 있을 것이다. "승당僧堂"에서는 승려 대중이 소략한 소지품을 두고 거처하면서 먹고 자고 참선하며 조용히 생활하고 있다. 황벽 선사는 방장方丈으로서 별도의 거처에서 지내면서 찾아오는 제자들을 만나곤 한다. "법당法堂"에서는 법문을 하고 문답을 나누며 가르침을 주었을 터이다.[3] 승려 대중은 채소밭을 가꾸거나 때로는 건물을 짓고 보수하는 등 울력에 나서곤 한다. 새벽예불의 광경, 경전공부 하는 광경도 상상할 수 있다. 도반들 사이의 대화라든가, 다른 절에서 찾아온 승려뿐 아니라 인근 농부들이나 도회 사람들, 지주들, 관리들과의 관계도 짐작해볼 수 있다. 그 모든 활동과 관계에서, 어떤 공유된 이해 즉 "상식"이 그들의 선의 세계를 그런 특정의 모습으로 구축되게 하는 보이지 않는 배경으로 작용하고 있었을 것이다.

사찰 공동체의 모든 활동이 어떤 공통된 이해의 장을 배경으로 하지만 그 중에서 특히 그것을 특징적으로 드러내는 것은 "법당"에서의 활동이다. 현존하는 가장 오래된 선찰禪刹 규범에는 "법당"에 관해 다음과 같은 규정이 담겨 있다.

> 온 집안의 대중은 아침에 묻고 저녁에 모여야 하고, 장로가 법당에 올라 설법을 할 때에 일을 관장하는 이나 대중이나 모두 줄지어 앉아서 귀를 기울여 들어야 하고, 손님과 주인이 문답을 계속하여 종지를 격양하는 것은 모두가 법에 의해 산

---

[3] 그 배경에 대한 자세한 설명은 Foulk, "The Ch'an School" p. 278 참고.

다는 것을 표시한다.[4]

담화를 통해 "부처님 법대로" 사는 방법이 드러난다는 것이다. 하지만 배경에 깔린 이해가 드러나 보이지 않는 이런 경우에도, 참선에서부터 공양과 울력에 이르기까지 모든 활동에 그것이 전제되어 있다.

황벽산 선찰의 제도적으로 정형화된 수행생활에도, 또한 거기서 가르치고 배우는 "법"에도, 그 선찰 너머 더 넓은 범위의 문화적이고 역사적인 토대가 깔려 있다. 황벽산사의 선승들이나 나아가 모든 선찰 공동체뿐만 아니라 그 특정 시기에 중국문화에 참여했던 이들 모두가 광범하게, 그러므로 뚜렷하게 드러나지는 않는 채로, 이미 공유하는 이해의 장이 펼쳐져 있었던 것이다. 황벽산의 선사禪寺 같은 선 수행 공동체들은 세속사회를 비판하고 그와 어느 정도 단절되었던 것도 사실이다. 하지만 그들도 여전히 "세간世間"과 활발한 대화를 지속하고 있었다. 비판도 대화의 한 형태이다. 그리고 대화는 공유하는 이해의 장이 있을 때 가능하다. 황벽산의 선승들은 자신들도 모르게 중국문화라는 더 넓은 범위로 구축되어 있는 이해의 장에 참여하고 있었던 것이다.

황벽에게서 작동하고 있던 이해의 장이 중세 중국이라는 더 넓은 세계와 근본적으로 연결되어 있었다면, 그 공통의 배경이 된 문화적 요소들은 무엇인가? 언어가 중요한, 아마도 가장 중요한, 요소일 게다. 같은 언어를 쓴다는 것은 세상을 경험하고 그에 반응하는 방법을 공유한다는

---

**4** Collcutt, *Five Mountains*, pp. 138~145와 Foulk, "The Ch'an School", pp. 347~353 참고.
  **역주**_출처는 「선문규식」(禪門規式)으로, 『전등록』 백장회해(百丈懷海)조의 말미에 수록되어 있다. 원문은 "其闔院大衆朝參夕聚. 長老上堂陞坐. 主事徒衆雁立側聆. 賓主問酬激揚宗要者. 示依法而住也"(T. 51, p. 251a). 한글 번역은 김월운 옮김, 『전등록』 1, p. 428; 문재현 옮김, 『전등록』 1, p. 346.

셈이다. 이에 대해서는 다음 장에서 논의할 예정이다. 신화와 같은 기본적인 이야기들, 또한 거기에서 작동하는 상징들에 의해서 집단적인 이해의 틀이 가장 기초적인 차원에서 배양되는데, 그게 다 언어를 통해서 이루어지는 일이다. 신화와 상징이 깔아놓는 넓은 인지認知의 마당 안에서 황벽의 것과 같은 보다 특정된 여러 가지 이해의 공동체들이 형성된다. 황벽의 선 수행에는 부처의 깨달음과 명상 수행, 그의 수행공동체, 그의 가르침과 성찰에 관한 이야기들이 배경으로 깔려 있고, 물론 그 이야기들로부터 도출된 상징과 패러다임 들도 전제로 깔려있다. 그런 배경 덕분에 황벽의 선 수행이 의미를 확보한다. 황벽산의 선승들이 참선하며 앉아있을 때, 그들은 천여 년 전에 부처가 깨달음을 위해 했던 일을 재현하는 의례를 행하고 있는 셈이다. 깨달음을 구한다는 바로 그 생각 자체부터가 대대로 계승되어 황벽산의 선승들에까지 전해진 것이었다. 그게 없었다면 선 수행이라는 것 자체가 애초에 있을 수 없었다. 황벽산의 선승들은 "불조佛祖", 즉 부처와 조사 들의 행위를 재현하고 그들의 가르침을 거룩하게 받아들여 내면화하는 가운데 황벽산 밖 멀리서부터 이어져온 전통적인 양식을 바탕으로 자신들의 삶의 모습을 만들고 있었던 것이다. 그들이 공유하는 이해의 틀은 바로 그런 양식들에 의해서 구성된다.

우리도 마찬가지다. 우리의 삶에 특정의 형상과 콘텍스트를 부여해주는 일단의 상징과 이야기, 그리고 선례 들을 참고해서—그것들에 순종하기도 하고 저항하기도 하면서—우리는 누구이며 무엇을 하고 있는 것인지를 안다. 그러니까 누구건 무엇이건 나름의 콘텍스트를 지닌다는 진리는 황벽뿐 아니라 우리에게도 그대로 적용된다. 그런데 "우리"가 황벽을 이해하는 일이 어려운 이유 가운데 하나는 중세 중국의 콘텍스트와 우리의 콘텍스트가 매우 다르다는 데 있다. 앨라스데어 맥킨타이어Alasdair MacIyntire는 다른 문화를 이해하는 일이 어려운 이유를 다음과 같이 설명한다.

> 서로 다른 두……문화, 즉 언어가 다르고 각자 나름의 정전正典과 전형典型, 그리고 사고방식의 전통을 가지고 있으며 상대방의 언어세계는 물론이고 그들의 전통에 대한 지식도 없는 두 문화가, 상대방의 생각에 대해 자기의 언어로 논의할 때에는 아무래도 전체적이지 못하고 부분적이고 추상적인 차원의 담론에 그친다. 그러니까 어떤 식으로든 불가피하게 <u>오해</u>를 낳을 수밖에 없는 것이다. 어떤 개념과 사상이든 그 배경이 되는 텍스트와 콘텍스트를 빼고 보면 타당성이 없는 것으로 보이게 마련이다.[5]

어떤 사물이나 현상의 의미에 대해서 우리가 내리는 결론은 서로 다를 수밖에 없다. 각자의 전제 즉 출발점이 다른 바로 그만큼 달라지게 마련이다. 이것은 누구든 어떤 기회에 알아차리게 되어 있긴 하지만 사실상 상당한 경험이 쌓여야만 배울 수 있는 교훈이다. 황벽의 어록에 대해서도, 그 배경에 대한 충분한 이해가 확보되지 않으면 자칫 그 텍스트들을 엉뚱하게 이해하거나 전혀 이해하지 못하고 만다.

예를 들어 황벽과 그의 제자 사이에 벌어지는 다음과 같은 대화 장면을 보자. 한 승려가 "서쪽에서 온 뜻이 무엇입니까?"라고 묻자 스승은 그를 때렸다.[6] 선에서 작동하는 이해의 콘텍스트에 익숙하지 않은 우리에게 이 대화는 도대체 무슨 뜻인지 와 닿지 않는다. 황벽의 반응에 대해

---

**5** MacIntyre, "Relativism, Power, and Philosophy", p. 392. 강조 표시는 필자가 넣었음.

서도 자세한 해석과 설명이 필요하지만 질문에 대해서도 마찬가지이다. 질문은 말 그대로 보자면 중국 선종의 전설적인 초조初祖인 보리달마菩提達磨가 인도에서 중국으로 건너온 뜻이 뭐냐는 내용이라는 것까지는 이미 알고 있을 수도 있겠다. 하지만 왜 그것이 중세 중국 선의 세계에서 공유되던 "상식"의 장에서 의미 있는 질문인지, 그 배경이 되는 전제와 담론에 대해서 우리는 잘 알지 못한다. 왜 그런 질문을 하는 걸까? 정말 알고 싶은 게 뭘까? 그리고 이 선문답은 도대체 뭐란 말인가? 그 질문에 참여하려면 그런 콘텍스트에 대한 이해가 있어야 한다. 나아가, 황벽선사는 왜 그 승려를 때렸을까? 그것도 뭔가 의미심장한 답변이었다고 하는데, 그렇다면 무엇을 이해해야 그 기이한 답변의 의미를 해독해낼 수 있는가?[7]

---

**6** T. 51, p. 266; Chang, *Original Teachings*, p. 105.
   **역주**_원문은 "問. 如何是西來意. 師便打"(『전등록』 9, p. 266c; Cf. "僧問. 如何是西來意. 師打之"(『조당집』 16, TK. 45, p. 336a).

**7** 베르나르 포르는 이해에서 콘텍스트가 차지하는 중요성을 보여주는 가장 유명한 선의 예화로, 보리달마가 황제에게 언어게임을 시도했던 이야기를 들고 있다. 그러나 황제는 그 게임의 "규칙을 이해하지 못했고" 보리달마는 황실 예법의 게임에서 실패했다고 결론을 짓고 있다(*The Rhetoric of Immediacy*, p. 64).
   **역주**_그 예화에서 황제는 양무제(梁武帝)를 가리킨다. 보리달마가 중국에 도착하자 양무제가 그를 초청하여 대화를 나누었다는 대목인데, 여러 문헌에 나오는 잘 알려진 이야기이다. 한 예로『전등록』에 나오는 해당 기사는 다음과 같다. "황제가 물었다. '짐은 즉위한 이래 이루 헤아릴 수 없이 절을 짓고 경을 베끼고 승려들을 지원했는데, 그 공덕이 어떠합니까?' 달마대사가 대답했다. '아무런 공덕도 없습니다.' 황제가 물었다. '왜 아무런 공덕도 없습니까?' 대사가 말했다. '그런 것은 내생에 좋은 데 환생하는 작은 결과나 가져오는 유루(有漏)의 공덕일 뿐이며, 마치 그림자와 같아서 모양은 있더라도 실체는 없는 것입니다.' 황제가 말했다. '그러면 무엇이 진정한 공덕입니까?' 답하기를, '깨끗한 지혜의 신묘하고 원만한 본체는 원래 공적한 것이고, 이러한 공덕은 세간에서 구할 수가 없습니다.' 황제가 또 물었다. '거룩한 진리의 궁극적인 뜻은 뭡니까?' 대사가 말했다. '거룩함따위는 없습니다.' 황제가 말하였다. '짐을 마주하고 있는 넌 누구냐?' 대사가 말했다. '모르오.' 황제가 알아듣지 못하니, 대사는 근기가 맞지 않음을 알아차렸다"(帝曰. 朕卽位已來. 造寺寫經度僧不可勝紀. 有何功德. 師曰. 並無功德. 帝曰. 何以無功德. 師曰. 此但人天小果有漏之因. 如影隨形雖有非實. 帝曰. 如何是眞功德. 答曰. 淨智妙圓體自空寂. 如是功德不以世求. 帝又問. 如何是聖諦第一義.

위에 인용한 문답 대목 바로 다음에는 다음과 같은 언급이 있다. "보통 근기나 낮은 근기로는 엿보지도 못하는 것이다."[8] 보통이나 낮은 근기 외에 또 한 부류도 이해하지 못한다. 그 대화가 의미 있는 대화일 수 있게 하는 배경의 콘텍스트 밖에 있는 사람들, 즉 우리 같은 사람들이다. 그런 배경이 우리에게는 없고, 이는 곧 그 대화를 이해하려면 반드시 필요한 틀이 없는 셈이다. 황벽선사 당시의 "보통 근기나 낮은 근기"도 적어도 기초적인 의미는 짐작할 수 있다. 하지만 우리는 더 근본적인 문제를 안고 있다. 언어의 장벽을 뚫어야 하고 지역문화의 차이도 극복해야 지만 미묘한 차원의 이해를 모색해볼 수 있다. 이건 참 힘든 일이다. 그런 노력을 통해서 뭔가 중요한 것을 얻을 수 있을 듯 싶지 않다면 대개는 아예 시도할 엄두조차 내지 못한다. 그런데 근대 낭만주의가 동기를 제공해주었고, 선을 읽기 위해 그 배경이 되는 이해의 장을 밝히려는 노력이 시작되었다. 그런데 그런 노력이 역사주의historicism의 전통에서 시작되었다는 게 문제였다.

선의 텍스트는 그 배경이 된 선의 "콘텍스트"에 비추어보아야 제대로 이해할 수 있다면, 그 콘텍스트도 마찬가지일 터이다. 그 "콘텍스트" 또한 배경이 되는 콘텍스트를 가지고 있겠기 때문이다. '콘텍스트의 콘텍스트'를 잡아내기 위해서는 아주 복잡한 해석의 작업이 필요하다. '텍스트의 콘텍스트'를 잡아내는 것도 쉬운 일이 아니지만 '콘텍스트의 콘텍

---

師曰. 廓然無聖. 帝曰. 對朕者誰. 師曰. 不識. 帝不領悟. 師知機不契. (T. 51, p. 219a). 한글 번역은 김월운 옮김, 『전등록』 1, p. 172; 문재현 옮김, 『전등록』 1, p. 133 참조.

**8** Lu K'uan Yun, *Ch'an and Zen Teachings*, p. 138.

**역주**_원문은 "中下之流莫窺涯涘"(T. 51, p. 266c). 한글 번역은 김월운 옮김, 『전등록』 1, p. 572; 문재현 옮김, 『전등록』 2, p. 33 참조.

스트'를 조망하는 것은 더 어려운 일이다. 그리고 그런 식으로 '콘텍스트의 콘텍스트'는 층층이 무한하게 펼쳐진다. 이 점은 오스틴John Langshaw Austin의 견해에 대한 데리다Jacques Derrida의 유명한 비판에서 흥미롭게 노정된 바 있다.9 엄청난 반향을 불러일으킨 『말과 행위 How to Do Things With Words』에서 오스틴이 이야기한 주제 가운데 하나는, 어떤 말을 이해하려면 그 말이 실제로 나온 현장의 상황 속에서 보아야 한다는 것이었다. 그 실제 발화發話의 현장에서 대화를 나누는 당사자들이 상대방 말의 의미를 알아들을 수 있는 것은 일단의 전제를 서로 공유하기 때문이다.10 한편 데리다가 주장하는 요점은, 말 그 자체에서 콘텍스트로 초점을 옮긴다 해서 해석의 어려움이 달라지지는 않는다는 것이다. 콘텍스트도 문장과 마찬가지로 그 정체를 스스로 드러내지는 않는다. 우리가 하는 모든 경험에는 그 바탕에 어떤 콘텍스트가 깔려 있어서 우리의 이해에 영향을 끼친다. 그 콘텍스트는 선입관이나 전제의 형태로 주관의 구조를 이루면서 우리가 어떤 경험을 할 때 그 바탕이 되고 그 경험의 양상을 빚어낸다. 한편, 어떤 사안을 이해하기 위해 그 사안의 콘텍스트를 분석해 본다고 할 때, 분석의 대상이 된 그 콘텍스트가 우리의 이해에 영향을 끼치는 양상은 전자前者의 경우와는 사뭇 다르다.11 간단히 말하자면, 우리는 황벽의 콘텍스트를 황벽 자신과는 전혀 다른 방식으로 이해하려는 경향이 있으며 따라서 그의 의도를 오해하기 십상이라는 얘기이다.12

---

**9** Derrida, "*Signature Event Context*" in *Margins of Philosophy*. 나의 설명은 스탠리 피쉬가 그 논점을 정리한 것을 참조하였다(Stanley Fish, "With the Compliments of the Author: Reflections on Austin and Derrida," in *Doing What Comes Naturally*).

**10 역주**_이 책의 한글 번역으로는 다음과 같은 것들이 있다. J. L. 오스틴 지음, 『말과 행동』, 김영진 옮김, 서울: 서광사, 1992; 『話行論』, 張奭鎭 編著, 서울: 서울大學校 出版部, 1987.

**11** Fish, *Doing What Comes Naturally*, pp. 52~53.

어쨌든 텍스트와 콘텍스트는 상호관계 속에서만 이해할 수 있는데, 그 상호관계를 파악하는 주체인 우리 자신의 콘텍스트가 그 이해의 배경에서 또한 작용하는 것이다. 이점을 이해한다면 존 블로펠드가 『전심법요』를 번역하면서 그 서문에서 한 이야기에 고개를 끄덕이게 될 것이다. "모호한 대목", 즉 "다양한 설명이 가능한" 대목들은 선 전통 일반의 "정신"에 입각해서 해석하고자 했다는 이야기가 그것이다.[13] 그러나 우리는 이것이 일종의 순환적인 과정임을 본다. 특정의 가르침들은 전반적인 "정신"과 연관해서 볼 때 가장 잘 이해할 수 있는데, 한편으로 그 정신은 특정의 가르침들을 통해서만 접근할 수 있는 것이다. 어느 쪽이 다른 쪽보다 더 명확하거나 분명하거나 한 게 아니다. 블로펠드는 그 점은 생각하지 못했다.

이해의 콘텍스트도 중요하지만, 이해를 위해서는 어쨌든 해석이 필수적이다. 해석과 이해는 어떤 관계일까? 우선 그 둘을 구별할 필요가 있다. 우리의 경험에는 언제나 이해가 작동하고 있다. 한편으로 해석이란 우리가 이미 발을 딛고 있는 그 이해를 의식으로 끌어내 정돈하여 드러내는 일이다. 이런 구별은 마르틴 하이데거Martin Heidegger의 『존재와 시간』 32절에서 비롯된 "해석학" 전통에 따르는 셈이다. 하이데거는 거기에서 다음과 같이 말하였다. "해석의 실존적 바탕은 이해이다. 이해가 해석으로부터 나오는 게 아니다. 해석은 이해된 것에 대한 정보를 얻는 게 아니다. 그보다는, 이해에서 이미 투영된 가능성들을 완수하는 작업이 해석이다."[14]

---

**12** 역주_우리는 황벽의 콘텍스트를 들여다보고 이를 바탕으로 해서 황벽을 이해하고자 하는데, 황벽 자신으로서는 결코 그런 식으로 자신의 콘텍스트를 의식화하지 않았다는 뜻이다.

**13** Blofeld, *Huang Po*, p. 26.

해석은 이해를 바탕으로 한다는 그런 생각은 우리의 근대적인 사고방식을 뒤집어버린다. 해석이 이해를 낳는다고 보는 게 우리의 근대적인 관습이기 때문이다. 해석의 대상에 대한 이해가 선행되지 않고서는 그 어떤 해석도 이루어질 수 없다는 하이데거의 통찰은 이제 모든 "포스트모던" 사상의 기초가 되어있다. 현상에 대해 어떤 이해가 먼저 있어야 그것을 해석하여 정리하려는 욕구가 유발된다. 어떤 현상에 대해 뭔가 이미 이해하고 있는 게 없다면 그것에 대해 "좀 더" 알고자 하는 욕구가 일어나지 않는다. 그런 의미에서 이해는 해석보다 더 포괄적이고 더 근본적인 정신작용이다.15 해석 행위 이전에 이미 이해의 특정된 배경—선이해(先理解, pre-understanding)—이 깔려 있어서 뒤따르는 해석행위를 이끌고 빚어낸다.

우리는 워낙 이 세상에 깊이 함몰되어있기 때문에 대부분 무의식적인 이해를 바탕으로 해서 기능을 한다. 해석이란 아무 것도 없던 데에서 새로이 이해를 만들어내는 게 아니다. 해석은 이해를 다듬거나 비판하거나 수정하거나 배양한다. 우리는 이해한 것을 해석을 통해 "인지"하게 되고, 때로는 적절치 않거나 잘못 이해했음을 알아차리게 되기도 한다. 해석이 성과를 거두었다면, 현상에 대한 우리의 이해가 이미 바뀐 셈이다. "해석은 언제나 선이해先理解를 바탕으로 해서 진행된다"는 원칙은

---

**14** Heidegger, *Being and Time*, p. 188.
  **역주**_소광희는 이 대목을 다음과 같이 번역하였으나, 여기서는 좀 더 쉬운 용어로 번역해 보았다 "해석의 근거는 실존론적으로는 이해에 있으니, 해석을 통해 이해가 성립하는 게 아니다. 해석은 이해된 것의 인지가 아니고, 이해에서 기투된 가능성들을 완수하는 것이다" (마르틴 하이데거, 『존재와 시간』, 소광희 옮김, 서울: 경문사, 1995, p. 216).

**15** 데이비드 클렘(David Klemm)이 『해석학적 탐구』(*Hermeneutical Inquiry*)에서 이해는 일차적인 활동이고 해석(interpretation)은 그것을 다듬는 이차적인 활동이며 해석학(hermeneutics)은 이해와 해석 사이의 상호작용에 대해 성찰하는 삼차적인 활동이라고 한 것도 참고가 된다.

황벽의 텍스트를 읽고자 하는 우리에게 적어도 두 가지 점에서 유용하다. 텍스트와 관련해서는, 황벽의 어록에 나타나는 선사상이 어떤 이해의 장을 배경으로 하고 있는지 성찰하는 데 도움이 된다. 한편으로 독자 쪽에서는, 황벽에 대한 우리의 해석과 선 읽기가 "선"에 대한, 또 선이 문제로 삼는 사안들에 대한 우리의 선이해先理解를 바탕으로 해서 전개되는 양상을 성찰하는 데 도움이 된다.

그 두 가지 용도를 바탕으로 해서 그 원칙을 한 걸음 더 발전시켜 보자. 하이데거는 다음과 같이 말했다. "[어떤 존재나 현상에 대해 그것을] 무엇인가로서 의식적으로 이해할 때 비로소 그것이 그 무엇인가**로서의** 구조를 가진다."16 강조 표시를 한 "로서"가 중요하다. 우리는 어떤 존재나 현상을 해석할 때 그것을 특정된 존재나 현상으**로서** 해석한다. 그 "로서"가 우리의 해석을 인도한다. 해석의 대상이 되는 현상―인식된 것―을 우리가 이미 이해하고 있는 세계 속의 어떤 구체적인 이미지와 연결시킴으로써 그 현상을 이해할 수 있게 되는데, 그 연결을 "로서"라고 표현한 것이다. 간단한 예를 들자면, 문짝을 보고 우리가 인식하는 것은 벽에 있는 직사각형일 뿐인데도 우리는 그것을 문, 즉 다른 방으로 가는 통로**로서** 이해한다. 만약 문이라는 것을 일찍이 경험해본 적이 전혀 없다면 그 사각형을 문으로 여기지 않고 예를 들면 벽에 금이 간 것이라거나 어떤 예술가의 디자인이라든가 등 뭔가 다른 것으로 여길 것이다. 지금 독자들은 앞에 놓고 읽고 있는 이것을 책으로 여기며 그 주제는 선

---

**16** Heidegger, *Being and Time*, p. 189.
    **역주**_이 대목에 대한 소광희의 번역은 원문에 충실하다. "분명하게 이해된 것은 <u>어떤 것으로서의 어떤 것</u>이라는 구조를 가진다"(마르틴 하이데거, 『존재와 시간』, p. 216). 그러나 여기서는 이해를 돕기 위해 해설을 덧붙여서 번역해보았다.

이라고 해석한다. 우리 앞에 놓인 것은 모두가 무엇인가**로서** 존재한다. 황벽에 대한 블로펠드의 해석에 바탕이 된 황벽의 이미지는 낭만주의 문학과 사상에 있는 비슷한 이미지들에 대한 그의 선이해先理解로부터 도출되었다. 우리는 아마도 낭만주의적인 이미지와 "후기낭만주의적"인 이미지를 가지고 황벽을 이해하려 할 것이다. 어쨌든 우리 또한 선을 읽으면서 우리 자신이 이미 가지고 있는 어떤 이미지나 인물상을 가지고 선의 형상을 그린다.

 우리가 무언가를 이해할 때 우리는 이미 알고 있고 낯익은 우리 세계 속의 무엇인가를 "통해서" 그것을 이해한다. 처음으로 "선"에 관한 책을 찾으러 책방에 가는 길이라 해도 나름대로 선에 대한 일말의 이해를 이미 가지고 있다. 첫째로, 선에 대해서 관심을 가지고 뭔가 좀 더 알고 싶어 하는 데에는 선에 대한 나름의 어떤 이해가 작용하고 있다. 둘째로, 예를 들자면 선을 "동양의 신비주의"라든가, "자아의 중심을 잡기 위한 일종의 비종교적인 수행방법"이라든가, "일본에서 비즈니스 성공을 위한 열쇠"라든가 등등 이미 무엇인가로서 이해하고서는 책방에 가는 것이다. 알고 보니 선은 신비주의가 아니더라, 알고 보니 중심을 잡는 게 아니라 "중심을 해체"시키는 데 초점을 두더라, 비즈니스와는 그다지 관계가 없더라 하는 등등으로 나중에 생각이 바뀔 수도 있다. 그러나 어쨌든 어떤 "선이해"가 이미 있고 이를 바탕으로 해서 그 이후의 이해가 전개된다는 점을 볼 수 있다.

 해석이란 언제나 선이해를 바탕으로 하고 이미 있는 어떤 이미지를 "통해서" 이루어지는 것이며, 따라서 아무런 선입관 없이 이루어지는 게 결코 아니다. 해석은 하나의 사물을 다른 것과, 어떤 현상을 자기 의식 속의 어떤 이미지와 연관시키는 작업이며 또한 그 연관성을 자기가 가진 전체 이해의 장과 연결시키는 활동이다. 그러니까 "[황벽의] 텍스트를 읽을 때, '절대적인 것'의 본질에 대해 아무런 선입견도 투사하지 말고 읽으라"는 블로펠드의 지침[17]은 유념할 필요가 없다. 블로펠드가 그런 말을 한 이유는 우리가 선입견을 가질 것임을 알고 있었기 때문이다. 황벽의 어록을 번역하면서 그가 한 일은, 거기에 담긴 중국 선의 세계를 이해하는 데 적합한 이미지를 영어권 문화의 세계에서 찾아내는 것이었다. 블로펠드의 번역을 읽으면서 우리는 후자를 통해서 전자를 이해한다. 예를 들어 중국어의 "일심一心"을 "절대적인 것"**으로** 이해한다. "절대적인 것"이라는 개념은 일심의 이미지로서는 적합하지 않다는 생각이 나중에 들 수도 있다. 하지만 그것도 어떤 다른 이미지 또는 일단의 이미지들이 떠올라 그에 비추어 내리는 판단일 터이다.

어떤 새롭거나 낯선 것, 예기치 않은 상황을 이해하고자 할 때, 그 개념이나 상황을 그 자체로 파악하기 위해 자신의 배경에 깔린 이해의 장을 제쳐놓는 게 아니다. 오히려, 새로운 개념이나 상황을 파악하기 위해 그 기존의 배경을 "콘텍스트"로 삼는다. 우리가 낯선 불교의 어떤 개념을 이해하려고 할 때도 그렇고, 황벽선사가 예기치 않은 상황에 맞닥뜨렸을 때도 마찬가지이다. 우리는 그런 과정을 아주 자연스럽게 저절로 치른다. 하지만 이해라는 것이 그런 과정을 밟아 이루어진다는 사실에 대해 생각해내는 것은 저절로 되는 일이 아니다. 이 문제에 대해 이론적으로 사유하게 될 때에는 이미 성립되어 있는 이론들 가운데 우선 가장 쉽게 떠오르는 것에 의지한다. 우리 경우에는 지식에 관한 근대 서구의

---

**17** Blofeld, *Huang Po*, p. 19.

이론들이 가장 손쉽게 떠오를 것이다. 근대 서구의 지식론들은 "객관성"을 중시하며 "선입관" 배제를 강조한다. 위에서 언급한 블로펠드의 지침도 분명히 바로 여기에서 나왔다. 그런 지식론에 의하면, 정확한 이해를 위해서는 "선입관"이나 "선이해"를 배제해야 한다. 그러나 포스트모더니즘에서 그런 이론들을 비판하는 얘기를 보면, 선입관이 없다면 정확하건 아니건 간에 이해라는 게 애당초 있을 수 없다. 이해가 이루어지는 데에는 반드시 어떤 선입관, 선이해가 배경에서 적극적으로 작동하고 있기 때문이다.

여기에서도 지금까지 "이해"라는 것을 해설하기 위해 이 시대 서구의 사상에 의지하였다. 그러나 인간의 마음은 [독자적인 게 아니라] 관계를 통해 형성되고 작동하며 콘텍스트에 구애되고 무상한 것이라는 점에 대해서는 불교전통에서 훨씬 더 철저하게 성찰해왔다. 그러니까 이쯤에서 불교사상에서 그 문제가 어떻게 대두하는지 대승불교의 핵심 개념인 "공空"을 가지고 살펴보기로 한다. "공" 개념은 무상, 연기, 무아 등 불교 명상수행의 핵심 요소들로부터 나왔으며 결국 그 요소들을 모두 포괄하는 의미를 담게 되었다. 황벽선사에 관한 텍스트 가운데 가장 오래된 부분들을 담고 있는 『전심법요』, 그리고 『완릉록』 일부에서는 "공" 개념이 중요하게 동원되고 있음을 뚜렷하게 볼 수 있다. 후대에 첨가된 부분들에서는 그 개념이 분명하게 등장하고 있지는 않다. 그러나 "공"은 그 텍스트의 의미에 전반적으로 스며있다.

황벽선사의 텍스트에서 "공"은 무엇을 의미하는가? 산스크리트 원어 "수냐타 sunyata"는 원래 숫자 "0"에서 나온 말인데, 이를 중국말로 번역한 "공空"이라는 글자는 "하늘"이라는, 또 "비었다"는 뜻이다. 흔히 허공虛空이라고 하여 아무것도 없이 "빈" 곳을 의미한다. 그런데 이 "공"이라는 상징적인 이미지가 대승불교 사상의 핵심을 담은 개념이 되기에 이르렀다. 그렇다면 대승불교의 개념으로서는 무엇을 의미하는가? 세상의 모든 것에 보편적으로 적용되는 속성을 의미한다. 모든 것이 "공"하다는 것이다. 모든 사물과 현상은 "연기緣起"한다. 즉 다른 것들을 "연緣"으로 하여 생겨나고, 또한 그 "외부"의 조건이 변함에 따라 계속 변한다. 그래서 "자성自性"(산스트리트어 svabhava)이 없다고 한다. 그 어떤 것도 독자적으로 존재하지 않는다. 어떤 존재와 특성이라도 그 자체에서 비롯된 것이 아니라 수많은 인연因緣에 따라서 생겨나고 변화한다. 그러니까 모든 것이 "공"하다 함은 생겨나서 변하다가 없어지는 모든 과정이 외부의 조건에 의하여 이루어지며 따라서 "자존적自存的"이지 않고 무상하다는 뜻이다.

다시 말해 "공"이라는 개념은 어떤 것이건 예외 없이 고유하고 독자적인 본질이 없음을 그 본질로 한다는 통찰을 담고 있다. 사물이나 상황, 또는 관념 등 그 무엇이든 간에 다 "연기"하고 "무상"하며 "공"하다는 것을 전제로 해서 무엇인가에 대해 성찰할 때에는, 그 특정 사물이나 상황, 또는 관념 자체를 넘어 그것의 인연이 된 것들까지 성찰이 뻗쳐나가야 한다. 그런데 그 인연들이 또 각각의 인연을 가지고 있다. 그렇게 무한하게 인연의 그물이 펼쳐진다. 모든 것은 콘텍스트에 의해 지금의 그런 모습과 상태로 존재한다. 관계에 의하여 존재가 결정되는 것이다. 그러므로 무엇인가를 이해하기 위해서는 콘텍스트를 밝혀낼 필요가 있다. 그 점은 우리도 이미 잘 알고 있는 상식이다. 하지만 사실 그 양상은 우리가 상식으로 편안하게 알고 있는 범위를 훨씬 넘어서 펼쳐진다. 콘텍스트들도 또 각자의 콘텍스트를 가지고 있으며 그 각자의 콘텍스트 또한 콘텍스트를 가지고 있는 그런 중층적인 구조가 무한하게 이어지는 것이다. 모든 것이 그처럼 서로 얽혀 의존하는 실재의 진상에 대해 명상하는 것이 황벽선사 이전에 이미 중국불교전통에서 기본적인 수행으로 되어 있었다. 황벽선사 당대와 그 이후 선서禪書에도 그런 명상수련의 흔적이 뚜렷하게 박혀있다. 무엇인가를 이해하는 데, 그리고 이해라는 현상 자체를 이해하는 데, 가장 손쉽게 동원되는 정신적, 상징적인 자원이 바로 그런 명상이었던 것이다.

"공"을 이해의 출발점으로 삼는다 함은 매우 중대한 의미를 갖는다. 그 가운데 하나는, 처음에 눈에 들어오는 것보다 언제나 뭔가 더 있음을 염두에 두어야 한다는 점이다. 무엇인가를 철저하게 이해하려면 그것 자체만을 들여다보아서는 안 되고 그것의 인연이 된 것들과 콘텍스트까지 보아야 한다. 또 하나의 의미는, 주체가 이해의 순환 속에 들어가게 된다는 점이다. 나 자신에 대한 "반조返照"가 요청되는 것이다. 바로 이 것이 아마도 우리가 황벽으로부터 배울 수 있는 가장 중요한 사항이 아니겠나 싶다.

사물, 상황, 관념만 "공"일 뿐 아니라 그것들을 대면하는 주체인 "나"도 공이다. 불교의 "교리" 가운데 가장 널리 알려진 것이 아마도 "무아," 즉 "자아"는 "공"하다는 주장일 것이다. "무아"란 무슨 뜻인가? 영구불변의 자아가 없다는 뜻이다. 우리 실존의 근거가 되는 어떤 별개의 지속적인 주재자, 본질, 영혼 같은 게 없다는 얘기다. 또한, 위에서 언급한 공의 이치를 적용하자면, 우리도 여느 사물과 마찬가지로 자존自存하는 게 아니라는 얘기이다. 자아라는 것은 "자성"이 없다. 자아는 세계와 "연기"하는 것이며 따라서 그 자체로 보자면 공한 것이다. 여느 모든 사물과 마찬가지로 우리도 세계 속에 자리 잡고 있는 존재이고, 다른 존재들과 무한하게 서로 얽힌 콘텍스트 속의 존재이다. 그래서 "자아"와 "타존재"가 서로 융통한다. 황벽은 이러한 성찰을 불교의 전통적인 방식으로 표현한다. 주체의 여섯 가지 지각, 감각 기관이 각자 그 대상이 되는 것들을 이미 내포하고 있으며 또한 역으로 지각, 감각의 대상들이 각자 그에 해당하는 주체의 지감각 기관들을 내포하고 있다는 것이다.[18] 그리하여 황벽은 결론적으로 "마음과 경계가 하나"라고 하였다.[19] 그렇다면 어느 한쪽이 변하면 다른 쪽도 변하게 마련이다. 세상에 변화가 일어나

---

**18** T. 48, p. 380b.
　**역주**_라이트가 제시한 전거에서는 이에 해당하는 대목을 찾을 수 없다. 다만 그 좀 아래의 다음과 같은 대목이 그나마 관련이 있다. "4대(四大)로 몸을 삼으나, 4대에는 '나(我)'가 없고, 그 '나'에도 또한 주재(主宰)가 없다. 그러므로 이 몸에는 '나'도 없고 '주재'도 없음을 알아야 한다. 또한 5음(五陰)으로 마음을 삼지만, 이 5음 역시 '나'도 '주재'도 없다. 그러므로 마음 또한 '나'도 '주재'도 없음을 알아야 한다. 6근·6진6식이 화합하여 생멸하는 것도 또한 이와 같다." 원문은 "四大爲身. 四大無我. 我亦無主. 故知此身無我亦無主. 五陰爲心. 五陰無我亦無主. 故知此心無我亦無主. 六根六塵六識和合生滅亦復如是"(『전심법요』, T. 48, p. 380c). 한글 번역은 백련선서간행회 옮김, 『선림보전』, p. 248. 사대(四大)란 지수화풍(地水火風)으로, 물질의 가장 기본적인 요소를 말한다. 오음(五陰)은 색수상행식(色受想行識)으로, 우리가 자아라고 여기는 것이 사실은 이 다섯 가지 요소의 일시적인 화합으로 생긴 것일 뿐이라고 한다. 오온(五蘊)이라고도 한다. 간략하게 설명하자면 색은 지감각기관을 포함한 육신을 말하며, 수는 외부로부터의 자극과 접촉하여 받아들이는 작용, 상은 그 자극을 느끼는 작용, 행은 그렇게 받아들여 느낀 정보를 자기가 이미 가지고 있는 정보나 성향과 대조하고 결합시키는 작용, 식은 그리하여 그 외부의 사물이나 현상이 무엇이며 어떠하다고 식별하는 작용을 말한다. 육근(六根)은 우리의 지각, 감각 기관을 안이비설신의(眼耳鼻舌身意), 즉 눈, 귀, 코, 혀, 신체, 의식의 여섯 가지로 분류하는 개념이고, 육진(六塵)은 그 각각의 대상인 색성향미촉법(色聲香味觸法), 즉 물질과 소리, 냄새, 맛, 감촉, 그리고 개념을 가리킨다. 육진은 육경(六境)이라고도 한다. 육식(六識)은 육근과 육진이 만나서 일으키는 식별작용을 가리킨다. 즉 눈과 물질이 만나 눈으로 일으키는 식별을 안식(眼識)이라고 하며 귀와 소리가 만나서 일으키는 것은 이식(耳識)이라고 하는 등이다.

**19** "心境一如"(T. 48, p. 381c).
　**역주**_불교 용어로 "경계"란 지감각의 대상을 가리킨다. 바로 위 각주 18에서 설명한 육진에 해당한다.

면 나도 변하고, 내가 변하면 세상도 변한다. 그러므로 어느 한쪽을 이해하려면 다른 쪽도 이해해야 한다.

우리 언어의 콘텍스트에서는 자아와 세계가 하나라고 하면 의아하게 생각되고 그 말 자체가 모순이라는 느낌을 준다. 하지만 불교전통에서는 황벽선사의 시대 이전에도 이미 오랫동안 이야기되어 온 주제였다. 그래서 황벽선사의 언어에서는 아무런 어색함도 모순도 느끼지 않고 일상적으로 할 수 있는 얘기였다. 특히 이 주제와 관련해서는, [단순히 지시적인 기능에 국한되지 않고] 깨달음을 촉진시켜주는 어휘들이 [불교전통에서 개발되어] 황벽선사에게까지 전해져 있었다. 황벽은 "공"에 대해 이야기할 때면 흔히 "법(法, dharma)"에 초점을 맞추었다. 이 개념은 역사가 아주 길고 의미도 넓은 범위에 걸쳐 다양하다. 그러나 황벽선사의 문맥에서 쓰일 때에는 불교의 명상수행에서 비롯된 의미를 적용해서 이해하는 게 합당할 것이다. 여기에서 "법"은 주객主客 이분법 구도에서 어느 한쪽에 해당하는 그런 게 아니다. [그냥 대상 자체가 아니라] 마음이 대면하는 대상이고, [그냥 사물 자체가 아니라] 체험되는 사물이며, 또는 자아와 세계가 서로를 성찰하는 "체험의 순간들"을 가리키기도 한다. 명상수행, 그리고 이에 상응하는 "법담法談"이 그런 "불이적不二的"인 체험, 즉 세계와 자아가 상호융통하는 체험을 배양한다. 자아도 "공"하며 세계도 "공"하여 서로가 서로를 내포한다.

허버트 귄터Herbert V. Guenther는 "공"을 "열림openness"이라고 번역했다.[20] 이는 "공"의 의미 중에 한 부분을 무시한 번역이기는 하지만, 중국불교와 티베트불교에서 특히 강조되는 연기법緣起法, 즉 "상호의존성"이

---

**20** Herbert V. Guenther, *Kindly Bent to Ease Us* (Emeryville, CA: Dharma Publication, 1975).

라는 개념과 체험으로서의 "공"을 가리키기에는 더 적합할 수도 있다. 모든 것은 비었고 그래서 다른 것들이 거기 들어온다. 그 어느 것도 외연外延의 경계가 고정되거나 불변하는 게 아니라 언제나 변화하고 무엇이든 거기로 스며들 수 있다. 그런 의미에서 "열려 있다." "열림"이라는 이미지는 또한 이해라는 활동에도 딱 들어맞는다. 우리가 자신을 열어젖힐 때, 또는 어떤 예기치 않은 요인에 의해 열렸을 때, 보다 깊고 넓은 이해가 가능해진다.

이렇게 보면 이해도 마치 "공"과 같다. 우리가 세계라는 콘텍스트 속에 있음을 말하는 한 개념이 "공"이며, 어떤 상황이나 사물을 이해한다는 것은 우리를 둘러싼 온갖 관계를 만들거나 인지함으로써 자신과 그 상황 또는 사물이 상응케 하는 일이기 때문이다. 이해라는 활동의 핵심은 사물들 간의 관계를 보는 데 있다. 즉 이해의 주체가 속한 지금 여기의 세계에서 사물들이 어떤 의미 있고 응용 가능한 패턴으로 관계를 맺고 있는지 보는 것이다. 선이 특기로 삼는 방편의 지혜도 "공"한 세계 속에서 어떻게 하면 적절하게 활동하고 기능할지를 이해하는 지혜라고 할 수 있다. 그 "공"한 세계에서는 관계와 상호작용이 핵심인 것이다.

바로 위에서 말한 것은 "공"을 우리가 현실에서 일상적으로 직면하는 사안에다가 적용하는 문제이다. "공" 개념을 그것이 원래 속한 불교라는 콘텍스트에서 빼내서 워낙은 그것이 의도치 않은 문제에다가 응용해 보는 셈이다. 예전에도 그런 시도가 헤아릴 수 없이 많이 있었다. 새로이 대두하는 심각한 사안들에 대해서도 "적용"할 수 있어야만 "공" 개념이 계속해서 유효할 수 있다. 공도리가 진실이라고 꼭 미리 "믿음"을 가져야만 그러한 응용이 가능한 것은 아니다. 오히려, 그 개념의 의미를 이해하려면 그것을 "적용"해봐야 하고, 그 뒤에야 믿을지 말지를 결정할 수 있다. 그런 적용의 과정에서는 두 가지 서로 밀접한 관계가 있는 중요한 활동이 동시에 전개된다.

첫째는, "공"에 대한 자기의 이해를 비판적으로 검토하는 일이다. 그런 가운데 우리가 처음에 그 개념을 이해했던 내용에서 하자가 드러날 수도 있다. 우리가 그 개념의 뜻이라고 생각하는 것, 즉 황벽선사가 그 개념을 구사했다고 여겼던 뜻이 실상은 황벽선사의 의도가 아니라 다만 우리의 생각일 뿐일 수도 있다. 우리는 "다른 사람"이 뜻했던 것이 무엇인지를 찾아보려고 하지만, 해답은 우리의 마음속에서, 우리가 지닌 이해와의 관련 속에서 도출된다. 그밖에 "의미"를 도출해낼 또 다른 원천은 없다. 하지만 그렇게 해서 도출해낸 의미를 우리는 밖에다가 투사해서 그것이 바로 텍스트의 의미라고 여긴다. 그것이 텍스트에 쓰인 것과 맞아떨어지지 않는다면, 아직은 이해가 제대로 되지 않은 것이다. 그런 경우에는 의미의 투사를 수정해야만 한다.

건전한 해석은 해석 주체가 의미의 투사를 삼감으로써 얻어지는 게 아니다. 그렇게 하면 아무런 이해도 도출되지 않는다. 진정한 해석은 해석 주체의 선입견을 버리거나 그 투사를 삼가는 데서 나오는 게 아니다. 그보다는 오히려 자기가 가지고 있던 생각을 비판적으로 감정하고 확인하는 데에서 나온다. 자기의 견해를 텍스트의 의미로 투사하는 것 그 자체가 부적절한 게 아니다. 투사한 견해가 텍스트에 부합하지 않을 때 비로소 틀린 것으로 판명된다. 그러니까 핵심 문제는 이렇다. 투사한 선입견이 틀렸을 때, 그것을 수정하거나 더 나은 다른 것으로 바꾸려면 어떻게 해야 하는가?

"공" 개념을 이해하기 위해 그것을 우리가 아는 사안에다가 적용해보려고 할 때 일어나는 또 하나의 중요한 활동은 그 "공" 개념을 우리 자신의 이해에 대한 비판과 평가의 수단으로 동원하는 것이다. 이해의 문제에다가 "공" 개념을 적용해보는 목적은 "공"의 의미를 알아보는 데에도 있고 또한 이해에 관해 그것이 우리에게 무엇을 가르쳐줄지 알아보는 데에도 있다. 그러니까 이는 불교의 "공" 개념을 동원해서 우리 자신을 비판적으로 성찰하는 일이다. 달리 말하자면 우리의 "마음"을 개방하여 그 개념에 의하여 일어날 수 있는 보완, 개조, 수정, 또는 개혁을 받아들이는 것이다. 이 과정에서 우리의 선이해를 제쳐두거나 배제해야만 그런 효과를 볼 수 있는 게 아니다. 오히려, 우리의 선입견과 "공" 개념이 상호작용하면서 중요한 핵심 문제가 제기되고 그 둘 사이의 관계가 드러나게 된다. 이해에는 그런 식으로 언제나 적용이라는 요소가 필수적으로 들어있으며, 적용은 곧 관계를 발견하는 과정이다.

우리가 의식하건 않건 적용의 활동은 언제나 진행된다. 그러나 의도적으로 수련함으로써 보다 철저하고 엄정하게 실행할 수도 있다. 해외여행을 하는 경우를 예로 들어보자. 낯선 나라를 여행하면서 마주치는 것들을 우리는 그것들 자체 그대로 인식하고 이해하는 게 아니라, 자기의 문화와 같거나 다르거나 한 점에 비추어서 인식하고 이해한다. 그처럼 관계를 발견하는 "적용"의 과정이 늘 작동하고 있다. 즉 무엇이건 우리가 이미 알고 이해하고 있는 것과 관계가 지어지지 않으면 우리의 관심을 일으키지 못한다. 심지어 알아차리지도 못한 채 스쳐지나가게 된다. 비교와 대조를 통해, 즉 비슷하거나 다른 점을 봄으로써, 달리 말하자면 자기 문화와의 관계를 가늠하는 행위를 통해서 비로소 낯선 문화를 발견하게 되는 것이다. 이렇게 보면 "적용"이라는 것도 별것이 아니고 우리가 이미 늘 익숙하게 행하고 있는 것이다. 정말 그렇다. 하지만 우리의 근대 이데올로기와는 정면으로 대립한다.

근대정신에 길들여진 우리의 생각으로는, 여행을 할 때에는 열린 마음으로 임하는 게 옳다. 기대나 선입견을 가지면 사물을 있는 그대로 보지 못한다. "객관적"이고 "판단유보적"인 태도로 임해야 한다는 것이다. 그러기 위해서는 자기 자신의 문화는 잠시 잊어버리고 새롭고 낯선 문화에 빠져보아야 하며, 그래야 자기 자신의 문화를 참고(적용)하지 않고 그 낯선 문화를 정말 있는 그대로 볼 수 있다는 얘기이다. 근대정신에서는 이게 상식으로 되어 있다. 하지만 이제 우리는 그런 생각에 담긴 한계를 안다. 무엇보다도 우선, 자기의 문화에 의하여 형성된 이해의 배경을 제쳐놓는다는 게 가능한 일이 아니다. 설령 그렇게 할 수 있다 하더라도, 그렇게 하면 낯선 고장에서 마주치는 그 어떤 것도 흥미로울 수 없고 특별히 눈길이 갈 리가 없다. 이미 우리의 배경에 깔려 있는 이해는 벗어날 수 없으며, 그게 없이는 자신의 고장에서나 타국에 가서나 아무것도 배울 수가 없다.

"여행"을 통해서 더 많은 것을 배울 줄 아는 사람과 그렇지 못한 이들을 구분할 수 있을까? 물론 있다. 그 구분의 기준은 두 가지여야 할 것이다. 하나는 자기 자신의 문화에 얼마나 밀착되어 있는지 하는 것이고, 또 하나는 그 자기 자신의 문화와 어떤 방식으로 관계를 맺고 있느냐 하는 것이다. 자신의 문화를 잘 이해하고 있으면서 동시에 비판도, 또 변화의 가능성도 받아들이는 이들은 여행을 통해서 보다 많은 것을 배울 수 있다. 이런 사람은 자기 문화의 주요 이슈라든가 그 관습, 사고방식 등에 대해 민감하며, 그런 만큼 낯선 문화에서 이에 상응하는 요소를 맞닥뜨릴 때 그냥 지나치지 않고 관심을 갖게 된다. 그런 이들은 자기가 새롭게 마주친 것들에 대해서 적절하게 관심을 일으킬 줄 알며, 또한 본격적으로 성찰해볼 만하거나 더 탐구해볼 만한 것이 무엇인지 가려낼 줄 안다. 그 새롭게 접한 문화에는 무엇이 없고 자기 자신의 문화에는 무엇이 부족한지를 알아채고 왜 그런지, 그로 인하여 어떤 결과가 빚어졌는지에 대해 관심을 일으킬 수 있다. 타문화의 특색을 알아차리려면 우선 자기의 문화를 알아야 한다. 역으로, 자기 것과는 다른 문화를 볼 때 비로소 자기 문화의 특색을 알아차리게 된다. 즉 자기가 이미 알고 있는 것을 가지고 새로운 경험에 적용하여 둘 사이의 관계를 가늠하는 가운데 이해가 도출되는 것이다. 굳이 그런 적용과 관계 지움을 행하지 않고 그냥 "재미"로 여행을 할 수도 있다. 하지만 그런 여행은 그야말로 재미 이외에 별다른 의미가 없고 자기 변혁의 계기도 되지 못한다. 우리가 선을 읽을 때에도 마찬가지이다.

  위에서 두 가지 기준을 말했는데, 첫 번째 기준만 가지고는 충분치 않기 때문이다. 만약 자신의 문화에 확고히 발을 딛고 있을 뿐 이를 비판적으로 바라보지는 못한다면, 또 다른 문화에 대한 감수성도 없다면, 자기 문화와 타문화에 대한 이해가 제대로 이루어질 수 없다. 타자他者에 대한 이해를 도모할 때, 우리는 우리가 그 타자의 의미라고 생각한 것을 투사하면서 그것이 지녔을 수도 있는 가치와 진리에 우리 자신을 개방하고자 애쓴다. 하지만 처음에 투사했던 의미가 옳았고 그게 그대로 타자의 의미라는 생각에 안주하면, 그 만남이 일으킬 수 있는 가장 중요한 효과를 놓쳐버리게 된다. "타자"를 제대로 파악하기는 쉽지 않으며, 시간과

인내를 요하는 일이다. 우리 입장에서는 존 블로펠드가 황벽선사에게 투사한 이슈들이 황벽선사 자신으로서는 아무런 관심사도 아니었음을 쉽사리 알아차릴 수 있지만, 그것도 블로펠드 당대로부터 수십 년이 지난 지금에야 가능해진 일이다. 우리가 처한 세계에서는 이런 점을 우리 스스로 깨닫기도 쉽지 않다. 하지만 다른 문화에서는 그런 인식을 쉽게 발견할 수 있다. 그 사례들을 탐구해보면 우리가 그런 인식을 가지기 어려운 것도 불가피한 일임을 깨닫게 될 터이다. 그 점을 염두에 두면 오히려 이따금은 우리의 한계를 스스로 알아차리고 보다 적절한 이해를 도모할 수 있는 자세는 무엇인지 찾아내는 데 도움이 된다.

블로펠드가 중국으로 가기로 결심하기 이전에도 이미 블로펠드 자신과 또 그가 속한 영국의 문화는 큰 변화를 겪고 있었다. 대영제국의 거대한 영토 내에 있는 이질적인 문화와 만나는 것만으로도 변화가 일어나기에 충분한 자극이 되었다. "오리엔트"에 관한 서적들이 쏟아져 나왔고 이를 체계적으로 탐독하며 심취하는 이들이 생겨났다. 그 중에 또 몇몇은 그러한 만남이 일으키는 변화를 감지하고 있었으며, 블로펠드도 그런 이들 가운데 한 사람이었다. 당시 서구 세계의 담론과 저술에서 많이 다루어진 주제 가운데 하나가 "관용tolerance"이었다. 홉스Hobbs와 로크Locke 로부터 밀J. S. Mill과 헉슬리Huxley 일가에 이르기까지 자유로운 사회의 요건에 관한 논의를 활발하게 진행했다. 이들 사상가들은 흔히 "종교"의 배타적인 태도를 비난하거나 아니면 포용적인 진정한 종교와 그렇지 못한 종교를 구별하곤 하였다. 그리고 대개는 "동양종교"가 포용적인 종교의 전형적인 예라고 여겼다. 이 문제를 중시한 블로펠드도 그런 관념을 바탕으로 해서 불교에 귀의하기에 이르렀다. 블로펠드의 견해로는 불교가 진정한 종교의 요체였다. 진정한 종교의 정신은 어떤 종교에나 들어있지만, 배타적인 태도와 편협한 의식에 덮여버렸다는 것이 그의 생각이었다. 배타성이야말로 블로펠드가 참아줄 수 없었던 것 중에 하나였다.

  블로펠드는 불자가 되고 또 수년간 중국의 문화와 언어에 심취하다가 마침내 번역에 착수하기로 했다. 알맞은 텍스트를 찾아보던 차에 동료 불자들과 스승들이 황벽선사를 추천해주었고, 그 어록을 읽어보고서는 이것이야말로 서구인들에게 전해줄 만한 바로 그 텍스트라는 생각이 들었다. 여느 번역가들처럼 그도 세밀한 탐구와 함께 작업을 시작했는데, 그 와중에 하나의 문제에 부닥쳤다. 황벽선사가 다른 종류의 불교에 대해 배타적인 발언을 하는 경우가 가끔 있었던 것이다. 어떻게 그럴 수가 있는가? 황벽은 불자이고, 블로펠드 생각에 불자는 포용력이 뛰어나다고 알고 있었다. 더욱이 황벽은 "깨달음"을 이룬 이이고, 깨달음은 곧 포용을 낳는다는 것이 블로펠드가 이해하는 바였다. 그런 선입관을 가지고 임하다 보니 블로펠드는 자기가 텍스트를 잘못 이해하였으리라고 생각했다. 황벽선사가 다른 유형의 불교를 비판한 것이 "말 그대로"의 뜻이었을 리가 없다는 생각에, 블로펠드는 그런 대목을 일종의 비유적인 가르침으로 해석하였다. "언뜻 보면" 황벽선사가 배타적인 태도를 가졌다고 오해할 수 있지만, 깊이 들여다보면 결코 그렇지 않다는 것이다. 블로펠드는 다음과 같이 말하였다. "황벽선사의 어록이나 또는 다른 선서禪書를 읽을 때에도 언뜻 보면 선불교 이외의 불교를 너무 가볍게 취급했다는 인상을 받을 수도 있다." 그러나 "이 책을 주의 깊게 연구해보니까 황벽선사가 다른 불교인들의 장점까지 하찮게 보려고 한 것은 아님을 알 수 있었다."21 "황벽선사가 '삼승三乘'을 비하하려는 의도를 가졌던 게 아니라고 확신한다."22

그러나 결국에 아무리 보아도 황벽선사의 말들이 비유적인 표현이라는 생각에 확신이 서지 않자, 블로펠드는 서문에다가 황벽이 왜 다른 불교 종파들을 그렇게 비판했는지 설명하는 대목을 넣었다. "황벽선사는 오로지 마음을 깨닫는 일만이 중요하고 시급하다는 점을 간절하게 가르쳐주고자 했다. 다른 종파들에 대한 무례한 언급들도 그런 간절함에서 나온 것이다."23 그럴 듯한 추론이다. 황벽이 조롱거리로 삼는 "소승小乘"과 교종敎宗은 교리에서 몇 가지 심각한 오류를 안고 있으며, 그것이 순진한 이들을 오도할 수도 있겠기 때문에 이를 걱정하여 황벽이 그렇게 비판적으로 언급했으리라는 것이다. 적어도 정신적인 사안에 관한 한 오류는 아주 위험하다. 잘못된 견해는 다른 이들의 깨달음은 물론이고 자기 자신의 깨달음에도 장애가 되기 때문이다. 그러니까 사안의 "시급성"을 감안할 때 황벽선사의 "무례"도 양해될 수 있다는 것이 자신이 공정한 입장에서 내리는 판단이라고 결론을 내렸다.

관용 내지 포용은 블로펠드 자신의 문화와 정신에서 아주 중시하는 문제였고 블로펠드는 특히나 이에 대해 열정적인 관심을 가지고 있었다. 그런 만큼 그의 마음에 가장 걸리는 문제이기도 했다. 블로펠드가 이해하는 바에 의하면, "불교"나 "깨달음"은 배타적인 태도와는 도저히 함께 할 수 없는 것이었다. 그래서 황벽선사가 정말 그런 태도를 가졌을

---

**21** Blofeld, *Huang Po*, p. 21.
**22** Blofeld, *Huang Po*, p. 22.
**23** Blofeld, *Huang Po*, p. 24.

리가 없다는 결론을 내렸다. 하지만 이로써 블로펠드가 간과해버린 것이 있으니, 관용의 문제는 황벽의 관심사가 전혀 아니었다는 점이 바로 그것이다. 불교와 중국문화의 역사 중에도 그 문제가 큰 관심사였던 때가 있기는 했지만, 황벽은 그 문제에 전혀 관심이 없었다. 블로펠드는 "종파적"인 그리스도교에 대해, 그들은 자기들의 교리 해석이 옳고 다른 파는 틀렸다는 독선적인 태도를 고집한다고 비판한다. 모든 종교는 "교리상의 차이를 넘어" 궁극적으로 하나라는 것이 블로펠드의 굳은 신념이었고, 따라서 그런 독단적인 태도는 곤란하다고 여겼다. 그런데 블로펠드는 황벽도 바로 그런 독단적인 태도를 보인다고 인정한 셈이다. 하지만 황벽이 고집한 것은, 각 종교의 "신자들"이 그 점을 알건 모르건 간에, 모든 종교가 합치하는 근거가 되는 그런 교의이고 그렇기 때문에 비난할 일이 아니라는 것이다.

블로펠드는 자기 자신의 문제의식에 사로잡힌 바람에 황벽 당대의 역사적 맥락에서 종파와 교리 차이의 문제들이 얼마나 크고 중요한 의미였는지 보지 못하고 말았다. 황벽은 자기의 신념을 옹호하는 데 그친 게 아니라 다른 신행을 공격하였다. 그리고 그를 비롯한 선사들의 노력을 통해 그의 종파인 선종이 마침내 승리를 거둔다. 20세기에 이르면 그것도 이미 공허한 승리가 되고 말지만, 아무튼 블로펠드는 동아시아에서 오랫동안 이미 승자의 위치를 누린 선종의 관점에서 선을 읽고 있었다. 그 자신은 그렇게 생각하지 않았겠지만, 블로펠드는 자기 자신의 문화에서 벌어지고 있던 교리 논쟁의 한 투사鬪士로서 선에 입문한 셈이었다. 그리고 자신의 그 전투에 황벽을 활용했던 것이다.

현재의 사안에 관련된 담론에다가 그런 식으로 선서禪書를 "활용(적용)"하는 사례는 사실상 그동안 무수히 많았다. 블로펠드나 나의 경우는 그 중에서도 가장 최근의 한 예일 뿐이다. 어쨌든 그런 사례 하나하나가 선서의 의미에 대한 우리의 이해가 무상하며 "공"한 것임을 보여주는 사례이기도 하다. 이해라는 게 이처럼 "공"하다는 점에 대해 깊이 성찰해보면, 황벽에 대한 해석의 역사는 곧 오해의 역사일 뿐임을 비로소 간파할 수 있다. 뒤에 6장에서 "역사"를, 또 7장에서 "자유"에 대해 고찰할 때 논하겠지만, 홍주종洪州宗 선사들은 전통이 온전히 유지되는 길은 변화를 통해서뿐이라는 점을 깨닫고 있었다. 부단한 변화와 새로운 맥락의 구축 없이는 생명의 존속이 불가능한 것이다. 황벽은 그 이전의 대승불교인들이 그랬듯이 "방편"이라는 개념을 동원해서 변화를 정당화했다.24 이해를 돕기 위한 모든 "방편"은 당시 현장의 정황에 "잘 맞추어"고안되었고 따라서 때와 곳(또는 설법을 받는 이의 마음)에 따라서 달라진다는 것이다.25 이 또한 부지불식간에 "공"과 "무상" 개념을 응용한 셈이라 하겠는데, 어쨌든 선 전통에 널리 퍼진 관념이었다.

우리는 흔히 "원래의 뜻"에 특권적인 지위를 부여하고, 그에 부합하는 해석만이 옳다고 여기는 경향이 있다. 이는 낭만주의적이고 역사주의적인 성향이다. 불교의 관점에서 보자면 그런 성향은 지속되는 어떤 본질적 실체가 있다는 망상에 집착하는 태도이다. 연기와 무상의 이치를 거부하는 태도인 것이다. 하지만 텍스트가 그 자체로 불변의 고유한

---

**24** "3승의 가르침은 근기에 따라 치료하는 약이어서, 편의에 따라 말씀해 주신 것이요, 때에 맞춰 시설하신 것이므로 각각 말씀이 다르다"(T. 48, p. 382c; Blofeld, *Huang Po*, p. 57).
　역주_원문은 "三乘教網. 祇是應機之藥, 隨宜所說臨時施設. 各各不同." 한글 번역은 『선림보전』, p. 265.
**25** 역주_이를 "선교방편"(善巧方便)이라 한다.

뜻을 가지고 있고, 잘만 읽어내면 그 뜻을 고스란히 알아낼 수 있으리라는 우리의 기대는 결코 충족될 수가 없다. 우리는 이미 오랫동안 진행되어온 해석의 역사 속에 처해 있으며, 우리 자신의 맥락에서 이해할 수 있는 것만 이해할 뿐이다. 우리의 선배들도 다 마찬가지였다. "우리 자신의 맥락"에는 과학주의와 낭만주의의 이념이 포함된다. 그렇더라도 아무튼 우리는 우리가 이해한 것을 우리 자신의 세계에다가 적용한다는 사실에는 아무런 변화가 없다.26 우리도 마찬가지이고 또 어느 누구든, 해석을 하는 행위는 곧 자신의 이해를 대상에 적용하는 것application이며, 공유하는 이해의 맥락 속에서 이루어지는 것contextuality이고, 그러므로 임의적으로 자행하는 것contingency이라는 진리에서 벗어나지 못한다.

블로펠드가 황벽을 나름대로 "다르게" 이해하기 훨씬 전에, 황벽 자신도 불교전통을 전에 없던 방식으로 새롭게 이해하였다. 아마도 황벽만큼 절실하게 알레고리가 필요했던 이가 또 달리 없었을 것이다. 경전에서 엉뚱하거나 단순한 이야기가 나오면 황벽은 거기에 심화된 해석을 가하였다. 예를 들어 500명의 보살 운운하는 어느 경전의 구절에 대해서 황벽은 500이란 **실은** "너의 오음"을 **가리킨다**고 해설한다.27 경문經文을 폭넓게 해석하지 못하여 실존적인 혼란에 처한 이의 질문에 대해서는 비유로써 적절한 이해로 인도해준다. "[배휴가] 물었다. '제가 전생에서 가리왕(歌利王, Kaliraja)처럼 사람들의 사지를 찢곤 했다면 어떻게 합니까?' [황벽이] 대답하였다. '선인仙人이란 너의 마음을 **가리키는 것**이며,

---

**26** 역주_과학주의와 낭만주의 이념은 공히 대상이 고유한 어떤 의미를 가지고 있으며 그것을 온전히 간파할 수 있다고 여기지만, 그런 이념에 입각해서 대상을 대하더라도 실제로는 아무튼 자신이 이해하고 있는 것만 가지고 세상의 이모저모를 파악하는 데에서 벗어나지는 못한다는 의미이다.

가리왕이란 밖에서 구하기를 좋아하는 것을 <u>상징</u>하느니라.'"28

　근대주의자와 역사주의자 들은 현재의 콘텍스트와는 거리가 먼 콘텍스트에 속하는 텍스트는 지금은 별무소용이라고 여기며, 따라서 알레고리를 필요로 하지 않는다. 사실 근대 이전의 관습 가운데 알레고리만큼 근대정신으로부터 혹독하게 경멸당한 것이 따로 또 없다. 하지만 성전聖典을 가진 전통이라면 역사의 어느 시점에서는 반드시 알레고리를 필수적으로 동원하게 된다. 텍스트를 성스럽게 여기지 않는 문화라면, 이제는 별로 의미가 없게 된 옛 문서들을 간단하게 던져 버리면 된다. 옛 정전正典이 현재에 안 맞는다면 치워버리고 새로운 정전을 정할 수 있다.

---

**27** Blofeld, *Huang Po*, p. 115.
　역주_원문의 출처는 『사가어록』의 『완릉록』이다. 전후 문맥은 다음과 같다(Z. 119, p. 842b; 한글 번역은 『선림보전』, p. 326f).

　　배상공이 대사께 물었다.
　　"문수보살이 부처님 앞에서 칼을 든 것은 어찌 된 까닭입니까?"
　　"500명의 보살들이 전생을 아는 지혜를 얻어서 지난 과거 생의 업장을 볼 수 있었다. 500이란 너의 오음으로 된 몸이니라. 이 숙명을 보는 장애 때문에 부처가 되기를 구하고 보살·열반을 구하게 되었느니라. 그러므로 문수보살이 지혜로써 헤아리는 칼을 가지고 부처를 봄이 있다고 생각하는 마음을 베어 버렸다. 그래서 '아주 잘 베어 버렸다'고 하는 것이다"
　　(問. 文殊執劍於瞿曇前者如何. 師云. 五百菩薩得宿命智. 見過去生業障. 五百者卽你五陰身是. 以見此夙命障故. 求佛求菩薩涅槃. 所以文殊將智解劍. 害此有見佛心故. 故言你善害).

**28** Blofeld, *Huang Po*, p. 123.
　역주_석가모니가 전생에 인욕선인(忍辱仙人)으로서 가리왕에 의해서 사지를 찢기는 곤욕도 참아냈다고 하는 설화를 주제로 한 대화이다. 원문은 "問. 如我昔爲歌利王割截身體如何. 師云. 仙人者卽是你心. 歌利王好求也"(『사가어록』, Z. 119, p. 844b). 질문 부분에 대해서 라이트가 인용하는 블로펠드의 번역은 백련선서간행회의 번역과 좀 다르다. 전자는 여기 본문에 옮긴 바와 같으며, 후자는 다음과 같다. "배상공이 대사께 물었다. '내가 옛날 가리왕에게 몸뚱이가 토막토막 잘리었다'는 경우는 어떤 것입니까?"(『선림보전』, p. 335). 즉 블로펠드는 '이(我)'를 길모지인 배휴로 본 빈면 백련선서간행회의 번역에서는 식가모니로 보았다. 라이트는 블로펠드의 번역에 따랐기 때문에 그 질문이 "실존적인 혼란"을 표출한 것으로 보았다. 역자는 백련선서간행회의 번역이 옳다고 생각하지만 문맥을 살리기 위해서 라이트의 문장을 그대로 옮겼다. 기실은 어느 쪽으로 번역하여도 황벽의 답변이 말하는 취지는 그대로 적용된다. 원하는 것을 밖에서 찾는 욕구가 가리왕에 해당하고, 바로 자기 자신의 마음이 그 욕구에 의해서 찢긴다는 것이다.

현재에 안 맞는 것은 안 읽으면 그만이다. 하지만 여전히 성스럽게 여겨지는 텍스트라면 문제가 달라진다. 여전히 성스럽다면 지금도 의미를 가져야 하고, 언뜻 보아 그런 의미가 안 보인다 해도 뭔가 심오한 의미가 있으리라고 여긴다. 따라서 어떻게 해서든 그 뭔가 심오한 의미를 간파하고자 하는 의도에서 읽는다.

선 전통은 워낙 자의식과 비판의식이 뚜렷하기 때문에, 알레고리 같은 독법에 대해서도 왕왕 반성적으로 검토하는 예를 볼 수 있다. 한 예로 황벽과 같은 반열의 선사인 남전南泉이 황벽의 알레고리를 비판하는 일화가 있다.

> 하루는 대사가 차당茶堂에 앉아 있는데 남전이 내려와 물었다.
> "정과 혜를 함께 배워서 부처님의 성품을 밝게 본다 하는데, 이 뜻이 무엇이오?"
> "하루 종일 한 물건에도 의지하지 않는 것입니다."
> "그게 바로 장로 견해인가요?"
> "부끄럽습니다."
> "장물[獎水](sic) 값은 그만두어도 짚신 값은 어디서 받으란 말이오?"
> 그러자 대사는 문득 쉬어 버렸다.29

그게 바로 당신의 견해냐는 남전의 질문에 대해 황벽이 부끄럽다고 답변한 것은 "경전이 의미하는 대로 말할 뿐이지 어찌 내 생각을 말하겠는가"라는 뜻이다. 이에 대한 남전의 반격은, 그게 누구의 견해든 간에

---

**29** Blofeld, *Huang Po*, p. 98.
  **역주**_원문은 "師一日在茶堂內坐. 南泉下來. 問定慧等學. 明見佛性. 此理如何. 師云. 十二時中不依倚一物. 泉云. 莫便是長老見處麼. 師云. 不敢. 泉云. 漿水錢日置. 草鞋錢教什麼人還. 師便休"(「완릉록」, 『사가어록』, Z. 119, p. 839a). 한글 번역은 『선림보전』, pp. 308f. 원문에서는 "漿水"이나 『선림보전』의 번역에서는 "獎水"라고 표기하였다.

"값어치"가 별로 없다는 뜻이다. 그러자 황벽은 대꾸하지 않고 침묵해 버린다. 이야기가 여기에서 끝났다면 이 일화는 아마도 황벽의 어록에 들어가지 못했을 것이다. 그렇게 끝난다면 황벽이 남전에게 진 것으로 보이기 때문이다. 그래서 이야기는 다음과 같이 이어진다. 알레고리를 동원해서 황벽을 구해내는 것이다.

> 뒷날 위산潙山(771~853)(sic)이 이 대화를 가지고 앙산仰山(803~887)에게 물었다.
> "황벽이 남전을 당해내지 못한 게 아닌가?"
> "그렇지 않습니다. 황벽에게는 범을 사로잡는 기틀이 있었음을 아셔야 합니다."
> "그대의 보는 바가 그만큼 장하구나!"[30]

위산은 황벽과 남전의 그 대화를 읽고 당혹스러웠던 듯하다. 남전이 황벽을 이긴 것으로 보이기 때문이다. 하지만 황벽이라는 큰 인물이 그럴 리가 없다. 이에 앙산이 개입해서 문제를 해결한다. 황벽의 침묵을 두고 논쟁에서 "패배"했다는 뜻으로 보아서는 안 되고 보다 주의 깊게 해석해야 한다. 즉 황벽의 침묵은 패배가 아니라 오히려 그 정반대의 어떤 의미를 담은 알레고리라는 것이다. 황벽의 높은 경지를 이미 전제하고 있는 앙산의 입장에서는, 아리송하게 여겨지는 대목을 잡아내서 뜻을 해석한 다음 그 대목의 모호함을 해소시켜 이해의 장에 개방될 수 있도록 알레고리를 갖다가 대면 그만이었다. 더욱이 이 대목은 비교적 손쉬운 경우였다. 선불교 전통에는 그런 식으로 겉으로 보이는 승패가 실상

---

**30** Blofeld, *Huang Po*, p. 98.
　　**역주**_원문은 "後潙山擧此因緣問仰山. 莫是黃蘗搆他南泉不得麼. 仰山云. 不然. 須知黃蘗有陷虎之機. 潙山云. 子見處得與麼長"(「완릉록」, 『사가어록』, Z. 119, p. 839a). 한글 번역은 『선림보전』, p. 309. 『선림보전』에서는 "潙山"을 "潙山"으로 오기하였다.

은 그 역이라고 말하는 전례가 이미 아주 풍부하게 있었기 때문이다. 콘텍스트에 따라 침묵이 패배로 간주될 수도 있고 오히려 승리로 이해될 수도 있었다. 주인공이 황벽대사인 바에야 그의 침묵은 당연히 심오하고 자유로운 경지의 표출로 이해되었던 것이다. 블로펠드는 그래도 혹시 독자가 이 대목의 심오한 의미를 놓칠까 싶어서 각주에다가 그 자신의 알레고리를 제공하고 있다 : "…… 그의 침묵은 아주 의미심장했다. 그 침묵은 황벽이 **결코** 관념에 사로잡히지 않았음을 암시하는 것이다 …… 하지만 그릇이 앙산 정도는 되어야 그 의미를 꿰뚫어볼 수 있었다."[31]

알레고리는 독자의 이해가 해석의 과정에 개입함을 아주 잘 드러내주는 기제이다. 굳이 알레고리가 동원되지 않더라도, 이해 주체가 자기 자신을 투사하며 개입하지 않고 이루어지는 이해는 없는 법이며, 따라서 어떤 원초적인 이해를 그대로 복사하는 이해는 있을 수 없다. 그러니까 여기에서 "알레고리"라고 일컬은 것은 모든 이해 활동을 가리키는 은유적인 개념이라고 해석할 수 있겠다. 우리가 무엇인가를 이해한다 함은 그것을 그것 이외의 뭔가 다른 것에 견주어서 인식한다는 것이다. 그러므로 그것을 새롭게 조명했을 때는 얼마든지 또 다른 무엇**으로서** 이해할 수도 있는 것이다. 이해란 대상을 새로운 의미맥락, 즉 해석자 자신의 의미맥락에 집어넣음으로써 그 해석의 대상 자체를 변화시키는 일이다.

그러니까 이해라는 활동에서는 그에 임하는 사람의 자아만이 아니라 대상도 주체가 된다. 이 점은 중요한 의미를 가진다. 황벽의 어록이 궁극적인 주제로 삼는 것—"대사"—은 자아이다. 그냥 보통 말하는 자아가

---

**31** 역주_라이트는 이 인용문의 전거를 제시하지 않았는데, 출처는 Blofeld, *Huang Po*, p. 98, n. 1. 강조 표시는 블로펠드가 한 것임.

아니라 "바로 지금 이해를 구하고 있는 당사자"로서의 자아이다. 그러니까 그 텍스트의 가장 중요한 "목적"은 거기 담긴 메시지 속에서, 또 그 메시지를 통해서 독자가 자기 자신에 대한 이해를 갖도록 하는 데 있다. 모든 텍스트가 어떤 의미에서는 같은 "목적"을 가지고 있다. 텍스트에 대한 이해와 독자 자신에 대한 이해는 뗄 수 없이 얽혀있기 때문이다. 텍스트에 담긴 생각을 정말 제대로 대면한다면, 그 순간 우리는 그 주제나 또 그 밖의 여러 가지 사안에 대해 우리 자신이 가지고 있는 생각을 대면하게 된다. 황벽의 텍스트를 진정으로 이해한다면, 이는 우리가 그 텍스트에 비추어 우리 자신을 이해하게 되었다는 뜻이다. 나아가, 이해라는 것이 무엇을 가져오는지를 이해한다면, 우리가 열린 언어의 광장에 들어갔음을 느끼게 될 것이다.

# 4장
# 언어─무소의의 영역

> 언어의 문제는 매우 사소한 것으로, 생각할 가치조차 없는 것이다.
>
> — 돌제(Dorje) 스님이 존 블로펠드에게[1]

> 우리는 언어에 대해서 깜짝 놀란 말한 어떤 경험을 하게 될 가능성이 있는데, 그 경험이 우리와 언어의 관계를 변화시킬 것이다.
>
> — 마르틴 하이데거[2]

 

황벽의 어록을 보면 언어에 대해서 언제나 부정적으로 말한다. 선의 "대사大事"는 "말로 표현할 수 없다"[3]고 하고, 그러므로 "도는 마음을 깨치는 데 있는 것이지 어찌 언설에 있겠느냐?"고 한다.[4] 언어에 대한 그러한 태도는 황벽에게서만 보이는 게 아니라 그 시대의 선서에서 두루 나타난다. 임제는 자기 전통의 성전聖典들을 쓸모없는 먼지 부스러기라고 일컬으며, 언어문자가 진실한 도를 보일 수 있다고 여기면서 붙들고 있는 선 수행자들을 조롱한다.[5] 그러니까 홍주종洪州宗의 태두인 마조馬祖

---

[1] Blofeld, *The Wheel of Life*, p. 42.
[2] Heidegger, *On the Way to Language* (New York: Harper and Row, 1971), p. 107.
[3] T. 48, p. 381a.
   **역주**_원문은 "不可以言語取"(『전심법요』), 한글 번역은 『선림보전』, p. 250.
[4] T. 48, p. 384a.
   **역주**_원문은 "道在心悟. 豈在言說"(『완릉록』). 한글 번역은 『선림보전』, p. 280.
[5] T. 47, p. 499b; Sasaki, *The Recorded Sayings of Lin-chi*, p. 19.
   **역주**_이 대목의 전후맥락은 다음과 같다. "그대들은 어떤 노스님들의 입에서 나온 말을 듣고는 그것이 참된 도라고 하여, 선지식은 불가사의하고 나는 범부의 마음이므로 감히 저 노

가 입멸 후에 "대적선사大寂禪師"라는 시호를 얻은 것도 다 이유가 있는 것이다.6 그런데도 뭘 더 말할 게 있었을까?

많았다. 선서禪書들을 보면 그저 "언설을 떠난 법"을 선언하고 침묵해 버리지는 않는다. 그 언어도단의 진리를 역설하며 열띤 논의를 벌이고, 그것이 전수되어온 성스러운 계보를 얘기한다. "대적" 즉 위대한 적멸은 마조에서 처음 시작된 게 아니다. 그 전승의 역사는 쭉 거슬러 석가모니에까지 이른다. 황벽은 그 기원에 대해서 다음과 같이 말한다. "······ 마침내는 한 마음의 법[一心法]을 나타내시지 못했기 때문에 가섭을 불러 법좌를 함께 하시사, 따로이 그 '한 마음'을 부촉하셨으니, 이는 언설言說을 떠난 법이다."7 황벽이 생략한 세부 장면에 대한 이야기는 다른 문헌들에서 찾을 수 있다. 석가모니가 말없이 꽃을 들어 보임으로써 가섭을 깨치게 했다는 이야기가 여러 선서에 나온다. 이에 가섭도 아무 말 없이 미소를 지었다고 한다. 이 이야기는 유마힐(維摩詰, Vimalakīrtī)의 "우레 같은 침묵"과 함께 선 전통의 언어관을 단적으로 펼쳐준다. 황벽은 그런 언어관을 피력할 때 흔히 보리달마를 들먹인다. 달마의 "언설을 떠난 법"8에서 중국 선이 창시되었고 후대 선불교인들은 보리달마의 전설로부터 선

---

스님의 뜻을 헤아려 볼 수 없다고 한다. 이 눈 먼 바보들아! 일생을 이러한 생각만을 내어서 이 멀쩡한 두 눈을 저버리고 마는구나. 싸늘하게 입 다문 모습이 마치 빙판 위에 서 있는 나귀새끼 같구나." 원문은 "爾取這一般老師口裏語, 爲是眞道. 是善知識不思議. 我是凡夫心. 不敢測度他老宿. 瞎屢生. 爾一生祇作這箇見解. 辜負這一雙眼. 冷喍喍地. 如凍凌上驢駒相似." 한글 번역은 『임제록·법안록』, pp. 63~64.

**6** T. 51, p. 245; Chang, *Original Teachings*, p. 152.
**역주**_라이트가 전거로 제시한 『대정장』 권51의 『전등록』(景德傳燈錄)에 마조가 대적이라는 시호를 받았다는 구절은 p. 245가 아니라 p. 246c에 나온다.

**7** T. 48, p. 382b.
**역주**_원문은 "然終未能顯一心法. 故召迦葉同法座別付一心. 離言說法." 한글 번역은 『선림보전』, p. 259.

의 기본 공식을 전해 받았다. "직지인심견성성불 불립문자교외별전直指人心見性成佛 不立文字教外別傳"이 바로 그것이다. 즉 사람의 마음을 곧장 가리켜 자성을 봄으로써 부처가 되며, 언어문자에 의지하지 않고 경전의 가르침 밖에서 따로 전한다는 것이다.

"곧장 가리킨다"고 함은 언어문자를 통하지 않고 직접 사안의 핵심으로 질러 들어간다는 뜻이며, 이를테면 매순간 아무것도 언설에 의지할 필요 없이 "현전現前"함이다. 그래서 황벽은 다음과 같이 말한다.

> 백 가지로 많이 아는 것이 '아무것도 구하지 않음'만 훨씬 못하니라. 도인이란 일 없는 사람이어서 실로 허다한 마음도 없고 나아가 말할 만한 도리도 없다. 더 이상 일이 없으니, 헤어져들 돌아가거라.[9]

하지만 이러한 설법 즉 언설을 통한 법문을 듣게 되었다고 해서 실망할 일은 아니다. 이것은 선의 언어로 강렬하게 압축된 황벽 최고의 설법이기 때문이다. 여기에서 황벽의 설법은 법을 언설에 담는 데 대한 정면적인 반박이다. 여기에서 구사하는 언어는 그 자체를 부인하는 언어이며 그러한 자기부정을 통해서 힘을 발휘한다. "말할 만한 도리가 없다"고 함은 선의 근본적인 도리를 선언하는 말이다. 황벽의 설법을 듣던 황벽산사의 승려들, 그리고 황벽대사의 어록을 편찬한 이들은 이 점을 분

---

[8] T. 48, p. 381b; Blofeld, *Huang Po*, p. 44.
   **역주**_원문은 "不可說之法." 황벽이 말하기를 담마는 "법으로써 법을 전하시고 다른 법을 말씀하시기 않으셨"는데, 그 "법이란 설명될 수 없는 법"이라고 한다(以法傳法不說餘法, 法卽不可說之法). 한글 번역은 『선림보전』, p. 253.

[9] T. 48, p. 383b.
   **역주**_원문은 "上堂云. 百種多知. 不如無求. 最第一也. 道人是無事人. 實無許多般心. 亦無道理可說. 無事散去." 한글 번역은 『선림보전』, p. 271.

명히 알고 있었다. 그들이 언설로 표현하는 법이 어떤 법인지를 충분히 돌이켜 성찰하고 있었다. 『전심법요』에서 황벽이 "한 법도 설할 만한 법이 없음을 설법이라 이름한다"고 한 선언은 그러한 반성을 단적으로 표현하고 있다.10 이 역설이 선 전통에서는 당혹스러운 문제가 되지 않았다. 오히려 사실상 뭔가 심오한 뜻을 가리키는 것으로 여겨졌고 중요한 대목마다 되풀이해서 언급되곤 했다. "[보리달마는] 오로지 한 마음만을 말씀하셨고 한 법만을 전하셨다······ 법이란 설명될 수 없는 법"이라고 한 구절도 그 한 예이다.11

하지만 해석자들 모두가 그 역설을 그냥 그대로 받아들인 것은 아니며, 언어에 관한 어떤 이론을 동원해서 설명을 시도한 이들도 있다. 그 경우 대개가 언어는 도구라고 보는 견해가 이에 가장 합당하다고 여겼다. 존 블로펠드도 그 중 한 사람이다. 언어도구론에 의하면, 언어는 의사소통이라는 목적을 위한 하나의 도구이다. 즉 언어는 어떤 목적을 달성하기 위한 수단이라는 것이다. 이 이론이 타당하려면 일단 목적과 수단을 엄격하게 구분할 수 있어야 한다. 그래서 블로펠드는 깨달음의 내용과 그것을 표현하기 위해 "옷을 입히는" 특정 언어 형식을 분명하게 구분하곤 한다. 이러한 이론에 의하면, 깨달은 마음은 언어에 매이지 않고 언어를 넘어서지만 한편으로 언어의 필요성과 유용성은 여전히 인정된다. 수행의 경지가 낮은 수준인 이들로 하여금 언어문자를 넘어서도

---

**10** T. 48, p. 382a. 이리야 요시타카는 이 구절이 『금강경』에서 인용되었다고 지적한다(『傳心法要·宛陵錄』, p. 54).
　　**역주_**원문은 "無法可說是名說法." 한글 번역은 『선림보전』, p. 258.

**11** T. 48, p. 381b.
　　**역주_**원문은 "唯說一心唯傳一法······ 法即不可說之法." 한글 번역은 『선림보전』, p. 253.

록 인도하는 데 언어가 도구 역할을 한다는 것이다. 그래서 블로펠드는 깨달음을 이룬 이가 "다른 이들에게 길을 가르쳐주기 위해 언설을 동원할 수도 있다"고 말한다.12 범부들에게 언설로 깨달음을 "형용"한다는 것은 절대로 불가능하다. 깨달음은 "인간의 지성이 아무리 높은 지점에 도달한다 해도 언제나 그 너머의 것"이기 때문이다.13 그러나 "수행자를 바른 길로 인도하기 위해서는 언설을 사용할 수밖에 없기 때문에,"14 언어는 여전히 유용한 것이다. 그래서 블로펠드는 "깨달음을 이루기까지는 언설에 의지할 수밖에 없다"고 인정한다.15

부처는 왜 깨달은 뒤에 침묵하지 않았는가? 도대체 왜 그 많은 말씀을 했을까? 이에 대한 불교의 전통적인 답변도 블로펠드의 답변과 같다. 중생을 불쌍히 여기는 자비심에서 그들을 제도하기 위한 방편으로 설법했다는 것이다. 고해苦海에서 허우적거리는 중생에게는 도움의 손길이 필요하고 설법이 그 가장 합당한 도구였다. 황벽은 "부처님께서 일체 법을 말씀하신 것은 일체의 마음을 없애기 위함"이라는 보리달마의 말을 인용하였는데,16 황벽의 어록 또한 그와 똑같은 의미에서 정당성을 가진다. 선의 깨달음은 침묵을 지향하지만, 진리를 언설에 담아 표현하는 설법에도 타당한 목적이 있는 것이다.

황벽이 그의 스승 백장百丈을 처음 만났던 이야기도 같은 맥락을 보여

---

**12** Blofeld, *Huang Po*, p. 17.
**13** Blofeld, *Huang Po*, p. 17.
**14** Blofeld, *Huang Po*, p. 18.
**15** Blofeld, *Beyond the Gods*, p. 25.
**16** T. 48, p. 381a.
　역주_원문은 "佛說一切法. 爲除一切心"이며, 라이트는 전거를 p. 381a라 했으나 실제로는 p. 381b이다.

준다. 황벽이 백장에게 예로부터 종문宗門에 계승된 가르침을 어떻게 보여주느냐고 묻자 백장은 아무 말도 하지 않았다. 이에 황벽은 "뒷사람들이 끊어지지 않도록 하시라"고 다그친다.17 당신이 선대로부터 받은 가르침을 후대에 전해주어야 할 것이 아니냐, 그러려면 언설 이외에 무슨 방법이 있느냐, 입 닫아 버려서는 전해줄 수 없다는 항변이다. 그러니까 선 전통에서 언어는 부적절하고 유감스럽긴 하지만 한편으로 불가피하고 필수적이다. 중요한 목적을 위해 부적절하지만 사용될 수밖에 없는 도구요 수단인 것이다. 『전심법요』에 다음과 같이 말한다.

> 이 도라는 것은 천진하여 본래 이름이 없다. 다만 사람들이 이것을 알지 못하고 뜻으로 헤아리는데 미혹되었으므로, 모든 부처님께서 나오시어 이 일을 자상히 말씀하신 것이니라. 그러나 너희 모든 사람들이 깨닫지 못할까 걱정하셔서 방편으로 '도'라는 이름을 세우셨으니, 이름에 얽매여서 알음알이를 내서는 안 되느니라. 그러므로 말하기를 '고기를 잡았으면 통발을 잊어 버려라!'고 하는 것이다. 몸과 마음이 자연스러우면 도에 통달하고 마음을 안다.18

이 구절은 언어를 도구로 보는 선불교의 언어관을 잘 보여준다. 이 구절을 다음과 같이 풀이할 수 있을 것이다. "도"라는 것은 근본적으로 언어 이전의 것이다. 그것은 언어에 앞서 존재한다. 그러나 무지한 사람들

---

**17** T. 51, p. 266a; Chang, *Original Teachings*, p. 103.
 **역주**_원문은 "問曰. 從上宗承如何指示. 百丈良久. 師云. 不可敎後人斷絶去也." 한글 번역은 김월운 옮김, 『전등록』 1, p. 567; 문재현 옮김, 『전등록』 2, p. 29 참조.

**18** T. 48, p. 382c.
 **역주**_원문은 "此道天眞本無名字. 只爲世人不識迷在情中. 所以諸佛出來說破此事. 恐汝諸人不了. 權立道名. 不可守名而生解. 故云. 得魚忘筌. 身心自然達道識心." 한글 번역은 『선림보전』, p. 264 참조.

이 "도"를 만나지 못하기 때문에 언어가 동원되었다. "도" 같은 말도 그들을 가르치고자 사용되었다. 그러나 만약 언어라는 수단에 사람들이 얽매여 버린다면, 그 언어가 가리키는 언어 이전의 실상은 보지 못하고 말 것이다. 도가道家 전통의 고전인 『장자莊子』에는 언어라는 임시적인 수단과 깨달음이라는 목표 사이의 관계를 아주 간명하게 담은 비유가 나온다. 물고기(깨달음)를 잡으려면 그물(언어)이 있어야 하지만, 일단 물고기를 잡으면 그물은 더 이상 쓸모가 없어져 버린다는 것이다.

황벽의 어록에도 그런 언어관을 바탕으로 한 자성自省이 표명되곤 한다. 한 예로, "[팔만사천법문은……] 다만 대중을 교화 인도하는 방편일 뿐 일체 법이란 본래 없다. 그러므로 여의는 것이 곧 법"이라고 말한다.19 글을 읽고 해독하는 훈련은 불도佛道에 입문하는 데에는 도움이 되겠지만 일단 목적을 달성한 다음에는 필요 없는 것이다.

그러나 근래 언어에 관해 여러 가지 새로운 통찰이 있었고 언어도구론에 대해 의문이 제기되었다. 이에 따라 황벽의 선에서 언어가 하는 역할에 대해서도 언어도구론 이외에 다른 방식으로 생각해볼 여지가 생겼다. 사실 언어는 선불교에서 아주 핵심적인 위상을 차지하고 있다. 예를 들어 언어의 힘에 대한 관심과 새로운 화법 개발이 선전통에서 그 정점에 이르고 있음을 볼 수 있다. 그런 면을 감안하면서 선의 고전 텍스트들을 다시 읽어보면, 그 어느 곳 어느 시대의 종교전통도 선불교만큼 언어에 신경을 쓴 전통이 다시 없지 않은가 하는 생각이 들 것이다.

선불교에서 언어의 위상을 새롭게 바라보기 위해서 우선 이제껏 선에

---

**19** T. 48, p. 381a.
**역주**_원문은 "祇是教化接引門. 本無一切法. 離卽是法." 한글 번역은 『선림보전』, p. 249.

대한 우리의 관념을 형성시킨 근대 서구의 언어관을 자세히 살펴보아야 하겠다. 블로펠드가 이어받은 낭만주의 유산 속에는 언어를 도구로 보는 관념이 아주 깊이 뿌리박혀 있었고, 다른 관점을 가질 수가 없었다. 블로펠드에게는 언어도구론이 너무나 당연한 진리였기 때문에, 황벽을 이해하는 데에도 망설임 없이 그것을 열쇠로 동원하였다. 황벽 어록 번역의 서문에서 블로펠드는 언어와 종교체험에 대한 자신의 이론을 다음과 같이 제시하고 있다.

> 기독교인이건 불교인이건 또는 다른 종교인이건 간에, 이런 엄청난 [깨달음의] 체험을 한 이들은 모두들 그 체험을 언어로 표현하는 것이 불가능하다는 데 일치된 의견을 보인다. 물론 다른 사람들을 인도해주기 위해서 언어를 사용할 수는 있다. 하지만 그들이 스스로 체험을 할 때까지 언어는 진리의 아주 희미한 기미만을 담을 수 있을 뿐이다. 인간의 지성이 그 어떤 최고봉에 도달할지라도 진리는 언제나 무한히 그 너머에 있다. 언어는 그런 진리에 대한 옹색한 지적 개념을 담을 뿐이다······[깨달은 이들이 역설적인 말을 하는 것은 그 지고의 체험은 언어로 표현할 수 없기 때문이다. 긍정이나 부정 자체가 이미 한계를 두는 것이다. 한계를 둠은 곧 진리의 빛을 닫아버리는 것이다. 그러나 수행자들을 올바른 길로 인도하기 위해서는 어떤 말이건 하긴 해야 한다. 그 과정에서 역설적 표현이 계속 생겨나기 마련이다.[20]

이러한 언어관에 배경으로 깔려있는 전제는 무엇이며 그런 언어관이 어떤 결과를 가져오는지 살펴보도록 하겠다.

우선, 그 "지고의 체험"은 평범한 것이 결코 아니지만 그게 어떤 특정 문화나 특정 언어에만 국한되지는 않는다는 점을 분명한 전제로 하고

---

[20] Blofeld, *Huang Po*, pp. 17~18.

있다. 그 체험은 언어와 문화를 매개로 해서 일어나는 게 아니다. 따라서, 어느 문화권 어느 언어권에서나 그런 체험에 이르는 비범한 이들이 있을 수 있다. "선의 체험"에도, "일반적인 정신(범부의 경지)"과 다르다는 점 이외의 "타자성他者性"은 아무것도 없다. 문화와 언어의 틀을 꿰뚫고 들어가 어떤 매개에도 의지하지 않고 직접 사물의 진상에 이를 수만 있다면, 우리(기독교인, 유대인, 세속적 근대정신의 신봉자, 낭만주의자 등)도 "그들"만큼 그 경지를 "체험"할 수 있다. 근대 자유주의의 한 주류인 낭만주의는 타문화에 대해 그처럼 관대한 견해를 가지고 있다. 타문화 사람들의 "지고"한 체험도 모든 면에서 우리의 체험만큼 "고귀"하다는 것이다. 그런데 이러한 견해에는 좀 덜 관대한 면이 숨어있다. "그들"의 문화에서 가장 고귀하고 최상이라 여기는 경지를 이미 우리 자신의 문화 안에서 직접 체험할 수도 있기 때문에, 실상은 더 이상 타문화로부터 배울 것이 없다는 생각이 그것이다. 그들이나 우리나 사람은 본질적으로 똑같다. 그렇게 볼 때, 선 텍스트가 낯선 이유는 어디에서나 천박한 일상적인 의식에서 보면 깊은 정신적 경지는 낯설게 여겨지기 때문일 뿐이다. "지고의 체험"을 한 뒤에 그것을 "표현"하거나 "서술"하는 방식은 다 다를 수 있다. 그러나 체험 자체는 그 차이들을 초월한다. 언어는 부차적인 도구라고 보는 견해에 입각해서 보면, 종교체험은 "보편적"이라고 보는 이런 견해가 아주 당연히 타당하다고 생각되게 마련이다. 그러나 만약 체험과 언어가 어떤 의미에서든 서로 "연기緣起"하는 관계이고 따라서 쉽게 분리되지 않는 것이라면, "지고의 경험"을 언어로 표현하는 내용도 아주 중요한 탐구거리가 된다. 그런 관점에서 보면, 우리는 지금까지 선불교가 그 방면에서 표출하는 특수한 면모에 대해서는 충분히 주의를 기울이지 않았음을 자각하게 된다.

둘째로 생각해볼 것은, 블로펠드가 언어를 "동원"하고 "활용"할 때 과연 정말로 언어를 도구로 여기고 있었는가 어떤가 하는 점이다. 블로펠드의 관점에서 보자면, 언어는 그것이 표현하고 가리키는 실제와는 별개인 도구일 뿐이다. 언어를 통하기 이전에 이미 알고 있었던 것을 굳이 말로 표현해야 할 때 비로소 언어를 동원한다는 것이다. 깨달음을 이루지 못한 사람, "지고의 체험"을 하지 못한 사람들의 단순한 일상적 경험이 언어에 의해 조정되기도 한다는 점은 블로펠드도 인정한다. 그런 경우 언어는 순수한 체험을 방해하는 "필터"나 "장막"으로 작용한다. 블로펠드에 의하면 이런 경우 우리는 "말의 의미보다는 말 그 자체를 가지고 가타부타 다투는" 경향이 있다.[21] 개념이 곧 실제를, 적어도 그 일면 자체를 담고 있다고 여기는 어리석음을 저지른다는 것이다. "선"의 가치는 그것을 "수단"으로 해서 우리가 직접 체험에 이르고 사물의 실상을 보는 데 있으며, 사물의 실상에 대해 누가 어떤 언어로 얘기하는지는 아무런 상관이 없다는 것이 블로펠드의, 또한 서구 해석가들의 일반적인 견해이다.

그러나 정작 블로펠드 자신이 선에 대해서 이야기하는 언어는 결코 문젯거리로 그의 시야에 들어오지 않고 있다는 점을 눈여겨 볼 필요가 있다. 심지어 언어문제에 대해 이야기할 때에도 자신의 언어는 비판에서 제외시키고 있다. "'궁극적인 것'에다가 언어개념의 옷을 입히려고 한" 이들을 비판하는 대목을 예로 들어보자.[22] 그의 그런 말 자체가 또

---

**21** Blofeld, *Tantric Mysticism*, p. 52.
**22** Blofeld, *Hui Hai*, p. 39.

한 블로펠드가 행하는 "옷 입히기"인데, 블로펠드는 자신의 그 말도 언어라는 점은 인식하지 않는다. "궁극적인 것"이라는 말도 옷에 해당하는 언어개념이지만, 그는 그렇게 여기지 않는다. 그 개념으로 지시하는 것 그 자체라고 여긴다. 블로펠드는 그것을 "신"이라든가 "열반"이라는 말로 "옷"을 입히는 것은 적합하지 않다고 여겼을 터이다. 그렇다고 해서 "그것"이라는 대명사만 쓴다면 그게 뭘 가리키는지, 함의가 무엇인지 도무지 알 수가 없을 것이다.23 가다머Hans-Georg Gadamer는 "언어에 대한 모든 생각은 이미 다시 언어에 의지한다"고 관찰하였다.24 그렇다면 언어는 도구로서 "활용"되는 것 이상의 무엇임을 알 수 있다. 그렇게 보면 언어는 우리 손에 쥐어진 도구에 지나지 않는 것이 아니라, 더 근본적인 어떤 위상을 가진다. 언어는 우리가 인간일 수 있게 하는 필수적인 하나의 요건으로서, 우리가 어떤 언어개념을 선택하여 "활용"하는 것도 이미 주어진 언어의 틀을 전제하고 그 안에서 이루어진다.

    블로펠드가 구사한 "옷"의 비유는 언어도구론을 바탕으로 한 것이다. 그 비유의 적합성 여부는 언어도구론의 적합성을 가늠하는 하나의 좋은 시금석이 된다. 체험과 언어의 관계가 과연 마치 사람과 옷의 관계와 같은지를 살펴보면 되겠다. 우리는 어떤 경우에 어떤 옷을 입을지 결정하고 마음대로 옷을 바꾸어 입을 수 있다. 옷은 그 사람을 가리는 동시에 또한 그 사람을 특정의 모습으로 보여주기도 한다. 맨몸이 될 때에는 옷이라는 선택된 외모의 치장을 거치지 않고 자신의 본 모습을 직접 본다.

---

**23** 역주_그래서 블로펠드가 "궁극적인 것"이라는 표현을 선택한 것은 단순히 도구로서의 활용이라기보다는 자신의 이해를 담은 다분히 필연적인 결정이었다는 얘기이다.

**24** Gadamer, *Philosophical Hermeneutics*, p. 62.

언어와 체험의 관계도 역시 그러하다면, 우리는 언어의 옷을 입히지 않은 맨몸 그대로의 체험을 언어를 통하지 않고 직접 접할 수도 있을 것이다. 또한 그 체험을 다른 사람들에게 전달하고자 할 때에는, 거기에 입힐 수 있는 여러 가지 언어의 옷 중에서 적당하다 생각되는 것을 선택할 수 있을 것이다.

그러나 지금 우리의 지적知的 맥락에서는 체험과 언어의 관계에 대해 그런 비유가 더 이상 설득력을 갖지 못한다. 이 장에서는 제시할 다른 관점에 의하면, 체험은 언제나 이미 옷을 다 갖추어 입은 채 우리에게 다가온다. 간혹 옷을 입고 있지 않은 맨살의 체험인 듯이 보이는 경우도 있기는 하다. 하지만 그것도 전혀 맨살이라기보다는 매우 특수한 옷을 입었기 때문에 그렇게 보일 뿐이다. 일상의 경험을 할 때 우리는 그것을 표현할 말을 어디에서 찾는가? 우선 의사소통의 체계라는 추상적인 차원에서 찾으려 하지는 않는다. 그보다는 사물이나 사건과 연관성이 있는 말을 찾아낸다. 추상적인 시스템이 아니라 이 세상 삶의 현장 속에서 찾아내는 것이다. 그러니까 모든 체험에는 언어가 하나의 구성요소로 들어가 있다. 때로는 어떤 말로 표현할지를 선택하고 결정하는 경우도 있기는 하다. 그러나 압도적으로 대부분의 경우 우리는 우리 자신이 사물을 어떻게 말로 "표현"할지 결정하는 게 아니라 그게 무엇인지 그것이 "있는 그대로" 말할 뿐이다. 특정 체험을 표현하기에 합당한 말들이 이미 거기 있다. 그렇지 않은 경우에만 어떤 말을 쓸지를 우리가 결정한다. 즉 그 체험이 근본적으로 모호한 경우이다. 그런 경우 우리는 경험 자체를 우선 살펴보고 그 다음에 적합한 언어의 옷을 고르는 방식을 취하지 않는다. 그보다는, 가능한 갖가지 형태의 언어들을 늘어놓음으로써 대상을 체험한다. 다시 말해 "그것"을 "그 자체"로 체험하는 게 아니라 거기에 결부될 수 있는 갖가지 형태의 언어를 입은 각각의 모습으로 체험하며, 또한 그 모습들 사이의 관계를 통해서 체험하는 것이다.

셋째로, [진리는, 또는 그 체험은] "인간의 지성이 아무리 높은 지점에 도달한다 해도 언제나 그 너머의 것"이라는 블로펠드의 말은 낭만주의 형이상학이 전제하는 이분법 두 가지를 바탕으로 한다.25 사유와 감정의 이분법, 그리고 언어 영역 안에 있는 것과 그 밖에 있는 것을 나누는 이분법이다. 이는 근대 영어의 감각에 뿌리박혀 상식처럼 되어 있는 이분법이다. 하지만 요즘 사조에서는 그런 구별에 대해 의문을 제기하고 있다. 아무튼 근대 유럽에서 과학과 철학은 종교와 시, 신화가 구사하는 인지認知와 개념에 대해서 타당성을 부인한 반면에 낭만주의 측에서는 이에 반박하기를 종교, 시, 신화는 애초에 사유의 문제가 아니라고 주장하였다. 종교를 비롯해서 "심층" 체험은 "사유"에 반대되는 "감정"의 체험이라고 여겼던 것이다. 이러한 사유/감정의 이분법은 지금도 종교와 예술, 시, 음악 등에 대한 우리의 관념에 널리 스며있다. 종교와 시의 언어는 우리의 감정에 일종의 내적이고 비언어적인 방식으로 와 닿는 체험을 "표출"하는 것이고, 그런 체험은 언어로 온전히 표현할 수 있는 게 아님을 늘 감안해야 한다는 것이다.

그러나 후기낭만주의 사상에서는 좀 다르게 본다. "감정"은 독자적인 체험 영역이라고 한다거나, 또한 체험의 구조를 이미 만들어놓는 언어의 영향에서 전적으로 벗어난 것이라고 여기는 생각을 후기낭만주의에서는 부인한다. 그보다는, 감정과 사유는 "연기"하며 서로 융통한다고

---

**25** Blofeld, *Huang Po*, p. 17.

본다. 상호의존적이라는 것이다. 또한 그 둘 다 언어에 의하여 결정된다고 본다. 우리가 무엇인가를 "느끼거나" 또는 "생각"하는 척도는 언어의 맥락과 역사적 맥락에 이미 마련되어 있어 우리에게 허용되는 방식에 의거한다는 것이다.

사유와 감정의 이분법은 알 수 있거나 묘사할 수 있는 한계 안의 것과 그 한계 너머의 것을 구별하는 이분법과 밀접한 관련이 있다. 이는 언어의 한계에 관한 물음이며, 종교체험에 대한 모더니즘과 낭만주의의 이해에서 핵심이 되는 구별이다. 그러나 어떤 체험은 언어로 표현할 수 없다는 데 대해서는 좀 달리 설명할 수 있다. 우리가 어떤 체험을 두고 묘사의 한계 너머라고 말할 때, 우리는 이미 그 체험을 묘사한 셈이다. 다만 그 특징이 묘사의 한계 "너머"라는 부정어법을 사용했을 뿐이다. 어쨌든 그 특징 또한 언어에 의해서 그렇게 구성되고 틀이 지워진 셈이다. 여느 체험의 여느 특징들과 마찬가지로 그러한 특징 또한 언어로 묘사된 것이다. "그것"에 대해 말할 수 있는 게 오직 표현불능이라는 점뿐이라 할 때에도, 다른 게 아니라 바로 언어에 의해서 그렇게 규정되는 것이다. 그러니까 언어는 분명한 한계가 있고 그 한계선은 한계를 넘는 "체험"의 저 쪽 자리에서만 볼 수 있는 그런 게 아니다. 언어 자체가 그 한계를 구축하고 있고 또한 그 한계선까지도 그 안에 품고 포함하고 있는 것이다.

이러한 관점에서 보면, 체험이 언어를 초월한다는 얘기는 체험과 언어가 별개이며 언어 밖에서 체험할 것이 더 있는 한에서만 의미를 가질 수 있다. 하지만 체험과 언어는 결코 그만큼 별개가 아니라는 것이 여기에서 말하고자 하는 요점이다. 위에서 살펴보았듯이 언어에 미리 한계가 구축되어 있는 게 아니며, 한계가 설정될 때면 이미 언어가 거기까지도 치달아 와있다.26 우리가 아무리 재빨리 움직여도 언어는 언제나 동시에 거기에 도착한다. 근대의 사유방식에 이 문제가 도저히 수용될 수 없었던 이유 중에 하나는 언어의 영역을 아주 제한된 것으로 보았던 데 있다. 묘사와 표현이라는 파생적이고 부차적인 역할에다가 언어의 지위를 한정했던 것이다. 하지만 포스트모던 사상에서는 언어가 보다 원초적인 지위를 차지한다고 본다. 체험 그 자체와 불가분이라는 것이다. 우리가 아무리 언어를 회피하여 체험을 묘사할지라도 언어는 이미 그 체험의 형상으로서 거기에 작동하고 있다.

블로펠드의 근대적인 언어도구론 대신에 내가 제시하는 언어관은 우리의 체험의 내용에는 이미 언어가 틀어박혀 있다는 관념을 바탕으로 한다. 그런 관점에서 보면 체험 자체와 그에 대한 우리의 해석 사이에 분명한 경계선을 그을 수가 없다. 우리는 흔히 체험이 먼저 있고 부차적으로 그에 대해 해석을 가하게 된다고 여긴다. 하지만 언어로부터 끌어 모아서는 체험에다가 덮어씌우는 우리의 해석과 순수한 체험 그 자체 사이에 분명한 구분선을 그을 수가 없다는 얘기이다. 대상에 대한 "직접적인" 인식에도 이미 언어가 들어있다. 언어와 인식은 "연기緣起"의 관계인 것이다. 이론적으로는 구별할 수 있지만 경험 그 자체에서는 분리되는 게 아니다. 왜 그런가? 앞의 3장에서 "이해"에 대해 논하면서 말했듯이, 무엇을 이해한다 함은 그것이 무엇으로 보이는지를 즉각적으로 인식하는 것이다. 그리고 그것을 하필 그 무엇으로 여기게 되는 것은 언어

---

26 **역주**_위에서 설명했듯이 '이 체험은 말로 표현할 수 없다'고 하여 언어의 한계를 설정하며 그 너머의 체험을 부정어법으로 말하는 것조차 이미 언어라는 틀에 의거하여 이루어지는 일이라는 뜻이다.

가 그렇게 틀을 지워놓았기 때문이다. 그러한 지각이 우리의 인식에서 직접적으로 일어난다. 예를 들어 책이라든가 소리, 또는 낯선 상황 등의 대상을 그렇게 여겨지는 그대로 직접적으로 인식하는 것이다. 그러니까, [비언어적인 직접 체험이 먼저 일어나고] 그 다음에 언어적으로 구성된 이미지들을 부수적으로 인식하는 게 아니다. 이 점은 우리 자신의 경험을 통해서도 확인할 수 있다. 어떤 대상을 처음 접할 때는 아직 아무런 언어와도 연관되지 않은 채 인식이 일어나는 경우가 있는가? 있다면 찾아보기 바란다. 처음에는 대상을 잘못 인식했다가 나중에 언어를 바꿈으로써 알아차리게 되는 경우도 물론 있다. 예를 들어 처음에는 명상의 종소리인 줄 알았는데 알고 보니 아이스크림 장수 소리였더라고 할 수 있다.[27] 그렇지만 아무튼 "옳은" 인식이건 "틀린" 인식이건 모두가 언어의 형태로 일어난다. 언어는 정확성을 보증하지는 않는다. 그러나 어쨌든 모든 우리의 인식은 모두 주어진 언어의 맥락 안에서만 이해될 수 있다는 것만을 보증한다.

어떤 대상에 대해서, 그게 무엇인지 확실치 않아서 당황하는 경우도 물론 있다. 어떤 대상을 분명히 인식하기는 하는데 그것을 어떻게 이해할지 모르는 그런 상황이다. 그런 경우에도 언어가 이미 거기에 작동하고 있다. 이게 뭔지 잘 모르겠다는 인식 또한 언어의 맥락 속에서 일어난다. 그 상황을 당혹스럽다거나 불확실하다거나 신비롭다거나 한 것으로 인식하는 것이다. 그리고 거기에서부터 차차 그 대상에 대해 어떤 인식이 일어나는데—'아무런 색깔도 없네'라든가, '경이롭네'라든가, '4차

---

**27 역주**_미국에서는 아이스크림 장사가 트럭을 몰고 주택가를 돌아다니며 차임벨을 울려 주민에게 자기가 왔음을 알리곤 하는 것을 염두에 두고 든 비유이다.

원적이네'라든가, '뭐라 형용할 수가 없구만'이라든가, '신비롭고 두려워mysterium tremendum' 등— 그 모두가 언어의 형상을 취한다.28

어떤 특정의 무엇인가<u>로서</u> 경험되지 않은 것은 간단하게 말하자면 경험되지 않은 셈이다. 왜냐하면, "~로서"라 함은 이미 언어를 통해서 형성된 해석이고 언어는 그처럼 항상 우리의 체험에 내포되어 있기 때문이다. 언어는, 그리고 그것이 우리의 사유와 행위에 개입해온 역사 전체가, 의미화의 콘텍스트를 구축하는 기능을 하며 우리의 인식은 그 의미화의 콘텍스트 안에서 일어난다. 우리가 특정 사물, 인물, 또는 상황과 대면하기 전에 이미 온 세상이 언어에 의해 체계화되어 있다. 그렇기 때문에 우리는 무엇을 보면서 이미—즉각적으로, 아무런 매개를 통하지 않고도—그것을 무엇인가로 해석할 수 있는 것이다. 보고난 뒤에야 언어라는 형상을 부여하는 게 아니다. 볼 때 이미 언어적 형상을 취한다. 그러니까 언어는 비언어적인 것—언어 너머의 것—을 가리키지만, 그 대상이 우리에게 실제의 무엇<u>으로서</u> 보이는 것은 이미 언어를 통해서이다.

하지만, 언어가 모든 경험 속에 내재해 있다고 해서 모든 경험이 이론적이라고 말할 수는 없다. 세상 속에서 활동하는 가운데 무엇인가를 무엇인가로 보고 인식하는 것, 그 자체는 사유를 필요로 하지 않는다. 거기에는 아무런 성찰이라는 매개가 필요치 않다. 그러나 요점은 과거의 성찰적 사유와 언어 구사—개념들의 형성—가 언어를 통해서 한 문화의 모든 구성원들에게 이미 전해져 있다는 것이다. 그래서 예를 들자면 문門을

---

**28 역주**_여기에서 라이트가 예로 나열하는 것은 이른바 신비체험의 특정적인 인식들이다. 특히 mysterium tremendum은 루돌프 오토(Rudolf Otto)가 종교체험의 핵심적인 특징으로 들고 있는 것이다(*Das Heilige: Über das Irrationale in der Idee des Göttlichen und sein Verhältnis zum Rationalen*, 1917).

보았을 때 그때서야 비로소 "문"이라는 개념에 대해 성찰한다거나, 그것이 무엇인지 규정하고 나서야 비로소 그것을 문으로 체험하고 그것의 "의미"에 합당하게 사용할 수 있게 되는 것은 아니다. 그러므로 언어의 위치는 개념과 서술의 차원에만 국한되는 게 아니다. 언어는 인식의 차원에도 현존하며, 인식, 언어, 사유가 모두 서로 상호 의존하는 것이다.

사물에 대한 우리의 직접적인 지각에다가 의미 있는 형상을 지워주는 언어의 작용이 없다면 황벽 같은 선사라 할지라도 그 일상생활이 난관에 봉착할 것이다. 황벽 또한 우리와 마찬가지로, 주위의 온갖 사물과 상황을 접할 때 대부분의 경우 거기에 어떤 언어의 옷이 적합할지 굳이 고민할 필요 없이 즉각적으로 그게 뭔지 지각해야 한다. 예를 들어 어떤 소리를 듣고 그게 질문인지 또는 참선시간을 알리는 종소리인지를 즉각 알아차리지 못한다면 기본적인 생활 자체가 불가능할 터이다. 사찰에 불이 난 것을 보고서는 "즉각" 그것이 불이고, 위험한 상황이고, 어떤 조치를 취해야 하고, 사람들을 대피시켜야 하고, 끄려면 물을 끼얹어야 한다는 것 등을 알아차리는 능력이 없다면 즉흥적이고 재기발랄한 선문답도 있을 수 없다. 선사들 특유의 그 기발하고 즉흥적이며 기민한 반응도 언어적으로 구조화된 의미와 의미화의 맥락 속에서 사물에 대해 그게 뭔지 알아차리는 언어적 분별을 일상적으로 행하는 기능이 전제되어야만 가능한 것이다.

우리가 여기서 비판하고 있는 언어도구론이 전면적으로 틀린 것은 아니다. 언어는 우리가 어떤 목적을 위해서 사용하는 도구로 기능한다는 주장만큼은 틀렸다고 할 수 없다. 사실상 우리는 언어를 도구로 사용한다. 그러나 언어의 위상을 오직 그렇게만 본다면, 즉 인간은 독자적인 의지에 따라 언어를 마음대로 사용하는 주인이라고만 이해한다면 잘못된 것이다. 우리가 물려받은 문화적 유산은 이미 언어에 의해서 그 윤곽이 형성되어 있고, 우리가 언어를 고르고 사용하는 것은 언제나 그 틀에 따라 이루어지기 때문이다. 그 틀의 범위를 넘어간다는 것은 불가능할 뿐만 아니라 바람직하지도 않다. 선사들은 그런 경지를 이루었다고 여긴다면 착각일 뿐이다. 만약 그런 상태라면 이 세상 사람일 수가 없는 일이며, 선사로서의 "기능"이 불가능하다.

그런데 언어가 행하는 그런 차원의 역할을 우리는 거의 알아차리지 못한다. 무엇인가를 경험할 때, 또는 심지어 그것에 대해서 이야기할 때조차도 우리는 오직 그 대상에만 집중할 뿐 우리에게 그것을 매개해주는 언어는 의식하지 않는다. 우리의 경험을 지배하는 그 무엇의 뒤에 숨어버리는 듯하다. 아이러니컬하게도 심지어는 언어 그 자체에 대해서 이야기하고 있을 때도 마찬가지이다. 이야기하는 대상에만 집중할 뿐 이야기의 매체에 대해서는 주목하지 않는다. 황벽이 언어를 비판할 때에도, 그 비판을 가능케 하는 것도 언어라는 점은 대개 의식하지 않는다. 간혹 그 점을 의식할 때도 있는데, 바로 그때 선서禪書 특유의 언어 즉 반사적 역설(反射的 逆說, reflexive paradox)이 튀어나온다. 아무튼 언어는 우리의 모든 경험에 원천적으로 들어있는 보편적이고 불가피한 요소이며, 언어 또는 선에 대한 그 어떤 설명도 이 점을 감안해야 한다. 심지어—또는 특히—황벽의 그 "대사大事"도 애초에 선의 언어 속에서 비로소 "대사"로 경험되는 것이다. 그에 대한 이해를 위해 요청되는 것은 이 언어를 꿰뚫고 들어가는 일이지 언어로부터 튀어나오는 게 아니다.

황벽산의 수행자들이 공통된 관심사를 중심으로 모여든 것도 선의 언어 속에서 이루어진 일이다. 선어禪語는 그것이 없으면 선 수행도 선지禪 旨도 있을 수 없는 하나의 필수조건이다. 그렇다면 예를 들어 "도道"와 같은 불교 상징의 연원에 대한 황벽의 설명을 액면 그대로 받아들이는 것은 현명치 못하다. 황벽의 설명에 의하면 "도"는 그 언어개념 이전에 이미 있었고, 그러나 사람들이 그걸 체험하지 못하고 있는 까닭에 부처님들이 사람들을 그리로 이끌어주기 위해서 "방편"으로 그것을 "도"라고 일컬었다고 한다.[29] 이 설명에 의하면, [도라는] 언어개념은 실상은 그 지시대상과 부합하지 않는 도구일 뿐이다. 그러나 거꾸로 보기로 하자. 즉 "도"는 그 자체로 영원히 존재해 오다가 뒤에 "도"라는 이름이 붙은 게 아니라 그 이름이 있음으로써 비로소 존재하게 되었다고 보자는 것이다. "도"는 원래 길이라는 뜻이다. 그런데 예를 들어 들판과 숲 속으로 뚫린 먼지 날리는 길을 가리키는 그 말이 은연중에 그 이상의 무엇인가를 뜻하게 되었다. 물론 그 덧붙은 뜻도 원래의 뜻과 연관성이 있다. 어떤 "사용자"들은 그 개념을 들판이나 숲 사이로 뚫린 물리적인 길만이 아니라 그 밖의 다른 일들에도 적용해서, 그런 일들을 헤치고 뚫고 나가는 길이라는 추상적인 의미로도 쓰게 된다. [예를 들어 학문의 길이라든가 부모의 길, 예술의 길 등등을 말하고] 심지어 삶의 길, 인생의 길을 말하게 된다. 나아가 그 여러 가지 길을 하나로 통합하는, 만사를 일이관

---

**29** T. 48, p. 382c.
역주_"이 도라는 것은 천진하여 본래 이름이 없다. 다만 사람들이 이것을 알지 못하고 뜻으로 헤아리는데 미혹되었으므로, 모든 부처님께서 나오시어 이 일을 자상히 말씀하신 것이니라. 그러나 너희 모든 사람들이 깨닫지 못할까 걱정하셔서 방편으로 '도'라는 이름을 세우셨으니, 이름에 얽매여서 알음알이를 내서는 안 되느니라"(此道天真本無名字. 只為世人不識迷在情中. 所以諸佛出來說破此事. 恐汝諸人不了. 權立道名. 不可守名而生解). 한글 번역은 『선림보전』, p. 264.

지—以貫之하는 "도"를 이야기하게 된 것이다.

"도" 같은 은유는 새로운 의미를 펑펑 뿜어내는 샘과도 같은 역할을 한다. 어떤 개념이 새로운 맥락에서 사용될 때에는 그 전에 원래 문자 그대로 의미하던 것 이상의 뜻을 제시하고, 전에 없던 새로운 생각을 일으킨다. 폴 리꾀르Paul Ricoeur가 말하듯이, "상징이 생각을 불러일으킨다." 그리고 그렇게 일어난 생각은 상징의 의미 범위를 확장시킨다. 원래부터 독자적으로 존재하던 그 무엇이 나중에 어떤 개념으로 불리게 되었다고 보기보다는, 언어의 주도 하에 이름과 그 지칭대상이 "연기"하는 상징이요 은유라고 볼 수 있겠다. "상징이 생각을 불러일으킨다"고 함은, 우리 자신의 말과 또 다른 이들이 우리에게 하는 말을 통해서 언어가 우리에게 암시적으로 이야기를 걸어오고 우리는 은연중에 그 얘기를 듣는다는 것이다.

황벽은 "도"라는 개념이 어떻게 해서 생겨났는지 이야기한 다음에, 장자莊子의 말을 빌려 그 모든 얘기를 요약한다. "고기를 잡았으면 통발을 잊어 버려라!"는 것이다.[30] 이 슬로건은 여러 가지로 이해될 수 있다. 선의 방식으로 이 구절을 읽는 방법 하나는 다음과 같다. "선수행의 목표—깨달음—을 이룬 다음에는 더 이상 수단—선불교—은 필요 없다." 불교의 그 유명한 "뗏목" 비유도 마찬가지이다. 뗏목은 그저 "피안彼岸"에 이르기 위한 수단일 뿐이다. "도달하고 나서 뭣 하러 그 뗏목을 지고 가느냐? 더 이상 필요 없어!" 하지만 이런 식의 이해에는 세 가지 아주 중요한 문제가 따라 붙는다.

---

**30** T. 48, p. 382c.
역주_원문은 "得魚忘筌."

첫째, "도달"과 "깨달음"의 순간을 그처럼 절대적이고 최종적인 것으로 이해하는 불교수행자들이 별로 없다는 점이다. 선수행자들도 마찬가지이다. 오늘 거둔 수확에 대해 지금은 아주 만족스럽더라도, 내일은 그 통발을 안 버리고 가지고 있을 걸 그랬다고 후회할 수도 있다. 물고기를 아주 잘 잡는 최고의 어부도 배를 주리는 사태를 당할 수 있다. 여느 모든 것과 마찬가지로 "깨달음" 또한 "공"이라면, 즉 콘텍스트에 따라[31] 무상하며 앞으로 더욱 깊어지고 정련될 가능성에 열려 있다면, 모두 수단을 다 버리는 것은 성급하거나 어리석은 짓일 수도 있다.

황벽이 내세운 슬로건을 문자 그대로 받아들일 때 대두하는 둘째 문제는, 대승불교 보살도는 중생제도衆生濟度의 서원誓願을 핵심으로 한다는 점이다. 깨달음을 이룬 뒤에도, 아니, 깨달음을 이룬 이는 특히나, 괴로움의 바다에서 허덕이는 불쌍한 중생을 그냥 내버려둘 수 없는 일이다. 자기 자신은 고기를 다 잡았더라도, 다른 이들에게 통발 사용법을 가르쳐주어야 한다. 불교란 것이 깨달음이라는 "목적"을 위한 하나의 "수단"이라면, 불자로서의 활동에는 결코 끝이 있을 수 없는 것이다. 다만 활동의 내용이 바뀔 수도 있을 뿐이다. 자기 자신이 목적을 이룬 뒤에는 이제 수단을 널리 보급하는 것이 목적이 된다. 그러니까 통발을 계속 가지고 있어야 할 뿐만 아니라 그것을 수선해야 하면 수선하고, 또 필요하다면 좀 더 효과적인 것을 고안해내기도 해야 하는 것이다.

마지막으로, 지금까지 검토한 바를 바탕으로 해서 보자면 "수단"과 "목적"의 관계가 이 슬로건이 말하는 식으로 그렇게 분명한 게 아니라는 의심이 든다. "수단"도 "목적"도 다 "공"한 것이다. 서로 연기적으로

---

**31 역주**_선에서 흔히 쓰는 표현으로 하자면 "시절인연(時節因緣)에 따라"라고 할 수도 있겠다.

발생하고 계속해서 상호의존하는 관계이다. 어느 한쪽에서 변화가 일어나면 다른 쪽도 변한다. 더욱이 수행자가 어느 특정의 "수단"을 채택하면 그에 따라 삶의 모습을 꾸려가는 가운데 그 사람 자체가 지속적으로, 또 돌이킬 수 없이 영향을 받는다. 무엇을 어떻게 닦느냐에 따라 어떤 사람이 되고 무엇이 되느냐에 영향이 미친다. 불교의 수행 "수단" 중에 "이러이러한" 것을 선택함으로써 "이러이러한" 사람이 되는 것이다. "연기법"이 적용되지 않는 영구불변의 독립적인 "자아"라는 게 없다면, 당신이 어떤 사람인가는 당신이 채택하는 수단과 목적이 함께 작용하여 빚어내는 것이다. 일단 "깨달음"을 이룬 뒤에는 "이러이러한" 선 수행을 더 이상 실행하지 않기로 할 수는 있겠지만 그것을 결코 완전히 떨쳐버릴 수 있는 것은 아니다. 그것이 당신의 됨됨이 바로 그 자체를 이미 구성하고 있기 때문이다. 그 지점에서는 어부와 통발이 이미 "연기"한 것이다. 진정한 어부라면, 다시 말해 진정한 불자라면, 자신의 "진정한 자아"는 수행과는 별도로 "자성"을 유지한다는 식의 주장을 어떻게 정색하고 할 수 있겠는가?

그렇다면 황벽이 인용한 장자의 격언에는 어떤 타당성이 남아있는가? 당신이 통발 즉 불교와 어떤 관계를 맺느냐에 따라 굉장히 많은 것이 결정된다는 교훈이 그것이라 하겠다. "여읜다"거나 "뒤집는다"거나 "투과한다"는 등의 수사修辭는 선이라는 "수단"에서 매우 핵심적인 것들이다. 불교 전통 전반에서도 중요하다. 집착을 떨치고, 벗어나고, 놓아버리고, 비우는 것은 모두 불교 수행의 기본이다. 하지만 집착을 떨쳐버리는 수행이라 하더라도 그 최고 수준의 경지에서는 세상의 일들을 단순히 떨쳐버리고자 하는 게 아니다. 또한 불교 그 자체는 떨쳐버릴 대상이 아니다. 여느 온갖 집착을 떨쳐버렸더라도, 불교라는 그 떨쳐버림의 "수단"만은 남겨서 꼭 움켜잡고 있는 것이다. 그러나 "놓아버림"이란 장자도 알고 있었듯이 양면적이고 "변증법적"인 행위이다. "간직"하고 있으면서도 "떨쳐버려야" 하고 "붙들고" 있으면서도 "놓아버려야"하는 것이다. 깨달음이란 허무주의의 선언이 아니다. 이 점은 황벽도 "공"의 의미를 극단적이고 문자 그대로 받아들이는 견해를 질정하는 가운데 분명하게 표명하고 있다. "공"은 그것이 "형상"으로 드러나는 한에서만 확인될 수 있는 것이다.

공도리空道理를 가르치는 데 가장 흔히 사용되는 "형상"이 언어이다. 이 점은 선의 역사 전반을 통해서 드러난다. 선의 언어는 "깨달음의 생각"을 일으킨다. 깨달음에 대한 생각은 선 수행을 일으키고, 언어행위를 포함해서 선 수행은 깨달음의 실현을 일으킨다. 그뿐만이 아니다. 각자의 깨달음으로부터 새로운 수단과 새로운 목적개념, 새로운 어법이 "생겨난다." 그 모두가 서로 다르지만, 한편으로 핵심에서는 서로 융통한다. 모두가 각자 그 핵심은 순수한 "공"이기 때문이다.

존 블로펠드는 선을 근대적이고 낭만주의적으로 읽었기 때문에 이런 복잡한 사정에 주목할 여지가 거의 없었다. 근대정신은 분리, 개별성, 그리고 명확한 구분의 중요성을 강조한다. 수단과 목적, 도구와 생산품을 분명하게 구분한다. 언어는, 그리고 언어 훈련이 이루어지는 문화공동체의 콘텍스트는, 선의 깨달음과는 관계가 없다고 여긴다. 이런 인식을 바탕으로 블로펠드는 다음과 같이 말한다.

> 자기 정신의 가장 깊숙한 곳을 탐사하는 이라면 누구라도 똑같이 영원한 지혜에 도달할 것이다. 그런 지혜는 자신의 진정한 마음(또는 정신)과 우주의 진정한 마

음(또는 정신)이 불가분으로 합일하는 데에서 우러난다. 그런 지혜가 없다면 모든 것이 덧없는 꿈에 지나지 않을 것이다. 아무도 없이 홀로 사막이나 무인도에 처한 아이라 할지라도, 만약 자기의 마음을 깊이, 또 꾸준히 탐구한다면 부처, 예수, 노자, 그리고 다른 모든 깨달은 현인들이 가르친 것과 똑같은 진리를 얻게 될 것이다. 만약 그 아이가 그 진리에 대해서 어떤 식으로든 이야기할 수만 있다면, 그것은 세상의 어떤 이야기보다도 더 순수한 이야기일 것이다. 왜냐하면 그 아이는 특정 종교의 추종자들이 사용하는 특정의 용어로 그 보편의 진리에 옷을 입히려고 하지 않을 것이기 때문이다.[32]

이 인용문에서 주목할 것은 두 번 등장하는 "만약"이다. 그 두 가정문을 꼼꼼하게 읽어보면, 블로펠드의 언어도구론이 어느 범위까지 뻗어가는지 가늠할 수 있다. "만약" 인간 사회에서 격리되어 오염되지 않은 그 아이가 "자기의 마음을 깊이, 또 꾸준히 탐구"하는 경우가 첫 번째 가정이다. 하지만 그 아이가 과연 그러겠는가? 그럴 수 있겠는가? "마음"이라는 개념이 없고 "탐사"라든가 "깊이," "꾸준히"라는 개념도 없는 마당에 과연 어떤 양상의 깊고 꾸준한 정신적 탐구를 기대할 수 있을까? 주체에 관한 어떤 언어개념이 없이 자아에 대한 어떤 양상의 체험을 상상할 수 있을까? 블로펠드의 생각에 언어와 문화는 "개별적인 것들"이고, 심층적이고 그러므로 "보편적"인 "정신의 가장 깊은 곳"을 건드리지 못한다. 그가 낭만적으로 상상하는 무인도는 종교적 관념이나 행위 같은 개별적인 것들 때문에 보편적 진리가 가로막히지 않는 곳이다. 보편적 진리는 워낙 그런 것들 뒤에 꽁꽁 숨어있다고 본다. 하지만 황벽의 대승불교 전통에 의하면 "보편적 진리" 즉 "공"은 개별적인 "형상"들을

---

[32] Blofeld, *The Wheel Of Life*, p. 228.

통해서만 드러나고 존재한다.

사실상 불자들이 보편적이고 궁극적인 진리의 깨달음이라 여기는 것도 언제나 어떤 형식을 통해서 이루어진다. 그리고 그 형식들은 늘 문화적 산물이다. "깨달음"이란 것이 그저 홀로 은둔함으로써 이루어지는 것이라 한다면 사찰, 선방, 선사 등의 제도적인 장치들은 아무런 의미가 없을 뿐만 아니라 방해가 된다고 해야 할 것이다. 블로펠드는 인간의 제도와 문화에 수반되는 온갖 문제에 회의를 품었다. 제도라는 것은 불가피하게 탐욕과 일탈을 조장한다. 그런 걸 없애버리는 게 아마도 개선일 터이다. 하지만 블로펠드가 그런 방향의 시각을 취함으로써 간과하게 된 것은 "탐욕"이라든가 "일탈," "개선," 그리고 "깨달음"이라는 개념들도 언어를 통해 구축된 문화적 제도 안에서만 구사될 수 있다는 점이다. 그런 제도가 없다면 도대체 무엇을 개선해야 할지를 알 수가 없으며 심지어 개선이라는 개념 자체도 있을 수 없다. 블로펠드가 말하는 어린아이는 오염되지 않고 순수한 상태로 그 어떤 내면의 깊은 경지를 이루고자 갈망하며 매진하는 모습인데, 이는 바로 낭만주의자의 모습이다. 자기 자신의 낭만주의 이데올로기가 블로펠드의 눈에는 보이지 않았다. 낭만주의의 언어와 교리가 블로펠드에게는 현실의 구조 그 자체였다. 그 자신의 교리들은 교리로 보이지 않고 현실의 이치 그 자체라고 여겼기 때문에 블로펠드는 그 "교리"를 "개별적인" 온갖 현상의 영역에다가도 그대로 덮어씌웠다. 그래서 그가 "교리"라는 개념을 쓰면 그것은 곧 "잘못된 교리"라는 뜻이었다. 그렇지만 우리의 관점에서 보면, 고립된 아이는 종교와 문화의 문제와 관련해서 아주 심각한 상황에 처한다. 즉 그 아이는 "특정의 개별 종교"가 보급하는 "잘못된" 교리에 오염되는 일은 없겠지만 또 한편으로 "참된" 교리도 놓치고 마는 것이며, 그렇다면 낭만주의도, "탐사"도, 또 "정신"이라는 것도 있을 수 없게 된다. 선의 문화가 없는 상황에 고립된 아이가 한 사람의 선사가 되는 일은 상상할 수가 없다.

지금까지 이 장에서 피력한 언어관에 의하면, "정신"이라는 것이 특정의 언어 콘텍스트 바깥에 따로 존재할 수는 없으며 이 어린아이가 탐사하는 목적이 될 수도 없다. 언어는 "절대보편적인 것"에 부적절하게 옷을 입히는 "개별적인 것"이 결코 아니며 그 어느 보편적인 것만큼 "보편적"이다. 모든 종교적 이상도 오직 언어 안에서만, 특정의 개별 언어에서 마련되는 이해의 형태를 통해서만 개진될 수 있다. 우리는 "절대정신"이라든가 "절대보편의 진리" 같은 이상을 알게 되려면 그것을 개념과 이미지를 통해 실체화해주는 언어를 배우는 과정을 거쳐야만 한다. 이러한 관점에서 보자면, 언어를 배우는 것은 단순히 우리가 이미 알고 있고 이해하고 있는 어떤 실체를 묘사하거나 가리키기 위해 이런 저런 언어개념을 "사용"하는 방법을 배우는 게 아니다. 그와는 반대로, 실재는 언어의 틀 안에서 비로소 우리에게 그런 모습의 실재가 되는 것이다. 가다머 Hans-Georg Gadamer는 다음과 같이 말한다. "아이가 세상과 접하게 되는 것은…… 언어게임을 통해서이다. 사실 우리가 무엇인가를 알게 되는 것은 모두가 언어게임을 통해서이다…… 언어게임에서는 [우리가 단어들을 찾아내는 듯 보이지만, 실상은 그] 단어들이 우리의 의도를 잡아채는 것이다."[33]

블로펠드의 두 번째 가정문도 [첫 번째 것과] 마찬가지 사고방식을 따

---

[33] Gadamer, *Philosophical Hermeneutics*, p. 56.

라가고 있다. "만약 그 아이가 그 진리에 대해서 어떤 식으로든 이야기할 수만 있다면, 그것은 세상의 어떤 이야기보다도 더 순수한 이야기일 것이다. 왜냐하면 그 아이는 특정 종교의 추종자들이 사용하는 특정의 용어로 그 보편의 진리에 옷을 입히려고 하지 않을 것이기 때문이다."[34] 그러나 이와는 반대로, 특정의 언어 없이는 그 "진리"를 경험하거나 알 수 없으며 전달하기는 더욱 불가능하다. 개별(특정)이 없이는 보편도 없다. 이렇게 보면 "맨살의 보편적 진리"에 대한 블로펠드의 관심 그 자체가 "보편적"이지도 않고 "맨살"도 아니다. 그런 체험에 대한 관심도 특정 시대 특정 문화에서 비롯된 것이다. 그게 어느 시대 어느 문화인지 거의 정확하게 집어낼 수도 있다. 바로 유럽 문화에서 낭만주의가 종교적 사유의 규범을 구축하던 시대의 산물인 것이다. 19세기의 위대한 낭만주의 텍스트들을 보면 "보편"에 관한 어휘를 방대하게 동원하면서 그 보편에 대한 추구를 전개하고 있다. 그런데 블로펠드가 말하는 "옷 입히기" 메타포를 정작 거기에서 매우 풍부하게 볼 수 있다. 그리고 그 텍스트들이 블로펠드의 "의도"와 맞아떨어져서 그를 "잡아 챈" 것이다. 블로펠드는 자기 시대와 지역의 종교언어가 말하는 것을 주의 깊게 경청했다. 거기에서 얻은 지식이 향후 불교서적들을 접하고 그 의미를 파악하는 데에도 작용하였다. 애당초 블로펠드가 불교에 관심을 가지게 된 것부터가 그런 배경 덕분이었다. 그리고 우리가 지금 이런 점들을 영어라는 특정 언어로 사유하고 있는 데 대해서도 똑 같은 상황이 적용된다. 한 다리 또는 두 다리 건너로 거리가 멀다고 생각되는, 심지어 할아버지의 할아버지처럼 우리에게 생소한 그 옛 낭만주의 텍스트들이 지금 우

---

[34] Blofeld, *The Wheel of Life*, p. 228.

리가 황벽에 대해 이렇게 개방된 태도를 가지게 된 배경에 깔려 있으며 또한 선서禪書를 읽는 우리의 태도를 은연중에 결정해놓고 있는 것이다.

지금까지 짚어본 이런 점들은 우리가 선을 이해하려는 데 대해 어떤 함의를 갖는가? 우선, 선의 언어(좀 더 정확하게 말하자면 선서에 쓰인 당대나 송대의 언어)는 실재에 대한 그 시대 그 지역의 특별한 이해를 담고 있다는 점, 또한 선서에서 말하는 특별한 종교적 수행과 깨달음은 그러한 배경 덕분에 가능해진 것이라는 점을 의미한다. 아울러, 그렇다면 우리는 황벽의 선에서 보편적인 요소는 무엇인지 따져보려고 하리라는 것을 의미한다. 시대와 지역에 따라 언어가 다소 다르다. 그 언어와 또 그밖에 여러 가지 차원의 문화적 배경이 그 시대 그 지역의 경험을 결정한다. 선 수행과 체험 들이 다른 곳 다른 때가 아니고 하필 그 특정의 시기에 중국 언어 안에서 태어났다는 것은 단순히 우연으로 치부할 일이 아니다. 이렇게 생각하자면, 우리가 "선"에 관심을 갖는 것은 "그들"이 그 어떤 "보편적인 경험"을 가지고 있기 때문이 아니라 오히려 "우리"는 경험하지 않는 무엇인가를 그들이 경험했기 때문이며,35 그들의 언어는 이 시대 우리의 기준으로 볼 때 지극히 흥미로운 일단의 가능성을 열어놓는다는 점 때문이다. 거기에서 어쩌면 우리 자신의 문화에도 끌어와서 유용하게 쓸 만한 뭔가를 발견할 수도 있다. 그들의 독특한 언어와 문화에서 펼쳐지는 그런 '다름'을 제외한다면 우리가 선을 탐구할 아무런 절박한 이유가 없다.

언어가 더 풍부하고 더 다양할수록, 그 언어를 말하고 듣는 이들에게

---

**35 역주**_인류 문명과 문화가 시대와 지역 별로 서로 다르지만 최고의 정신적인 차원에서는 그 어떤 공통의 보편적인 요소가 있으리라고 보는 낭만주의의 전제 가운데 하나를 반박하는 말이다.

제공되는 갖가지 가능성의 범위가 더 커진다. 언어는 이러한 가능성의 매체로서, 우리의 많은 유산들 가운데에서도 가장 중요한 것이다.

> 언어는, 무엇보다도, 한 문화가 지금의 모습이 되게 하는 다양한 의미와 관계의 창고이다. 거기에서 사람들은 삼라만상을 분류하고 표현하는 용어들, 사회적 영역을 구성하는 용어들, 그리고 행동의 지침과 판단기준이 되는 동기 및 가치에 관한 용어들을 찾아낸다. 어떤 의미에서는, 우리는 그야 말로 우리가 사용하는 언어 그 자체라고도 할 수 있다. 왜냐하면, 우리를 "우리"이게 하는, 즉 우리의 정체를 정의하고 관계를 설정하며 다른 사람들과 우리를 구별시켜주는 이 특정 문화는 우리의 언어를 바탕으로 하고 또 그 언어 안에서 작동하기 때문이다.[36]

언어에 대한 이런 시각을 바탕으로 해서 황벽산의 선사禪寺와 또 거기에서 비롯된 텍스트들을 이해해보고자 한다. 무엇보다도 선의 독특한 언어를 담고 있다는 것이 그 텍스트들의 중요한 의의이다. 수행자들의 훈련이 그 선어禪語 속에서 이루어지며, 그 언어가 그들을 점차 선의 체험으로 이끌고 가서 선의 언어로 비추어진 세상을 보여준다. 수행자들의 의식 속에 서서히 선의 관심사와 활동이 자리 잡으면서 이전의 관심사와 활동을 대체하거나 변화시킬 것이다. 선의 기본적인 어휘와 상징들이 발휘하는 역할은, 이미 수행자의 의식 속에 들어와 있었으나 미처 개념화되지 않았던 사물이나 문제에 명칭을 부여하는 것뿐이 아니다. 그보다는, 지금껏 수행자에게 없었던 새로운 관심, 새로운 존재양상을 서서히 만들어낸다. 새로운 어휘와 문장 들을 듣고 또 스스로 말하게 되면서 수행자는 새로운 형태의 삶에 입문하는 것이다. 그러니까 선의 "체

---

**36** James Boyd White, *When Words Lose Their Meaning*, p. 20.

험"은 선의 언어와 문화를 통해서만 가능하다는 말이다.

그런데 선뿐 아니라 어떤 전통이든 이런 식으로 서술해놓으면 근대 지성이 안고 있는 독성 강한 문제 하나가 유발된다. 그런 식으로 생각하면 자기 언어에 갇혀서 다른 문화의 세계와 사람들로부터 단절되어버리는 일종의 대책 없는 "상대주의"에 빠져버리는 것 아니냐는 의심이 드는 것이다. 하지만 그러한 의심이 일어나는 것이 위에서 언어와 연관해서 선에 대해 제시한 시각 그 자체 때문만은 아니다. 우리가 워낙 인간 오성의 유한성을 인정하기를 꺼려하는 태도를 전통적으로 가지고 있기 때문이기도 하다. 이해, 지식, 그리고 실천은 사실상 언어에 의지한다. 지금 이 시대에 우리가 알고 있는 온갖 사항들을 감안하면 그런 결론을 피할 수 없다. 인간 한계의 경계선을 세우는 데에는 언어도 나름의 역할을 한다. 하지만 그렇다고 해서 꼭 우리가 언어의 노예라는 뜻은 아니다. 즉 우리가 불가항력적으로 미리 결정 당한다는 의미는 아니다. 또한 우리가 다른 언어와 다른 문화에서 일어나고 있는 일들을 이해할 수 없다는 의미도 아니다. 선을 잘 읽으면 이해하지 못할 것도 없다. 언어가 한계를, 또는 가능성의 범위를 설정한다는 얘기는 그 한계와 가능성들이 어떻게, 언제, 누구에 의해서, 어떠한 방법으로, 그리고 어떠한 목적으로 실현될지 또는 실현되지 않을지를 말하는 것이 아니다. 그보다는, 인간의 자유와 이해에는 제약이 있으며 아마도 다른 어떤 요소보다도 특히 언어가 그 한계의 한 요소로 작동함을 지적하는 것이다. 어느 특정 언어의 영역에 산다는 것이 꼭 그 속에 갇혀 격리됨을 뜻하지는 않는다. 우리에게 다른 언어를 배우는 능력이 있다는 사실도 그 점을 단적으로 말해준다. 다른 언어를 배우는 가운데 우리는 그 언어의 세계를 이해하게 되고, 그런 가운데 다른 문화 속에서 돌아다닐 수 있는 길을 찾아내게 되는 것이다.

　게다가 언어도 늘 변한다. 그래서 언어에 의해 설정되는 한계 또한 변한다. 구식 화법이 없어지고 새로운 화법이 자리 잡으면서 일단의 새로운 시도와 경험의 가능성이 열리기도 한다. 우리는 단순히 선조의 언어를 그대로 반복하지 않는다. 언어와 문화는 끊임없이 변하고 재구성되면서 살아 숨 쉬고 있다. 새로운 상황이 대두하면 이를 다루기 위해 새로운 화법이 등장한다. 물론 완전히 새로운 것은 결코 아니다. 마치 대장장이가 쇳덩어리를 숱하게 모루에 두들기고 담금질을 거듭하여 뭔가를 하나 만들어내듯이, 새로운 화법이 자리 잡는 것도 사전에 많은 과정을 거친 결과이다. 또한 새로운 상황에 대해 해당 문화가 그것을 어떤 식으로 간파해왔는지, 그 내용이 새로운 화법의 등장을 매개한다. 아무튼 그렇게 해서 언어구사와 문화의 모습이 변한다. "선"이라는 어휘와 현상이 원래는 옛 중국불교의 것일 뿐이었지만 이제는 우리 문화에서도 볼 수 있는 현상이자 우리의 어휘로 자리 잡게 된 것도 그 한 예이다. 더욱이 우리가 선을 읽는 방식이 블로펠드의 방식과 다르게 된 것 또한 언어와 문화의 변화를 보여주는 예라 하겠다.

　언어는 우리의 지식과 자유를 제한하는 장애물이라고 부정적인 견해를 피력한 사상 전통들이 많은 것도 언어가 지닌 그런 제약을 보았기 때문일 터이다. 언어의 제약이 아주 심각하다고 여겨서 아예 언어를 전면적으로 극복하고 넘어설 방안을 모색하기도 한다. 언어 뒤에 가려진 보편적인 그 무엇에 이르기 위해 특정 언어의 "옷"을 벗겨버리고자 한 블로펠드의 시도에도 분명히 그런 생각이 적어도 일부 배경으로 깔려있었을 것이다. 또한 선 자체에도 그런 언어관이 작동하고 있었다. 선사들의 가르침에는 언어에 대한 부정적인 시각이 근본적으로 깔려있다. 하지만 우리는 선에서 드러나는 언어의 다른 쪽 면을 보자는 것이다. 선에서 부정적인 언어관을 그토록 힘주어 피력하는 것은 한편으로 언어의 문제가 그만큼 선의 아주 중요한 관심사임을 보여준다는 사실에서 그 "다른 쪽 면"을 가장 쉽게 볼 수 있다.

언어에 대해 어떤 "관념"을 가지고 있고 또 그것을 논의하는 어휘들이 있다는 것은 그 문화가 상당히 세련되었다는 뜻이다. 모든 문화에서, 또 모든 시대에, 언어가 성찰의 대상이 되는 주제였던 것은 아니다. "언어"에 대해 사유하는 데에는 고도의 추상화가 전제된다. 우리는 대개 언어 자체에 대해서는 성찰하지 않고 언어가 지시하는 대상과 관심사로 곧장 사유를 가져간다. 사유의 매체인 언어는 의식하지 않는 채 사유를 전개하는 것이다. 하지만 선에서는 이 매체 자체에 대해 엄청나게 많은 생각을 쏟고 또 많은 논의를 한다. 황벽의 텍스트들도 마찬가지이다. 긴 세월을 거치면서 그 텍스트에 쌓인 모든 지층에 걸쳐서 그 점을 볼 수 있다. 『전심법요』만 보더라도 언어에 관한 어휘가 열아홉 가지가 등장한다. 언어를 주제로 하는 대목이 무수하게 나오며, 언어의 문제와 전혀 무관한 대목은 아주 드물다. 어떤 선서禪書들은 언어 일반에 대해서뿐만 아니라 **지금 이 순간에** 말하거나 쓰거나 읽거나 또는 사유하고 있는 바로 그 언어를 직시하며 반조返照한다. 간화선看話禪은 그 어떤 문화에서도 보기 힘든 아주 집약적이고 자의식적인 언어 행위이다. 이 모든 점들을 감안하건데, 적절한 때에 언어를 초월해야 한다고 여기며 잔뜩 준비하면서 선을 읽기보다는 그 초월의 언어 자체에 초점을 맞추고 읽는 것이 더 나을 수도 있다. 선의 언어에 주목하면 선의 거래에 동원되는 도구와 장치 들이 아주 낯선 것만은 아니라는 점을 느끼고 이해하기에 이를 수도 있다. 이제 선의 풍광 뒤 어디에 언어가 자리 잡고 있는지를 보았으니까, 다음에는 깨달음 그 자체에 대한 논의로 넘어가기로 한다.

# 5장
# 수사—매개의 도구

대우스님이 말했다. "황벽스님이 그토록 간절한 노파심으로 너 때문에 수고하였는데 다시 여기까지 와서 허물이 있고 없고를 묻느냐?" 임제스님이 이 말끝에 크게 깨치고 말하였다. "황벽스님의 불법이 원래 별것 아니군요."

— 『임제어록』1

취봉스님이 물었다. "황벽스님은 무슨 법문으로 학인을 지도하는가?" 임제스님이 답했다. "황벽스님은 법문이 없으십니다."

— 『임제어록』2

황벽 같은 선지식의 마음에서는 언어가 단순한 "도구" 즉 특정의 목적을 수행하기 위해 의도적으로 활용하는 연장 이상으로 훨씬 더 큰 역할을 한다. 선에서도 물론 언어가 도구로서 기능할 때도 있다. 하지만 그런 경우에도 굉장히 강력하고 정확한 힘을 발휘한다. 선은 늘 불립문자를 표방하고 부정적인 언어관을 피력하지만, 사실상 선의 "황금시대"에 든 또 오늘날에든 선의 특징으로 우선 떠오르는 것은 그 독특한 도구적 수사修辭일 것이다. 선에서 생산해내는 "깨달음의 담화"는 동아시아건

---

1 Sasaki, *The Recorded Sayings of Lin-chi*, p. 51; T. 47, p. 504c.
 역주_원문은 "大愚云. 黃蘗與麽老婆爲汝得徹困. 更來這裏問有過無過. 師於言下大悟云. 元來黃蘗佛法無多子." 한글 번역은 백련선서간행회 옮김, 『임제록·법안록』, p. 125 참조.

2 Sasaki, *The Recorded Sayings of Lin-chi*, p. 59; T. 47, p. 506b.
 역주_원문은 "峰云. 黃蘗有何言句指示於人. 師云. 黃蘗無言句." 한글 번역은 백련선서간행회 옮김, 『임제록·법안록』, p. 142 참조.

어디에서건 다른 어떤 전통에서는 비슷한 사례를 찾아볼 수 없을 정도로 독특한 수사이다. 어투와 문투 자체가 "선"에서만 볼 수 있는 독특한 것이다. 이 장에서는 이러한 수사의 특징, 또한 그것이 "깨달음"에 대한 추구에서 수행하는 역할을 살펴보기로 한다.

위의 인용문 가운데 첫 번째 것을 보면, 깨달음을 일으키는 힘이 언어에 있다는 점을 인정하고 있다. 임제스님이 말끝에 크게 깨쳤다고 하는 것이다. 선에서 늘 주장하는 대로 "언어에 의지하지 않는다"는 것이 원칙이라면, 깨달음이 "말"에 "의지해서 일어난다"거나 또는 깨달음이 일어나는 데 "말"이 발단이 될 수 있다는 걸 어찌 생각이나 할 수 있겠는가? 선불교인들은 선에서 언어가 그런 역할을 한다는 것을 모르고 있었을까? 결코 그렇지 않았다. 언어 사용에 대한 문제의식, 그리고 깨달음의 과정에서 언어가 발휘하는 전략적인 역할에 대한 뚜렷한 의식이 선의 가장 두드러진 특징이다. 선을 읽으면서 어디서나 그 점을 확인할 수 있다. 적어도 높은 경지에 이른 수행자들의 경우에 그 무엇보다도 가장 강렬하게 주의를 기울이는 것이 바로 선의 언어임을 보여주는 사례를 고전적인 선서禪書에서 아주 많이 볼 수 있다. 그 이유는 간단하다. 깨달음을 일으키는 힘으로 보자면 위대한 선사들의 말씀보다 더 강력한 것은 없다고 여겼기 때문이다. 선 전통이 전개되면서 사실상 그 무엇보다도 가장 뚜렷하게 대두한 것이 언어활동, 즉 선의 언어를 말하고 듣고 쓰고 읽는 능력이다.

하지만 "깨달음"이 언제나 언어를 통해서만 이루어지는 것은 아니다. 참선도 중요하고, 때로는 일상적인 세계에서 이루어지는 어떤 만남이나 인식이 깨달음의 발단이 되기도 한다. 그러나 가장 유명한 선사들이 깨달음을 얻는 대목을 고전적인 선서들에서 읽어보면, 그런 경우는 아주 드물다는 것을 알 수 있다. 언어와 수사가 "깨달음"의 발단이 되는 경우가 압도적으로 많다. 『전등록』에도, "이 말을 듣고 이러저러하게 깨달았다"는 식으로 그 장면을 표현하는 문구가 가장 흔하다. 깨달음의 장면에 대한 이야기로 가장 유명한 것 가운데 하나로 육조六祖 혜능慧能의 경우가 있다. 오조五祖 홍인弘忍으로부터 깨달음을 인가받고 "전심傳心"의 증표로 역대 조사들이 대대로 전해온 "가사袈裟"를 받는다는 이야기이다.3 황벽의 어록에도 그 이야기가 언급된다. 시기와 음모의 분위기가 일어나는 가운데 혜능은 그 가사를 가지고 몰래 떠나고 그를 잡으려는 무리가 좇아간다. 명明상좌라는 승려가 어느 산꼭대기에서 마침내 혜능을 따라잡는다.4 그러자 혜능이 공세적인 자세로 전환하여 화두를 던진다. "부모가 낳기 이전 너의 본래면목을 나에게 가져와보라"고 한 것이다.5 그러자 "명상좌가 이 말을 듣고 곧바로 묵연히 계합하고 문득 절하며 말하였다……"고 한다.6

명상좌가 절하며 한 말이 무엇인지는 중요치 않다. 깨달은 순간에 말을 했다는 것, 또한 그 깨달음을 촉발시킨 것이 혜능이 던진 화두라는 점이 중요하다. 황벽이 구사하는 선어禪語는 단순히 그 이야기를 서술하는 매체일 뿐만 아니라, 그 수사 자체가 서술의 내용이기도 하다. 어디에나

---

**3 역주**_"오조 홍인으로부터 깨달음을 인가"받았다는 구절과 "역대 조사들이 대대로 전해온" 가사라는 부분은 서술의 흐름을 순조롭게 하기 위해 역자가 첨가하였다.

**4 역주**_명상좌는 『육조단경』의 여러 이본에 따라 혜순(惠順), 혜명(惠明), 도명(道明) 등 여러 가지 다른 이름으로 등장한다.

**5** T. 48, p. 383c; Blofeld, *Huang Po*, p. 65.
　**역주**_원문은 "還我明上座父母未生時面目來."

**6** T. 48, p. 383c; Blofeld, *Huang Po*, p. 65.
　**역주**_원문은 "明於言下忽然默契. 便禮拜云."

"말"이 없는 곳이 없다. 말이 깨달음의 경험을 일으키고, 그 경험으로부터 또 즉각적으로 말이 튀어나온다. 언어 없이 "깨달음"이 일어나는 게 아니라 오히려 언어가 온전히 임재하는 가운데 일어난다. 또한 깨달음이 일어났을 때 그에 대한 자연스러운 반응은 침묵이 아니라 더 튀어나오는 말이다.

고전적인 선서들을 보면, 깨달음의 순간을 하나의 언어 사건으로 서술한다. 그리고 독자나 청자의 입장에서는 바로 거기에서 구사되는 언어가 언어의 최고봉이리라는 기대를 할 것이다. 그런 기대를 모으는 순간이 깨달음 외에도 또 있다. 그 가운데 가장 중요한 것으로는 아마도 대선사들이 발심하여 수행자의 길에 들어서면서 읊는 출가송出家頌과 입적하면서 읊는 열반송涅槃頌이라 할 수 있겠다.7 선사들이 입적할 때 남기는 마지막 "말씀"은 이후로 내내 그의 선지禪旨를 가장 압축해서 담고 있는 말로 여겨진다. 그 마지막 순간을 자기 의지대로 조절하고 상황에 맞추어 세련된 감각으로 연출할 줄 아는 경지를 보여주는 선사들이나 후대에도 내내 추앙되게 마련이다. 적절한 때에 적절한 청중이 모여 귀를 기울이고 있는 상황에서 마침내 마지막 설법을 남긴다. 그 장면은 그 자리에 있었던 누군가의 눈과 귀를 통해서 서술되는 방식으로 대개 다음과 같은 형식으로 "어록"에 기록된다. "말을 마치시고 꼿꼿이 앉아 열반을 보이셨다."8

선 전통에서 말은 아무 쓸모없는 게 결코 아니다. 오히려 아주 핵심적

---

**7** 이에 관해서는 Bernard Faure, "The Ritualization of Death," in *The Rhetoric of Immdediacy* 참조.
  **역주**_출가송은 득도송(得度頌) 또는 득도게(得度偈)라고도 하며, 열반송은 임종게(臨終偈)라 일컫기도 한다.

인 위상을 갖고 있다. 그 점을 알아차린다면, "깨달은 마음"이라고 일컫는 것은 과연 무엇인가 하는 문제에 한걸음 다가가게 된다. 그것을 알아보기 위해 여기에서 주목하는 것은 깨달음에 관한 언어에는 어떤 특징이 있는가 하는 점이다. 어떤 종류의 수사들이 깨달음의 특징으로 여겨졌는지, 대개 어떤 수사가 깨달음을 촉발시킨다고 여겨졌는지를 살펴보는 것이다. 『전등록』임제조臨濟條의 기사는 모든 발화發話의 장면에 아주 강렬하게 초점을 맞추고 있다. 깨달음을 가져오는 언어에 대해 성찰하는 대목 가운데 하나로 다음과 같은 유명한 구절이 있다. "한 구절[一句]에는 반드시 3현三玄의 문이 갖추어 있고, 한 현[一玄]의 문에는 반드시 3요三要가 갖추어 있어서 방편도 있고 활용도 있다."9 그러니까 말[句]이 깨달음의 열린 장場으로 통하는 "문門"이다. 하나하나의 말이 각자 그러한 돌파구를 담고 있어야 한다는 것이다. 말 한마디마다 그런 힘이 있어야 한다. 마조馬祖의 어록에서는 더 강하게 말한다. 우리가 알건 모르건, 실제로 체험하건 않건 간에 모든 말이 각자 이미 그런 힘을 가지고 있다는 것이다. "내가 지금 하는 말은 도道의 작용일 뿐이다."10 언어는 분별을 낳아 깨달음에 장애가 될 수 있다. 하지만 반대로 분별을 넘어서

---

**8** T. 47, p. 506c; Sasaki, *The Recorded Sayings of Lin-chi*, p. 62. "눈먼 나귀 같으니라고!"라는 임제의 마지막 말도 형식에 충실한 것이었다 할 수 있겠다.
**역주**_원문은 "言訖端然示寂." 사사키는 "端然"을 "꽂꽂이 앉아"라고 번역하였으나 백련선서간행회는 "단언하게"라고 옮겼다(『임제록·법안록』, p. 147). "눈먼 나귀"라는 말의 문맥은 다음과 같다. 임제의 어록에 의하면 삼성(三聖)이 임제와 마지막 대화를 나누는데, "나의 정법안장이 이 눈먼 나귀한테서 없어질 줄이야 누가 알았으랴!"(師云. 誰知吾正法眼藏. 向這瞎驢邊滅卻)라는 질책을 마지막으로 남기고 입적했다고 한다(T. 47, p. 506c).

**9** T. 51, p. 290; Chang, *Original Teachings*, p. 122.
**역주**_원문은 "夫一句語須具三玄門. 一玄門須具三要. 有權有用." 라이트는 원문의 전거를 p. 290으로 오기하였으나 p. 291a가 옳다. T. 47의 『진주임제혜조선사어록』(鎭州臨濟慧照禪師語錄)에는 p. 497a에 같은 구절이 있다. 한글 번역은 백련선서간행회 옮김, 『임제록·법안록』, p. 38.

도 그 자체의 작용으로 경험될 수도 있는 것이다.

황벽 당시 그곳의 선어禪語는 일상의 언어를 바탕으로 하였다. 다만 그것을 밀도가 강화된 고차원적인 수준에서 구사하고 있었다. 선이 거부하는 것은 교종敎宗의 현학적인 언어였다. 마조 이래 홍주종洪州宗의 선사들은 일상적인 수사를 선의 "도구"로 바꾸어 사용하는 데 역점을 두었다. 그러려면 평범한 어휘를 비범한 방식으로 사용하고 또 그렇게 이해할 수 있어야 한다. 마조가 하는 말을 마조의 말일뿐만 아니라 그야말로 도의 작용으로 알아들으려면 당사자 자신들이 상당히 변해야 한다. 우선 마조의 어법이 그에 합당하게 바뀌어야 하고 듣는 사람의 이해방식도 바뀌어야 하는 것이다. 일단 그런 변화를 체험하고 나면 어떤 말에서도 도를 들을 수 있고 어떤 사물에서도 도를 볼 수 있다. 어떤 말이라도 그런 힘을 가지고 있다고 여겼다. 어떤 말이나 구절이건 사람의 마음을 결정적으로 뒤집어 깨달음을 일으킬 수 있는 것이다.

말이 그런 힘을 발휘하려면 그 말을 일상적인 방식이 아니라 특별한 방식으로 대할 필요가 있다. 하지만 "일상"적인 말은 "특별"하게 취급되지 않는 경향이 있다. 따라서 깨달음을 촉발시키는 힘이 가장 강한 말은 그 자체가 특별하리라고 여겨졌다. 듣는 이의 마음에 강력하게 부닥쳐 뒤흔들어 놓는다. "일상적인 마음"의 평범한 작동방식에 거스르는 것이다. 선의 어투가 "낯섬strangeness"과 "파열disruptiveness"을 특징으로 하는 것도 바로 그 때문이다. 그러나 말로 이야기할 때에는 아무래도 "일상적인" 어법이 작동하기 때문에, 선사들은 대안을 찾아 발전시켰다. 예

---

**10** Pas, *The Recorded Sayings of Ma-tsu*, p. 40.
　**역주**_마조의 어록에 정확하게 이런 구절이 나오는 것은 아니고, 야나기다 세이잔이 마조의 취지를 해설적으로 재서술한 것을 파스(Pas)가 인용한 것이다.

를 들어 황벽은 도리를 "직지直指"하는 행동이라든가 침묵 등을 통해서 실제로 말하지는 않으면서도 말을 하는 가르침으로 유명하다. 그래서, 선어의 특징을 파악하기 위해 그것을 네 가지 수사적 스타일로 분류해서 살펴보기로 한다. 격외格外의 수사와 "직지"의 수사, 침묵의 수사, 그리고 파열의 수사가 그 네 범주이다.11

## 격외12

하루는 대중이 운력을 하는데 [임제]스님은 맨 뒤에서 따라가고 있었다. 황벽스님은 고개를 돌려 스님이 빈손으로 오는 것을 보시고 물었다.
"괭이는 어디 있느냐?"
"어떤 사람이 가져가버렸습니다."
"이리 가까이 오너라. 너와 이 일을 따져보리라."
스님이 앞으로 가까이 오자, 황벽스님은 괭이를 일으켜 세우면서 말씀하셨다.
"오직 이것만은 천하 사람들이 잡아 세우려 해도 일으키지 못한다."
스님이 손을 뻗쳐 낚아채 잡아 세우면서 말하였다.
"그렇다면 어째서 지금은 제 손 안에 있습니까?"
황벽스님은 "오늘 많은 사람들이 운력하는구나"하고는 절로 돌아가 버렸다.13

---

**11** 역주_격외, 직지, 침묵, 파열은 차례로 strangeness, direct pointing, silence, disruption의 번역이다.

**12** 역주_이하 번역문에서 "strangeness"는 문맥에 따라 "격외" 외에도 "낯섬," "기이함," "생소함" 등으로 옮겼다.

**13** T. 47, p. 505b; Sasaki, *The Recorded Sayings of Lin-chi*, p. 54.
역주_원문은 "一日普請次. 師在後行. 黃蘗回頭見師空手乃問. 钁頭在什麼處. 師云. 有一人將去了也. 黃蘗云. 近前來. 共汝商量箇事. 師便近前. 黃蘗豎起钁頭云. 祇這箇. 天下人拈掇不起. 師就手掣得豎起云. 爲什麼卻在某甲手裏. 黃蘗云. 今日大有人普請. 便歸院." 한글 번역은 백련선서간행회 옮김, 『임제록·법안록』, pp. 132-133.

우리처럼 선의 세계에 입문하지 않은 구경꾼 입장에서는 얘기가 도대체 어떻게 돌아가는 건지 이해하기 어렵다. "이 일을 따져보겠다"고 해 놓고 무엇을 어떻게 따지고 있는 것인지 아리송하기만 하다. 그러나 어떤 선승들은 이 대화의 바로 그런 점—격외성—자체에서 깊은 인상을 받았다. 결국 이 대목이 선의 고전 속에 자리를 잡게 되었고, 대대로 숱한 독자들에게 곰곰 생각할 거리가 되었던 것이다. 이 에피소드는 화두까지 되지는 않았지만, 후대의 대선사 두 사람으로부터 코멘트를 끌어내기는 했다. 위의 에피소드 바로 뒤에 이어 위산潙山과 앙산仰山이 이에 대해 나누는 대화가 수록되어 있다.14 하지만 그들의 대화도 "조리"가 없기는 마찬가지이다. 일반적인 의미에서 조리 있는 대화가 아닌 것이다. 사실 선에서 구사하는 생소한 수사는 "일상적인 의미"의 세계 전체를 의식의 차원에 떠올리게 하려는 의도라고 할 수 있다. 그런 수사를 접하고 어리둥절해 하거나 충격을 받는 계기가 없는 한 우리가 그 "일상적인 의미"의 세계를 의식하는 일은 거의 없다.

선의 언어를 접할 때 아마 가장 먼저 두드러지게 간파되는 특성은 그게 우리가 보통 평범하게 구사하는 화법이 아니라는 점일 것이다. 우리 같은 국외자가 읽거나 들을 때에는 정말 "생소"하게 느껴진다. 게다가, 이 점이 더 중요한데, 선의 어투는 그 자체의 문화적 콘텍스트에 대해서도 마찬가지로 격외적이다. 더욱이 선은 격외성을 의도적으로 함양한다. 선서에 보면 그런 격외적인 행동과 대화가 무수히 게재되어 있다. 격

---

**14** 역주_T. 47, p. 505b. "뒤에 위산스님이 앙산스님에게 물었다. '괭이가 황벽스님의 손에 있었는데, 무엇 때문에 다시 임제한테 빼앗겼느냐?' 앙산스님이 대답하였다. '도적이 소인이긴 하나 지혜는 군자를 능가합니다'"(後潙山問仰山. 钁頭在黃蘗手裏. 爲什麼卻被臨濟奪卻. 仰山云. 賊是小人智過君子). 한글 번역은 백련선서간행회 옮김,『임제록·법안록』, p. 133.

외의 수사가 중요한 핵심적인 이유는 그것이 "깨달음"의 주된 증표로 여겨진다는 데 있다. 생소한 어투와 깨달음 사이의 연관성을 분명하게 드러내는 기사가 있다. 신찬神贊이 행각行脚에 나서 백장百丈을 만나 깨달음을 이루고는 본래의 스승에게 돌아왔다. 대화를 나누다가 그 스승은 신찬이 예전의 신찬이 아님을 즉각 알아차린다. 그래서 물어본다. "너는 행각을 하다가 누구를 만났느냐? 내가 아까부터 네 말을 듣자니 범상치 않구나." 그러자 신찬이 대답하기를, "백장스님을 만나 깨달음을 얻었습니다"라고 한다.15 스승이 신찬의 변화를 알아차린 것은 그의 말 때문이었다. 무엇을 어떻게 말하는가가 깨달음의 한 증표인 셈이다. 범속한 마음에서는 범속한 말이 나온다는 생각이 이 밖에도 무수한 이야기에 전제되어 있다. 반대로, 범속한 상태를 벗어난 비범한 말은 비범한 경지에서 나오고 또 그 경지를 담고 있다는 것이다. "깨달음"과 격외적인 수사는 이렇게 아주 밀접하게 연관되어 있다. 격외적인 수사가 깨달음의 한 증표인 것이다.

격외적인 수사를 구사하는 것은 신찬의 경우에서 보듯이 깨달음의 자연스러운 결과로 여겨지는 한편으로, 다른 사람들을 깨우치는 힘도 있다고 여겨진다. 듣는 이나 읽는 이를 사로잡고 있는 범속한 어법의 틀을 깨버림으로써 그들의 마음을 열어젖히는 역할을 하기 때문이다. 황벽과 조주趙州 사이에 다음과 같은 에피소드가 있다.

---

**15** T. 51, p. 268a.
　**역주_**원문은 "汝行脚遇何人. 吾前後見汝發言異常. 師曰 某甲蒙百丈和尙指箇歇處." 신찬의 대답은 직역하자면 "백장화상으로부터 '쉴 곳'을 가리켜주시는 [지도를] 받았습니다"라는 뜻이 되겠으나 라이트의 번역대로 깨달음을 얻었다는 식으로 간단하게 옮겼다. 한글 번역은 김월운 옮김, 『전등록』 1, p. 584; 문재현 옮김, 『전등록』 2, p. 44.

[조주스님이] 황벽스님을 만나러갔는데, 황벽스님은 그가 오는 것을 보고는 방장의 문을 닫아버렸다.
그러자 [조쥐스님이 횃불을 들고 법당에 들어가 소리쳤다.
"불이야! 불이야!"
황벽스님이 문을 열고 [조주스님을] 붙들고는 말씀하셨다.
"말해봐라! 말해봐!"
[그러자 조쥐스님이 말했다.
"도적이 지나간 뒤에야 활을 당기는군."16

현장에서 그 일을 목격한 사람이 있다면 그걸 보고 얼마나 충격을 받았을지 짐작해볼 수 있을 것이다. 황벽 같은 선사의 비범한 말과 행동을 접하는 것은 선 수행에, 또 그러므로 깨달음에 아주 중요하다고 여겨졌다. 언어와 세계에 대한 시각이 바뀌게 하는 효과를 발휘한다고 생각되었기 때문이다. 그것은 미세하거나 미묘한, 은근한 변화가 결코 아니다. 일상적인 담화의 관습에서 보자면 심지어는 제정신으로 하는 소리인가 의심할 수도 있다.『전등록』에 보면, 보화普化선사는 스승의 "진결眞訣"을 받아 깨치고는 "마치 미친 사람 같이 법도法度 없이 말을 내뱉었다"고 한다.17 사회규범에서 벗어나는 어투는 '비정상적'인 정신 상태를 드러낸다. 그래서 "깨달음"과 "정신이상"을 구별하기 곤란하다고 여기는 경우

---

**16** T. 51, p. 276; Chang, *Original Teachings*, p. 165.
  **역주_** 원문은 "又到黃蘗. 黃蘗見來便閉方丈門. 師乃把火於法堂內叫云. 救火救火. 黃蘗開門捉住云. 道道. 師云. 賊過後張弓." 라이트는 전거를 p. 276으로 제시하지만 더 정확하게는 p. 276c이다. 한글 번역은 김월운 옮김,『전등록』1, p. 653; 문재현 옮김,『전등록』2, p. 107 참조.

**17** T. 51, p. 280b.
  **역주_** 원문은 "師事盤山密受眞訣. 而佯狂出言無度." "반산(盤山)"은 보화의 스승 보적(寶積)선사를 가리킨다. 라이트는 "진결(眞訣)"을 "parting words", 즉 "작별사"라 번역하였으나, '진리에 관한 비결'이라는 뜻으로 해독하는 것이 옳겠다. 김월운 옮김,『전등록』1, p. 687; 문재현 옮김,『전등록』2, p. 143 참조.

도 있다. 둘 다 규범의 틀로부터 자유로움, 그리고 평범치 않은 어투를 특징으로 하기 때문이다.

선사들의 화법은 어떤 규범으로부터 자유로운가? 우선, 말을 하려면 세상의 사물에 관해 누구나 일반적으로 그 뜻을 알아들을 수 있는 방식으로 해야 한다는 규범을 떨쳐버렸다. 선 전통에서 그 나름의 독특한 텍스트들이 등장해온 역사를 따라가면, 사물이나 현상을 표상하는 어법으로부터 벗어나는 움직임을 추적해볼 수 있다. 선의 역사에서 중요한 시기였다고 할 수 있는 9세기 말 내지 10세기에 이르면 경전 주석의 장르를 대신하는 새로운 텍스트 형식이 등장하며, 설법을 그대로 받아 적는 대신에 비범한 언행을 기록하는 쪽으로 관심이 바뀐다. 그렇다고 해서 전통적인 주석 작업을 전면적으로 멈춘 것은 아니고 다만 어떤 특정 유형에 대해서만 새로운 형식이 나타났다. [예를 들어 앞에서 인용한 적이 있듯이] 위산과 앙산 같은 선사들이 선대 선사들의 언행을 두고 나누는 대화는 나름대로 독특한 형식의 주석인 것이다. 그런 새로운 형식의 주석이 무르익으면서 갈수록 비표상적인 특성, 타자성, 생소성이 뚜렷해진다. 이제는 더 이상 설명을 위한 주석이 아닌 것이다. 독자를 설득하고 납득시키기 위해 주장을 펴는 게 아니다. 담화의 기능이 이처럼 뒤집어지면서, 이제 더 이상 어떤 명제를 진술하는 것이 담화의 일차적인 양식이 아니게 되었다.

선서의 의도는 물론 무엇보다도 우선 깨달음에 있다. 하지만 후대의 선서일수록 "깨달음"이라든가 "공" 같은 주제에 관해 어떤 명제들을 제시하는 내용은 점점 줄어든다. 황벽에 관한 방대한 텍스트 가운데 특히 『전심법요』는 홍주종의 선에 관한 현존하는 가장 초기의 텍스트라고 여겨진다. 황벽의 어록에서 어떤 부분이 초기의 것이고 어떤 부분이 후대의 것인가를 가늠하는 가장 단순한 기준은 전통적인 설명의 형식이 얼마나 많이 남아 있는지, 구어체가 얼마나 도입되었고 일상적인 방식으로 이해할 수 없게 된 게 어느 정도인지 하는 것이다. 예를 들자면, 황벽의 어록에서 "마음"을 주제로 설명을 전개하는 부분은 초기의 것이다. 반면에, 아마도 황벽 희운이 입적한 뒤 수십 년 내지 수 세기 지나 편찬된 부분에서는 "마음"이 논의의 주제가 되지 않는다. 다만 황벽의 격외적이고 기발한 언행에 관한 이야기들이 펼쳐질 뿐이다. 후대의 편찬자와 저자들이라고 해서 "마음의 깨달음" 문제에 대해 관심을 안 가진 것은 아니다. 그러나 황벽이 "선지禪旨"에 대해서 평범한 방식으로 설명을 늘어놓았으리라는 생각은 않게 되었다. 사실에 대해서 설명하거나 진술하기보다는 완곡하고 암시적이고 아리송한 말, 또는 [일상적인 관심과 사고 방식을] 부정否定하거나 흔들어놓는 언행이 어록의 대종을 차지하게 된다. 그런 어록의 언어는, 말하고자 하는 주제(깨달음)가 "불가득不可得"임을 나타내는 성격을 갈수록 강하게 띠게 된다.

유교전통과 선 이전의 중국불교전통은 메시지를 독자나 청자에게 설명하여 설득시키는 데 주안점을 두었다. 서구에서도 전통적으로 수사라는 것 자체를 "설득하는 커뮤니케이션 기술"이라고 정의한다.[18] 그러나 선의 어법은 그 두 가지 기본적인 특징에서 그런 전통과 대조된다. 위에서 언급했듯이 중세 선에서 불교의 메시지를 드러내는 방식을 보면 합리적이거나 정서적인 방법으로 설득을 하는 것은 그네들의 관심사가 아니었다.[19] 선의 "신념"을 납득시켜야 한다는 과제가 이제 더 이상 중심

---

**18** Vichers, *In Defense of Rhetoric*, pp. 1, 318.

적인 문제가 아니게 됨에 따라, 달리 말하자면 선의 시각이 이미 하나의 전제로서 배경에 깔리게 됨에 따라, 설득의 화법 또한 뒤로 물러나게 되었다.20 이로부터 선의 언어에 기존의 전통과 다른 두 번째 특징이 나타난다. 설득이 목적인 경우라면 독자나 청자가 알아듣는 화법을 구사해야 한다. 그래서 서구의 수사학 전통에서는 "일상의 언어를 벗어나 공동체가 용납하지 않는 어법을 구사하는 것은 '심각한 죄'"라고 주장해왔다.21 말을 제대로 하려면 상식과 관습을 바탕으로 해야 한다는 것이다. 하지만 선에서는 오히려 그런 관습의 틀을 벗어나는 어법을 중시한다. 격외성이 없다면 "선다움"이 없는 것이다. 선다운가 아닌가 하는 문제와는 또 별도로, 선서에 수록된 이야기들을 보면 충분히 예상을 하고 있었다 해도 역시 의외의 어법이기는 마찬가지이다. 독실한 불자였던 육긍陸亘 대부大夫도 승조僧肇의 "의외"의 가르침에 대한 남전南泉의 "설명"에 어리둥절해 할 수밖에 없었다.22

---

**19** 초기 선서의 경우는 좀 다르다. 기존의 중국불교나 중국문화와는 사뭇 다른 선의 정당성을 역설하는 "변론"을 힘주어 펼치고 있다. 송대(宋代)의 선서들은 이와는 대조된다. 그때는 선이 이미 중국문화에서 자리를 잡고 강력한 위상을 확보했고 따라서 설득 작업도 완료된 상황이었던 것이다.

**20** 이들 선서에서 설득의 화법이 두드러지게 구사되지 않는다고 해서 선찰(禪刹)의 현장에서도 그러했다고 할 수는 없다. 선찰의 일상 활동에서는 "평범"한 화법, 즉 표상적이고 설득적인 화법이 필요했을 것이다. 예를 들어 쌀을 얼마나 비축해야 할지, 또는 어떤 비상사태가 벌어졌을 때 행사를 연기해야 할지 말아야 할지 등 일상적인 문제를 두고 의견이 엇갈릴 때에는 서로 상대편을 설득하려는 주장을 펴야 했을 것이다. 그런 문제에 대해서 어떤 주장을 하려면 충분한 이유를 대야 한다. 하지만 선찰이라는 무대에서 늘 궁극적인 초점이 되는 것은 "깨달음"의 문제이고, 따라서 일상적인 문제에 관한 논의에서도 언제라도 격외의 수사가 튀어나올 수 있다는 것이 특이한 점이라 하겠다. 저 앞에서 소개한 황벽과 임제의 대화가 그 한 예이다. 평범한 대화와 격외의 대화가 그처럼 겹쳐서 진행되는 사례를 선서에서 무수히 볼 수 있다. 평범하지 않은 특이한 수사가 나오지 않았더라면 그런 에피소드들은 결코 선서에 기록되지 않았을 것이다.

**21** Vickers, *In Defense of Rhetoric*, p. 21.

육긍대부가 [남전]스님에게 물었다.
"조肇법사는 정말 이상합니다. 만물이 같은 뿌리이고 옳고 그름이 같다고 합니다."
그러자 남전스님이 뜰 앞의 모란꽃을 가리키며 말하였다.
"대부! 요즘 사람들이 이 꽃을 볼 때에는, 꿈에서 본 듯이 한다오."
육긍은 그게 무슨 뜻인지 알 수 없었다.[23]

육긍도 남전이 한 말이 무슨 뜻인지 알 수 없었다는 게 중요한 대목이다. 이해할 수 있는 말이었다면 오히려 남전의 경지가 의심스러울 수도 있다. 격외성이 없고 그저 상식적인 관습에 충실하다면 그게 어떻게 깨달음의 말일 수 있겠는가 말이다. 그게 어떻게 범부들이 사량할 수 있는 범위 너머의 그 무엇을 말하는 것이 되겠는가?

그러나 평범하기를 거부한다고 해서 선의 담론이 고상하거나 신비한 영역에 속하는 것은 아니다. 선에서는 "저 높은 곳"을 지향하지 않는다. 다만, 말을 하려면 범부의 "골수"―보리달마의 표현을 빌리자면―까지 곧장 사무치게 뚫고 들어가는 말을 해야 한다는 것이다. 예를 들어, 황벽의 어록을 편찬하면서 배휴나 승려들은 평범하고 단순한 언어에다가 뭔

---

**22** 역주_육긍은 남전 보원(南泉 普願)의 재가 법사(法嗣). 라이트가 인용한 Chang의 *Original Teachings*에서는 이 이름을 Lu Hsuan이라 표기하였는데, 아마도 비슷한 시기에 벼슬을 했던 육선공(陸宣公)과 혼동한 듯하다. 『모치즈키붓쿄다이지텐』(望月佛敎大辭典)에도 그 이름의 일본식 발음을 리쿠코오(リクコウ)나 릿코오(リッコウ)가 아니라 리쿠센(リクセン)이라고 적고 있는데(p. 4960c), 여기에서 오류가 비롯된 것이 아닐까 짐작된다.

**23** T. 51, p. 257; Chang, *Original Teachings*, p. 160.
역주_원문은 "陸亘大夫向師道. 肇法師甚奇怪. 道萬物同根是非一體. 師指庭前牡丹華云. 大夫時人見此一株華如夢相似. 陸罔測." 라이트는 출처를 『전등록』(T. 51), p. 257로 제시했으나 실제로는 p. 258c이다. 이 일화는 『벽암록』에 제40칙으로 수록되어 있기도 하다. 한글 번역은 김월운 옮김, 『전등록』 1, p. 499; 문재현 옮김, 『전등록』 1, p. 413; 백련선서간행회 옮김, 『벽암록』 중, pp. 86-87 참조.

가 다르고 이질적임을 보여주는 언어를 결합해서 구사하는 모습으로 황벽을 그렸다. 황벽의 언행에 대해서는, "그 말씀이 간명하고 그 이치가 곧으시며 그 도는 준엄하고 그 행이 고고"하다고 묘사하였다.24 그 말씀이 간명하다고 한 것은 현학적이고 복잡하며 장황한 교리의 어휘를 제쳐놓고 일상생활의 언어를 선호했다는 뜻이겠다.25 선사들은 저기 어디 멀리 "바깥"에서 "도道"를 구하려는 태도를 부정하고 일상생활 속에서 체험할 것을 강조한다. 하지만, 현학적인 장광설을 내려놓고 일상의 속어를 썼다고 해서 그저 "평범"한 말을 한 것은 아니었다. 당대에 일상적으로 쓰는 말을 그대로 쓰되, 그것을 비틀어서 평범한 표상적인 쓰임새의 틀을 벗기고 사용하였다. 이를테면, 평범한 언어를 비범하게 썼던 것이다. 언어 속에 틀 잡고 있는 범속한 사고방식의 규범과 전제 들을 깨버리기 위함이었다.

   선의 수사법에서는 그런 격외적인 요소가 핵심적인 비중을 차지한다. 하지만 그렇다고 해서 거기에만 주목하면 자칫 중요한 또 한 면을 간과하게 될 위험이 있다. 언어를 부정하는 집단에서도 또 다시 나름의 언어에 의해서 새로운 일단의 규범을 세우게 된다. 기존의 틀을 뒤집어버린 폐허 위에 새로운 패러다임을 세우는 것이다. 한 익명의 승려는 선사가 자기의 질문에 대해 엉뚱한 대답을 하고 설명을 하지 않자 "선사들은 다

---

**24** T. 51, p. 379c.
   **역주**_원문은 "其言簡其理直其道峻其行孤." 『전심법요』에 대한 배휴의 서문에 나오는 구절인데, 라이트는 전거를 잘못 표시하였다. T. 48, p. 379c나 T. 51, p. 270b라고 표시하는 것이 옳다. 한글 번역은 백련선서간행회 옮김, 『선림보전』, p. 236.
**25** 야나기다 세이잔(柳田聖山)도 이리야 요시타카(入矢義高)의 『傳心法要·宛陵錄』 일본어 번역본에 기고한 「解說」에서 황벽의 선어에서 볼 수 있는 간명성과 구체성에 대해 논하였다 (p. 169).

들 이런 식으로 아리송하게 말씀하신다"고 언급한다.26 선사들의 그런 어투가 일반화되고 있었음을 알 수 있다. "규범으로부터의 해방"이라는 최소한의 특징마저도 일종의 규범이 되고 되풀이되는 양태가 된다. 그러니까 언어의 틀로부터 해방된다는 것도 어떤 특정한 방법과 스타일을 통해서 이루어질 수밖에 없다. 그리하여 점차 "선기禪氣" 즉 "선다움"이라는 큰 틀 안에서 언어로부터의 "해방"을 표출하는 이런 저런 스타일들이 개발된다. 그리고 다소 다른 그 어투와 가르침이 "가풍家風"을 나타내게 되었으며, 각자 다른 계보에서 그 계보의 언어로 훈련한 수행자들에게 가풍이 스며들게 된다. 격외가 혼돈은 아니다. 거기에도 나름의 질서와 형식이 있고 그래서 의미 있고 가치 있는 격외인지 아닌지 판정이 내려진다. "격외"가 그처럼 제도화되었다고 해서 관습적인 틀을 던져버리라는 선의 방침을 저버린 것은 결코 아니다. 오히려, 선 특유의 자유로움의 방식이 그 덕분에 널리 전수될 수 있었다. 또한 바로 그렇기 때문에 더욱 흥미로운 사안이 되는 것이다.

## 직지

[백장]스님께서 황벽스님에게 물었다.
"어디 갔다 오느냐?"

---

26 T. 51, pp. 246c-247a.
**역주**_『전등록』의 대주혜해(大珠慧海)조에 나오는 대목이다. 원문은 "禪師家渾如此." 어떤 법사가 혜해에게 "스님은 어떤 법으로 사람들을 제도하십니까?"라고 묻자 "나는 일찍이 어떤 법으로도 사람들을 제도한 적이 없다"고 대답한다(師說何法度人. 師曰貧道未曾有一法度人). 이에 법사가 위와 같이 말한 것이다. 김월운은 이를 "선사들은 모두가 이렇게 흐리멍덩하군요"라고 번역하였고(『전등록』 1, p. 391), 문재현은 "선사들은 모두가 이 모양이군"이라고 번역하였다(『전등록』 1, p. 311).

"산 아래서 버섯을 따옵니다."

"산 아래 호랑이 한 마리가 있다는데 너도 보았느냐?"

황벽스님이 호랑이 소리를 내자 스님께서는 허리춤에서 도끼를 집어들고 찍을 기세였다. 황벽 스님은 스님을 잡아 세우면서 얼른 따귀를 후려쳤다.

스님께서는 느즈막하게 상당하여 말씀하셨다.

"대중들아, 산 아래 호랑이 한 마리가 있으니 그대들은 드나들면서 잘 살펴 다녀라. 노승도 오늘 아침 한 입 물렸다."[27]

이 에피소드는 묘사된 언행의 표면적인 의미와는 전혀 다른 무엇인가를 이야기하는 듯한데, 황벽은 두 가지 "직지"의 행동을 가지고 이 법거량에 등장한다. 하나는 호랑이 소리를 내는 것이고 또 하나는 스승인 백장의 따귀를 후려치는 것이다. 이를 비롯해서 여러 가지 비언어적인 방식으로 발언하는 것도 황벽의 특징적인 "수사" 가운데 하나이다. 황벽이 실제 언설 대신에 온통 그런 비언어적인 방식으로만 발언한 것은 물론 아니다. 그러나 말 대신 그런 식으로 "직지"를 하는 것은 황벽의 어록 중에 후기에 편찬된 부분에서 볼 수 있듯이 그의 교육방법에서 큰 비중을 차지한다.[28] 위의 威儀를 차리는 것에서부터 "방할棒喝"에 이르기까지 그런 비언어적인 기표(記標, sign)를 유창하게 구사하는 능력은 사실상 선

---

**27** T. 51, p. 266; Chang, *Original Teachings*, p. 103.
　**역주**_라이트는 이 인용문의 원문 전거를 T. 51『경덕전등록』으로 표기하였으나 거기에는 "호랑이"가 아니라 "큰 벌레(大蟲)"를 말하고 있다("百丈一日問師. 什麼處去來. 曰大雄山下采菌子來. 百丈曰. 還見大蟲麼. 師便作虎聲百丈拈斧作斫勢. 師卽打百丈一摑. 百丈吟吟大笑便歸. 上堂謂衆曰. 大雄山下有一大蟲汝等諸人也須好看. 百丈老漢今日親遭一口," p. 266a). 호랑이로 언급하는 것은『사가어록』에 실린 같은 내용의 기사이다("師問黃檗. 甚處來. 檗云. 山下採菌子來. 師云. 山下有一虎子. 汝還見麼. 檗便作虎聲. 師於腰下取斧. 作斫勢. 檗約住便掌. 師至晚上堂云. 大衆. 山下有一虎子. 汝等諸人·出入好看. 老僧今朝親遭一口." Z. 119, p. 819a). 한글 번역은 백련선서간행회 옮김,『마조록·백장록』, p. 86.
**28** 그러한 교육방법의 전례를 "지사문의(指事問義, 사물을 가리키고 그 뜻을 물음)"에서도 볼 수 있다. McRae, *The Northern School*, p. 93 참고.

사禪寺 공동체 생활에 참여하는 데 하나의 중요한 요건이었다. 거기에는 비교적 단순한 것—의례는 초심자들을 사회화시키는 일차적인 기제이다—에서부터 아주 경지가 높은 이들만이 해독할 수 있는 즉흥적이고 미묘한 기표에 이르기까지 다양한 층위가 있다.『전등록』에 다음과 같은 대목이 있다.

> [향엄香嚴]스님께서 어떤 스님에게 물었다.
> "어디에서 왔는가?"
> "위산潙山에서 옵니다."
> "[위산]스님은 요즘 무어라 하시는가?"
> "[달마스님이] 서쪽에서 온 까닭을 사람들이 여쭈면, 스님께서는 불자拂子를 세우시는 것으로 대답하십니다."
> "거기 형제들은 스님의 뜻을 어떻게 이해하던가?"
> "색色에 의하여 마음을 밝히시고 물物에 의하여 이치를 드러내심이라고들 헤아립니다."
> "알면 즉각 아는 것이지 알지 못하는 이들이 어찌 그리 경솔한가?"
> 그 스님이 여쭈었다.
> "스님 생각은 어떠하십니까?"
> [향엄]스님은 불자를 들어 올리셨다.[29]

이야기가 풀려나가다가 클라이막스에서는 그 포인트가 결국 말이 아니라 몸짓으로 귀결된다. 선의 "대사大事"를 "직지"하는 것이 그 몸짓의

---

[29] T. 51, p. 284bc; Chang, *Original Teachings*, p. 223 참고.
　**역주**_원문은 "師問僧. 什麼處來. 僧曰. 潙山來. 師曰. 和尙近日有何言句. 僧曰. 人問如何是西來意. 和尙豎起拂子. 師聞擧乃曰. 彼中兄弟作麼會和尙意旨. 僧曰. 彼中商量道. 卽色明心附物顯理. 師曰. 會卽便會. 不會著什麼死急. 僧卻問. 師意如何. 師還擧拂子." 한글 번역은 김월운 옮김,『전등록』1, pp. 724~725; 문재현 옮김,『전등록』2, pp. 178~179 참조.

의도이다. 선의 여느 기표와 마찬가지로 이런 "직지"의 몸짓도 필수적으로 도입된 것이라 할 수 있다. 가리키고자 하는 것이 그밖에는 어떤 방법으로도 드러낼 수 없고 일상적인 체험의 영역을 넘어서는 것이기 때문이다. "깨달음"에서만 체험할 수 있는 그런 경험으로 이끌어주기 위해 향엄은 위산이 취한 것과 똑같은 "직지"의 몸짓을 보였다. 그러니까 이 이야기에서는 불자拂子를 들어 세우는 몸짓이 그 어떤 말보다도 더 직접적으로 "말"을 해주는 행위로 받아들여졌으며, 말하려는 것을 곧장 드러내는 의미로 여겨졌던 것이다.

이 이야기에 나오는 것과 똑같은 "공안 스타일"의 질문에 대해 말 이외의 방법으로 답변하는 예가 여럿 더 있다. 그것들을 살펴보면 "직지"의 수사가 어떤 특징을 갖고 있는지를 드러내는 데 도움이 될 것이다. "한 스님이 물었다. '[달마스님이] 서쪽에서 오신 뜻이 무엇입니까?' [조주]스님께서 선상禪床에서 내려와 버리자, '바로 그것입니까?' 하니 스님께서 말씀하셨다. '나는 아직 말하지 않았다.'"30 현장에서 질문한 승려로서도 그 몸짓이 무슨 뜻인지 알기 어려웠을 것이다. 그러나 아무튼 그게 바로 그런 뜻이냐고 묻는다는 것은 그런 몸짓도 하나의 답변일 수 있음을 인정하고 있는 셈이다. 그리고 이 이야기가 글로 쓰여 문서화되자 문제가 풀린다. 선상에서 내려오는 행동이 질문에 대한 응답으로 기록되었다면, 그건 뭔가 의미심장한 것, 즉 하나의 기표로 여겨졌기 때문일 터이다. 그게 바로 그런 뜻이냐는 반응에 대해 조주는 '나는 아무

---

**30** T. 51, p. 277c; Chang, *Original Teachings*, p. 170.
　　**역주**_원문은 "僧問. 如何是西來意. 師下禪床立. 僧云. 莫卽遮箇便是否. 師云. 老僧未有語在."『고존숙어록』(古尊宿語錄)에는 "問如何是西來意. 師下禪床. 學云. 莫便是否. 師云. 老僧未有語在"라고 되어 있다(Z. 118, p. 309a). 한글 번역은 백련선서간행회 옮김,『조주록』, p. 45. 김월운 옮김,『전등록』1, p. 664; 문재현 옮김,『전등록』2, p. 116.

말도 안 했다'는 식으로 응대한다. 하지만 그는 말 대신에 몸짓으로 뭔가를 말하는 하나의 기표를 이미 보여주었다. 이 이야기에 질문자로 나오는 스님이나 또 독자인 우리에게는 그게 과연 무엇을 가리키는 기표인지, 도대체 어떤 기표인지를 알아내야 하는 어려운 과제가 던져진다. 하지만 그게 그런 뜻이라는 것이냐고 물을 때면 그 몸짓이 가리키는 것을 이미 돌이킬 수 없이 놓쳐버린 셈이고, 그 순간 이를 알아차리면서 당혹에 빠질 수밖에 없다. "직지"란 생각해볼 짬 없이 즉각적으로, 즉 "직접적으로" 뭔가를 가리키는 수사적 행위이다. 그리하여 상대방으로 하여금 아연케 한다.

> 어떤 스님이 물었다.
> "12분교는 제가 의심치 않거니와, 조사께서 서쪽에서 오신 뜻은 무엇입니까?"
> 대사가 일어서서 주장자로 몸을 한 바퀴 돌리고, 한 발을 들고서 말했다.
> "알겠느냐?"
> 그 스님이 대답이 없자, 대사가 때렸다."[31]

질문을 던진 스님도 그 기이한 몸짓이 뭔가를 의미한다는 것쯤은 알고 있었다. 하지만 그게 도대체 뭐란 말인가? 너무 단도직입적이어서 도무지 요점을 잡을 수 없는 경우들도 분명히 있다. 하지만 이 이야기에서 자칫 놓칠 수 있는 것 하나는, 첫 번째 답변에서 의미를 알아차리지 못한 다음 또 한 번 기회가 주어졌다는 점이다. 때리는 행동은 단순히 처벌이

---

[31] T. 51, p. 253c.
　역주_『전등록』의 포주 마곡산 보철선사(蒲州麻谷山寶徹禪師)조에 나오는 기사이다. 원문은 "有僧問云, 十二分敎某甲不疑. 如何是祖師西來意, 師乃起立以杖繞身一轉翹一足云. 會麼. 僧無對. 師打之." 한글 번역은 김월운 옮김, 『전등록』 1, p. 454; 문재현 옮김, 『전등록』 1, p. 371 참조.

나 질책에 불과한 것이 아니다. 그것 또한 무엇인가를 의미하는 직지의 행위이다. 많은 이야기가 그와 같은 때리는 행동과 이로써 깨달음이 이루어지는 것으로 끝을 맺는다. 그런 경우 때리는 행위는 그 이야기가 말하려는 요점에 결론을 짓는 것일 뿐만 아니라 존재 그 자체의 요점, 즉 깨달음을 마무리 짓는 의미를 가진다.

황벽의 일화에도 때리는 응답이 나온다. "[달마스님이] 서쪽에서 오신 뜻이 무엇이냐고 묻자 스님은 갑자기 후려쳐버렸다." 그 의미를 알아차리지 못하는 우리 같은 범부를 위해 다음과 같은 설명이 붙었다. "그 밖에도 [황벽스님이] 베푼 가르침은 모두 상근기를 위한 가르침이라 중간 근기나 낮은 근기로써는 알 수가 없다."32 임제가 깨친 기연機緣을 보면 그도 황벽에게 얻어맞고는 처음에는 그게 무슨 뜻인지 알아차리지 못하였다. 나중에 다른 선사의 "설명"을 듣고서야 깨치게 되었다.33 후대에 편찬된 황벽의 어록에는 황벽이 엄청난 위험을 무릅쓰는 대목이 나온다. 황제 대중大中을 뺨을 때려서 깨우치려 한 것이다. 황제의 반응을 보면 그는 황벽이 가리키고자 한 것을 알아차리지 못하였다. 하지만 황제에게 그런 놀랍도록 과격한 행동을 하고도 황벽이 처벌 받지 않는 내용으로 끝나는

---

**32** T. 51, p. 266c; Chang, *Original Teachings*, pp. 105~106.
　역주_원문은 "問如何是西來意. 師便打. 自餘施設皆被上機. 中下之流莫窺涯涘." 한글 번역은 김월운 옮김, 『전등록』 1, p. 572; 문재현 옮김, 『전등록』 2, p. 33 참조.
**33** T. 47, p. 504, Sasaki, *The Recorded Sayings of Lin-chi*, pp. 50~52.
　역주_이 대목의 줄거리는 다음과 같다. 임제가 황벽에게 무엇이 불법의 정확한 뜻인지 세 번 물었는데 그때마다 황벽은 대뜸 후려쳤다(T. 47, p. 504b-c). 임세가 그 뜻을 알 수 없어 자책하며 황벽에게 하직 인사를 하자 황벽은 임제에게 대우(大愚)에게 가보라고 권한다. 임제가 대우에게 가서 그런 이야기를 하며 자기에게 허물이 있는 건지 없는 건지 잘 모르겠다고 하자 대우는 다음과 같이 말한다. "황벽스님이 그토록 간절한 노파심으로 너 때문에 수고하였는데 다시 여기까지 와서 허물이 있고 없고를 묻느냐?" 이에 임제는 말끝에 크게 깨쳤다. 한글 번역은 백련선서간행회 옮김, 『임제록·법안록』, pp. 123~125 참고.

것은 그 행동이 일종의 의미심장한 설법임을 인정한 셈이라 하겠다.34

그러니까 언설과 마찬가지로 행위도 "직지"의 설법일 수 있는 것이다. 하지만 몸짓의 기표와 언어적 기표는 분명히 다르다. 어떻게 다른가? 간단한 예를 통해 그 차이를 설명해보겠다. 누가 "문이 어디 있지요?"라고 물으면 "당신 왼쪽 벽화로 옆에요"라고 대답할 수도 있고 말이 필요 없이 손가락으로 문을 가리키는 것으로 답변할 수도 있다. 말로 대답한 경우, 그 메시지를 해독해서 방향을 좇아가 봐야 한다. 그러나 손가락을 가리키는 경우, (이전에도 그런 기표를 접한 경험이 이미 있다면) "해독"의 과정이 거의 또는 전혀 필요 없다. 그냥 직접 가리켜주므로 해석이나 성찰이 요구되지 않는다. 하지만 이런 간단한 예만으로는 자칫 선에서의 "직지"에 담겨있는 복잡한 문제를 가려버릴 수 있다. 선에서 직지의 기표가 가리키고자 하는 것은 선의 "대사大事"인데, 그것은 범부에게는 보이지도 않고 쉽게 체험되지도 않는다. 선사들이 가리키고자 하

---

**34** Blofeld, *Huang Po*, pp. 95~96.
역주_원문은 『사가어록』에 나온다(Z. 119, p. 838b). 전문은 다음과 같다. "대사께서 염관(鹽官, ?~842)의 회하에 있을 때에 대중(大中) 황제는 사미승으로 있었다. 대사께서 법당에서 예불을 드리는데 그 사미승이 말하였다. '부처에 집착하여 구하지 않고, 법에 집착하여 구하지 않으며, 대중에 집착하여 구하지 않는 것이어늘, 장로께서는 예배하시어 무엇을 구하십니까?' 대사께서 말씀하셨다. '부처에 집착하여 구하지 아니하고 법에 집착하여 구하지 아니하며 대중에 집착하여 구하지 아니하면서, 늘 이같이 예배하느니라.' '예배는 해서 무얼 하시렵니까?' 그러자 대사께서는 갑자기 사미승의 뺨을 올리니 그 사미승은 '몹시 거친 사람이군' 하고 대꾸했다. 그러자 대사께서 말씀하셨다. '여기에 무슨 도리가 있길래 네가 감히 거칠다느니 섬세하다느니 뇌까리느냐!' 하고 뒤따라 또 뺨을 올려붙이니, 사미는 도망가 버렸다"(師在鹽官會裡. 大中帝爲沙彌. 師於佛殿上禮佛. 沙彌云. 不著佛求. 不著法求. 不著衆求. 長老禮拜. 當何所求. 師云. 不著佛求. 不著法求. 不著衆求. 常禮如是事. 沙彌云. 用禮何爲. 師便掌. 沙彌云. 太麤生. 師云. 這裡是什麽所在. 說麤說細. 隨後又掌. 沙彌便走). 한글 번역은 백련선서간행회 옮김, 『선림보전』, pp. 307~308. 『벽암록』 제11칙 「황벽주조한」(黃蘗酒糟漢)에도 이 일화가 언급되어 있다(T. 48, p. 152c; 백련선서간행회 옮김, 『벽암록』 상, p. 120). 블로펠드는 "염관"을 "소금을 관장하는 관리"로 오역하였지만, 마조의 제자 가운데 한 사람인 염관 제안(塩官齊安)을 가리킨다.

는 것이 "공空" 또는 깨달음의 세계라고 한다면, 일상적인 평범한 행동으로는 그것을 가리켜 보일 수 없다. 그러므로 선의 여느 수사와 마찬가지로 직지의 수사 또한 "낯섦"을 특징으로 한다. 가리키고자 하는 대상이 일상적으로 경험하는 사물 가운데 하나가 아니므로, 그것을 가리키는 데에도 일상적이지 않은 기표를 동원하는 것이다. 비언어적인 기표가 하나의 효과적인 "도구"로 여겨지는 것은 가리키고자 하는 것이 사실상 워낙 "심현深玄"하기 때문이다. 그러나 한편으로 비언어적인 것을 포함해서 모든 기표는 매체로서 역할을 한다는 점도 염두에 둘 필요가 있다. 그러니까 "가리킴"이라는 것 자체가 이미 간접적일 수밖에 없다. "직지"의 행동이 언설보다는 좀 더 직접적인 가리킴이기는 하다. 하지만 그것이 가리키는 것에 대한 체험도 역시 그 가리킴의 행동을 통해서 인도되는 한, 이미 매체의 작용이 일어난 셈이다. 매개되는 체험이 선에서처럼 "단도직입"의 체험인 경우라 해도 그 점은 마찬가지이다.

## 침묵

침묵은 불교에서 아주 중요한 역할을 해왔다. 특히 명상수행을 중시하는 선전통에서는 더욱 그러했다. 선전통에서 위대한 모범으로 삼는 인물들―붓다, 마하가섭, 유마힐, 보리달마 등―의 침묵에 관한 이야기는 그 영향력이 굉장히 컸다. 그래서 침묵도 일종의 "설법" 즉 기표로 여겨지게 되었다. 뭔가 아주 중요한 의미를 말한다고 여기게 된 것이다. 두 선사 사이의 "문답"이 침묵으로 그 절정에 이르는 이야기가 많이 전해진다. 질문에 대해 침묵으로 응답하는 예도 흔하다. 황벽의 제자들은 스승이 입을 다물어버리는 것 또한 설법의 일종임을 아주 잘 알고 있었다. 침묵의 사례들을 살펴보고, 또 침묵을 어떻게 해석했는지를 살펴보면 그런 인식이 얼마나 널리 자리 잡고 있었는지 알 수 있다. 한 예로 설봉雪峰 선사의 행장에서 한 일화는 "스님께서는 그냥 앉아 계신 것으로 응답하셨다"는 것으로 끝난다.35 사실 깨달음의 깊이에 부합하기로는 침묵의 의미를 이해하고 체득하는 일보다 더 중요한 것이 없다.

언설과 침묵이 나란히 함께 구사되는 일화가 많다. 유마힐維摩詰의 침묵에 관한 질문에 대해 황벽은 "말이 곧 침묵이요 침묵이 곧 말이니, 말과 침묵은 불이不二이다"라고 대답한다.36 그러니까 선에서 침묵은 단순히 말이 없는 것이 아니다. 침묵도 대화의 한 부분이며, 많은 경우에 깨달음이라는 결실을 이끌어낸다. 언설과 서로 보완관계를 이루며, 선의 수사가 의도하는 것을 완결시키는 역할을 하기도 한다. 물론 모든 침묵이 의미가 있는 것은 아니다. 조주선사는 다음과 같이 말하였다. "깊은 뜻을 모르는 채 조용히 있어봤자 소용없어!"37 그런 침묵은 몰라서 혼란

---

**35** T. 51, pp. 327c; Chang, *Original Teachings*, p. 280 참고.
역주_라이트가 전거로 제시한 『전등록』의 해당 대목은 설봉 의존(義存)선사에 관한 부분이기는 하지만 가만히 앉아있는 것으로 응답한 주인공은 위산(潙山)이다. 전후 맥락은 다음과 같다. "[설봉]스님께서 한 스님에게 물어보셨다. '어디에서 왔는가?' 그 스님이 대답했다. '위산에서 왔습니다. 조사께서 서쪽에서 오신 뜻을 여쭈어본 적이 있는데, 위산스님은 자리에 걸터앉았습니다'"(師問僧. 近離什麼處. 僧曰. 離潙山. 曾問如何是祖師西來意. 潙山據坐). 한글 번역은 김월운 옮김, 『전등록』 2, p. 350; 문재현 옮김, 『전등록』 3, p. 137 참조.

**36** Blofeld, *Huang Po*, p. 121.
역주_『사가어록』 수록본 『완릉록』에 나오는 대목이다. 원문은 "語卽黙. 黙卽語. 語黙不二" (Z. 119, p. 844a).

**37** T. 51, p. 277b; Chang, *Original Teachings*, p. 169.
역주_원문은 "不識玄旨徒勞念靜." 직역하면 "현묘한 종지를 알지 못한 채 공연히 수고롭게 고요함만 생각하는군." 김월운은 "현묘한 종지를 알아채지 못하면, 공연히 수고롭게 고요함만 생각할 뿐이다"라고 옮겼고(『전등록』 1, p. 660), 문재현은 "현묘한 이치를 모르면 공연히 고요함만을 생각하니 수고로울 뿐이다"라고 옮겼다(『전등록』 2, p. 113).

스러운 상태임을 드러내는 의미를 가질 뿐이다. 그러니까 선어禪語의 일종으로 인정될 수 있는 침묵은 특별한 요건을 충족시키는 것이어야 한다. 선문답의 "격외성"과 마찬가지로 침묵도 워낙 속을 들여다볼 수 없이 불투명하다는 점을 감안하건대, 과연 어떤 침묵이 지혜의 기표이고 어떤 것이 무지의 표현인지 가려내기는 쉽지 않은 일이다. 황벽의 일화 가운데 하나는 황벽이 침묵해버리는 것으로 그냥 끝나버린다. 하도 모호해서 편찬자도 그 어떤 해석을 달기가 어려웠던 모양이다. 그래서 후대의 두 선사가 그 일화에 대해 판단하는 대목을 뒤에 붙여놓았다.

> 그러자 대사는 문득 쉬어 버렸다.
> 뒷날 위산이 이 대화를 가지고 앙산에게 물었다.
> "황벽이 남전을 당해내지 못한 게 아닌가?"
> "그렇지 않습니다. 황벽에게는 범을 사로잡는 기틀이 있었음을 아셔야 합니다."
> "그대의 보는 바가 그만큼 장하구나!"[38]

황벽의 침묵에 대해서는 혹시 그가 남전에게 졌다는 뜻이 아닐까 하는 의심이 제기되지만, 아무래도 황벽에게 유리한 쪽으로 해석되고 있

---

**38** Blofeld, *Huang Po*, p. 98.
　　역주_『사가어록』 수록본 『완릉록』에 나오는 대목이다(Z. 119, p. 839a). 원문은 "師便休. 後溈山擧此因緣問仰山. 莫是黃蘗搆他南泉不得麼. 仰山云. 不然. 須知黃蘗有陷虎之機. 溈山云. 子見處得與麼長." 라이트가 인용한 대목 앞의 내용은 다음과 같다. "또 하루는 [황벽]대사가 차당(茶堂)에 앉아 있는데 남전이 내려와 물었다. '정과 혜를 함께 배워서 부처님의 성품을 밝게 본다 하는데, 이 뜻이 무엇이오?' '하루 종일 한 물건에도 의지하지 않는 것입니다.' '그게 바로 장로 견해인가요?' '부끄럽습니다.' '장물[漿水] 값은 그만두어도 짚신 값은 어디서 받으란 말이오?'"(師一日在茶堂內坐. 南泉下來. 問定慧等學. 明見佛性. 此理如何. 師云. 十二時中不依倚一物. 泉云. 莫便是長老見處麼. 師云. 不敢. 泉云. 漿水錢且置. 草鞋錢敎什麼人還). 그러자 황벽은 침묵으로 응대한 것이다. 한글 번역은 백련선서간행회 옮김, 『선림보전』, pp. 308~309. 이 책 3장 주 29 참조.

다. 이 문서 자체가 황벽의 어록이니 당연한 일이다. 아무튼 분명한 것은 침묵도 여느 기표와 마찬가지로 여러 가지로 해석될 수 있다는 점이다. 해석하는 이에 따라 전혀 다른 의미로 보일 수 있는 것이다.

그런데 흥미로운 것은, 절정의 대목에서 침묵이 등장하는 일화를 보면 결코 거기에서 그냥 끝나는 법이 없다는 점이다. 침묵의 언어는 늘 설명, 즉 번역을 요청하는 듯하다. 보리달마가 제자들에게 마지막으로 법을 전하는 유명한 장면을 예로 들어보자.39 각자 깨달은 것을 말해보라는 달마의 지시에 네 명의 제자들이 대답한다. 먼저 세 명은 각자 뭔가를 이야기하는데, 마지막으로 혜가慧可는 예배하고는 그냥 가만히 서 있기만 한다. 분명히 그 침묵이 앞에서 나온 모든 답변을 무색케 하는 최고의 깨달은 경지를 보여주는 것이었다. 하지만 그것으로 장면이 끝나버리지는 않는다. 혜가의 침묵이 그런 깨달음의 침묵임을 확실하게

---

**39** T. 51, p. 219bc.
**역주_**이 장면의 전체 내용은 다음과 같다. "[달마스님께서] 제자들에게 명하였다. '때가 되었으니, 너희들은 각자 깨달은 것을 말해보아라.' 문인 도부(道副)가 대답하였다. '제 소견으로는, 문자에 집착하지도, 문자를 여의지도 않는 것이 도(道)의 작용입니다.' 스님께서 말씀하셨다. '너는 나의 가죽을 얻었다.' 비구니 총지(總持)가 말하였다. '제가 이해하는 바로는 마치 아난이 아촉불의 국토를 바라보았던 것과 같이 한 번 보고는 다시 보지 않습니다.' 스님께서 말씀하시기를, '너는 나의 살을 얻었다.' 도육(道育)이 아뢰었다. '사대가 본래 공하고 오음이 있는 게 아니니 그 어느 법도 얻을 게 없다는 것이 저의 견처입니다.' 스님께서 말씀하셨다. '너는 나의 뼈를 얻었다.' 마지막으로 혜가(慧可)가 예배한 다음 그 자리에 가만히 서 있었다. 스님께서 말씀하시기를 '네가 나의 골수를 얻었다'고 하시고는 혜가를 돌아보며 이르셨다. '옛날 여래께서 정법안장을 가섭대사에게 부촉하신 뒤로 누구이 전달되어 내게 이르렀다. 나는 이제 네게 부촉하노니 네가 마땅히 지키고 지녀야 할 것이며, 또한 네게 법의 신표로 가사를 주노라. 제각기 나타내는 바가 있음을 알 수 있으리라"(乃命門人曰, 時將至矣. 汝等蓋各言所得乎. 時門人道副對曰. 如我所見. 不執文字不離文字而爲道用. 師曰. 汝得吾皮. 尼總持曰. 我今所解如慶喜見阿閦佛國. 一見更不再見. 師曰. 汝得吾肉. 道育曰. 四大本空五陰非有. 而我見處無一法可得. 師曰. 汝得吾骨. 最後慧可禮拜後依位而立. 師曰. 汝得吾髓. 乃顧慧可而告之曰. 昔如來以正法眼付迦葉大士. 展轉囑累而至於我. 我今付汝. 汝當護持. 并授汝袈裟以爲法信. 各有所表宜可知矣). 한글 번역은 김월운 옮김, 『전등록』 1, pp. 175~176; 문재현 옮김, 『전등록』 1, pp. 135~136 참조.

판정 받아야 하는 것이다. 달마가 마침내 침묵을 깨고 판정을 내린다. 그러니까 혜가의 침묵은 그 침묵을 깨고 혜가의 승리를 선언하는 언설이 나온 뒤에야 비로소 최고의 답변으로 승리하게 되는 것이다. 또한 그 언설로써 이 일화가 하나의 교훈으로 의미를 가지게 된다. 그러니까 보리달마 어록의 편찬자들은 침묵이 등장하는 대목에서 자신들도 침묵해 버리면 곤란하다는 점을 알고 있었던 것이다. 침묵이 뭔가 심오한 뜻을 담고 있는 것으로 받아들여지려면 그것을 뒷받침하는 언설이 있어야 한다. 그렇지 않으면 침묵도 별것 아니게 되어버리고 아무도 주의를 기울이지 않게 된다. 선의 독특한 어법이 침묵에 관한 교리와 경험을 모두 빚어냈고, 침묵도 하나의 기표로 기능할 수 있게 하였다. 침묵이 의미심장한 기표일 수 있는 것은 그것이 여느 형태의 선 어법과 함께 할 때만 가능한 것이다.

침묵을 정적주의靜寂主義와 연관시키는 것이 근대의 일반적인 해석이었다. 그러나 선서禪書에서 침묵은 별로 그렇지 않다. 오히려, 여느 선 어법과 마찬가지로 침묵도 평온을 깨고 당혹스러움을 일으키는 경우가 많다. 일상적인 의식의 틀과 흐름을 끊어버리는 힘을 발휘하는 것이다. 침묵이 가리키는 "공"과 "무아"의 세계에 들어간 깨친 이들만이 두려움이나 흔들림 없이 침묵의 소리를 "청취"할 수 있다.

### 파열

[임제]스님께서 맨처음 황벽스님의 회하에 있을 때……수좌스님이……물었다……
"조실스님을 찾아뵙고 '무엇이 불법의 정확한 뜻입니까?'하고 왜 묻지 못

하는가?"
 스님은 바로 가서 물었는데, 말이 끝나기도 전에 황벽스님은 대뜸 후려쳤다. 스님이 내려오자 수좌스님이 말하였다.
 "법을 물으러 갔던 일은 어찌 되었는가?"
 "묻는 말이 미처 끝나기도 전에 큰스님께서는 바로 후려갈기시니, 저는 모르겠습니다."40

 임제는 자기가 기껏 올린 심각한 질문에 대해 황벽이 보인 반응을 어떻게 이해해야 할지 몰랐다. 심지어 미처 말을 다 마치기도 전에 얻어맞았으니 질문 자체가 정지당한 것이다. 그저 분명히 알 수 있는 것은 이 선사 주위에 얼씬거리면 "위험"하다는 것뿐이었다. 황벽의 수좌 목주 도종睦州 道踪의 행장을 보면, 그의 "기이"한 버릇에 대해 이야기한 다음에 언설에 대해서는 다음과 같이 언급한다. "말이 준엄하고 험했으며 일상적인 방식을 따르지 않았다(직역하자면 "궤도를 따르지 않았다")."41 황벽산의 어법이 위험하다는 것은 무슨 뜻인가? 그것은 일상의 표상적인 언설을 바탕으로 하는 범속한 의식 상태를 갑자기 공격하여 "위태롭게" 만들기 때문이다. 질문을 하고 대답을 이해하려고 하는 주체 그 자체의

---

**40** T. 47, p. 504c; Sasaki, *The Recorded Sayings of Lin-chi*, p. 50.
 **역주**_라이트는 이 대목을 축약하여 인용하였으나 여기에서는 생략된 부분 가운데 전후 문맥을 드러내는 데 필요한 구절들을 되살렸다. 원문은 "師初在黃蘗會下 ······ 首座云 ······ 汝何不去問堂頭和尚如何是佛法的的大意. 師便去問. 聲未絶黃蘗便打. 師下來. 首座云. 問話作麼生. 師云. 某甲問聲未絶. 和尚便打. 某甲不會." 한글 번역은 백련선서간행회 옮김, 『임제록·법안록』, pp. 123~124.

**41** T. 51, p. 291a.
 **역주**_원문은 "詞語峻嶮旣非循轍." 앞의 『임제록』 인용문에서 "수좌"라 지칭된 이가 묵주이다. 도명(道明), 진존숙(陳尊宿), 진포혜(陳蒲鞋)라고도 불린다. 그의 기이한 버릇이란 늘 짚신을 만들어 몰래 길 위에 두곤 한 것을 말한다. 진포혜(포혜는 짚신)라는 호도 그래서 생긴 것이라고 한다(常製草履密置於道上. 歲久人知乃有陳蒲鞋之號焉). 한글 번역은 김월운 옮김, 『전등록』 2, p. 42; 문재현 옮김, 『전등록』 2, p. 239 참조.

근거를 흔들고 파열시켜버리는 것이다. 사물의 질서에 대한 상식적인 시각을 전혀 공유하지 않는 말이기 때문에 위험하고 당혹스럽다. "어느 날 [황벽스님께서] 법당에 오르시니 대중이 구름처럼 모였다. 이에 '너희들은 뭘 구하는 것이냐?'라고 말씀하시며 몽둥이를 휘둘러 흩어지게 하시고는 말씀하셨다. '너희들은 모조리 술 찌꺼기나 먹는 놈들이니, 이렇게 행각을 하다가는 남에게 비웃음을 당하리라!'"42 설법을 들으려고 법당에 모인 이들에게 황벽은 그들로서는 전혀 예기치 못한 일을 한다. 설법의 파괴가 바로 그것이다. 그런 파열의 어법은 일상적인 경험의 질서를 산산조각 내 버리며, 그리하여 아울러 일상적인 언어의 형식을 깨버린다. 그런 어법은 방향을 잃고 전전긍긍케 하는 사태를 유발한다. 자기가 지금 서있는 자리가 어디인지를 알기 위해서는 우선 그 자리에서 벗어나서 돌이켜 보아야 하는데, 편안하게 머물던 자리에서 갑자기 튕겨 나오는 것은 당혹스러운 일이다. 자만自滿선사는 선어에 관한 질문에 대해 "하늘을 울리고 땅을 흔든다"고 대답한다.43 선의 어법은 우리가 의심 없이 당연하게 여기는 모든 것들을 흔들어버린다. 앙산仰山이 사제師弟인 쌍봉雙峯에게 "아무 법도 생각에 잡힐 것 없다는 것을 그대가 어찌 모르는가?"라고 한 데 대해서 위산潙山이 논평하기를, "혜적의 이 한 마디가 천하 사람들을 의혹으로 몰아넣는구나"라고 하였다.44 그러니까 여기

---

**42** T. 51, p. 266b; Chang, *Original Teachings*, p. 103.
  **역주**_원문은 "一日上堂大衆雲集. 乃曰. 汝等諸人欲何所求. 因以棒趁散云. 盡是喫酒糟漢恁麽行脚取笑於人." Cf. Z. 119, p. 839b. 한글 번역은 김월운 옮김, 『전등록』 1, p. 571; 문재현 옮김, 『전등록』 2, p. 32; 백련선서간행회 옮김, 『선림보전』, pp. 312~313 참조.

**43** T. 51, p. 249b.
  **역주**_어느 스님이 묻기를 "어떤 것이 다툼 없는(즉 결정적인) 구절입니까?"라고 하자 이에 대답한 말이다. 질문까지 포함해서 원문은 "時有僧問. 如何是無諍之句. 師云. 喧天動地." 한글 번역은 김월운 옮김, 『전등록』 1, p. 414; 문재현 옮김, 『전등록』 1, p. 333 참조.

서는 언어가 질문에 답변하여 의문을 해결하는 기능을 하는 게 아니라, 당연하게 여기던 모든 것을 뒤흔들어 새롭게 보도록 하는 데 쓰인다. 믿음보다는 의심을 일으키는 것이다.

어떻게 해서 그렇게 되는가? 무엇보다도 우선, 그 문화 전체의 주목을 받는 저명한 선사가 일상적인 방식과는 전혀 다른 식으로 말을 하니까 도대체 그이의 경지는 어떤 세계인지 궁금해 하게 된다. 선의 세계는 범부의 세계와는 뭔가 근본적으로 다르기 때문에 전혀 다른 어법이 나오는 것이라고 여긴다. 그런 어법의 세계를 들여다볼 때 우리가 당혹스러워 하는 것은 그 말들이 무슨 뜻인지 알 수 없기 때문만은 아니다. 내가 지금까지 당연하게 여겨왔던 나 자신의 정체성, 즉 범속한 세간의 질서 속에서 특정의 좌표를 부여받고 있는 한 주체로서의 자아를 그대로 가지고 있는 한 도저히 그런 말과 그 세계를 알 수 없으리라는 점을 알아차리는 것이 정말 당혹스러운 일이다. 선의 언어는 주객主客의 구도, 즉 자아와 세상의 관계 구도를 흔들어버린다. 선어를 읽거나 듣고 뜻을 파악하려고 하는 주체로서의 독자라는 지위도 그런 주객의 구도에 바탕을 두는데, 그것이 해체되어버린다. 텍스트가 주체로서의 독자의 지위를 무너뜨리고 기존의 것과는 전혀 다른 정체로 재정립시키는 것이다. 선

---

**44** T. 51, p. 283b; Chang, *Original Teachings*, p. 215 참고.
 **역주**_원문은 "汝豈無能知無一法可當情者. 潙山聞云. 寂子一句疑殺天下人." 한글 번역은 김월운 옮김, 『전등록』 1, p. 719; 문재현 옮김, 『전등록』 2, p. 169; 백련선서간행회 옮김, 『위앙록』, pp. 129 참조. 그런데 이 대목의 앞부분은 다음과 같다. "앙산스님이 쌍봉스님에게 물었다. '사제, 요즈음 경지가 어떠한가?' [쌍봉스님이] 대답하였다. '제 경지는 실로 아무 법도 생각에 잡힐 것이 없습니다.' [앙산스님이] 말하였다. '그대의 견해는 오히려 경계에 걸려 있다.' 쌍봉스님이 말하였다. '저는 그렇다치고, 그럼 사형께서는 어떠하신지요?'"(師問雙峰. 師弟近日見處如何. 對曰. 據某甲見處. 實無一法可當情. 師曰. 汝解猶在境. 雙峰曰. 某甲只如此. 師兄如何). 이에 대한 앙산의 대답은 쌍봉이 이미 말한 것과 똑같은 내용이니 아리송할 수밖에 없다.

의 언어와 체험이 "타자성他者性", "격외성格外性"을 가진다고 하는 게 바로 그런 뜻이다. 그런 언어에 부응하려면, 그것이 나 자신을 주체의 자리에서 끌어내리도록 허용해야 한다. 범속한 틀 속에서 차지하던 좌표에서 벗어나 개방된 공간으로 내던져져야 한다. 그 공간에서는 예전의 틀 속에서 사회화되어 있던 자신의 모든 정체성이 작동을 멈추고 소용없게 된다. 이는 당혹 정도가 아니라 정말 두려운 사태이다. 황벽도 그 점을 망설임 없이 말한다. 마치 허공에 놓여 발 딛을 곳이 없고 뭐 하나 잡을 것이 없는 상태라고 하는 것이다.[45]

발 딛고 서 있던 좌표가 해체되어버리고 뭐 하나 잡을 것 없는 그런 상태를 체험케 하기 위해 선의 언어는 일상적인 주체성의 관념에 대해 강력한 압박을 가해온다. 거기에 격외나 직지, 침묵 등의 어법이 동원되는 것이다. 스승이 응시하고 있는 바로 그 앞에서 이리저리 따지고 생각해볼 겨를 없이 즉각적으로 대답을 해야 하는 것도 그런 압박의 한 방식이다. 선사가 상대방에게 어떤 곤혹스러운 질문을 던지고 대답을 요구하는 것이 기본적인 구도이다. 배휴가 황벽을 청하여 만나서는 막 질문을 하는 참인데, "그러자 대사가 불렀다. '배휴!' '예!' '어디에 있는고?' 이에 대답할 수 없음을 깨달았다."[46] 배휴는 졸지에 일상적인 콘텍스트 밖으로 튕겨져 나와 길을 잃어버렸던 것이다. 또 한 예를 들어보자. "옛사

---

**45** T. 48, p. 392a.
    역주_원문은 "猶如虛空無所取著."
**46** T. 48, p. 387b; Blofeld, *Huang Po*, pp. 100~101.
    역주_원문은 "師召云. 裴休. 休應諾. 師云. 在什麼處. 相公於言下有省." "於言下有省"은 "말 끝에 깨달은 게 있었다"는 뜻이지만, 블로펠드는 이를 의역하여 "이에 대답할 수 없음을 깨달았다"고 하였다. 문맥을 위하여 블로펠드의 번역에 따랐다. 전거를 T. 48, p. 387b라 한 것은 오기이다. 이 대목은『사가어록』수록본『완릉록』에 나온다(Z. 119, p. 839a).

람이 말하기를 '도에 통달한 이를 길에서 만나면 말로 응대해서도 안 되고 침묵으로 응대해서도 안 된다'고 하였는데, 그러면 무엇으로 응대해야 하는지 모르겠습니다."[47] 일반적인 말과 행동으로 응대해서는 안 된다고 하므로, "범속한 의식"을 넘어 어딘가 다른 자리를 찾아야 한다. 게다가 기왕에 출가하여 구도의 길에 몸을 던진 수행자로서는 그 일이 아주 급박하고 간절한 과제이다. 아무튼 적어도 범속한 자세로부터는 합당한 대응이 나올 수 없다는 점만은 잘 알고 있다. 범속한 주체로서의 자아는 선의 언어 앞에서 정지되고 깨져버린 마당이므로, 그 주체로서의 자아로부터는 합당한 대답을 내놓을 수가 없다.

고전적인 선서들을 보면 부정否定 어법으로써 파열과 당혹을 가중시키는 예를 많이 볼 수 있다. 그런 부정어법도 물론 일상적인 사고방식을 파괴시키는 내용이기는 마찬가지이다. 현장의 수행자건 선서의 독자들이건 뭔가를 파악하여 믿고자 하는 의지를 가지고 달려든다. 승려들이 선사를 찾아오고 우리가 선서를 펼칠 때, 선에 대해 이미 많은 것을 알고 또 믿는 상태이다. 내가 누구이며 지금 무슨 일을 하고 있는지도 물론 잘 알고 있다. 하지만 선사들의 언어를 맞닥뜨리는 바로 그 순간부터 그 믿음과 지식이 뒤집어지기 시작한다. 선의 언어는 그 말을 올바른 가르침이나 진리로 여기고 붙들려고 하는 태도를 전복시키고 잘라버린다. 그래서 그 언어 자체에, 또한 청자와 독자에게 파열을 일으킨다. 예를 들어 임제는, "도 배우는 이들[道流]이여! 내 말을 곧이듣지 말라. 왜냐하면 내

---

[47] T. 51, p. 327b; Chang, *Original Teachings*, p. 277 참고.
역주_『전등록』 설봉(雪峰)조에서, 누군가 설봉에게 던진 질문이다. 원문은 "問古人道. 路逢達道人不將語黙對, 未審將什麼對." 이에 대한 설봉의 대답은 "차나 마셔!(師曰. 喫茶去)"이다. 한글 번역은 김월운 옮김, 『전등록』 2, p. 344; 문재현 옮김, 『전등록』 3, p. 131; 백련선서간행회 옮김, 『설봉록』, pp. 51~52 참조.

말은 아무 근거가 없어서, 그때그때 임시로 허공에다 그림을 그리는 격"
이라고 소리친다.48 또 말한다. "부처를 완전한 경지[究竟]라고 여기지
말라. 나에게는 그것이 마치 뒷간의 변기와 같다."49 지혜를 구하기 위
해 임제 대선사를 찾아왔다면 그가 하는 말을 도저히 믿을 수 없을 터이
다. 부처도 믿을 게 못된다니, 도대체 무엇을 믿어야 하는가 말이다.

선서를 읽으면 읽을수록 붙들고 있을 것이 거의 다 부서져버린다.

> [위산스님께서 앙산스님에게 물으셨다.
> "『열반경』 40권에서 어느 정도가 부처님 말씀이며 어느 정도가 마군의 말이
> 겠느냐?"
> "모조리 마군의 말입니다."
> "앞으로는 그대를 어찌해 볼 사람이 없을 것이다."50

"견해"를 내는 주체 자체가 해체되어버렸는데, 시비를 걸어 어찌해
볼 견해는 뭐가 어디 남아있겠는가? "말할 만한 도리가 없다"51는 황벽

---

**48** T. 47, p. 502c; Sasaki, *The Recorded Sayings of Lin-chi*, p. 37.
역주_원문은 "道流. 莫取山僧說處. 何故. 說無憑據. 一期間圖畫虛空." 한글 번역은 백련선서
간행회 옮김, 『임제록 · 법안록』, p. 96.

**49** T. 47, p. 502c; Sasaki, *The Recorded Sayings of Lin-chi*, p. 37.
역주_원문은 "莫將佛爲究竟. 我見猶如厠孔." 한글 번역은 백련선서간행회 옮김, 『임제록 ·
법안록』, p. 97.

**50** T. 51, p. 265a; Chang, *Original Teachings*, p. 205 참고.
역주_원문은 "師問仰山. 涅槃經四十卷多少佛說多少魔說. 仰山云. 總是魔說. 師云. 已後無人奈
子何." 한글 번역은 백련선서간행회 옮김, 『위앙록』, p. 35. 김월운 옮김, 『전등록』 1, p. 559;
문재현 옮김, 『전등록』 2, p. 23 참조.

**51** T. 48, p. 383b; 이 구절은 다른 식으로 읽을 수도 있겠는데, 이에 관해서는 이리야 요시타
카(入矢義高), 『傳心法要』, p. 76, 주 3 참조.
역주_원문은 "無道理可說." 한글 번역은 백련선서간행회 옮김, 『선림보전』, p. 271. 라이
트가 이리야 요시타카의 주석을 언급한 이유는 다음과 같다. 인용문의 앞부분까지 포함한
전체 문장은 "도인이란 일 없는 사람이어서 실로 허다한 마음도 없고 나아가 말할 만한 도

의 말은 선의 근본 원리, 즉 선지禪旨를 언명하는 셈이다. 즉 지식과 일상적인 믿음이라는 안식처에서 벗어나야만 깨달음의 활짝 열린 공간에 들어갈 수 있다는 것이다.

나아가 이 열리고 빈 공간을 또 새로운 앎의 대상으로 삼아서도 안 된다. 그 공간은 대상들을 인식하여 "표상"하고 "판정"하는 주체로서의 자리에서 벗어날 때에 비로소 열리는 공空에서만 나타나기 때문에, 그것을 뭐라고 개념화 하는 것은 불가능하다. 그것은 표상하는 작용의 근거 자체가 뒤집어지는 경험이므로, 애당초 객관적인 표상이 가능치 않은 것이다. 그러므로 진퇴양난의 당혹스러운 처지로 몰아넣는 선어들이 상대방에게 요구하는 반응은 "해방"과 "놓아버림"일 터이다. 기존의 믿음이나 근거를 깨고 그 대신 다른 것을 가지라는 게 아니라 그 무엇도 붙들 것 없는 공, 또는 열림을 경험하라는 것이다. 법안法眼 선사는 "'모른다'는 게 가장 적절하다"는 말에 크게 깨쳤다고 하는데, 그 말이 법안에게 준 충격이 바로 그런 것이라고 생각된다.[52] 그러니까 "깨달음"은 올바른 진리를

---

리도 없다"(道人是無事人. 實無許多般心. 亦無道理可說)이다. 이리야는 "내가 보기에는 이처럼 많은 도리는 사실 없는 것"(據我見處. 實無許多般道理, T. 47, p. 502a, 백련선서간행회 옮김, 『임제록·법안록』, p. 90)이라는 구절과 "내가 보기에는 그런 많은 일들은 없는 것"(約山僧見處. 無如許多般, T. 47, p. 500c, 백련선서간행회 옮김, 『임제록·법안록』, p. 76)이라는 『임제록』의 구절들에 주목하고, 『고존숙어록』에 수록된 『전심법요』의 이 구절에는 "심(心)" 자가 없는데 그것이 더 낫다고 말한다(강조는 역자). 그러나 사실은 『고존숙어록』 수록본에도 "심"자가 있으며(Z. 118, p. 183b), "심"자를 빼더라도 "무도리가설(無道理可說)"을 다른 식으로 읽을 이유는 없다.

**52** T. 51, p. 398b; Chang, *Original Teachings*, p. 239.
역주_원문은 "不知最親切." 무엇이 행각하는 일이냐는 나한계침(羅漢桂琛)의 물음에 법안이 모르겠다고 대답하자 계침이 한 말이다. 한글 번역은 백련선서간행회 옮김, 『임제록·법안록』, p. 160 참조. 『전등록』에는 법안이 그 말에 크게 깨쳤다(師豁然開悟)는 구절이 그 뒤에 나오지만 『오가어록』(五家語錄)에 수록된 법안의 어록에는 그 구절이 없다. 한글 번역은 백련선서간행회 옮김, 『임제록·법안록』, p. 160; 김월운 옮김, 『전등록』 3, p. 182; 문재현 옮김, 『전등록』 4, p. 284 참조.

알고 믿게 되는 문제가 아니라 오히려 붙들 것이 아무것도 없을 때 터진다. "앎"은 의지할 것이 못된다. 지식은 "만물의 공성"보다는 "욕구"와 "탐착"을 표상한다. 파열의 선어는 그런 욕구와 탐착으로부터 "깨쳐" 나오는 경험을 일으켜 그런 "입장"을 뒤집어버리고자 하는 것이다.

## 깨달음의 담론

이런 격외적이고 파괴적인 선의 어법은, 언어에는 주관적인 알음알이와 탐착으로부터 깨쳐 나오게 하는 힘도 있다는 생각을 바탕으로 한다. 언어가 "병"을 일으키지만 "약"도 된다는 것이다. 불교에서 흔히 쓰이는 비유를 동원하자면 우리를 "꿈속에 허우적거리게" 하지만, 깨어나게 할 수도 있다. 언어가 우리를 얽어맨다는 면에 주목하여 언어가 끼어들기 이전의 즉각적이고 무소의적인 정신으로 언어를 극복하려고 하는 이들도 물론 있었다. 선사들에게서 특히 그런 태도를 많이 볼 수 있다. 하지만 다른 방도를 취한 이들도 있었다. 언어를 통하여 비언어적인 경험을 매개할 길을 찾은 것이다. 그런 언어는 여느 언어와는 달리 사물을 객체화하는 게 아닌 언어여야 했다.[53] 깨달음을 일으키는 "활구活句"와 "전어轉語"를 모색한 것이다. 선서에서 언어에 그토록 주의를 기울이는 것도 그 때문이라고 납득할 수 있다. 고전적인 선서에서 말로 인하여 깨달음이 일어나는 장면이 그토록 많이 나오는 것 또한 바로 그 점을 가지고 설명할 수 있다. 임제가 황벽 회하에서 "밀끝에" 크게 깨친 뒤 가장

---

[53] 언어가 즉각적인 경험을 일으키는 데 쓰일 수도 있다는 점에 관해서는 Scharlemann의 *Inscriptions and Reflections*로부터 영감을 얻었다.

두드러지게 변한 것은 그의 어투였다. 임제는 깨친 뒤 결코 조용히 침묵을 지키지 않았다. 어록을 통해 보는 그의 언설은 강력하고 날카로우며 핵심을 찌른다. 황벽도 임제의 어투에 깊은 인상을 받고서는, 임제가 "뒷날 앉은 채로 천하 사람들의 혀를 끊을 것"이라고 말하였다.[54] 핵심을 찌르고 들어오는 임제의 강력한 말에 누구나 머뭇거렸고(의의擬議), 그의 파격적인 응대에 질문자는 황망해서 제대로 응답할 수 없었다.[55] 그런 일화를 잔뜩 모아놓은 『임제록』은 언어가 깨우치는 힘도 가지고 있음을 아주 분명하게 주장하고 있는 셈이다.

단호하고 거침없는 선사들의 이미지와 "모든 것이 공"이라는 불교의 핵심 통찰 사이에 한 가지 중요한 연관성이 있다. 깨침을 이룬 선사는 그 어떤 고정된 만사의 근거, 좌표를 더 이상 구하려 하지 않는다. 모든 사물과 현상은 고정된 근거와 자성이 없고, 대신에 인연에 따라 늘 변한다는 점을 깨닫고 있기 때문이다. 만사의 자성이 공임을 체험한 터라, 변화와 상대성이라는 진상을 더 이상 두려워하지 않는다. 그 어떤 상황이나 대화에서 심지어 반박을 당하더라도 전혀 개의치 않는다. 고정된 자신의 입장이란 게 이미 없기 때문에 그에 대한 어떤 반박도 그를 당황케 하지 못한다. 그가 하는 말도 어차피 그의 말이 아니다. 대화가 어떻게 이

---

**54** T. 47, p. 505c; Sasaki, *The Recorded Sayings of Lin-chi*, p. 56 참고.
    **역주**_원문은 "已後坐卻天下人舌頭去在." 한글 번역은 백련선서간행회 옮김, 『임제록·법안록』, pp. 136~137.
**55** 그런 일화들이 문서로 기록될 때 상대방이 대답을 못하고 황망해 했다는 대목까지 들어간 것은 선의 언어가 지니는 힘을 말하고자 함이었을 터이다. 그런 "선문답" 현장의 주인공이나 목격자들뿐 아니라 독자들에게도 그런 긴장과 당혹의 순간은 일대 전환이 일어날 수 있는 순간이기도 하다. 존 맥래(John McRae)는 *The Northern School*에서 고전적인 선문답과 선 초기 "지사문의(指事問義)" 사이의 구조적, 역사적 관련성에 대해 논의한 바 있다. 후자의 경우에는 선사의 말만 기록되고 경지가 낮은 질문자의 반응은 기록되지 않았다 (pp. 93~95).

어져야 하는지 미리 의도해두는 바도 없다. 불교 용어로 말하자면, 그는 무아인 것이다. 대화에서 그가 하는 역할은 그 순간에 무슨 일이 벌어지건, 또는 벌어질 수 있건 간에 그것을 무아의 입장에서 성찰하는 일이다.

지금까지 여러 "선문답"의 사례들을 인용하고 살펴보았다. 이들은 분명히 언어로 이루어진 일화들이고, 기록되어 전수되고 수행의 초점이 되었을 만큼 중요하게 여겨졌다. 선문답은 깨달음의 깊이를 드러낸다고 여겨졌다. 깨친 경지의 두 선사 사이에 이루어지는 이른바 법거량法擧揚의 가장 중요한 특징은 아마도 즉흥적으로 거침없이 대화를 주고받는다는 점이 아닐까 싶다. 선사의 어투에 대한 최고의 찬사는 "즉각적"이고 "직설적"이라는 것이었다. 예를 들어『전등록』에서는 방온龐蘊거사에 대해 "기지와 변재가 민첩해 널리 알려졌다"고 찬탄한다.56 또 좀 뒤의 대목에서는, 문답을 할 때 "상대의 근기에 맞추어 마치 메아리처럼 응대했으며 격식이나 규범에 얽매이지 않았다"고 하였다.57

여기에서 "메아리"라는 비유가 의미심장하다. 방온의 대답은 메아리만큼이나 빠르고 자연스러웠다는 얘기이다. 메아리가 그렇듯이 방온도 대답을 하기 위해 상대방의 언행에 대해 심사숙고할 필요가 없었다. 그냥 저절로 대답이 나가는 것이다. 대답을 못하고 머뭇거린다는 것(의의擬議)은 자아를 열어젖히지 못했고 깨치지 못했다는 증표로 여겨졌다. 어떻게 해야 할지 궁리하는 데 사로잡혀 바로 지금 그 순간과 그 현장에서

---

**56** T. 51, p. 263b; Chang, *Original Teachings*, p. 175.
　역주_원문은 "機辯迅捷諸方嚮之." 한글 번역은 김월운 옮김,『전등록』1, p. 544; 문재현 옮김,『전등록』1, p. 454 참조.

**57** T. 51, p. 263c; Chang, *Original Teachings*, p. 176.
　역주_원문은 "復問酬皆隨機應響, 非格量軌轍之可拘也." 한글 번역은 김월운 옮김,『전등록』1, p. 545; 문재현 옮김,『전등록』1, p. 455 참조.

떠나있기 때문이다. 사전에 세워둔 의도 따위는 필요 없이 바로 지금 이 순간 벌어지는 일을 그냥 그대로 따르기만 할 때 거침없는 응대가 나오는 것이다.

그러니까 진정한 "선문답"에서 어떤 말이 나오는지는 말하는 사람에 달린 게 아니라 당장의 그 상황에 달려 있다. 화자도 그 상황 속에 포함될 뿐이다. 선어는 그러니까 완전히 그때그때의 상황에 따르는 것이 이상적이다. 바로 그때 그곳의 상황에 필요한 말이 나오는 것이다. 그래서 선의 언어는 시간, 공간, 그리고 정황과 뗄 수 없이 연결되어 있다. 상호관계의 콘텍스트에 맞추어 하는 말이지 그 콘텍스트 위에 덮어씌우는 게 아니다. 간단하게 말하자면 선어의 즉흥성은 곧 "감응성"이다. 그 순간에 일어나고 있는 일에 그대로 "부응"하는 것이다.

하지만 그렇다고 해서 훈련이 불필요하다는 뜻은 아니다. 오히려, 선사禪寺에 들어간다는 것은 곧 자신의 의식을 선의 언어를 통해서 완전히 재편성하는 일에 몸을 던지는 일이다. 그런 훈련을 거쳐야만 즉흥적인 언행이 가능하지, 그 전에는 될 수가 없다. 선의 언어가 목표로 하는 일에 자신을 던져 배운 뒤에나 선의 언어를 자유롭게 구사할 수 있다. 훈련이 그런 자유로운 언행을 할 수 있는 배경이 되는 것이다. 그렇기 때문에 황벽과 임제는 말을 외운다거나 미리 생각해두는 태도를 비웃곤 하였다. 상대가 머뭇거릴 때 선사들은 흔히 더 압박을 가하곤 한다. 예를 들어 "언구만 외우는군!"이라고 질책하는 것이다.[58] 머릿속에 담아두었

---

**58** T. 51, p. 291b.
역주_전거로 제시된 『전등록』 임제조에는 이에 상응하는 문구가 없다. 다만 글자를 "검정콩"에 비유하여 경의 언구를 읽는 것을 두고 "검정콩을 머금다(唵黑豆)"라고 비아냥거리는 대목이 그나마 가장 가깝다. 하지만 이것도 임제가 스승인 황벽이 경을 읽는 것을 보고 하는 말이어서 라이트의 문맥에 딱 맞아떨어지는 인용이라고 할 수는 없다.

던 말로 응대하는 것은 그 상황에 부응하지 못한다. 그 자리의 상황보다는 자아가 대화에 개입하는 셈이기 때문이다.

위에서 언급한 "메아리"의 비유는 이 점을 한 걸음 더 끌고나간다. 방온은 "마치 메아리처럼 응대했다"고 하는데,59 그러니까 그 응대는 방온으로부터 나오는 게 아니다. 메아리 소리의 원천이 계곡이나 동굴에서 나오는 게 아닌 것과 마찬가지이다. 그는 계획이나 의도를 가지고 말을 하는 게 아니다. 그의 말은 미리 세워둔 그의 의도에서 비롯된 게 아니라 그 자리의 콘텍스트가 발휘하는 작용인 것이다.

"불이지언不二之言," 즉 주객이 불이임을 나타내는 말이 바로 그런 것이라 하겠다. 주객의 구도에서 나오는 말은 화자의 의도에서 비롯되고 또 그 의도를 표출한다. 그 자리의 상황에 대해 말하는 경우라 할지라도 그런 말은 콘텍스트보다는 자아의 욕구를 담고 있는 것이다. "불이지언"을 하려면 우선 자기가 자기의 말을 통제하려는 의도를 버리고, 대화와 상황이 제멋대로 전개되는 그대로 받아들여야 한다. 그리고 전복과 깨짐이 일어날 수 있도록 자기 자신을 열어젖혀야 하는 것이다.

"선문답"에서 그런 변화의 힘을 발휘하는 어구를 일컬어 "전어轉語"라고 한다.60 이러이러한 것이 전어라고 정해져 있는 것은 아니다. 그 어떤 어구라도 말하고 듣고 또는 읽는 상황에 따라 그런 힘을 발휘할 수 있다. 말 그 자체가 그런 힘을 가지고 있는 게 아니다. 말은 불교의 교리로 말하자면 "공"할 뿐이다. "전어"란 콘텍스트에 딱 부합하는 말인데, 다만

---

**59** T. 51, p. 263c; Chang, *Original Teachings*, p. 176.
　**역주**_원문은 위의 주 51 참조.
**60** T. 47, p. 503a; Sasaki, *The Recorded Sayings of Lin-chi*, p. 40.

그 콘텍스트를 확 열어젖혀서 새롭게 볼 수 있도록 하는 그런 방식으로 부합하는 것이다. 그 말 자체에 들어있는 힘 덕분이 아니라 콘텍스트에 딱 부합하는 덕분에 그런 효과를 발휘한다. 『임제록』은 이것을 "일구임기一句臨機", 즉 상황에 딱 맞는 한마디라고 일컫는다.61 대화 당사자의 일은 의도적으로 전어를 생각해내는 데 있는 게 아니라 그런 전어의 출현을 맞이할 준비를 하는 데 있다. 여기에서 "준비"라 함은 주체로서 가지고 있는 의도를 다 내려놓고 자아로부터 벗어나는 것을 말한다. 그래야만 "전어"가 나왔을 때 그것이 깨우침의 작용을 발휘할 수 있는 것이다.

의식을 뒤집고 개방시키는 데 특히 효과를 발휘하는 이런 어구를 "활구活句"라고도 불렀다.62 설명을 하고 분석을 하는 어구는 "사구死句", 즉 죽은 말이다. 사구는 더 많은 설명을 요청케 하지 통찰을 일으키지는 않는다. 일상적인 담화의 족쇄, 그 죽음의 주문으로부터 깨쳐 나오게 하지를 못하는 것이다. 활구나 또 그에 상응하는 행위는 뭔가를 "직지"하는 것이다. 하지만 그것이 가리키는 것은 그 어떤 의미가 아니라 의미의 그물에서 벌어져있는 틈새이다. 간화선은 화두라는 하나의 어구를 집중적으로 참구하여 그것이 모든 일반적인 개념과 의미와의 관계를 여의고 터져버리게 한다. 즉 언어를 가지고 참선하여 언어의 족쇄를 깨버리는 셈이다. 그렇게 해방된 이는 만사를 새로운 눈으로 비범하게 보게 되며 아울러 "비범하게" 말하게 되는 것이다.

---

**61** T. 47, p. 506b; Sasaki, *The Recorded Sayings of Lin-chi*, p. 60.
**62** T. 51, p. 389; Chang, *Original Teachings*, p. 296. Buswell, "The 'Short-cut' Approach to K'an-Hua Meditation," pp. 321~377도 참조.
　**역주**_라이트가 제시한 전거 중에 『전등록』(T. 51)에는 활구라는 개념이 등장하지 않는다.

# 6장
# 역사—마음의 족보

> 옛날에 황벽스님의 스승이었던 백장선사는 그의 스승인 마조에게서 고막이 찢어질 듯 큰 소리로 꾸중을 들었다. 황벽스님은 이 이야기를 백장스님에게서 듣고 깨달음을 얻었다. 옛 선사들이 아직도 살아있다는 말이 바로 그런 뜻이다.
> — 도겐(道元)[1]

> 진실로 역사적인 사유를 한다면 반드시 그 사유 자체의 역사성도 생각할 줄 알아야 한다.
> — 가다머(H. G. Gadamer)[2]

    황벽은 "진리에 대한 직관을 바탕으로" 설법하였으며 역사에는 관심을 기울이지 않았다는 것이 존 블로펠드의 생각이었다. 하지만 황벽의 어록을 보면 결코 그렇지 않았으며 오히려 정반대였음을 알 수 있다. 황벽이 살았던 그 시대는 새로운 역사서가 편찬되기 시작하던 때였다. 중국불교에 새로운 "종파"로 등장한 "선종"의 역사가 쓰이기 시작했던 것이다. 그리고 선종이라는 종파는 바로 그 역사서에 의해서 탄생하였다.[3] 이 새 역사의 골격은 어떻게 "깨달음"이 부처로부터 "조사들"을 통해 현재에까지 전승되어 왔나 하는 "전심傳心"에 관한 이야기들로 구성되었다. 이른바 전등傳燈의 역사에 대한 이런 이야기들은 "마음"이라든가

---

**1** 道元禪師, 『正法眼藏』, 西山古泉 譯(東京: 中山書房, 1975), 第2券, p. 142.
**2** Gadamer, *Truth and Method*, p. 16.
**3** "선종"이라는 말이 처음 등장하는 선서 가운데 하나가 황벽의 『전심법요』이다.

"깨달음"과 같은 선의 주제를 전면에 부각시켜서, [독자가 그 주제들을] 이해하고 흥미를 갖게 하는 기능을 한다. 이런 전등의 이야기들은 모든 수도생활에 이론적인 근거를 제공해 주었고, 홍주종洪州宗 선찰들 특유의 수행방식을 보여준다.

이런 "선"의 이야기들은 계속 발전하고 중국 전 지역에 유포되어서 황벽 이후 수세기 동안 매우 큰 영향력을 발휘했다. 그 이야기들의 영향력이 커져감에 따라 각각의 이야기들을 불교와 인류 역사 전체의 관점에서 신성한 이야기로 체계화하는 데 관심을 가진 새로운 작가와 편찬자 들이 나타났다. 그러니까 선 문학 최초의 장르인 "전등사傳燈史"는 그 기본적인 방식과 구조에서 역사에 대한 관심을 바탕으로 하고 있다. 이들 가운데 가장 영향력이 큰 것은—워낙 일찍 출현했기 때문이기도 하다—『경덕전등록景德傳燈錄』이었다. 1004년에 출간된 이 책은 황벽의 어록에 있던 기사들을 수집하고 흡수하였다. 그 이후로 황벽의 어록은 이 더 방대한 문헌의 한 부분으로서만 존재하고 유통된다. 그러므로 자연히 황벽의 가르침은 이제부터는 좀 더 큰 역사적인 견지에서 설명되고 이해되기에 이른다. 그리고 이때부터 황벽은 [선종의 역사라는] 훨씬 더 방대한 맥락 속에서 하나의 중요한 연결고리로 등장하게 된다. 이러한 커다란 역사적인 시각은 황벽의 텍스트에도 이미 기본적인 형태로나마 분명하게 나타나 있다. 전심傳心의 상징과 또 그에 관한 가장 중요한 이야기들이 황벽의 텍스트에 이미 많이 등장하고 있다. 하지만 그 체계적인 형태는 『전등록』과 또 그 이후의 "전등사" 문헌에 와서야 나타나게 된다. 여기에서 우리는 기본적인 질문 두 가지를 제기하게 된다 : 황벽의 어록을 흡수한 그 역사 개념은 무엇인가? 그리고 이러한 "역사의식"

은 선의 근본적인 주제인 "깨달음"과는 어떻게 연관되는가?

이 두 가지 가운데 첫 번째 질문에서 처음부터 부닥치게 되는 난관이 있다. 비록 그 방대한 분량의 『전등록』 전체가 역사를 이야기하는 내용이기는 하지만, 역사에 대한 분명한 "이론"은 전혀 없다는 점이다. 그 외의 선서禪書 어디에도 찾아볼 수 없다. 그러나 어쨌든 『전등록』의 언어와 구조는 우리에게 선의 전승에 전제되어 있는 역사관을 여러 가지 방법으로 보여주고 있다. 이 텍스트의 의도가 역사서술에 있다는 점은 그 제목(경덕전등록)에서도 어느 정도 찾아낼 수 있다. 북송대北宋代 경덕 연간이라는 역사상의 특정 시대에서 본 "전승"의 "기록"임을 나타낸다. 그리고 전승의 대상인 "등燈"은 선 전통의 근본적인 목표인 "깨달음"을 가리킨다. 그러므로 이 문헌의 전체적으로 서술구조는 "깨달음"의 기원과 전파에 관한 이야기이며, 옛 붓다들로부터 시작해서 인도와 중국의 조사들을 통해 현재의 계승자에게까지 이르는 그 전승의 역사를 담고 있다.4 텍스트 전체에 걸쳐서 연대순으로 서술하는 구조가 유지되고 있다. 황벽은 그의 스승인 백장의 세대를 계승했고, 임제를 비롯한 그의 제자 세대로 이어진다. 이 문헌은 이처럼 전반적으로는 역사 서술이라는 형식을 취하면서, 실제 내용은 [주인공들의] 행장行狀, 즉 종교적 전기를 나열함으로써 전심의 이야기들을 풀어놓는다.

따라서 이 문헌의 역사서술은 이중의 구조를 가지고 있다. 우선 개개인의 전기를 탄생으로부터 죽음에 이르기까지 통시적으로 서술하였다. 그리고는 그 개인의 역사들을 다시 깨달음의 전체 역사 안에 이 또한 통시적으로 배열하였다. 『전등록』의 편찬자는 종교의 역사 전반을 고찰하

---

**4** 이러한 역사서술의 구조에 대해서는 McRae, *The Northern School*, p. 75 참조.

지는 않는다. 그 의미와 목적, 또는 의미에 대해서는 언급하지 않는 것이다. 스승과 제자의 세대별로 족보의 명단을 제시한 다음에 개개인의 행장을 차례로 배열하였다. 그 개인의 행장은 기본적으로 두 부분으로 되어있다. 첫째로, 우선 전기에 관한 기본적인 정보를 처음과 마지막에 제시한다. 대개 속명과 출생지, 어린 시절부터 뛰어났던 사항들, 출가한 사정, 초기에 절에서 공부한 내용 등을 소개한다. 마지막에는 흔히 전법게라든가 입적의 상황 및 시기, 그리고 입적 후에 황제가 내린 시호, 직함, 비명의 제호 등이 제시된다.

그러나 마음의 전승이라는 주제에 더 부합하는 내용은 그 시작과 끝 사이 부분에 놓인다. 즉 선사의 생애 중에 그의 "깨달음"의 힘과 영향을 분명하게 드러내는 일화들이 소개되는 것이다. 그 대부분은 깨달은 경지를 보여주는 문답의 일화들이다. 선 전통에서는 다른 무엇보다도 바로 그런 일화들이 깨달음이란 무엇인지를 보여주는 중요한 이야기로 여겨졌다. 하지만 그런 일화들이 깨달음의 이야기로서 온전히 의미를 가질 수 있는 것은 그 이야기가 선의 전체 역사라는 콘텍스트 안에 위치하기 때문이라는 점이 중요하다. 깨달음은 그저 개별적인 체험이 아니고 단순히 현재의 시점에서 영원을 체험하는 것도 아니다. 각 깨달음의 사건은 특정의 시공간 콘텍스트 속에서 좌표를 가지고 있는 하나의 역사적 사건이다. 여기에서 말하려는 요점은 간단하다. 선 전통에서 역사는 우리가 생각하는 것보다도 훨씬 더 핵심적인 관심사이다. 선에서 무시간 내지 초시간의 수사가 아주 흔히 나옴에도 불구하고, 선의 자의식에서 역사적 콘텍스트 속의 자기 위치에 대한 인식이 매우 핵심적인 비중을 차지하고 있음을 볼 수 있는 것이다.

선에서 역사가 담당하는 역할을 좀 더 상세하게 파악하기 위하여, 인물과 사건을 시간상의 관계 속에 위치시키는 비유와 상징 들을 살펴보기로 한다. 선 텍스트에서 역사적 관련성들이 어떻게 상정되고 있는지 보자는 것이다. 무엇보다도 우선 족보라는 장르에서 빌려 온 일단의 복잡한 비유를 동원하고 있다. 그 상징적인 질서에 기본이 되는 관념은 선을 하나의 종宗으로 여긴다는 점이다. "종"이라는 말은 시조始祖를 뜻하는 중국의 오래 된 개념에서 나온 것이다.5 일반적으로는 "조상"이라는 뜻으로 쓰이며, 나아가 가계家系의 조상과 관련된 모든 것을 가리키는 개념이 되었다. 송대宋代와 그 이후에도 그 말은 불교 이전의 종교적 의미, 즉 조상의 영혼이 가문을 지켜보고 인도한다는 뜻을 여전히 간직하였다. 가문을 세우고 이어온 조상들을 숭배하고 추종하며 존경하였던 것이다. 가문의 정체성은 결국 선조들의 선물이며 그들을 통해서 가문이 규정된다. 마찬가지로, 선을 일종의 가문과 같은 조직으로 본다는 것은 곧 그것을 족보 개념으로 본다는 뜻이었다. 그 조직에 속한다는 것이 무슨 의미인지를 알려면 그것이 누구로부터 이어졌는지를 알아야 했다. 『전등록』 같은 텍스트는 바로 그런 역사에 대한 지식을 전해주고 가르쳐주는 것이었다.

그러니까 이 텍스트는 가문의 역사 즉 족보와 비슷하다고 할 수 있다. 가문의 중요한 이야기들을 통해서 선의 정체성을 전달해주는 것이다. 게다가 선문禪門 안에서 이루어지는 관계를 지칭하는 주요 개념들은 사실상 모두 가계와 족보의 개념들을 끌어온 것들이다. 중국 선의 시조라

---

**5** "종" 개념에 대한 상세한 설명은 야나기다 세이잔(柳田聖山)의 『初期禪宗史書の研究』, Foulk의 *The Ch'an School*, McRae의 *The Northern School* 참조.

는 보리달마는 "초조初祖," 즉 모든 조사들의 조사라고 불린다.6 그 뒤의 조사들은 그의 "법사法嗣"이고, 또한 각자 나름의 문중을 일구었다. 후대 선사들 간의 관계도 가계의 용어로 규정되었다. "삼촌," "조카," "사촌"과 같은 기본적인 친족관계의 개념이 사용되는 것이다. 또한 선 문중의 조사 지위 계승 즉 대를 잇는 "전심傳心"을 이야기하는 데에도 세속의 가계에서 "대代 이음"과 관련해서 사용되는 여러 가지 상징들이 그대로 사용되었다.

『전등록』에서 선사들은 늘 법法의 "그릇," 즉 "용기"가 될 수 있는 적합한 계승자를 찾으려 하는 모습을 보인다. 그런 그릇에 해당하는 중국말은 기器이다.7 "기"는 고대에 조상들에게 제사지낼 때 제물을 담던 성스러운 그릇 즉 "제기祭器"를 뜻한다. "기"는 또한 어떤 목적을 위한 도구를 뜻하기도 한다. 그러니까 선에서 이 말을 쓰는 것은 조사들은 법을 이어받아 후손에 물려주기 위한 존재라는 뜻이다. 마치 제기처럼 성스러운 것을 받아서 보존하고 전해준다. 한 세대에서 다음 세대로 법이 전승되는 일은 전승받는 인물의 마음과 품성에 새겨지는 보증의 도장, 즉 "인印"으로 표상되기도 한다. 그 이른바 "마음의 인장" 즉 "심인心印"은 스승의 지도 하에 오랫동안 함께 생활하는 가운데 수행과 체험을 인정받는 것이다. 실제로 인장을 찍은 증서를 발부하기도 해서 그러한 "인가"를 뒷받침하기도 한다.

법을 전수받는 것은 일종의 "빚"이라는 인식도 있다. 법을 전수 받을

---

6 야나기다 세이잔은 『初期禪宗史書의 研究』에서 "조사"라는 용어의 역사를 추적하기도 했다. Yampolsky, *The Platform Sutra*, pp. 1~23 참조.

7 역주_그래서 "법기(法器)"라고 한다.

상속자로서 선택받고 훈련하는 것은 엄청난 의무와 책임이 따르는 일이다. 달리 말하자면 갚아야 할 빚을 지는 셈이다. 그 책무는 세속의 가정에서 효孝에 해당한다. 그런 책무감을 토로하는 대목은 선서에서 흔히 볼 수 있다. 법을 전수받고서는 감사하는 마음과 함께 가문에 대한 의무감을 토로하는 것이다. 스승도 법사法嗣에게 "후사를 게을리 하지 말 것"을 누누이 경고하며, "법을 전수받음"은 곧 선조들과 마찬가지로 그것이 대대로 이어가도록 전승해줄 의무를 지게 되는 일임을 강조한다. 선의 계보 즉 선맥禪脈 속에 한 좌표를 가지게 되는 것은 과거뿐 아니라 미래와도 얽히게 됨을 의미하였다.8 과거와 미래 세대에 대해 이런 의무감을 가지려면 후계자는 가문의 역사에 대하여 이해하고 있어야 한다. 단순히 아는 데 그쳐서는 안 되고 언행으로 그 가풍을 대변하도록 노력해야 한다.

조사 지위의 계승에 적용되는 계보 개념은 나머지 대다수 수행자들에게도 그대로 적용된다. 굳이 가부장의 자리가 아니더라도 그들 또한 족보 속에 나름의 위치를 가지고 다음 세대에 법을 전승해주어야 한다. 그것은 무엇보다도 새 세대의 수행자들을 가르치고 사회화 시키는 활동을 통해 이루어진다. 그 모두가 선자禪子 즉 "선의 자손"으로, 집안 어른들이 부양하고 가문의 일원으로 사회화되는 것이다. 특정 선찰과 특정 선사의 회하會下에서 자라난 그들은 모두가 독특한 "가풍"을 몸에 담게 된다. 거기에는 그 가문 특유의 언행이 포함된다.9 선의 정체성 의식이 그

---

**8** 리꾀르(Ricoeur)는 *Time and Narrative*에서 과거, 현재, 미래 세대와 관련된 주제에 대해 흥미 있는 의견을 개진하고 있다(volume III, pp. 109~116).

**9** 리꾀르(Ricoeur)는 *Time and Narrative*에서 언어와 전통의 관계를 상세히 설명하고 있다 (volume III, p. 221,9).

처럼 세속의 가족생활과 족보를 모델로 구축되었다는 점을 감안하면, 역할 모델과 사회화, 그리고 따라 하기가 선을 이해하는 필수적인 방법인 것도 놀라운 일은 아니다. 선을 익힌다는 것은 선조 대대로 내려온 방식을 반복하고, 성품과 태도에 그 전통의 각인이 찍히게 하는 것이다.

이러한 반복의 가장 중요한 형태 가운데 하나는 『전등록』에 나오는 것과 같은 선의 이야기들을 되풀이해서 이야기하고 읽고 생각하는 것이다. 그런 정신적인 반복 행위를 통해서 참여자의 자기 정체성이 그 이야기들에 의하여 형성된다. 여기에서 그처럼 "이야기를 통해 자기 정체성이 형성된다"고 함은 한 승려가 어떤 인물이 될지, 세상 속에 어떻게 자리를 잡을지 하는 것이 그가 배우는 그 이야기들에 의해서 상당 부분 결정된다는 뜻이다. "우선 '나는 어떤 이야기에 속하는가?'라는 질문에 답할 수 있어야만 '나는 뭘 해야 하는가?'라는 물음에 답할 수 있다."[10] 선에서 개인의 정체성과 자의식은 자아에 관한 불교의 교리보다는 많은 부분 선 전통에서 전해지는 일화, 본보기, 선례 들을 통해서 형성된다. 더욱이 교리 자체가 선의 이야기들에 흡수되어 그 이야기들에 나오는 특정 사례들을 통해서만 이해될 수 있다. 여느 종파에서도 마찬가지이듯이 "선자"들도 그들이 누구이며 무엇을 하고 있는 것인지를 선의 이야기들을 듣고 행동하는 과정을 통해서 이해하게 된다. 또한 조상의 위패 등 가문의 계보를 모신 사당에서 제사를 지내듯이 조사당祖師堂에서 치르는 의례를 통해서 그런 이해가 주입된다.

"정定의 수행"을 할 수 있으려면 그 "정"의 개념을 의식하고 이해하게 해주는 이야기들이 먼저 있어야 한다. "참선" 수행을 하려면 그것을 누

---

**10** MacIntyre, *After Virtue*, p.216.

가 언제 어떻게 해서 어떤 결과가 있었는지를 말해주는 이야기가 먼저 있어야 한다. 그러니까 이야기를 통해 형성되는 역사적 정체성이 깨달음의 정체성에 필수성분인 것이다. 선 전통은 초시간적이고 비역사적인 어휘로 "깨달음"의 경험을 개념화하고 표현하기도 하지만, 실제로는 그것을 계보와 역사적 관계의 언어로 표현하는 면이 훨씬 더 두드러진다. 나아가, 깨달음이 역사와 관계없다는 개념은 선맥이라는 더 큰 계보 구조 속에 하부 구성요소로 위치하게 되었고, 그리하여 선문禪門에 소속된다는 것이 깨달음 체험의 배경, 무대장치가 되는 것이다. 즉 깨달음은 선문의 일원이라는 배경을 조건으로 해서만 가능한 것이다. 선문에서 상속되는 "유산" 중에 가장 우선적인 것이 "깨달음"이므로, 가문의 전통에 가장 잘 사회화된 이가 그것을 물려받는다고 여기게 된 것도 당연하다. 그렇게 해서 깨달음과 역사의식이 서로 불가분으로 얽히게 되었다.[11]

『전등록』은 그 이전에 전승되어온 이야기들을 모아 합성하여 하나의 구조로 만든 역사서로서, 거기에는 뭔가 역사의식이라 할 만한 것이 전제되어있다. 그 편찬자들은 우선 선문의 주요 인물들과 관련된 설화, 일화, 그리고 문서 들을 수집하여 한 데 모았다. 그 다음에 이를 대폭적으로 편집하고 다시 쓰기도 하고 또 위치를 배열하여 새로운 텍스트를 만들어냈으며, 그런 가운데 선 전통에 대한 나름의 새로운 이해를 담아냈다. 기존의 텍스트들을 자료로 활용하면서도 전거를 밝히는 데에는 전혀 관심을 두지 않았다. 그런 식으로 이리저리 짜 맞춘 텍스트는 (우리 기준으로 보자면) 역사상의 연대에 충실하지 못하며 따라서 하자가 흔히 발

---

[11] "보편성"의 언어에 영향을 받은 근대의 해석가들은 "선"이 지닌 이런 계보의 차원을 무시하고 대신에 전통과 역사를 초월하는 훌륭한 실례로 선을 읽으려고 했다.

견된다. 예를 들어 『전등록』 첫머리에서 소개하는 "옛 부처들古佛"12의 말씀을 보면 다분히 송나라 때의 공안公案 같기도 하다. 또 보리달마가 그 몇 세기 뒤에나 탄생하게 되는 "선종"을 주재했다거나, 당나라 중기의 백장百丈이 당대 이후에나 합당할 법한 선원청규禪苑淸規를 제정했다고 하는 기사도 그러한 "시대착오anachronism"의 예이다.

더욱이 편찬자들은 자료의 정확성이나 신빙성에 대해서도 거의 관심을 기울이지 않았다. 인식론적 문제―이를테면 황벽에 관한 이야기들이 사실인지 아닌지 어떻게 가늠할 것인가 하는 문제―는 관심 밖이었고 기껏해야 부차적인 관심사였다. 자료의 객관적 신빙성을 기사 채택의 가장 중요한 기준으로 삼은 게 아님을 알 수 있다. 그 이야기가 어디로부터 왔느냐가 아니라 전승의 목적에 얼마나 잘 부합하고 훌륭한가를 중시한 듯하다.

블로펠드는 근대적 시각에서 제기되는 그런 무거운 회의에도 불구하고 선서禪書에 대한 "믿음"을 견지하고 싶어 했다. 하지만 역시 근대 낭만주의 전통의 일원이자 한 사람의 "현대인"이었는지라 블로펠드도 때로는 "불교"라는 간판을 달고 나온 여러 가지 교리들을 서로 대조해보곤 했다. 예를 들어 다음과 같이 자문하기도 했다. "최고의 가르침을 보전해왔다는 대승불교의 주장이 맞는지 어떤지 어떻게 알 수 있을까? 더욱이 그 중에는 비전秘傳되었다는 것들도 있다. 그 '가르침'들 중에 후대의 승려들이 마치 붓다가 말한 것처럼 가장한 것이 전혀 없다고 확신할 수 있을까?"13 근대 이전의 불교계에도 이런 종류의 인식론적인 문제의

---

**12** 역주_이른바 과거칠불(過去七佛)이라 해서 비바시불(毘婆尸佛), 시기불(尸棄佛), 비사부불(毘舍浮佛), 구류손불(拘留孫佛), 구나함모니불(拘那含牟尼佛), 가섭불(迦葉佛), 그리고 석가모니불(釋迦牟尼佛)을 소개하고 있다(T. 51, pp. 204c-205c).

식이 전혀 없었던 것은 아니다. 하지만 드물게나마 간혹 그런 문제가 제기되었을 때에도 그 목적은 "조작"의 의혹을 부인함으로써 전통을 옹호하려는 데 있었지 정말 심각하게 회의를 제기하는 데 있는 게 아니었다. 근대에는 전통을 포함해서 무엇에 대해서건 회의적인 의문을 제기하는 것이 보편적인 정신작용이다. 하지만 불교에서는 전통을 위한 목적에서 제기된 것이다. 블로펠드도 그의 근대적인 정신에서 "자연스럽게" 이런 질문들이 제기되는 것을 피할 수는 없었다. 그러나 또 한편으로는 낭만주의자로서 그런 회의를 밀쳐버리거나 거부할 좋은 명분들을 찾아낼 수 있었음을 그의 글에서 볼 수 있다. 그리하여 그의 스승이 "예나 지금이나 고승대덕들이 세상의 '진상'에 대해 직관적으로 깨달은 지혜"라든가 "'영원한 진리'의 경험"을 들먹일 때 그의 비판정신은 다시 또 가라앉았다. 블로펠드는 "고개를 끄덕였다. 그의 이야기는 매우 감명 깊었다"고 술회하고 있다.14 그 스승의 말은 실은 블로펠드 자신의 주장이었고, 나아가 당시 다른 나라와 과거의 전통에서 지혜를 찾는 젊은 영어권 낭만주의자들 전체의 생각이기도 했다. 블로펠드는 중국으로 가기 훨씬 전에 영국에서 그러한 사상을 배웠다. 사실상 바로 그것이 중국으로 가기로 결정한 그의 "합리적인 명분"이었고, 오직 그 때문에 근대의 인식론적 비판정신은 가두어두었던 것이다.

 근대 문화에서 역사가들 사이에서는 이러한 근대적인 "비판 태도"가 지배적인 자리를 차지한다. 그런 입장에서 보면 매우 다른 의미의 "역사"가 등장한다. 그 시각에서 보면 "전등의 역사"는 진짜 역사의 서술이

---

**13** Blofeld, *The Wheel of Life*, p. 51.
**14** Blofeld, *The Wheel of Life*, p. 51.

아니다. 설사 진짜 역사를 서술한 것이라 하더라도 객관성과 방법에 약점이 있는 형편없는 수준이다. 황벽과 "전등사"의 편찬자들이 말하는 선의 기원은 역사적 사실이 아니며 따라서 허위라고 본다. 비판적인 역사가들의 입장에서 보면, 이 이야기들은 진짜 선의 역사가 아니다. 그래서 근대의 불교사학자들은 비판적으로 검증한 자료들을 바탕으로 해서 선의 역사를 다시 써서 선의 역사에 대한 서술을 바로잡으려 하였다.

근대 역사학이 선의 역사에 대해 어떤 결론을 내리는지는 여기에서 우리의 관심사가 아니다. 그보다는 그 두 가지 역사 서술 전통의 시각에 어떤 차이가 있는지를 살펴보고자 한다. "선의 역사"를 편찬한 중세 선승들과 그 역사를 지금 다시 쓰고자 하는 근대 서양 역사가들 사이에 역사의식의 차이점은 무엇인가? 이들 서로 다른 역사 사상 전통 사이의 차이점은 여러 가지 방식으로, 또 구체성에서도 여러 가지 다른 수준에서 논할 수 있을 터이다. 하지만 여기에서는 네 가지 기본적인 사항에서 대비되는 특성을 짚어보고자 한다.

첫째, 전등사 편찬자들은 자신과 또 자신들이 편찬하는 텍스트가 선 전통과 연속선상에 있다고 본다. 자기들은 전수받은 것을 "재현"하고 "전수"하는 작업을 하는 것이며, 따라서 그들이 편찬하는 텍스트는 그 전거典據들과 온전한 연속선상에 있다고 여긴다. 이러한 연속성 관념은 불교의 핵심 교리가 "무상無常"임에도 불구하고 일종의 영원한 실체가 있다는 생각atemporal essentialism을 바탕으로 하고 있다. 세월이 흘러도 동일성이 유지된다고 전제한다면, 역사에 근본적인 변화는 없는 셈이 된다. 부처가 살았던 세상은 중국의 송대宋代와 본질적으로 같은 세계였다고 전제하는 것이다. 이러한 관점에서 보면, 과거의 불교가 현재의 불교와 다르다고 생각할 수가 없다. 불변의 불성佛性이 영원히 임재한다는 관념으로 그 시차를 극복해버리는 것이다. 그러므로 선이 일으킨 혁신은 혁신이 아니라고 생각된다. 시간이 흘러도 변하지 않는 그 어떤 영원한 정체성을 재현한 것이라고 여긴다.

반면에 근대의 역사가들은 연구의 대상과 그 대상에 대해 그들이 집필하는 텍스트를 명확히 구분한다. 근대 역사학자가 불교의 역사를 서술하는 것은 불교전통을 재정립하는 작업으로 간주되지 않는다. 그들의 그러한 "이차적인" 저술은 기본적인 자료로 제공되는 "일차적인" 텍스트(원전)와는 완전히 다른 체계로 되어 있다. 현격한 "역사적" 거리가 그 둘 사이에 놓여있다. 따라서 그 둘은 본질적으로 다를 수밖에 없다는 것이 근대 역사가들의 생각이다. 비판적인 역사가에게 과거는 오직 과거일 뿐이다. 즉 근본적으로 현재와 다른 것이다. 따라서 숭배의 대상이라고 생각하지 않는다. 근대 역사학자들은 선이 변화를 부인하면서도 실제로는 변화한다는 점을 본다. 선은 자기가 일으킨 혁신이 영원한 본래의 불교를 재정립한 것이라고 주장하지만, 바로 그 주장으로 인해서 선은 원래 "무상"을 근본 교리로 하는 불교를 변화시킨 셈이다. 근대 역사학의 시각에서 보면 "시간의 흐름을 무시"하는 그러한 태도는 잘못이며, 역사의 역동성과 다양성, 변화를 보지 못한다. 사료가 전해주는 내용은 현재에 대해 구속력을 가지는 것이 아니라 이제는 과거가 된 그 자체의 특정된 역사적 위치에서만 가치 있고 의미 있는 것이며, 따라서 객관적인 연구의 대상이 된다고 본다.

둘째, 선사禪史 편찬자들은 위에서 언급한 그런 연속성을 느끼면서, 자기들이 전하는 그 이야기들에 전면적으로 개입하는 참여자로 처신한다.

전승된 문헌들은 바로 자기들에게 직접 전해주는 설법이라고 여긴다. 과거에 있었던 일에 대한 이야기들은 현재에도 일어날 수 있다고 여기며, 현재 역사를 편찬하고 있는 자기들의 상황에도 그대로 적용될 수 있다고 생각한다. 이미 선을 신봉하며 선에 소속되어 있다는 의식이 선의 역사를 쓰는 근본적인 이유였다. 선사 편찬자들도 그들이 전하는 이야기들이 과거의 상황에 속한다는 점을 부인하지는 않는다. 하지만 그런 상황이 자기들이 지금 지혜를 추구하고 있는 현재의 상황과 전혀 다르다는 관념은 인정하지 않는다.

한편, 근대 역사가들은 이해의 콘텍스트를 바꾼다. 사료가 되는 텍스트는 역사가 자신의 시대적 맥락과 관련해서가 아니라 그 텍스트 자체가 속한 시공간의 콘텍스트와 관련해서 이해해야 한다는 것이다. 현재의 의미 맥락은 괄호 안에 집어넣고, 그 텍스트가 한때 다른 사람들에게 무엇을 의미했었는지를 서술하는 것이 역사학자의 일이라고 여긴다. 텍스트를 이해하기 위해 그것을 위치시킬 콘텍스트를 현재에서 과거로 옮겼기 때문에, 이런 경우 역사학자와 전통 사이의 관계를 나타내는 데 적합한 개념은 "참여," "동참," "신봉"이 아니라 "중립," "객관성," "비판적 거리두기"이다.

셋째로, 선 사서史書의 편찬자들은 그들이 서술하는 전통으로부터 얼마든지 영향을 받기를 바란다. 그들이 사용하는 텍스트가 얼마나 오래 전의 것이건 간에 자기들의 맥락에도 그대로 적용 가능다고 여긴다. 그렇기 때문에 텍스트에 대한 그들의 자세는 단순히 개방되어 있는 정도가 아니다. 그 텍스트가 갖고 있을 어떤 영향이든지 기꺼이 수용하려고 할 만큼 적극적이다. 그들의 이상은 텍스트의 언어와 성격이 그들 자신의 언어와 성격에 각인되고 결합되는 것이다. 전등의 역사를 쓰고 그것을 미래의 세대에게 전승하는 것도 선수행의 실천이다. 그렇게 함으로써 자기 자신과 또 남들에게서도 "연기"의 힘이 작동케 하기 때문이다.

반면에 근대 역사학자들은 그런 영향을 받지 않으려고 한다. 영향을 받으면 자기의 역사서술이 무가치해진다고 생각하기 때문이다. 객관성의 원칙을 지키기 위해서는 역사가의 목소리가 텍스트의 목소리와 겹치지 않고 구별되어야 한다. 불교 텍스트가 주장하는 것과 현대 역사가들이 주장하는 것 사이의 경계가 늘 분명해야 한다. 불교 역사가는 텍스트로부터 배우려고 노력하는 반면에, 현대 역사가들은 텍스트에 대해서 배우는 데 만족한다. 역사가도 어느 특정 사상 또는 실천의 전통에 속해 있을 수 있지만, 이러한 참여가 그의 선 역사서술에 영향을 주어서는 안 된다고 여긴다.

넷째, 선사의 편찬자들은 불교 전통의 진리가 모든 것에 우선한다고 여긴다. 그리고 자기들은 그 진리를 다시 정리해서 제시해줄 책무가 있다고 생각한다. 그들이 편찬하는 텍스트는 단순히 다른 불자들이 옛적에 했던 말에 대한 보고서일 뿐 아니라, 선 사가들 자신의 현재 목소리를 담고 있는 것이다. 그런 책무의식 하에서, 그들이 전승하는 이야기들은 현재의 "법의 의미"와 어떻게든 일치해야 한다. 일치하지 않을 경우에는 언제든지 비유적인 이해 수단을 강조하기 위해 편집하거나 아니면 적절하게 변형시켰다. 극단적인 경우에는, 원전에는 있더라도 새 텍스트에서는 그저 간단하게 생략해버리기도 한다. 원전이 손상되어 합당한 의미가 상실되어버렸다고 판단하기 때문이다. 어떤 방법을 취하든 간에 새 텍스트는 단순히 과거의 믿음에 대한 기록이 아니라 법의 전승이다.

"법은 진실"이라는 명제가 거기에 전제로 걸려있고, 이것이 진실인 채로 남아있도록 모든 노력을 바쳐야 하는 것이 역사가들의 책무였다. 그들은 현재에도 진실을 합당하게 주장할 수 있는 과거만이 알 가치가 있다고 생각한다.

그러나 현대 역사가들은 무엇보다도 우선 사실의 정확한 재현이 진리라고 여긴다. 그들은 텍스트가 그 텍스트 자체의 맥락에서 실제로 무엇을 말했는지를 알고자 하며, 그 시대 사람들이 실제로 이 텍스트를 어떻게 이용했는지를 기술하고 싶어 한다. 그러려면 자기들이 정확하게 보고하는 것이 사실상 진실인지 여부에 대한 자기 자신의 의견은 적어도 당분간 유보해야 한다. 선의 과거를 어디까지나 과거로서, 그것이 그 시대 그 사람들에게 진리주장을 했던 그대로, 가능한 한 정확하게 서술하고자 한다. 그것이 현재에도 진실인가 여부에 대한 역사가 자신의 견해는 전혀 중요치 않다고 여긴다. 그런 문제는 역사학자가 다룰 것이 아니라고 생각한다. 필자가 그런 입장을 취하는 만큼, 독자들도 그 저술을 진리의 원천으로 읽지는 말라고 주문한다. 물론 거기에서 진리에 대한 이야기를 기대하는 독자들과 낭만주의자들이 그 텍스트를 어떤 의미로 읽을지는 예측할 수 없다.

근대 역사가들의 관점에서 볼 때, 선 역사가들의 편찬과정은 잘못된 것이며 급기야는 "그릇된 역사"를 만들기에 이르렀다. 전통으로부터 충분한 거리를 유지하지 못했기 때문에 전통을 정확하게 기술하지 못한다는 것이다. 그들은 자기들이 서술하는 전통 속에 위치하는 입장을 취하기 때문에, 그 전통의 과거 모습과 현재의 모습, 그리고 현재의 이상에 비추어 어떤 모습이었어야 하는가 하는 당위적 판단을 뒤섞어서 혼동을 일으킨다는 얘기이다.

선 역사의식의 약점은 단순히 사료를 취사선택하거나 왜곡하는 데에만 있는 게 아니다. 그 바탕에는 선전통의 연속성, 일관성, 이상형을 전제하고 그것을 찾아내려는 욕구가 깔려 있는데, 바로 그런 전제와 목적이 편찬자의 시각을 결정한다는 점이 더 중요하다. 그런 시각으로 보면 전통의 변화와 "불연속성"은 볼 수 없고, 따라서 선 전통 내부의 괴리도 볼 수 없다. 현재의 수행자가 선조들을 모델로 자신을 만들어가고, 깨달음의 현대적 이미지에 맞게 그 선조들을 새로운 모습으로 만들어낸다면, 과거와 현재의 이상 사이에 어떤 근본적인 차이점도 없는 셈이 된다. 깨달음을 무엇으로 이해하느냐에 따라서 선조들의 모습도 만들어가며, 그리하여 각 세대마다 선조를 "통해" 실습을 하는 가운데 자기들의 가장 높은 이상을 선조들에게 투영하게 된다. 그리하여 선조들은 항상 현재의 수행자들이 목표로 삼는 경지를 대변하는 존재가 된다. 그 이상적인 경지에 대한 개념은 시간이 지남에 따라 변해가고, 그 이상은 갈수록 사실상 비현실적일 정도로 높게 투영된다.15 선 전통도 변화하며 따라서 내부의 "괴리"가 있음을 표현할 방법이 없었던 까닭에(기껏해야 중국 불교에서 흔히 쓰던 "쇠락"이라는 개념을 동원할 수 있었을 뿐이다), 선 사가들에게는 현재의 이해가 과거와는 달라졌다는 점을 볼 수 있는 시각이 없었다. 그 결과 현재를 비판할 수 있는 시각은 없고 현재 그 자체의 시각만 있게 되었다. 현재에 대한 비판은 기껏해야 현재의 이상을 다 실현하지 못하고

---

**15** 인간은 어떤 발전 단계에 있든지 자신들이 현재 성취할 수 있는 것보다 더 큰 이상을 상상할 수 있다는 뜻이다. 이상이란 게 본질적으로 워낙 그런 것이다. 현재 너머의 것, 많은 노력과 변화, 시간을 요청하는 것이다. 어떤 이상이 실현되었다면 반드시 새로운 이상이 대두하게 마련이다.

있는 데 대해 질책하는 형태를 취하는 데 그친다.16 따라서 수행자들은 자기 자신의 전통을 고도로 이상화하고 그에 대해 전형적으로 "무비판"의 태도를 취한다. 그렇다면, 우리가 현재 가지고 있는 시각에서 볼 때 전통적인 선의 역사편찬이 놓친 것은 무엇인가? 과학적인 사료 편집의 시각에서 보면, 거기에 없는 것은 바로 정확성이다. 사실—실제로 일어났던 일—이 신화적인 이상에 대한 욕구에 밀려버린 것이다. 푸코Foucault 등에 의해서 새롭게 나타난 전통인 "포스트모던" 역사학의 시각에서 보자면, [선의 역사편찬이] 놓친 것은 복합성, "차이," 그리고 괴리이다. 선의 역사 편찬자들은 선을 통합적인 단일체로 보려는 욕구 때문에 그런 것들을 볼 수 없었다.17

**16** 사실은 사정이 이렇게 단순하지는 않고 훨씬 복잡하지만 그 중 한 면을 좀 과장해서 강조하였다. 텍스트는 사실상 옛날의 시각으로 현재를 비판하는 데 사용되기도 한다. 이것은 "정법의 쇠퇴"라는 신화를 비롯해서 여러 가지 중요한 사례가 있다. 그러나 아무는 두 가지 요소가 과거와 현재의 "차이"에 대한 인식을 가로막았다. 첫째, 위에서 말했듯이, 현시대의 언어와 사고에 맞도록 텍스트들을 편집하였고, 그리하여 너무 두드러진 "괴리"는 지워버렸다. 둘째, 텍스트를 굳이 그런 식으로 편집하지 않은 경우라 해도, 과거와 현재가 충분히 일치한다고 전제함으로써 텍스트가 말하는 것은 무엇이든지 현재의 새로운 의미를 부여하게 된다. 옛날의 관점과 지금의 관점 사이에 "괴리"를 보아야만 비판적인 판단이 필요하게 되는데 그렇지 못한 것이다. 옛 조사들은 깨달은 이들이고 그래서 만사에 옳으며, 넘어설 수 없는 만고의 표준이라고 본다. 그들은 단순히 "진실"일 뿐 아니라 현재 상상할 수 있는 최고의 이상을 계속해서 대표하는 존재로 이해되어야 했다.

**17** 베르나르 포르(Bernard Faure)가 이 점을 직설적으로 집어냈다. "선의 실상은 아주 복잡한데, 그 역사가 점차 단순하게 신화화된 이미지로 응축되어 그 복잡한 실상을 대체하였다"(*The Rhetoric of Immediacy*, p. 19)라거나, "선 전통은 그 기원이 다양하고 그 형성에 우연성도 많이 작용했지만, 전통의 이데올로기는 그 다양성과 우연성을 합의된 정통성의 포장 뒤에 숨겨왔다(p. 16)"고 지적한 것이다. 선의 "동일성"과 "정체성" 관념을 바탕으로 해석할 때엔 신화적인 전통을 구축해주는 바로 그 텍스트들이, "차이"와 "다양성"이라는 현대의 주제를 기준으로 해석할 때엔 전혀 다른 역사를 드러낸다. 선의 관점은 "다양성"을 외면하고 우리들의 관점은 "동일성"을 외면한다. 선 전통이 자신의 다양성을 잘 알면서도 숨겼다는 우리의 주장이 정당하려면, 우리도 그와 마찬가지로 동일성이 있음을 잘 알면서도 "다양성"에 대한 우리의 신념 뒤에다가 그것을 숨기고 있다는 지적을 기꺼이 받아들여야만 할 것이다.
**역주**_마지막 문장은 "We would only be justified in claiming that the Zen tradition was hiding a **unity** that it knew very well was there if we were also willing to entertain the correlative point that, behind our faith in 'difference,' we are hiding a unity that we know very well is

그러나 이를테면 반조적返照的 성찰을 통해 반대 방향의 비판도 똑같이 제기할 수 있다. 즉 현대의 역사의식을 선의 입장에서 비판할 수도 있는 것이다. 우리의 역사편찬 방법과 그 바탕에 깔린 역사의식을 고전적인 선의 역사의식에 비추어 보면 무엇이 드러나는가? 두 가지 주요한 사항이 떠오른다.

첫째, 선의 전통과 비교하건대 우리의 역사학에는 어떤 특정 전통에 소속되어 있다는 의식이 매우 적다. 우리는 우리 자신을 어떤 특정한 관점을 대변하지 않으며 어떤 특정 관점에 대해서도 책임이 없는, 전통에서 자유로운 관찰자라고 생각한다. 하지만 이것은 잘못된 생각이다. 선불교인들과 마찬가지로 우리도 사실상 특정 전통 안에 서 있고 특정한 콘텍스트와 관점에 입각해서 역사를 서술한다. 자기의 입지에 대한 인식이 없다고 해서 곧 정말 특정 입지가 없고 아무런 영향을 안 받는다는 뜻은 아니다. 그러한 인식 부족은 연구에 임하는 우리의 입지에서 그 질과 깊이를 심각하게 감소시킨다. 자신이 어디에 서 있는지를 아는 것은 중요한 일이다. 자신의 입지와 연구 대상과의 관계를 아는 것도 역시 중요하다. 자신을 객관적인 관찰자라고 여기는 우리의 견해 때문에, 우리는 불가피하게 전통과 관계를 맺고 있으면서도 그 관계를 약화시키며 그리하여 전통 자체도 약화시킨다.[18] 우리가 다루는 선 텍스트들에서는, 역사에 대한 이해를 개인의 주관적 활동으로 여기지 않는다. 그보다는

---

there"인데(강조는 역자), 이탤릭체로 표시한 "**unity**"는 "difference"의 오기라고 생각되어 바로잡아 번역하였다.

**18** "근대의 역사연구도 연구일 뿐 아니라 그 자체가 전통의 전승이다"(Gadamer, *Truth and Method*, p. 253). 이 장에서 사용하는 "전통"과 "역사성"의 개념은 일차적으로 가다머에게서 가져온 것이다. Alasdair MacIntyre, *Three Rival Versions*도 참조.

전통의 활동이라고 여긴다. 개인은 과거와 미래가 현재로 합쳐지는 역사의 과정 속에 위치하는 존재로 간주된다. 그런 위치지움의 작용을 하는 것이 전통이다. 전통이 후손들에게 방대한 유산을 남겨주는 관대한 기부자라고 여기면, 우리는 전통에게 일종의 부채를 지고 있다는 의식이 생긴다. 그에 대한 보은과 보상을 실제 기부자 즉 스승들에게 하지는 못한다. 그들은 이미 존재하지 않기 때문이다. 대신에 그들이 대변하는 전통 그 자체에게 빚을 갚아야 한다. 이러한 보은의식, 그리고 보상을 미래에다가 지불하는 형식으로 보은하려는 열망이 선 텍스트에서 매우 뚜렷하고 인상적으로 나타난다. 그래서 선 텍스트를 읽으면서 우리를 돌이켜보면, 우리는 우리 자신의 전통―그것을 어떻게 인식하든 간에―과 관계가 결여되었다는 점을 느끼게 마련이다.

둘째, 선 전통에서 독자와 텍스트 사이의 다양한 관계를 연구하다 보면, 우리는 연구 활동에 반조 또는 자기인식을 동원하는 면이 취약하다는 점에 주목하게 된다. 이 취약점은 인문학 연구도 자연과학을 모델로 지향하려고 한 근대 학문의 경향에서 비롯되었다. 불교에 대한 역사학적 연구는 객관적으로 거리를 두고 연구하는 태도를 중시하므로, 연구 대상인 불교문헌을 해석자의 입지와는 연관시키지 않는 경향이 있다. 그렇게 이른바 객관적인 거리를 놓고 떨어뜨려 놓고 보니까 불교의 텍스트들이 우리의 연구에 바탕이 되는 입장과 전제에 대해 더 깊은 이해를 모색하도록 하는 자극제가 되지도 못하고, 이러한 **텍스트로부터** 배울 수 있는 중요한 그 무엇을 보지도 못하게 하는 경향이 있다. 사실상 우리는 우리가 연구 대상과 진짜로 아무런 관련이 없는 것처럼 연구를 진행한다. 그래서 우리 자신에 관한 이야기들은 전개되지 못한다.[19] 우리가 늘어놓는 이야기는 우리가 텍스트와 생산적인 관계를 맺게 해주지 못한다. 즉 우리가 텍스트에 의해 자극받거나, 우리 자신의 입장을 더 깊게 이해하거나, 다시 생각하거나, 바꾸거나, 확장시키는 일은 차단되어 버린다. 텍스트와 반조적인 관계를 맺으면, 텍스트가 독자에게 끼치는 영향이 활성화된다. 이 반조의 관계가 부족하거나 약하다면, 역사를 연구하는 명분이 불분명해진다. 『전등록』의 마조馬祖조에서 말하듯이, 불교에 대한 우리의 질문에 가장 중요한 대답은 "질문을 하고 있는 당사자"와의 관계를 스스로 의식하는 데에서만 찾을 수 있다.

이런 식으로 서술하고 보면 두 가지 역사편찬의 전통에서 우리가 찾아낸 결점은 서로 대척점을 이룬다. 하지만 그 양극에서 기본적으로 비슷한 점도 볼 수 있다. 선불교와 근대 서구의 역사학 전통 들은 양쪽 모두 역사의 무상성 가운데 일면을 은연중에 부인하는 태도를 담고 있다. 시간의 흐름이 어느 정도 연속적임을 전제하기 때문이다. 불교 전통에서는 현재의 결함은 강조하지만—현재의 상태는 온전치 못하기 때문에 옛 부처님들에 의지하고 그들의 길을 따라가려고 노력할 필요가 있다고 본다—, 과거의 문제점은 비판적으로 고찰하지 못한다. 또한 과거에 진리였던 것들이 현재의 상황에는 적용되지 못할 수도 있다는 가능성도 생각하지 않는다. 한편 현대의 역사가들은 과거의 결함은 분명하게 이해하지만—"구식" 사상과 행위는 어디까지나 당시의 역사적 맥락에서만 의미가 있다고 본다—, 역사편찬에 대한 근대의 사상과 행위를 포함하여 그들 자신이 살림살이는 보편성을 가지며 또한 특정 맥락에 구에

---

**19** 이 문제에 관한 근대 역사편찬의 비평에 대해서는 LaCapra, *Rethinking Intellectual History : Texts, Contexts, Language* 참조.

받지 않는 진실성을 가진다고 전제하는 경향이 있다. 한쪽의 전통—불교—은 깨달음으로 충만한 과거에 비추어 현재의 결함을 경험한다. 반면에 다른 한쪽—근대—은 근대에는 진실한 역사지식이 충분히 있지만 과거에는 그렇지 못했다고 주장한다. 전근대의 역사가들은 비판적인 방법이 결여되어 너무 종종 실수를 저지른 듯하다는 것이다.

그러나 이 두 전통 모두가 각자 유독 시간의 한 차원만은 역사적 유한성이라는 부정적인 면에서 제외시켜준다.[20] 그러므로 이런 결점들을 극복하는 역사관을 찾아내려면 그러한 면죄부 발행을 배제하는 법을 배워야 한다. 그런 자기 인식을 위한 노력은 곧 역사 성찰의 진실성을 가늠하는 새롭고도 더욱 포괄적인 기준을 개발하려는 노력일 터이다.

사료 편찬 방식은 각자 그 자체의 문화적 전통 속에서 전개된다. 해당 문화의 여러 다른 부문에서 작동하는 사상과 행위의 근거들도 거기에 배경으로 작용한다. 그러므로 각자가 초점을 달리하며, 과거 현재 미래에 대한 태도도 당연히 서로 다르다. 다른 전통의 역사의식과 접하면 그에 비추어 자기 전통을 돌아보고 새롭게 이해하며 평가하고 비판할 수 있으며, 그리하여 각 문화의 역사의식에 변화가 일어날 가능성이 아주 커진다.

마르크스 사관이라든가 그 밖의 서구 역사관과 만나면서 중국의 역사와 역사편찬 작업 양쪽 모두에 대해 재고하는 사회적, 문화적 파장이 이미 거대하게 일어난 바 있다. 한편으로 서구의 역사관에도 몇 가지 형태의 변화가 일어나기 시작했다는 징후가 있다. 20세기 동안 서구가 세계의 다른 지역들과 만난 체험이 그 원인의 일부이다. 이런 징후들은 바람직하며, 사실 매우 고무적이다. 그것은 역사적 상상력이 지금까지 생각

---

**20 역주**_불교에서는 과거를, 근대 역사학에서는 현재를 절대시하는 것을 두고 하는 말임.

하지 못했던 가능성에 대하여 고려하도록 하는 압박으로 작용한다. 그러나 서로 다른 두 역사학 전통을 대면시키는 현재의 이와 같은 작업은 그 두 전통을 "넘어선" 바깥의 입지라고 여긴다면 잘못이다(자신의 입지를 어떤 콘텍스트에도 속하지 않는 것으로 여기는 근대의 경향에서 그런 증상을 볼 수 있다). 구체적이고 다양한, 그리고 역사라는 차원에서 펼쳐지는 세계에서, "전통으로부터 자유롭고" 모든 것을 포함하는 역사 이론은 가능하지 않다. 특정 문화와 시대의 역사관은 다른 문화와 다른 시대와의 대면을 통해서 더욱 풍부하고, 더욱 포용력 있고, 더욱 자기 비판적이게 될 수 있다. 또한 자기 문화에서 이상으로 삼는 목적―이것도 마찬가지로 다른 문화와의 대면을 통해 변화할 수 있다―을 위한 활용도도 더욱 높아질 수 있다.

# 7장
# 자유—억제의 수련

제 마음대로 행동해서는 안 된다······ 모든 규율을 따라야 한다.
―『선원청규』1

선사가 대중들에게 말했다. "큰 작용이 발휘될 때에는 규칙에 얽매이지 않는다."
―『전등록』2

위의 두 인용문은 두 가지 서로 다른 선의 모습을 담고 있다. 그 다른 모습 사이의 긴장이 바로 이 장에서 다룰 주제로 진입하는 통로라 할 수 있겠다. 선서들을 읽어보면 선 전통이 규율과 위계, 권위, 규제을 얼마나 중시했는지 알 수 있다. 선원의 생활에서는 다방면에서 개인의 자유를 포기할 것이 요구된다. 또 한편으로 선사들은 자유분방하고 흔히 규율

---

1 *Pure Regulations of Zen*, trans. G. Foulk, in "The Ch'an School" p. 82.
　역주_"막찬"(莫擅)과 "의복금"(宜服禁)을 이렇게 번역하였다(ZZ. 63, p. 523b).
2 Lu K'uan Yu, *Ch'an and Zen Teachings*, p. 209.
　역주_『전등록』에 이러한 취지의 대목이 여러 군데 나온다. 연소선사(延沼禪師)조와 규봉종밀(圭峰宗密)조에는 "대사가 상당하여 대중에게 말했다. '무릇 현묘한 법을 배우는 안목은 근기에 따라서 적절하게 곧바로 대용이 나타나는 것이니, 사소한 절차에 스스로 구애되어서는 안 된다'"(師上堂謂衆曰. 夫參學眼目. 臨機直須大用現前. 勿自拘於小節)고 하였다(T. 51, pp. 302b, 300b; 김일운 옮김, 『전등록』 2, pp. 131, 179~180 참조). 그밖에 이 밀이 질문의 내용으로 나오는 대목들도 있다. 대안선사(大安禪師)조, 유계화상(幽谿和尙)조, 연밀원명(緣密圓明)조에 "큰 작용이 발휘되어 규칙에 얽매이지 않을 때란 어떠한 것입니까?(大用現前不存軌則時如何)"라는 질문이 나온다(T. 51, pp. 267c, 323c, 385a). 한편 대주혜해(大珠慧海)조에는 "큰 작용이 나타나면 어찌 공에 떨어지겠는가"(大用現前那得落空)라는 설법이 기록되어 있다(T. 51, p. 247b).

을 위반하는 모습으로 등장한다. "깨달음"의 경지에서 범속한 사회적 규범을 웃어넘길 수 있는 이들로 여겨진다. 그렇다면 어느 것이 "진정한" 선일까? 만약 그런 두 이미지가 모두 선의 전통에 합당하다면, 어떻게 양자가 조화될 수 있는 것일까?

자유는 선에서 대단히 중요한 주제이고, 선에 대한 서구 사람들의 이해에서도 처음부터 중심적인 주제였다. 그 저변에는 "자유"가 근대 서구 사상의 한 상징이라는 정황이 깔려 있다. "자유"라는 주제를 이미 중시하던 서구의 의식이 선의 이러한 측면에 특히 주목하게 되었던 것이다.

존 블로펠드는 1970년대—당시 그는 이미 불교를 서구에 "전승"해주는 가장 유명한 인물 가운데 한 사람이었다—의 한 저술에서 서구와 "선"의 만남의 역사를 간략히 돌아보면서[3] 다음과 같이 말하였다. "근래 서구에서 선에 대한 관심이 널리 퍼지고 있다. 이는 상당 부분…… 선의 '충격 전략'과 우상타파적인 모습—예를 들어 어느 추운 겨울 밤 불을 때기 위해 목불상을 도끼질했던 스님의 일화—이 호소력을 발휘한 덕분이다."[4] 당시 서양에 소개된 선을 종합적으로 대변한다고 할 수 있는 블로펠드의 선관禪觀은 대체로 사회적 관습과 모든 형태의 인위적 속박으로부터 해방된 이로서의 선사들의 모습에 초점을 맞추고 있다. 『전등록』과 같은 선의 고전적 텍스트에 기술된 행장行狀을 빌미로 해서, 선의 "황금기" 위대한 선사들의 모습을 모든 형태의 전통적 권위를 조롱

---

[3] 모택동주의자들이 이끄는 중국불교협회(中國佛敎協會)의 "불자"들은 "불교의 해탈"에 대해 프롤레타리아 해방이라는 공산주의 이념에 입각한 해석을 개발하고 있었다. 한편 그와 똑같은 때에 서구에서는 "비트 선(Beat Zen)" 초기 사상가들이 "해탈"에 대해 권위, 관습 그리고 "사회" 전체로부터의 자유라는 극단의 개인주의적인 해석을 제기하고 있었음은 역사의 아이러니다.

[4] Blofeld, *Beyond the Gods*, p. 118.

하는 우상타파자들로 묘사하고 있는 것이다. 그들은 스승이나 경전, 관습, 전통 등 그 어떤 형태의 권위든 간에 철저하고 극단적으로 거부하는 모습이다. 그런 이미지를 얘기할 때 가장 흔히 거론되는 이야기는 아마도 임제가 다른 선사를 만나보고 황벽산에 돌아왔을 때의 장면일 것이다. 모든 위계질서와 예절을 뒤집어버리면서 자기 스승이자 주지인 황벽선사의 뺨을 후려쳐버렸던 것이다.5

그런 주제는 고전적인 선서에서 흔히 볼 수 있다. 심지어 하나의 패러다임이라고까지 할 수 있다. 위대한 선사들의 이야기에는 거의 예외 없이 권위를 극단적으로 거부하는 대목이 적어도 한가지씩은 들어 있다. 이 중 많은 것이 전통의 권위를 거부하는 내용이다. 경전을 찢음으로써 그것이 가해오는 타율적인 힘을 떨쳐버리는 몸짓을 한 덕산德山이라든가, 돈오한 순간 수십 년간의 전통적인 공부를 통해 "지금껏 배운 모든 것으로부터 자유롭게 되었다"6는 남전南泉이 그런 예이다. 그러나 전통의 권위가 지닌 힘을 상징하는 것은 그 무엇보다도 우선 선원의 위계질서였다. 특히 "가르침"을 전수해줄 조사 또는 조실祖室이 그 살아있는 상징이었다. 그러한 권위를 무엇이건 거부하는 선의 정신은 서양의 독자

---

**5** T. 47, p. 504c; Sasaki, *The Recorded Sayings of Lin-chi*, p. 52.
**역주**_5장 각주 33에 소개한 대목 다음에 나오는 장면이다. 임제가 대우(大愚)를 만나고 나서 황벽산으로 돌아오자 황벽선사는 대우가 무슨 말을 하더냐고 묻는다. 있었던 일을 얘기하니 황벽이 말한다. "어떻게 하면 이 놈의 작자가 오는 것을 기다렸다가 호되게 한 방 줄까?" 그러자 임제가 "오기를 기다릴 것까지야 있으십니까? 지금 곧 잡수십시오" 하고는 바로 뺨을 올려붙인다. 원문은 "黃蘗云. 大愚有何言句. 師遂舉前話. 黃蘗云. 作麼生得這漢來. 待痛與一頓. 師云. 說什麼待來. 即今便喫. 隨後便掌." 한글 번역은 백련선서간행회 옮김, 『임제록・벽암록』, pp. 127~128.

**6** T. 51, p. 257.
**역주**_라이트가 제시한 전거인 『전등록』에서 이에 해당하는 대목의 원문은 "頓然忘筌"으로서 "물고기 잡는 통발(방편)을 단박에 떨쳐버렸다"는 뜻인데, 라이트는 앞뒤 문맥을 감안하여 이와 같이 번역한 것이다.

들에게도 널리 알려졌다. 특히 "부처를 만나면 부처를 죽여라!"라는 [임제의] 충격적인 발언이 그런 정신을 알리는 데 기여하였다.

그런 정신을 반영하는 가르침들은 선서禪書에서 얼마든지 손쉽게 찾아볼 수 있다. 황벽은 "아주 깊고 깊은 법을 듣더라도 맑은 바람이 귓가에 잠깐 스쳐지나간 듯이 여기어, 그것을 쫓아가서는 안 된다"고 말한다.7 진정한 수행을 위해서는 그 어떤 "답습"도 허용치 않으려는 것 같으며, 어떤 형태건 권위에 추종하는 것은 위대한 선사들의 자율적인 모습과는 배치되는 듯하다. 『임제록』에는 처음부터 권위에 의지하지 말라는 훈계가 누차 나온다. "내가 사람들을 지도해 주는 것은 그대들이 남에게 속지 말라는 것"이라고 선언하는가 하면,8 "요즈음 공부하는 이들은 도대체 법을 모른다. 마치 양¥이 코를 들이대어 닿는 대로 입안으로 집어넣는 것" 같다고 한탄하기도 한다.9 홀로 서지 못하는 스님들을 경멸하면서 임제는 다음과 같이 꾸짖었다.

---

**7** T. 48, p. 384a; Blofeld, *Huang Po*, p. 103.
  역주_원문은 "聞其深法, 恰似淸風屆耳, 瞥然而過, 更不追尋." 라이트는 전거를 『대정신수대장경』에 수록된 『완릉록』으로 표기하였으나, 이 대목은 『사가어록』 수록본에 나온다(Z. 119, p. 839b). 한글 번역은 백련선서간행회 옮김, 『선림보전』, p. 315.

**8** T. 47, p. 497b; Sasaki, *The Recorded Sayings of Lin-chi*, p. 7
  역주_원문은 "如山僧指示人處, 祇要爾不受人惑." 한글 번역은 백련선서간행회 옮김, 『임제록·법안록』, p. 40.

**9** T. 47, p. 498a; Sasaki, *The Recorded Sayings of Lin-chi*, p. 12. 여기에서도 양의 이미지는 서양에서처럼 무비판적 수용을 비유하는 데 쓰였지만, 중요한 차이가 있다. 여기에서는 다른 양들을 그대로 따라 하는 점보다는 선택적으로 먹이를 먹지 못한다는 점에서 분별력이 부족함을 비난하고 있는 것이다.
  역주_원문은 "今時學者總不識法, 猶如觸鼻羊逢著物安在口裏." 한글 번역은 백련선서간행회 옮김, 『임제록·법안록』, p. 50.

도 배우는 이들[道流]이여! 그대들은 어떤 노스님들의 입에서 나온 말을 듣고는 그것이 참된 도라고 하여, 선지식은 불가사의하고 나는 범부의 마음이므로 감히 저 노스님의 뜻을 헤아려 볼 수 없다고 한다. 이 눈 먼 바보들아! 일생을 이러한 생각만을 내어서 이 멀쩡한 두 눈을 저버리고 마는구나! 싸늘하게 입 다문 모습이 마치 빙판 위에 서 있는 나귀새끼 같구나. 나는 감히 선지식을 비방하여 구업口業 짓는 것을 두려워하지 않는다.

도 배우는 이들이여! 큰 선지식이라야만 비로소 감히 부처와 조사를 비방하고, 천하를 옳다 그르다 하며, 3장三藏의 가르침을 물리[친다].10

이런 우상타파적인 주제가 선 텍스트를 접한 초기 세대 서구 독자들의 공감을 불러일으켰다. 선사들은 깨달음을 추구하는 가운데 서양의 "계몽운동"처럼 전통과 권위, 위계질서를 거부하였고 그들이 추구한 깨달음은 독립과 독자성이라는 형태의 자유로움을 내용으로 한다고 이해되었다. 하지만 그처럼 서로 다른 이념들 사이의 유사성을 논하는 것은 신중해야 한다. 근대의 독자들이 이미 가지고 있던 관심과 취향 때문에 선서禪書를 그런 식으로 읽어 이를테면 아전인수를 범한 게 아닌지 따져봐야 하는 것이다. 권위보다는 자율적 이성을, 전통보다는 직관을, 집단보다는 개인을 우위에 두는 근대 서구의 성향이 선에도 적용되어 그 먼 나라의 전통이 원래 가지고 있는 이상과 덕목이 서구사상에 친근한 주제들에 가려지게 된 것은 아닐까?11

---

**10** T. 47, p. 499b; Sasaki, *The Recorded Sayings of Lin-chi*, p. 19.
  역주 원문은 "道流. 爾取這一般老師口裏語 為是真道. 是善知識不思議, 我是凡夫心, 不敢測度他老宿. 瞎屢生. 爾一生秖作這箇見解. 辜負這一雙眼. 冷噤噤地. 如凍淩上驢駒相似. 我不敢毀善知識, 怕生口業. 道流. 夫大善知識, 始敢毀佛毀祖. 是非天下. 排斥三藏教." 한글 번역은 백련선서간행회 옮김, 『임제록·법안록』, pp. 63~64.

**11** 찰스 테일러(Charles Taylor)는 *Sources of Self*에서 자결권(自決權)이라는 의미의 유럽적인 자유개념이 어떤 역사를 갖고 있는지 추적하고 있다.

선서들을 살펴보면 사실상 여러 가지 면에서 그런 의문이 일어난다.[12] 특히, 선서에 담긴 가르침을 공부하고 실천하는 것이 집단 내지 공동체 차원이었다는 점이 가장 중요하게 고려해야 할 사항이다. 전통적인 선원禪院 생활은 기본적으로 공동체적 구조로 짜여있었다. 거기에서는 서양에서 초기에 선을 수용했던 사람들이 이상으로 삼았던 것 같은 극단적인 개인주의가 권장될 여지가 거의 없었다. 당唐 후기에 이르면 선종 사원들은 이미 거대하고 잘 조직된, 그리고 대개는 다소간 격리된 시설이었다. 황벽산처럼 비교적 외진 곳에 위치한 선찰들은 그 자체가 하나의 독자적인 사회였다.[13] 중국 사회의 모든 부문이 그렇듯이 선찰도 위계적으로 조직화되어 있었다. 신참부터 주지에 이르기까지 각자 맡은 역할과 권력서열상의 위치가 아주 분명했다. 선원 내부의 활동과 관계

---

**12** 한 예로, 중국 역사의 이 시기에 승려와 사찰 들이 노비를 소유하고 있었다는 점도 마음에 걸린다. 서구적인 "자유" 개념이 선에서도 그대로 중요한 이상 가운데 하나였다면, 도대체 어떻게 선찰에 노비제도가 있을 수 있는가 말이다. 하지만 비슷한 모순이 미국의 역사에도 있었음을 우리는 잘 알고 있다. 신대륙의 초기 이주민과 건국의 주역 들에게는 오로지 "자유"의 실현이 이상이었다. 하지만 그 이상과 노예제도 사이의 모순은 19세기 중엽에 와서야 중요한 사안으로 떠올랐다. 황벽산사의 노비제도가 어떠하였는지에 대해서는 알 수가 없다. 그러나 아마 적어도 일부 승려는 당시 중국 불교 사찰의 일반적인 관습에 따라 노비를 소유했을 가능성이 높다. 황벽선사가 한참 왕성하게 활동하던 시기인 842년에는 불교 승려의 수와 재산, 권력을 제한하는 칙령이 공포되었는데 그중에 비구에게는 남자 노비 한 명, 비구니에게는 여자 노비 두 명만을 허용한다는 내용이 들어있다. 이 주제에 대해서는 Weinstein, *Buddhism Under the T'ang*, p. 119와 Bols, *This Culture of Ours*, p. 22 참조.

**13** 그렇다고 해서 당시 중국 중남부 사회경제권의 체제에서 완전히 독립되어 있었다는 뜻은 아니다. 스스로 노동하여 자급자족하는 공동체라는 것이 선원의 중요한 이미지로 되어 있지만, 실제로 대다수의 선찰이 꼭 그렇지만은 않았다. 승려 자신들의 노동도 선원의 살림살이에 하나의 요소였던 것만은 사실이지만, 선종의 제도적인 틀이 확립될수록 또 한편으로 신자들의 보시에 의지하는 면이 커졌다. 소유한 토지를 빌려주고 임대료를 받는다거나 잉여 생산물을 판매한다거나 해서 살림살이를 불리기도 하였다. 황벽산사 같은 큰 선원에는 때로 1,000명 또는 그 이상의 승려 대중이 있었기 때문에, 그것을 운영하는 데에는 상당한 경제적인 토대가 필요했다. 따라서 아무리 속세에서 떨어져 있으려 해도 중국이라는 보다 더 큰 세계와의 상호의존이 불가피했던 것이다. Collcutt, *Five Mountains*, 7장 참조.

든 외부 세계와의 접촉이든 모든 것이 규칙과 규제로써 틀잡혀있었다.14 송대 전에는 전통적인 불교의 율律과 이를 바탕으로 중국사회의 실정에 맞게 구성한 승제僧制가 선원에서도 그대로 쓰였다. 거기에는 계율조항들과 함께 의사결정과 행정에 관한 규칙이 들어 있고, 개개 승려들의 언행과 예절에 관한 사항들을 극도로 자세하게 규정해놓고 있다.

송대에 들어 선원청규禪苑清規가 시행되면서 선원 생활과 규범의 집단적인 성격이 더욱 뚜렷하게 부각되었다. 노동, 참선, 공양, 법담, 잠자리 등이 모두 집단적으로 이루어졌고, 청규라는 새로운 규범을 통해서 그런 모든 사항들이 제도화되었다. 이로써 선은 그 이전 어떤 형태의 불교보다도 더 철저히 "집단적인" 성격을 갖게 되었다고 할 수 있다.15 선원의 생활 중에 개인의 선호나 판단에 좌우되는 요소는 사실상 전혀 없었다. 적어도 자율이란 의미의 자유는 중요하게 여겨지지 않았다. 선원청규에서 말하는 그대로이다. "제 마음대로 행동해서는 안 된다⋯⋯ 모든 규율에 따라야 한다."16 그럼에도 불구하고 이 "통제의 공동체"가 지향

---

**14** 심지어 조실(祖室)스님의 "상당(上堂)" 법문 때에까지도 일상적인 규범에 어긋나고 관습에 벗어나는 언행이 벌어지는 장면에 대해서 포울크(Foulk)는 인류학에서 말하는 "역(閾, liminality)"의 개념을 적용해서 이해할 수 있다고 제안한다. 선서에 흔히 나오는 그런 장면의 경우, 정해진 한계, 특히 일정한 시간과 장소의 한계 내에서는 심한 규율위반도 허용되고 있다. 하지만 이러한 한계를 넘는 규율위반은 그대로 규율을 위반한 것으로 간주된다. 즉 깨달음에서 나오는 행동이 아니라 처벌해야 할 위반이 되는 것이다("The Ch'an School", p. 36). 포르(Faure)가 "선에는 제도화(routinization)와 규범거부(nonconfirmism) 간의 변증법이 늘 작용하고 있는 것 같다"고 한 것은 아마 그런 점도 염두에 두고 한 말이 아닐까 싶다(*The Rhetoric of Immediacy*, pp. 16~17).

**15** 포울크가 지적했듯이 인도의 사원구조는 승려들이 각각 자기 방에서 명상과 취침을 하도록 되어 있는데 반해 중국에서는 공동체 생활을 기본으로 한다는 점을 이와 관련해서 흥미롭다("The Ch'an School" p. 375).

**16** Foulk, *"The Ch'an School,"* p. 82.
　　**역주**_원문은 "莫擅⋯⋯宜服禁"(ZZ. 63, p. 523b).

하는 목표에서 "자유"가 하나의 특징적인 핵심요소로 되었다. 근대 서양에서 선을 해석하였던 초기의 인물들에게 이 모순은 분명히 하나의 문젯거리였다. 하지만 결국 "선의 생활"에 대해 영어권에서 이루어진 번역과 저술에서는 규제가 없거나 일부러 규제를 떨쳐버리는 행위를 보여주는 그런 이야기들이 부각되었다. 자유와 통제가 결합된다는 것은 도무지 생각조차 할 수 없는 듯했다. "자유"란 "규제"가 없음을 말함이 아니던가? 하지만 선불교에서는 그렇게 생각하지 않았음이 분명하다. 그렇지 않다면 도대체 어떻게 선원의 이런 규율적인 생활을 통해서 자유를 이룰 수 있으리라고 믿었겠는가?

　근대의 해석가들이 걸려 넘어진 이 장애를 넘어 우리의 길을 헤쳐가려면 두 가지 사항을 감안할 필요가 있다. 첫째로, 자유란 언제나 제약과 상대되는 것이라는 점이 그것이다. 어떤 제약의 구조를 전제할 때 비로소 그에 상대되는 자유라는 것이 정의되고 이해된다. "자유로운 행동"이라는 것은 언제나 제약이라는 배경 위에서 성립한다. 주어진 선택의 범위, 부자유의 가능성, 사물과 현상에 대한 이해의 콘텍스트에 담겨 있는 온갖 무대장치 등이 그 제약의 배경에 포함된다. 그런 제약이 전혀 없는, 선택의 범위에 아무런 한정이 없고 아무리 미미한 것이라도 틀이 전혀 없는 그런 세계는 상상조차 가능치 않다. 만일 가능하다 하더라도, 그런 세계에는 애당초 자유라는 개념조차 있을 수 없다. 그러니까 자유란 언제나 제약 속에서 성립한다는 점을 염두에 두는 것이 중요하다. 둘째로 감안할 사항은 첫째 것으로부터 저절로 이어져 나온다. 즉 자유와 제약은 늘 함께 있는 것이라면, 보다 높은 차원의 자유를 위하여 스스로 제약을 받아들일 수도 있다는 점이다. 자기 자신의 뜻에 의하여 제약을 받아들이는 것, 이 또한 일종의 자유로운 행위이다. 선승들은 스스로 출가하여 선원에 들어간다. 그런데 이는 곧 극심한 제약의 환경 속으로 들어가는 일이다.17 왜 그러는가? 그런 자유 선택에 의하지 않고서는 "선택"할 길이 따로 없는 그런 유형의 자유를 물려받을 수 있기 때문이다. 근대의 사유방식에도 이런 주제가 전혀 없는 것은 아니다. 어떤 부문에서는 제약을 선택하기로 공동체가 합의함으로써 더 큰 자유가 가능하다는 생각이 "사회계약" 이론과 민주주의 이론에 내포되어 있다. 그리고 근대 사상 가운데 아마도 선의 경우에 더 가까운 예로 들 수 있는 것은, 자유란 곧 도덕적인 제약을 스스로 선택하는 것이며 자발적으로 윤리규범에 따름으로써 실존을 결정하는 인과율에서 벗어날 수 있다고 하는 "칸트학파"의 주장일 것이다. 그러니까 "근대"의 개인주의조차도 뭔가 더 큰 콘텍스트 안에서만 의미를 가지는 것이다. 한편으로 근대 사상은 자아 너머의 그 무엇과 개인의 관계가 아니라 개인 그 자체에 초점을 맞춘다는 점에서 선과는 다르다.

근대의 선 해석가들은 모든 형태의 "추종"을 거부하는 듯한 선사들의 언행에 특별히 주목하는데, 바로 그런 태도에서도 그들의 개인주의 경향을 볼 수 있다.18 하지만 그런 해석이 간과하지 못한 일종의 역설적인

---

**17** 그렇지만 중세 중국의 스님들이 모두 자유로운 선택에 의해 선원에 들어간 것은 아니라는 점도 중요하다. 여러 가지 제약 때문에 출가하는 경우도 있는 것이다. 경제적인 사정이라든가 가족으로부터의 압력을 비롯해서 숱한 요인이 작용할 수 있다. 스스로 의사결정을 할 수 있는 나이가 되기 훨씬 전에 절로 보내지는 경우도 있었다. 그러나 어쨌든 이상적으로는 자발적인 선택에 의해서 출가한다는 것이었다.

**18** 이런 경향은 잭 캐루악(Jack Kerouac)의 "비트 선(Beat Zen)"에서 나온 초기의 저술들로부터 왓츠(Watts)와 프롬(Fromm)의 보다 학문적인 저술에 이르기까지 보편적으로 볼 수 있다. 뿐만 아니라 서구적 성향을 끌어들여 선을 서양에 소개한 스즈키(D. T. Suzuki)의 영어 저작들에서 더욱 강하게 발견된다.

면이 있으니, 즉 그런 선 해석가나 선사들은 독자에게 "추종"을 거부하라고 종용하고 있는 셈이라는 점이 바로 그것이다. 위에서 이미 인용했지만 황벽의 어록에 다음과 같이 말한다. "아주 깊고 깊은 법을 듣더라도 맑은 바람이 귓가에 잠깐 스쳐지나간 듯이 여기어, 그것을 좇아가서는 안 된다."[19] 이 구절은 분명히 "추종"하지 말라고 말하고 있는데, 바로 다음에 이어 나오는 구절은 또 다른 추종을 요구하고 있다. "이렇게 하여야만 아주 깊고 깊은 경지를 얻을 것이다."[20] 앞에 한 바로 그 말에 따르라는 얘기이다. 권위 있는 훈계로부터 벗어나거나 자유롭게 되려면 적어도 황벽선사라는 그만큼 권위 있는 이의 훈계를 따라야 한다. 선수행의 요체를 체험하려면 그런 가르침에 잘 따라야 한다는 것이 당시 선원의 콘텍스트에 전제로 되어 있었다. 가르침을 좇지 말라는 가르침도 승려에게 일종의 속박이라 볼 수도 있겠지만, 그것을 속박으로 받아들이는 경우는 거의 없다. 권위에 대한 "거부"는 대개 선 전통 내부의 범위 안에서 특정의 대상을 향해 표출되지, 권위라면 그 무엇이나 보편적으로 거부하는 것은 아니었다. 가르침을 좇지 말라는 가르침 또한 좇지 말아야 하는 것 아니냐는 식의 반조적인 생각은 더더욱 없었다. 어록과 그 편찬자, 또 그 어록의 주인공은 모두들 거기 담긴 가르침을 사람들이 추종하기를 원하고 있다. 이 점은 선 문헌 전반에 걸쳐 은근하게 깔려있다.

---

**19** T. 48, p. 384a.
　**역주**_위의 각주 7 참조.
**20 역주**_원문은 "是爲甚深"(Z 119, p. 840a). 백련선서간행회의 한글 번역에서는 그 뒤의 "入如來禪. 離生禪想"과 이어서 옮겨서, "이것이 바로 여래선에 매우 깊숙이 들어가 참선을 한다는 생각마저도 내지 않는 것이다"라고 하였다(『선림보전』, p. 315). 즉 "甚深"은 "入"을 수식하는 부사라고 본 것이다. 여기에서는 라이트의 문맥에는 그가 인용한 블로펠드의 번역이 더 합당하다고 생각되어 그에 따랐다. Blofeld, *Huang Po*, p. 103.

예를 들자면 『임제록』에서 임제선사는 "나의 견처를 취한다면"[21]이라거나 "만약 이렇게 [즉 내가 말한 대로] 볼 수만 있다면"[22]이라는 식으로 말한다. 설법을 하는 것이나 이를 어록으로 편찬하는 것은 청중이나 독자가 그 가르침을 따르거나 받아들이고 또한 그렇게 함으로써 선 전통에 부응하는 태도를 취할 것을 요구하는 일이다. 선 전통을 일으킨 중요한 인물들이 다 그렇지만 임제도 대단한 웅변가이다. 갖가지 형태의 언행으로써 설득하고 가르치고 지도하고 보여주고자 하였다. 그리고 설득이란 곧 추종을 요구하는 것이다.

나아가, 바로 임제 자신의 언행 또한 일종의 "추종"이었다. "나의 견처"라든가 "내가 말하는 대로"라는 문구처럼 마치 그의 개인적인 견해를 가리키는 듯한 표현이라 할지라도 그것을 문자 그대로 그렇게 읽어서는 안 될 터이다. 이 점은 "지금의 내 경계는 조사나 부처와 다르지 않다"[23]고 한 『임제록』의 구절에서 분명해진다. 임제는 부처와 조사 들을 그대로 따르고 있다고 자처한다. 수십 년 동안 선가禪家를 "추종"하는 노력을 통해서 그 계보 속에 입지를 확보하게 된 것이다. 그리고 임제는 자기 앞의 청중을 "도류道流"라고 부른다. "도"를 배우고 닦고 따르는 이들이라는 뜻인데, 도는 어느 누가 만든 것이 아니다. 그것은 선가에 들어온

---

**21** T. 47, p. 497b; Sasaki, *The Recorded Sayings of Lin-chi*, p. 9.
  역주_원문은 "取山僧見處." 『대정신수대장경』에서 출처는 라이트가 표기한 p. 497b가 아니라 p. 497c이다. 한글 번역은 백련선서간행회 옮김, 『임제록·법안록』, p. 44 참조.
**22** T. 47, p. 497b; Sasaki, *The Recorded Sayings of Lin-chi*, p. 8.
  역주_원문은 "若能如是見得." 한글 번역은 백련선서간행회 옮김, 『임제록·법안록』, p. 41 참조.
**23** T. 47, p. 502a; Sasaki, *The Recorded Sayings of Lin-chi*, p. 32.
  역주_원문은 "山僧今日見處與祖佛不別." 한글 번역은 백련선서간행회 옮김, 『임제록·법안록』, p. 89.

개개인을 넘어 선가의 근거 그 자체이다. 이 "도"는 "부처와 조사 들"의 이미지에 각인되어 있는 어떤 하나의 표준으로 존재하는 것이다. 『임제록』에서 임제는 이 표준에 부합하기—이 또한 하나의 추종의 행위이다—를 분명히 표방하고 있다. 예를 들자면, "그대들이 만약 조사나 부처와 다름없기를 바란다면 이렇게 보면如是見 될 뿐"이라고 말한다.24

선사들의 어록이 편찬되고 유통되던 선찰의 제도적인 정황을 감안하건데, 선전통 속의 그 누구도 "이렇게 본다"는 것을 일종의 개인적인 안목 문제로 이해했을 리는 없을 것 같다. 오히려, 모든 개인적인 견해를 "이렇게"에다가 맞추어야 할 일이었다. 그래서 『임제록』에서 임제가 "나의 견처를 취하라"거나 "이렇게 [즉 내가 말하는 대로] 보라"고 촉구했을 때 그 "나의" 견해나 말이란 임제 개인의 것을 가리키는 게 아니다. 임제도 자신이 그 견처에 속하는 존재이지 그 견처가 자기 개인의 것이 아님을 알고 있었다. 그래서 임제 또한 자기의 견처가 "조사나 부처 들과 다르지 않다"는 점을 확인하고자 애써왔던 것이다.25

임제가 황벽과, 나아가 선 전통 전체와 "다르지 않다"면, 그가 선조들을 "넘어섰다"고 할 수 있는가? 임제도 선문의 선조들과 마찬가지로 해탈을 얻었다. 그가 받은 "심인心印"은 해탈의 "인증"을 포함한다는 점—아마도 심인의 핵심적인 의미에 이 점이 포함된다고 할 수 있을 터이다—에서 임제도 선조들과 "다름이 없다."26 하지만 그 해탈의 내용—그

---

**24** T. 47, p. 499c; Sasaki, *The Recorded Sayings of Lin-chi*, p. 20.
　　**역주**_원문은 "爾若欲得與祖佛不別. 但如是見." 한글 번역은 백련선서간행회 옮김,『임제록·법안록』, p. 66.

**25** T. 47, p. 499c; Sasaki, *The Recorded Sayings of Lin-chi*, p. 32.
　　**역주**_위의 주 23, 24 참조.

게 어떻게 보이고 또 실상 어떤 것인지—은 다를 것이다. 각각의 해탈은 선조의 해탈을 "넘어서는" 것일 터이다. 어쨌든, "자아"를 버림으로써 이 "다름의 인장"이 찍히는 그 방식이 바로 선의 초점이다. 전통에 귀의한다는 것은 곧 "무아"의 행위이다. 고정된 정체성이 없으면 "넘어섬"이 가능하다. 그렇지만 선의 "역사의식"을 논하면서 살펴보았듯이 "전등"의 역사를 서술할 때 과거 선사들이 이룩한 "초월"은 삭제되는 경향이 있다. 그런데 새로운 해탈의 이미지가 등장하면 과거 선사들의 행장도 업데이트되어서, "그들"의 깨달음에서 지금까지는 무시되었던 이 초월의 측면들까지 포함해서 서술하게 된다. 그들은 깨친 이들이었다는 전제 하에, 지금의 새로워진 깨달음의 이미지에 맞추어 그 "선조들"의 정체성을 새롭게 서술하는 것이다. 그래서 "인도의 옛 부처들"도 송대 중국의 공안 언어를 말하는 모습으로 묘사되기에 이르는 것이다. 그러한 텍스트 편찬 행위를 통해서 "조사와 부처 들"이 그들을 "넘어선" 지금의 선사들과 "다르지 않게" 되는 것이다.

하지만 "다르지 않음"은 근대 서구의 선에서 투영한 위대함의 이미지는 아니었다. 서구인들이 선에 관심을 기울이게 된 것은 유럽 낭만주의

---

26 전통과 합일하면서도 그것을 넘어서는 과정을 두 가지 방식으로 설정해볼 수 있겠다. 우선 합일하고 나서 다음에 차별화되는 것이 그 하나이다. 자신을 전통과 철저하게 합치시켜 수용한 다음에는 그 자신으로부터 차별화되는 변증법적 과정을 밟는 것이다. 이 경우 과거의 전통은 전범(典範)이자 도전으로서 전승된다. 그 자신이 전통의 한 사례가 된 다음에는 도전과 비판을 통해 차별화를 이루는 것이다. 그런가 하면, 두 번째 방식으로, 이러한 두 과정이 동시적으로 일어난다고 본 수도 있다. 전통과 합일한다 해도 선조들끼는 다른 새로운 콘텍스트에서 행하는 일이다. 그러므로 합일과 함께 비판 내지 차별화도 동시에 일어나게 마련이라고 보는 것이다. 이 두 가지 중에서 꼭 어느 하나로만 볼 필요는 없을지도 모른다. 어떤 경우든 차별성은 반드시 있게 마련이지만 아무튼 그것이 전통에 대해 미치는 보다 중요한 영향은 향후의 보다 더 발전된 단계에 이르러서 발휘된다는 점에서는 그 두 가지가 중첩될 수도 있는 것이다.

의 정신 하에 개인적인 차별화를 추구하는 노력의 일환이었다. 20세기의 그러한 전통에서는 근대 개인주의의 가치관을 수용하지 않을 수 없었고 그에 합당한 시각에서 선을 읽을 수밖에 없었다. 그런 영향의 극단적인 예를 앨런 와츠Allan Watts의 자서전에서 볼 수 있다. 『나 자신의 길로』라는 제목부터 흥미롭다.27 표지에 길이라는 뜻의 한자 도道를 새겼지만, 이 책의 중점은 분명히 "나 자신의"라는 대목 쪽에 있다. 왓츠는 "추종"을 거부하고 그 "자신의 길"을 세우고자 했던 것이다. 그런 의도에 딱 맞는 장르가 자서전이다. 하지만 선 전통에는 그런 장르가 없다.28 "자아확립"은 고전적인 선서의 핵심 주제와는 정반대이다. 고전적인 선서에서는 [전통과의] "일치"라는 이미지가 우선되기 때문이다. 자기주장을 극복함으로써 자아를 비우고, 그래야 "도道"나 "길路"에 부합할 수 있다는 것이다. 이런 차이에 주목하고 그것이 자아에 대한 이해의 차이와 연관이 있음을 염두에 둘 때 비로소 선에서 권위와 전통을 거부하고 체험하려고 하는 그 "자유"를 좀 더 큰 안목에서 이해할 수 있을 것이다.29

『임제록』에는 자유와 권위에 관한 중요한 물음이 직설적으로 제기되고 있다. "경전과 불상을 불사르는 것은 무슨 뜻입니까?"라는 물음이다.30 이것은 바로 우리도 물어야 할 질문이다. 우상파괴적인 행위가 선

---

**27** Watts, *In My Own Way*.
**28** 『육조단경』(六祖壇經)에는 일부 자서전 같은 내용이 있긴 하다. 하지만 그것이 혜능 자신에 의해 쓰인 게 아니며 어록 문학의 한 초기 형태로서 특정의 목적의식이 강하게 작용해서 편찬된 대목들이 담겨 있다는 것이 이제는 분명하게 밝혀진 바 있다.
**29** 베르그만(Frithjof Bergmann)은 *On Being Free*에서 자아를 어떻게 이해하느냐에 따라 자유의 개념도 달라지는 불가분의 연관성에 대해 고찰하였다.
**30** T. 47, p. 502b; Sasaki, *The Recorded Sayings of Lin-chi*, p. 36
　역주_원문은 "云如何是焚燒經像." 한글 번역은 백련선서간행회 옮김, 『임제록·법안록』, p. 95 참조.

에서는 어떤 의미인가? 이에 대해 임제는 다음과 같이 대답한다. "인연이 비고 마음과 법이 비었음을 보아서 결정코 한 생각[一念]이 되어 초연히 아무 일 없으면, 그것을 경전과 불상을 불사르는 것이라 한다. 대덕들이여! 만약 이렇게 알 수 있다면, 저 범이니 성이니 하는 이름에 구애되지 않는다."[31] 이 대답, 그리고 거기 내포된 자유 개념을 어떻게 이해해야 할까? 인용된 구절의 구조를 분석해보자. "X, Y, Z를 보는 것, 이것이 경전을 불사르는 것이며 이것이 자유로움을 낳는다"는 얘기이다. 그렇다면 X, Y, Z의 내용은 무엇인가? "인연이 비고 마음과 법이 비었음"이 그것이다. 이를 달리 말하면 다음과 같이 된다. "공空을 깨치는 것, 바로 이것이 경전을 불사르는 것이고 바로 이것이 해탈 즉 자유로움이다." 그러니까 '경전을 불사른다는 것은 그 요지가 무엇인가?'라는 우리의 물음에 대해서 대답은 아주 자명하다. "공"이다. 그래서 또 한 번 다른 말로 풀이하자면, "그 경전의 정수를 파악했으면, 바로 이것이 그 경전을 불살라버리는 것이요 바로 이것이 해탈"이라는 얘기인 것이다. 따라서 경전이라는 객체의 타율적인 권위로부터 자유로워지려면 경전의 의미를 깊이 깨달아야 한다. 경전을 온전히 나의 것으로 흡수 또는 "소화"함으로써 "타자他者"로서의 경전의 권위를 극복하는 것이다.

　법열法悅에 겨워 경전을 찢어버렸다는 덕산德山의 그 유명한 일화도 이에 비추어 해석할 수 있다. 그의 깨달음은 경전을 온전히 흡수해서 내면화한 것과 마찬가지였던 것이다. 덕산은 자신이 깨달은 것이 경전에 담긴 내용과 다르기 때문에 경전을 찢어 그 권위를 뒤집어버린 것일까? 그

---

**31** T. 47, p. 502b; Sasaki, *The Recorded Sayings of Lin-chi*, p. 36
　역주_원문은 "師云. 見因緣空. 心空法空. 一念決定斷. 逈然無事. 便是焚燒經像. 大德. 若如是達得. 免被他凡聖名礙." 한글 번역은 백련선서간행회 옮김, 『임제록·법안록』, p. 95.

건 분명히 아니다. 경전은 부처가 깨달은 "도"에 관한 가르침을 기록한 것이다. 덕산도 바로 그 "도"를 깨달은 것이라고 여겨진다. 그리고 경전이 부처의 깨달음을 기록했듯이 선서禪書에서는 덕산의 우상타파적인 행위의 일화를 통해 그의 깨달음을 서술한 것이다.[32] 경전을 '통해' 덕산이 이룬 자유에는 경전'으로부터의' 자유도 포함된다. 바로 그 점에서 경전을 덕산은 경전을 "넘어선" 것이다. 그러나 자유의 그 두 번째 측면은 첫 번째 측면이 발휘하는 하나의 기능으로 여겨진다.

그런 우상파괴적인 행위라는 게 이미 깨지고 극복된 어떤 권위를 폐기처분하는 의미는 아니라는 점은 임제의 행각에도 암시되어 있다. 부처의 권위로부터 벗어난 자유를 발휘해서 스승인 황벽을 후려친 후에도 임제는 그 선찰에 머물며 황벽 문하에서 공부하였다. 그게 아마도 무려 20년쯤이나 되는 세월이다. "여읜다"는 해방의 행위도 복종, 충성 그리고 배움을 비롯한 공동체 생활을 지향하는 보다 더 큰 의도 속에 흡수된다. 선의 "자유로움"에 대해 서구에서 처음에 내린 해석으로는 그 점을 간과할 수가 없다.

근대유럽의 문화 전통 속에서 자라온 우리로서는 권위에 대한 복종과 자유가 이처럼 함께 가는 양상을 개념화하기 어렵다. 근대 서양의 사상에서는 자유와 복종을 양극의 이분법적인 관계로 여기는 경향이 있다. 계몽시대 사상가들의 영향으로, 그 어떤 것이건 권위를 인정하거나 그에 복종하면 자신이 갖고 있는 자율적인 능력을 마음껏 활용하지 못하

---

**32** 다만, 선이 융성하던 시기의 독자들 중에는 경전보다는 그것을 찢어버렸다는 덕산의 일화에서 더 영감을 받는 이들이 있었다는 것이 달라진 점이라 하겠다. 하지만 그렇다고 해서 이것이 덕산이나 그의 언행에 관한 텍스트가 부처나 그의 가르침을 담은 경전보다 "더 큰 깨달음"이었다고 주장할 근거가 되지는 않았다.

게 된다고 여기는 경향이 있는 것이다. 낭만주의에서도 마찬가지로 전통적 권위에 복종하는 것은 개인의 창의적인 정신과 상상력의 발휘에 장애가 된다고 본다. 그런데 우리 서양 사람들이 선을 비롯해서 다른 문화에 대한 관심을 가지게 된 데에는 이런저런 형태의 낭만주의로부터 받은 영향이 크게 작용하였다. 그런 문화적 성향 때문에 우리는 선의 자유정신과 극단적인 우상타파 행위에만 주목할 뿐 그런 것도 선찰의 제도적인 환경 속에서 이루어진다는 면은 간과해버리게 되었다. 선사들을 모든 사회적 배경으로부터 자유롭고 사회적으로 용인된 이상과 이념의 속박으로부터 벗어난 개인으로 보는 관념이 선에 대한 우리의 그러한 해석에 배경으로 깔려 있는 것이다.

고전적인 선의 역사적, 제도적인 정황이 좀 더 자세히 밝혀지면서, 서양의 선 해석자들은 한 가지 역설逆說에 부닥치게 되었다. 즉 선에서는 개인의 자유를 포기하고 선찰과 그 공동체라는 일종의 문화적인 제도에, 또한 현재 그것을 대변하는 인물들에게 복종하는 것이 곧 자유의 추구로 여겨진다는 역설이다. 선에서는 권위에 따르는 것이 자유에 반대되는 게 아니다. 뿐만 아니라 그것이 진정으로 자유로워질 수 있는 일차적인 조건이다. 수행자들은 현재로서는 자유로운 경지가 어떤 것인지 잘 알지도 못할뿐더러 그 경지를 이룰 능력도 모자란다는 자기 인식 하에, 권위에 순종하는 길을 스스로 택한다. 그런 순종의 행위에는 일단의 신념이 전제된다. 최소한, 스승은 그 자유로운 경지를 구현한 존재이며 자비심으로 제자들을 가르쳐 그들도 이어서 그 경지를 이를 수 있도록 한다는 믿음이 필요하다. 선사들의 권위는 대개 그 명성과 이미지에 비례하며, 또한 바로 그만큼 제자들의 신뢰를 자유로이 통솔한다.[33] 나아가 개개 수행자가 해탈을 성취하였다 해도 그와 공동체적, 제도적 환경과의 연결이 끊어지지는 않는다. 사실 경력이 대단할수록 그 유대관계가 더욱 긴밀해지기도 했다. 황벽에게 부여된 시호諡號와 탑호塔號가 그런 양면을 나타내고 있다. 그의 "전심"의 행장은 다음과 같은 구절로 끝을 맺고 있다. "황제가 단제선사斷際禪師라는 시호를 내리고 탑호는 광업廣業이라 하였다."34 업業의 "제際"는 어디로든 무한하게 "펼쳐진다." "자유"도 어디까지나 그 안에서 일어나는 일이다. 애당초에 자유라는 것이 성립하고 그것을 성취하는 일이 모두 그 업의 장場 안에서 벌어지는 일이므로, 그 업의 장 자체로부터 벗어나는 자유란 있을 수 없다. 황벽선사가 "단제" 즉 경계를 끊고 넘어 해탈을 성취한 그 업은 온 세상—업의 "제"—에 널리 미친다는 게 "단제"라는 시호와 "광업"이라는 탑호에 담긴 뜻이라 하겠다.

선 수행자들의 일상생활에서 "모방"이 어떤 역할을 하는지를 살펴보면 이 문제에 대해 좀 더 넓은 시야를 가질 수 있을 것이다. 근대 서구사상에서는 모방을 일종의 복종, 자율의 포기로 보았고 따라서 흔히 자유에 반대되는 것으로 여기곤 하였다. 그렇다면 다음과 같은 질문을 제기해볼 필요가 있겠다. 선승들은 어떤 선사를, 또는 그의 투사된 이미지를 모방하는 일에 대해 그것이 얼마만큼이나 자유의 포기라고 여겼을까? 권위 있는 인물을 모방하는 것이 그 인물이 이미 성취한 것과 같은 반열

---

**33** 한스 게오르규 가다머(Hans-Georg Gadamer)는 *Truth and Method*에서 자유와 권위를 정반대되는 것으로 보는 계몽시대의 관념이 어떤 배경을 가지고 있으며 그 한계는 무엇인지를 밝힘으로써 전근대적 형태의 자유를 이해할 길을 열어주었다.

**34** T. 51, p. 266.
  역주_원문은 "勅諡斷際禪師, 塔曰廣業敕諡斷"(T. 51, p. 266c; Z. 119, p. 846b). 한글 번역은 백련선서간행회 옮김, 『선림보전』, p. 345.

의 자유를 성취하는 데 어느 정도로 긴요한 방법이라고 여겼을까? 한마디로, 선 수행에서 모방은 과연 어떤 의미를 갖는 것일까?

우선, 모방에 대한 강한 비판을 고전적인 선서에서 두루 볼 수 있다는 것이 그러한 물음에 대한 첫 번째 답변이다. 위대한 선사들은 기계적으로 암기하고 아무 생각 없이 따라하는 태도를 혹독하게 조롱하였다. 그런 구절들은 특히 흥미로우므로 이 책에서도 그 몇 가지 사례를 자세하게 살펴볼 기회가 있을 것이다. 하지만 우리가 그런 구절을 특히 흥미로워하는 것도 그런 것이 선 전통의 정수를 보여준다고 여기는 서구의 취향 때문이다. 그런 취향의 배경이 무엇인지는 멀리 돌아볼 필요 없이 금방 알아차릴 수 있다. 과학과 그 대척점인 낭만주의 양쪽 모두에서 모방을 부정적으로 보는 계몽시대의 정신이 작용하였고, 그것이 모방을 "독창적이지 못함," "창의적이지 못함," 그리고 "자유롭지 못함"으로 여기는 우리들의 근대적 성향을 형성시켰다. 그런 성향 때문에 선서에서 특히 그런 구절들에 주목하게 된 것이다. 그리하여 남을 모방하는 것은 자주성에 어긋나며 자유와 모방은 양립할 수 없다고 여기는 우리의 감각을 선 전통을 통해 더욱 정당화시키는 효과가 있었다.

아마도 모방이란 주제와 관련해서 가장 널리 알려진 구절은 공안 모음집이라 할 수 있는 『무문관無門關』의 제3칙 구지수지俱胝竪指의 내용이라 할 수 있을 것이다.

구지俱胝화상은 누가 질문을 하면 그저 손가락 하나를 들어보이곤 하였다. 한 동자가 있었는데, 어느 날 외부 사람이 그 동자에게 물었다. "화상께서는 어떤 법의 요체를 설하십니까?" 그 동자는 [화상을 흉내 내어] 손가락을 세워보였다. 구지화상이 그 이야기를 듣고는 칼로 동자의 그 손가락을 잘라버렸다. 동자가 고통에

겨워 소리 지르며 달아나자 구지화상이 다시 그를 불렀다. 동자가 머리를 돌리자 화상은 손가락을 세워보였다. 그 순간 동자는 문득 깨쳤다.[35]

이는 남을 따라 흉내를 내는 것은 옳지 않다는 이야기일 뿐만 아니라, 그 점을 아는 것이 깨달음과 연관이 있음을 암시하기도 한다. 모방은 통하지 않는다는 체험을 함으로써 "깨달음"이 촉발된 셈이다. 임제도 모방 행위를 두고 제자들을 꾸짖는다. "도 배우는 이들[道流]이여! 그대들은 어떤 노스님들의 입에서 나온 말을 듣고는 그것이 참된 도라고 하여, 선지식은 불가사의하고 나는 범부의 마음이므로 감히 저 노스님의 뜻을 헤아려 볼 수 없다고 한다. 이 눈 먼 바보들아!"[36]

모방에는 어떤 형태로든 불가피하게 자기비하가 포함되게 마련이다. 임제가 비난을 퍼부은 예속적인 태도도 그 한 예이다. 공안 모음집에 수록됨으로써 영구히 전해지게 된 황벽선사의 한 일화에서는 모방만 하는 이들을 일컫는 비유가 나온다. 그저 추종만 하는 자신의 추종자들을 비난하면서 황벽은 몽둥이를 휘두르며 소리를 질러 법당에서 내쫓고는 "너희들은 모조리 술지게미나 먹는 놈들"이라고 비난하는 것이다.[37] 이후로 모방이나 하는 이들은 모두 "술지게미나 먹는 자"라고 불리게 되었는데, 이는 술병에 남은 찌꺼기나 마시는 사람은 다른 이들이 정말 가치 있는 것을 먼저 다 마신 뒤 남긴 것이나 먹는 못난 자라는 중국 사람

---

**35** 『무문관』, 제3칙.
　　**역주**_원문은 "俱胝和尙. 凡有詰問. 唯擧一指. 後有童子. 因外人問. 和尙說何法要. 童子亦豎指頭. 胝聞. 遂以刃斷其指. 童子負痛號哭而去. 胝復召. 童子迴首. 胝卻豎起指. 童子忽然領悟"(T. 48, p. 293b).

**36** T. 47, p. 499b; Sasaki, *The Recorded Sayings of Lin-chi*, p. 19
　　**역주**_원문은 "道流. 爾取這一般老師口裏語. 爲是眞道. 是善知識不思議. 我是凡夫心. 不敢測度他老宿. 瞎屢生." 한글 번역은 백련불교선서간행회 옮김, 『임제록·법안록』, p. 63.

들의 오래 된 생각을 바탕으로 한 것이다.

그런 구절들을 보면 모방을 직설적으로 비난한 게 분명한데, 따라할 것을 요구한다거나 모방과 진정한 자유를 구별하지 않는 듯한 내용으로 문제를 복잡하게 만드는 구절들도 있다. 『고존숙어록古尊宿語錄』에 수록된 황벽의 어록 끝부분에서 황벽은 문인들에게 일상생활 속에서 선정수행을 어떻게 해나가야 하는가를 가르치고 있다. 그런데 그의 가르침에 따르고 그가 말하는 대로 행하라는 뜻이 이미 분명하게 흐르고 있음에도 불구하고 아예 "왜 나를 그대로 따라서 마음이 허공 같고 마른 나무와 돌덩어리같이 되게 하지 않는가?"라는 말까지 한다.38 이 시기에는

---

**37** 『벽암록』 제11칙. 이 이야기는 그 이전에도 여러 선서에 나온다.

**역주**_몽둥이를 휘둘러 대중을 흩어버리고서 이 말을 하는 것으로 기록한 문헌은 『전등록』이다(T. 51, p. 266b). "어느 날 상당하시자 대중이 운집하였다. 그러자 말씀하시기를 '너희들은 모두들 뭘 구하려 하느냐'고 하시고는 몽둥이를 휘둘러 쫓아내 흩어버리며 [말씀하셨다.] '모두가 술지게미나 먹는 놈들······!'"(一日上堂大衆雲集. 乃曰. 汝等諸人欲何所求. 因以棒趁散云. 盡是喫酒糟漢). 『고존숙어록』(古尊宿語錄)에는 "황벽스님께서 상당하시자 대중이 모여들었는데 스님께서는 주장자를 들고 단박에 두들겨 흩어지게 하였다"(師上堂. 大衆纔集. 師拈拄杖一時打散)는 구절만 나온다(Z 118, p. 181a). 『사가어록』과 『대정신수대장경』에 수록된 『완릉록』에는 "너희들은 모조리 술지게미나 먹는 놈들"(汝等諸人. 盡是噇酒糟漢)이라는 말만 기록되어 있다(Z. 119, p. 839b; T. 48, p. 151b). 한글 번역은 백련선서간행회 옮김, 『碧巖錄』 上, p. 312; 『선림보전』, p. 312; 김월운 옮김, 『전등록』 1, p. 571 참조.

**38** T. 48, p. 383b; Blofeld, *Huang Po*, p. 62.

**역주**_원문은 "何不與我心. 心如枯木石頭去." 본문에서 언급한 『고존숙어록』에서 출처는 Z. 118, p. 183b. 라이트는 블로펠드의 번역에서 출처를 p. 62라고 표기하였으나 p. 61이 옳다. 한글 번역은 백련선서간행회 옮김, 『선림보전』, p. 272; 일지(一指) 역주, 『전심법요』, p. 104 참조. 그런데 "하불여아심(何不與我心)"에 대해 라이트가 인용하고 있는 블로펠드의 번역과 두 한글 번역이 모두 다르다. 블로펠드는 "Why not copy me ······?"라고 번역한 반면 백련선서간행회의 번역에서는 "이래서야 어찌 자기 마음을 여의었다고 하겠느냐?"라고 하였고 일지의 번역에서는 "어찌 자신의 근본적인 마음에 눈뜰 수 있겠는가?"라고 하였다. 블로펠드는 "여(與)"를 "따르다"라는 뜻으로, "아심(我心)"을 황벽 자신이 마음을 가리키는 것으로 해독하였다. 한편 백련선서간행회는 "여"를 "주다" 즉 "여의다"라는 뜻으로, "아심"은 아집의 마음이라는 부정적인 뜻으로 해독하였다. 그런가 하면 일지는 "여"를 "같아진다"는 뜻으로 보고 "아심"은 이를테면 진아(眞我)의 진심(眞心)이라는 긍정적인 뜻으로 해독하였다. 역자의 판단으로는 백련선서간행회의 번역이 옳다고 생각되지만, 여기에서는 라이트가 말하고자 하는 취지에 맞추어 블로펠드의 번역에 따랐다.

위대한 선사들의 언행을 기록한 어록이 아주 많이 편찬되었는데, 이유가 없지 않다. 그들을 따르려는 목적에서 그 언행을 기록한 것이다. 그 선사들은 완벽히 깨친 이의 모습으로 수행자들에게 제시되었고, 수행자들은 그 선사들을 따르는 길에 매진하였다.

또 어떤 구절을 보면 황벽이 더욱 혹독한 비판을 가하면서도 모방·추종과 자유로움 사이의 충돌을 해소해버리는 말을 하고 있다. "또 자기 자신의 실제는 체득하여 깨치지 못한 채 다만 말만을 배워서 가죽 주머니에 넣고 가는 곳마다 자기가 선을 안다고 칭하지만, 그래서야 도대체 어떻게 그대들의 생사문제를 해결할 수 있겠는가? 옛 스승들의 가르침을 가벼이 여겼다가는 화살처럼 곧장 지옥에 떨어질 것이다."[39] 여기에는 두 개의 메시지가 결합되어 있다. 옛 스승들을 제대로 따르지 못해서 그들을 가벼이 여기는 셈이 되어서는 안 된다는 것, 그리고 그저 단순히 어록을 외우고 되풀이하고 그대로 따라하는 것이 바로 그 옛 스승들을 가벼이 여기는 짓이라는 것이다. 그들이 가르친 것을 스스로 체득하지 못하면 그 가르침을 가벼이 여기는 셈이 된다. 즉 가르침을 내 것으로 만들지 못한 일종의 "소화" 불량인 것이다. 그러니까 이 구절은 올바른 모방과 그렇지 못한 모방을 구별해주고 있는 셈이다. 깊은 체험에 이르지 못하고 겉모양만 흉내 내는 것이 잘못된 모방이다. 그러니까 모방 그 자체가 자유에 반대되는 게 아니고, 다만 그 어떤 유형의 모방이 그러할 뿐이다.

---

**39** T. 51, p. 266c; Chang, *Original Teachings*, p. 105.
 **역주**_원문은 "且當人事宜不能體會得. 但知學言語. 念向皮袋裏安著到處稱我會禪. 還替得汝生死麽輕忽老宿入地獄如箭." 한글 번역은 김월운 옮김, 『전등록』 1, p. 572. 문재현 옮김, 『전등록』 2, p. 33 참조.

올바른 모방과 잘못된 모방을 구별하는 기준은 무엇인가? 황벽은 다음과 같이 말한다. "이 어찌 힘 덜리는 일[省力事]이 아니겠느냐? 이런 때에 이르러서는 쉬어 머물 바가 없어서, 모든 부처님이 행하시는 행을 하게 되고, '머문 바 없이 그 마음이 난다'는 것이 되느니라."40 수행자들이 따라야 할 이상의 두 측면을 말하고 있는 셈인데, 우선 모방할 대상을 "모든 부처님이 행하시는 행"으로 제시한다. 둘째로, "머문 바 없이 그 마음이 난다"는 경전의 구절에 부합하게 된다는 것은 과거나 지금이나 부처들이 행하는 것이 무엇인지를 구체적으로 제시한다.41 그런데 그 부처의 행을 전해주는 것은 "말씀"이다. 즉 전승되어온 언어와 가르침인 것이다. 행동과 말씀이 이에 결합된다. 부처들의 행이 무엇인지는 언어를 통한 전승으로만 알 수 있기 때문이다. 그런데 독자가 파악하고 따라해야 할 부처의 언행이 무엇인지 보라. "머문 바 없이 그 마음이 난다"는 것이고, "쉬어 머물 바가 없다"는 것이다. 선에서 그 무엇을 어떻게 비판하고 어떻게 뒤집어버리건 간에 그 와중에서도 한 가지 변함없는 이미지가 있으니, 무엇에도 매달리지 않고 무엇에건 집착하지 않으며 모든 것을 놓아버리는 무아 차원의 자유로움을 보이는 대선사大禪師들의 모습이 그것이다. 놓아버림으로서의 자유는 어떤 특성이 있는가 하는 문제에 대해서는 나중에 다시 살펴볼 기회가 있을 것이다. 여기에서 주목할 것은 모방을 통해 자유가 성취된다는 점이다. 즉 "놓

---

**40** T. 48, p. 383b; Blofeld, *Huang Po*, p. 62.
   역주_원문은 "不是省力底事. 到此之時無棲泊處. 卽是行諸佛行. 便是應無所住而生其心." 한글 번역은 백련선서간행회 옮김, 『선림보전』, p. 272. 백련선서간행회의 번역에서는 "힘 덜리는 일[省力事]"에 대해서 "무공용(無功用)의 행을 말함"이라고 해설하고 있다.

**41** 역주_"머문 바 없이 그 마음이 난다(應無所住而生其心)"는 것은 『금강경』에 나오는 게송(偈頌)의 한 구절이다(T. 2, p. 749c).

아버림"을 실행한 부처들의 처신을 따라함으로써 자유로움을 실현한다는 것이다.42

마침 앞의 인용한 경전 구절에도 나왔는데, 모방과 관련해서 중요한 함의를 지닌 한자가 "응應"이다. "부합 또는 상응"한다는 뜻이다. 이상적인 전범典範에 부합해서 일치되는 것이 올바른 모방이다. 어느 특정의 전범에만 부합하는 것이 아니다. 그보다 더 중요한 것은, 각자 자기의 세대에서 "부합"의 실례를 보여준 모든 전범들의 계보에 자신을 일치시키는 일이다. 나아가, 모방할 전범은 바로 가까이 자신의 스승이 보여주는 성품과 언행으로 구체화되어 있다고 여겼다. 그러므로 스승이 가르쳐주는 전범과 그 스승이 구사하는 가르침의 방법 및 스타일을 굳이 엄격히 구별하지 않는 경향이 있었다. 결국 가르침을 좇다보면 부득불 스승 그 개인을 모방하게 마련이었다. 스승의 지도하에 오랫동안 수행을 하다보면 가르침의 모든 면을 가리지 않고 흡수하게 되는 것이다. 스승의 말에 익숙해지다 보면 그의 행동, 동작, 몸짓 그리고 태도에도 익숙해진다. 어떤 스승이 가르침 중에 던지는 특정한 말들 역시 그의 가르침과 뗄 수 없는 것으로 배우게 된다. 그러니까 입문자에게 전수되는 것은 일단의 사

---

**42** 앞에서도 언급한 황벽이 왕자의 뺨을 때린 일화는 『벽암록』 7칙에도 나오는데, 모방에 대한 황벽의 견해가 간단치 않음을 보여준다. 훗날 하산해서 황제가 될 왕자가 황벽과 같은 절에 사미로 있었다. 황벽이 불전에 절을 하는데 사미가 시비를 건다. 그 무엇에도 집착하지 않고 그 무엇도 구하지 말아야 한다던데 예불은 왜 하느냐고 물은 것이다. 아무 것에도 집착하지 않고 그냥 예배를 하는 것이라고 황벽이 답한다. 모든 행위에는 어떤 "추구"와 "집착"이 담겨있다. 그렇지 않고서는 그 어떤 존재도 남아있을 수 없다. 하지만 선사는 그런 집착을 극복하고 난 다음에는 새로운 형태의 추구를 행한다. 하지만 그 새로운 차원의 추구는 이미 집착을 혹독하게 비판하고 "비운" 뒤에 행하는 추구이다. 비판했던 행위를 새로운 차원에서 다시 또 행하는 것이다.
**역주**_라이트는 이 일화가 『벽암록』 7칙에 들어갔다고 하였으나 사실은 11칙의 평창(評唱)에서 언급되었다(T. 48, p. 152c). 『완릉록』에서의 출처는 본서 5장 각주 34 참조.

상만이 아니다. 그 사상에 수반된 언행과 성향도 전수되는 것이다.

　이런 식으로 모방을 강조하는 데에는 자아에 대한 특별한 의식이 뒷받침으로 작용한다. 모방에는 의존이 내포된다. 모방하는 이들은 자신이 독립적이거나 분리된 존재이기보다는 선례들에 의지하는 존재라고 여기는 셈이다. 자신의 한계, 타인과의 연계를 체험하는 것이다. 하지만 그런 식으로 타인에 의지하는 것이 자유에 반하는 일이라 여기지 않고 오히려 자유로움을 가능케 한다고 여긴다. 이런 인식에는 불교의 "연기緣起" 교설, 특히 대승불교의 연기사상이 배경으로 깔려있다. 이를테면, 각자의 자유로움은 다른 존재들의 자유로움에서 "연기"한다. 자유로운 경지의 체험이 스승으로부터 제자에게 전수되고 그 제자가 스승이 되어 다음 세대에게 또 그것을 전한다. 그처럼 사자상승師資相承이 연속되는 와중에서는 모방이 수행의 핵심이다. 가장 잘 전승받은 자가 훗날 자기가 받은 것을 가장 잘 전해 줄 수 있을 것이다.[43] 그러나 전통을 전수받는 "형태"는 단일하지 않고 다양하다는 점에 주의해야 한다. 선서들은 모방해야 될 모델들을 엄청나게 많이 제공한다. 게다가 각 선 수행자는 나름의 새로운 전범을 세워야 한다. 각자 전범으로 선택한 일군의 이미지들을 자신의 삶으로 다소 일관되게 합성시켜야만 된다. 새로운 역사적 상황에 따라 전범의 선택이 새로워지고, 이에 따라 새로운 형태의 자유와 인물상이 빚어지면서 선의 역사가 전개된다.

　지금까지 자유로움을 지향하는 선 수행에서 의존 내지 연기의 양상이 뚜렷하게 드러나는 면을 살펴보았다. 특히 선원의 제도와 공동체의 조

---

**43** 와인샤이머(Weinsheimer)는 *Imitation*에서 근대 유럽의 사상과 문학에서 나타나는 모방의 주제에 대해 탁월한 논의를 제시하고 있다.

직과 관련된 측면을 언급하였다. 이제는 수행자들에게 전범으로 제시되는 해탈의 이미지와 양상 들을 좀 다른 각도에서 살펴보기로 한다. 이 또한 선의 자유로움에 대해 서구에서 초기에 가지고 있던 관념을 흔들어 놓게 될 것이다. 선서에는 인간의 조건에 관한 중요한 어휘가 많이 나온다. 그 어휘들은 무엇으로부터 해탈해야 하는지를 말해주는 셈이다. 그런 어휘에서 볼 수 있는 공통적인 관심사는 "닫힘"과 "구속"이다. 그것이 그 어휘들의 주요한 구조적 특징이라고 할 수 있겠다. "무엇으로부터의 해방인가?"라고 묻는다면, 다음과 같은 주요 어휘들이 답변에 등장할 것이다. 방해한다는 뜻의 애(礙, 碍), 가로막는다는 뜻의 장障, 머문다 내지 집착한다는 뜻의 주住, 마찬가지 뜻인 고정固定, 치우친다는 뜻의 편偏, 한계라는 뜻의 계界, 고정된 시각으로 본다는 뜻의 견見 등이 그것이다. 그밖에도 경계, 한계, 제한을 가리키는 온갖 어휘가 쓰인다. 이런 어휘들을 복합적으로 사용함으로써 갇혀있거나 구속되어 있는 상태를 나타낸다. 통상적인 인간의 삶은 제약에 묶여 있고 거기에서 자유로워져야 함을 말하고 있는 것이다.

그런 부정적인 구속 상태에 상응해서 자유로움에 관한 어휘들이 있는데, 이들 또한 부정의 어휘라는 점에서는 마찬가지다. 부정적인 장애들을 무너뜨리는 것 또한 부정 또는 이중부정의 어휘로 표현한다는 점이 선 전통에서 말하는 "돈오頓悟"의 핵심을 드러낸다. 예를 들자면 자유로움은 여읜다는 뜻의 리離, 잘라버린다는 뜻의 단斷, 없애버린다는 뜻의 멸滅, 무너뜨린다는 뜻의 파破, 남김없이 다 끝낸다는 뜻의 진盡, 나가버린다는 뜻의 출出 등등을 통해서 실현된다는 것이다. 제약을 가리키는 어휘들과 자유로움의 실현을 나타내는 어휘들은 서로 간의 관계 속에서 사용되고 이해된다. 상호간의 그러한 의존관계는 선에서 지향하는 자유의 특성이 제약의 특성에 의거함을 암시하며, 그 반대 역시 마찬가지이다. 선을 잘 읽으려면 양쪽 모두에 대한 세심한 주의가 필요하다. 어느 한 쪽의 변화는 다른 쪽의 변화와 "공기共起" 즉 함께 일어나기 때문이다.

이런 식으로 부정을 통해 부정적인 상황을 극복한다는 것은 언뜻 보기에 우리 서구인에게 익숙한 종교의 구조와는 다르다. 서양종교에서는 부정적인 것, 즉 악惡을 선善이 극복한다는 구조이다. 선의 부정이 독특한 점은, 무엇보다도 우선 선악을 이분법으로 보는 기존의 틀부터 돌파하려고 한다는 데 있다. 『백장광록百丈廣錄』에 나오는 다음 두 구절은 "부주不住"의 자세를 통해 이분법을 극복하려는 이러한 노력의 특성을 보여준다.

> 누군가 물었다.
> "무엇이 심해탈이며 일체처해탈입니까?"
> 스님께서 말씀하셨다.
> "불·법·승佛法僧을 구하지 않고, 복과 지혜, 지해知解도 구하지 않으며, 더럽다거나 깨끗하다는 망정이 다하고 구함 없는 이것을 옳게 여겨 붙들지도 않으며, 다한 그곳에 머물지도 않으며, 천당을 좋아하고 지옥을 두려워하지도 않아서 속박과 해탈에 걸림 없으면 그것으로 몸과 마음, 그 어디에 대해서나 '해탈' 했다 하는 것이다."[44]

---

**44** 『백장광록』은 『사가어록』과 『고존숙어록』에 수록되어 있다. (Cleary, *Sayings and Doing of Pai-chang*, p. 81).
　　역주_인용된 대목은 『사가어록』에 수록된 『백장광록』에 나온다. 원문은 "問. 如何是心解脫. 及一切處解脫. 師云. 不求佛. 不求法. 不求僧. 乃至. 不求福智知解等. 垢淨情盡. 亦不守此無求爲是. 亦不住盡處. 亦不忻天堂畏地獄. 縛脫無礙. 卽身心及一切處皆名解脫"(Z. 119, p. 822a). 한글 번역은 백련선서간행회 옮김, 『마조록·백장록』, pp. 156~157.

더럽거나 깨끗한 마음이 다하여 속박에도 머물지 않고 해탈에도 머물지 않으며, 유위 무위·속박 해탈 등 모든 헤아림이 없어 생사를 일으켜도 그 마음이 자재하 ······다.45

선서의 이런 대목은 그 배경에 불교의 사상과 수행에 기본이 되는 교리들을 깔고 있다. 특히 무상, 무아, 탐욕과 갈애로부터의 해방, 그리고 그 모든 것을 수렴하는 대승불교 공空 사상이 깔려 있다. 선에서 말하는 자유란 자기 자신이 비어있고 어디라 할 입지立地가 없으며 늘 온갖 인연에 따라 전변轉變하는 존재라는 자각을 통해서 계발되는 것이다. 그렇기 때문에 불교에서 말하는 자유는 획득하는 것이라기보다는 포기의 결과로 이루어지는 것이다. 즉 힘의 표출이라기보다는 힘의 포기이며, 붙들고 있던 것을 놓아버리는 것이다. 황벽의 말을 빌자면 "여의는 것이 곧 법"이다.46 근거와 확신, 확고함의 언어 대신에 그 어디에도 발 딛고 서는 곳 없는 모양을 말하는 어휘가 동원되는 것이다.

그러니까 선 수행은 무엇인가를 붙들어 안전을 도모하려는 태도와 사고방식을 놓아버리도록 하는 것이다. 선 수행은 수행자의 자아의식을 근본적으로 해체시킨다. 그런 해체의 과정은 선서에서도 아주 두려운 체험이라고 언급한다. 모든 것이 적나라하게 노출되는 그 순간, 자유는 두려운 것이다. 선서에 등장하는 많은 인물들이 그런 "공空" 체험의 이미지와 거기에서 일어날 수 있는 두려움에 대해서 말하고 있다. 황벽은

---

**45** 『백장광록』; Cleary, *Sayings and Doing of Pai-chang*, p. 79.
　**역주**_원문은 "若垢淨心盡. 不住繫縛. 不住解脫. 無有一切有爲無爲縛脫心量. 起於生死. 其心自在"(Z. 119, p. 821b). 한글 번역은 백련선서간행회 옮김, 『마조록·백장록』, p. 155.

**46** T. 48, p. 381a; Blofeld, *Huang Po*, p. 40.
　**역주**_원문은 "離即是法." 한글 번역은 백련선서간행회 옮김, 『선림보전』, p. 249.

이를 아무것도 잡을 것 없는 무한한 허공에 내던져지는 것과 같은 이미지로 묘사하곤 한다. 또한 백척간두 즉 백 척 높이의 장대 꼭대기에서 한 발짝 내딛는다百尺竿頭進一步는 이미지가 숱한 선서에 흔히 나온다. 이러한 이미지는 수행자로 하여금 해탈이란 자기 자신과 세계에 대한 기존의 관념을 근본적으로 뒤집어놓는 것이라고 여기게 한다. 지금까지 자명하고 당연하다고 여기던 모든 것을 새로운 빛에 비추어 봄으로써 그 자명함과 당연함을 흔들어버리는 것이다. 그리하여 우리가 정상正常이라고 여겨온 것들도 [보편타당한 진리가 아니라 기실은] 특정의 무대장치 또는 틀, 또는 특정의 복합적인 관계망에 의거한 것일 뿐이며—특히 무상無常의 이치를 감안하건대—결코 필연이라 할 수 없음을 알게 된다.

하지만 그런 해체의 과정이 곧 폐기를 요청하는 것은 아님을 염두에 두어야 할 것이다. 예불도 "공"이라는 이치를 "소화"한 황벽은 그러나 계속 예불을 한다. 다만 아무런 집착 없이, 무엇인가를 구하지도 않으면서 그냥 한다. "부처"가 지금도 여전히 현존한다 하더라도, 그 "현존" 또한 변화한 현존이다. 불교 사원의 체제와 그 온갖 세밀한 제도들에 대해 수행자들이 의문을 제기할 수 있지만, 그렇다고 해서 그것을 폐기하지는 않는다. "연기법"을 깨닫는다 함은 연기한 것을 거부하자는 게 아니다. 그것과 나의 관계를 재설정한다는 것이다. 만물이 "공"하므로 그 모든 것을 놓아버리고 집착에서 벗어날 수 있다. 지금까지 자신이 고수하고 있던 입지立地를 해체해버리고 무한한 연기의 관계 속에서 자유롭게 움직이는 새로운 자리, 새로운 방향을 취하게 되는 것이다. 그러한 차원의 자유는 유한하고 상대적인 것으로서, 보편적이라기보다는 이 세상 속에서 구체적인 형태로 전개되는 특정된 상황인 것이다.

이런 자유로움의 체험에 대해서 몇 가지 사항을 언급할 필요가 있겠다. 첫째, 이런 종류의 자유는 유럽 계몽주의가 구상한 것과는 다르다. 계몽주의에서 그린 해방이란 곧 힘을 획득하고 성숙해지는 것을 의미했다. 유럽에서 이상으로 삼은 자유의 핵심은 의식의 흐름을 자신의 의지로 주관하는 냉철한 주체성, 그리하여 권위의 힘에 휘둘리지 않고 아울러 미숙한 관념에서 일어나는 편견에도 사로잡히지 않는 능력을 획득하는 데 있었다. 그러나 선에서 말하는 자유란 자아의 독자성을 버리고, 사물을 자기의 의지로 설명하고 알고 통제하며 자신의 입지를 확고히 하려는 등등의 의지를 놓아버리는 그런 이미지의 자유이다. 즉 선에서 말하는 자유의 핵심은 극기 즉 자기의 극복, 포기에 있는 것이다.

둘째로, 극복해야 할 장애가 워낙 보편적으로 깔려있기 때문에 극복을 위한 노력도 아주 극단적으로 경주되어야 한다. 근대 유럽의 자유개념은 인식론적인 문제—사물에 대한 잘못된 인식과 판단을 피함으로써 정확한 인식과 판단을 획득하는 문제—에 그 관심의 초점을 맞추고 있는 반면, 불교에서는 인간의 모든 인지認知가 근본적으로 왜곡되어 있다고 본다. 그래서 참과 거짓을 정확하게 분별하는 틀을 모색하기보다는 우리가 진실을 확보하고자 하는 과정에서 활용하는 그런 틀 자체가 탐욕과 무지에 의해서 조작된 것일 수 있다고 보는 것이다.

셋째로, 선에서는 "해탈"을 우리가 주체로서 성취하거나 획득할 대상이라고 보지 않는다. "깨달음"은 우리에게 일어나는 그 어떤 일이라고 본다. 돈오는 수행자가 자기의 힘으로 얻고 말고 하는 그런 것이 아니라 닥쳐오는 사건이다. 깨달음이란 모든 것을 놓아버릴 때 펼쳐지는 활짝 열린 허공에서 일어나는 일이라고 여긴다. 만사를 주관하고 통제하는 주체라는 것은 이미 폐기된 차원이다.

  마지막으로, 선에서 해탈이란 관계의 얽매임을 극복한 일종의 자주성의 경지를 말하는 게 아니다. 그보다는, 그 관계성 자체에 대한 깨달음에 관심의 초점을 맞춘다. 선불교는 이 세상 속에 특정 좌표를 점한 자신의 유한한 처지로부터 해방되고자 하는 게 아니다. 그보다는 그 특정의 좌표, 입지를 깨닫고 또한 그것이 변함없이 일정한 게 아니며 단일하게 고정된 것도 아님을 깨닫고자 한다.

  선의 자유로움 또한 그 어떤 통일되고 지속적인 자아의 자주성, 주체성이라는 관념을 바탕으로 이해했던 서구의 초기 선 해석자들에게는 위의 지적들이 참 당혹스러울 것이다. 서구의 시각에서 보면 자유란 속박의 관계를 끊는 것이지 그런 관계를 깨닫는 것으로 볼 수는 없을 터이다. 서구의 초기 선 해석자들은 그런 시각을 불교의 해탈에도 적용하였고, 그리하여 해탈이란 유한성 그 자체를 초극하는 것이라고 이해했다. 하지만 위에서 살펴보았듯이 선에서 말하는 자유로움은 관계성을 핵심으로 하며 특히 이를 위한 수행에 선원의 제도와 선맥의 개념이 배경으로 작동하고 있다. 이는 그런 것들을 초극함을 뜻하는 서구의 자유 개념에는 어긋난다. 선에서 말하는 자유로움은 의존과 관계를 폐기하는 게 아니라 오히려 그 안에서 일어나는 움직임이다. 세상으로부터의 자유보다는 세상 안에서의 자유에 초점을 두는 것이다. 이런 전혀 다른 자유의 이미지는 우리의 서구적인 "자유" 개념에 대해 다시 생각해보게 하는 아주 중요한 계기를 제공한다는 것이 내 생각이다. 그러나 불교의 메시지를 제대로 수용하려면 우선은 그것과 우리의 사고방식 사이에 가로놓인 차이를 낱낱이 드러낼 필요가 있다. 불교의 자유개념이 우리 것과 상응하는 면을 찾을 뿐만 아니라, 그 차이가 우리의 자유개념을 변화시키고 그리하여 우리를 진정으로 자유롭게 할 길을 찾아야 할 것이다.

# 8장
# 초월―황벽을 넘어서라

"화상께서는 선대의 스승(운암, 雲巖)을 위해 제사를 지내시는데, 그 선대 스승의 가르침을 긍정하십니까?" [동산스님께서 대답하셨다.] "반은 긍정하고 반은 긍정하지 않는다." 또 여쭈었다. "어째서 완전히 긍정하지 않으십니까?" 스님께서 대답하셨다. "만약 완전히 긍정한다면 스승을 저버리는 셈이다."

— 『전등록』[1]

진정한 스승들은 훌륭함을 가늠하는 당대 최고의 기준까지도 넘어서며, 그들 덕분에 그 기준이 확장된다. 스승으로서의 그들의 권위가 확립되는 것도 그 때문이며, 그 덕분에 후계자들이 추구하고 성취할 자량(資糧)이 더욱 풍부해진다.

— 제프리 스타우트(Jeffrey Stout)[2]

『전등록』에 의하면, 젊은 수행자 황벽이 백장百丈선사를 만나려고 처음 왔을 때 그 스승이 다음과 같이 말했다. "견처見處가 스승과 같으면 도는 반쯤밖에 안 되고, 견처가 스승을 능가해야만 전수를 감당할 만하다."[3]

---

**1** Chang, *Original Teachings*, p. 62.
**역주**_균주동산양개선사(筠州洞山良价禪師)조. 원문은 "和尙爲先師設齋. 還肯先師也無. 師曰. 半肯半不肯. 曰爲什麼不全肯. 師曰若全肯卽孤負先師也." 한글 번역은 김월운 옮김, 『전등록』 2, p. 297 참조.

**2** Stout, *Ethics after Babel*, p. 268.

**3** T. 51, p. 249c.
**역주**_라이트는 『경덕전등록』을 전거로 제시했으나 거기에는 이런 내용이 없고, 실제로는 『사가어록』(四家語錄)에 수록된 『백장어록』(百丈語錄)에 나온다. 원문은 "見與師齊 減師半德 見過於師 方堪傳授"(Z. 119, p. 818a). 한글 번역은 백련선서간행회 옮김, 『마조록·백장록』(馬祖錄·百丈錄), p. 81.

그렇다면 황벽이 백장의 "마음"을 넘어서야만 백장에서 황벽으로 "전심傳心"이 온전히 이루어지는 셈일 터이다. 제자의 "깨달은 마음"이 스승을 넘어서려면, 스승의 경지를 그대로 답습하는 데 그쳐서는 안 되고 그 이상을 성취해야 한다. 자기의 스승을 "초월"하는 그런 "깨달음"이 사제관계마다 대를 이어서 계속 일어날 수 있을까? 말을 그대로 받아들이자면 그러하다고 보는 것 같다. 위의 인용문들을 보면, 스승으로부터 마음의 전달을 받으려면 그것을 넘어서야 한다. 다시 말해 그 문중에서 그때까지 이룩된 최고의 경지를 갱신해야 한다. 황벽의 제자 임제의 전심에 관한 대목에 이르면, "넘어섬"이 대단히 많이 강조된다. 황벽은 임제가 자신을 "넘어섰고" 그리하여 전심이 이루어졌음을 완전히 인정하였을 때, 시자로 하여금 그 자신이 자기의 스승 백장으로부터 이어 받은 신성한 상징들을 가져오도록 하였다. 그러자 임제가 즉각 반응하였다. "시자야! 불을 가져오너라."[4] 도대체 어떻게 해서 선의 신성한 어록들이, 후계자가 자기 문중의 가장 귀중한 상징물을 "태워버리는" 그런 "전승"의 이미지를 말할 수 있는 것일까? 이것은 극단적인 이미지이며, 비록 말은 그렇게 할지라도 누구든 실제로 엄두를 낼만한 짓은 아니라고 생각할 수도 있다. 그러나 그 취지만큼은 매우 강력하게 피력된다. 전심에

---

**4** T. 47, p. 505c; Sasaki, *The Recorded Sayings of Lin-chi*, p. 56.
**역주**_이 에피소드의 전체 내용은 다음과 같다. 스님(임제)이 하루는 황벽스님을 하직하니, 황벽스님이 물었다. "어디로 가려 하느냐?" "하남이 아니면 하북으로 돌아갈까 합니다." 황벽스님께서 별안간 후려갈기자, 스님이 몽둥이를 붙잡으며 손바닥으로 뺨을 한 대 때렸다. 황벽스님이 큰 소리로 웃고는 시자를 불러 "백장 큰스님의 선판과 궤안을 가져 오너라" 하니 스님이 "시자야! 불을 가져 오너라" 하였다. 황벽스님이 말하였다. "그렇긴 하나 너는 그저 가져가도록 하여라. 뒷날 앉은 채로 천하 사람들의 허끝을 끊을 것이다." 원문은 "師一日辭黃蘗. 蘗問. 什麼處去. 師云. 不是河南便歸河北. 黃蘗便打. 師約住與一掌. 黃蘗大笑. 乃喚侍者. 將百丈先師禪板机案來. 師云侍者將火來. 黃蘗云. 雖然如是. 汝但將去. 已後坐卻天下人舌頭去在." 한글 번역은 백련선서간행회 옮김, 『임제록·법안록』, pp. 136~137.

대하여 임제는 그 어떤 깨달음의 징표에 대한 집착도 거부함으로써 자신의 깨달음을 입증한다. 그는 황벽의 의례적인 몸짓언어를 무의미하게 만들어버릴 뿐만 아니라 "집착"과 명예, 지위의 유혹도 "무화無化"시켜 버린다.

선의 역사가 이 시점에 이르면 "넘어섬"의 사상이 상당히 중요한 위치를 차지하였고, 따라서 수행자들의 역사의식도 불가피하게 수정되었다. 선에서 "넘어섬"의 교리가 출현한 것은 선이 그 자체의 주장이 타당함을 증명하는 좋은 예로 볼 수 있다. 이 새로운 교리를 처음 주장한 사람이 누구이건 간에5 그는 이로써 "깨달음"과 "이심전심"의 의미를 변화시켰고 그리하여 그 이전의 선 전통의 모습을 "넘어서" 선 전통을 확장시킨 셈이었다. 무상無常의 교리에 대한 극단적인 이해, 그리고 철저한 역사의식6이 그 넘어섬의 사상을 뒷받침한다. 우리도 바로 그런 식으로 선을 읽어야 하는가 아닌가?

"아니다"라는 대답이 선 전통의 주류 입장에 더 가까울 것이다. 넘어섬을 강조하고 거기에서 비롯되는 여러 가지 불안스러운 사태를 실제로 야기한 어록이나 "스승"은 거의 없다. 사실상, 황벽의 어록은 대부분 "넘어섬"이란 사상에 모순되는 입장을 표명하고 있다. 어쨌든 이러한 두 가지 상반되는 관념들이 그 문헌에 나란히 공존하고 있다. 여기에서 우리의 임무는 이러한 서로 상반되는 선의 두 가지 면을 읽고, 우리의 마음 안에서 어떤 "넘어섬"이 일어날 수 있으리라는 희망을 가지고 그 둘

---

5 야나기다 세이잔은 이 사상이 처음 중국 불교문화에 등장한 것은 『전등록』을 통해서였다고 주장한다(入矢義高, 『傳心法要』, p. 167).

6 역주_모든 것은 역사의 흐름 속에서 변한다고 보는 사고방식을 가리킨다.

사이를 헤쳐 갈 길을 찾는 것일 터이다.

어떤 영원한 동일성이 역사 속에서 되풀이된다는 것이 어록에서 가장 일관되게 나타나는 "전심" 또는 "전법"의 의미다. 앞에서 이미 보았듯이, 스승의 마음은 제자의 마음에 전해지고 영향을 미치며, 그 제자는 동일한 정신 상태를 다음 세대에게 전달한다. 그런 "이심전심" 교리가 출현한 사연은 역사적으로 매우 복잡하다―숱한 조건이 얽혀서 "연기緣起"한 것이다. 그러나 한 가지 역사적 요소가 특별히 중요한 듯하다. 선의 전통이 그 자체를 중국불교의 다른 경쟁적인 형태들과 구분 짓기 위하여 이 교리를 사용하였다는 점이다. 다른 종파들이 문헌, 교리, 또는 특정한 참선/의식 수행을 전파하는 반면, 선은 다양한 수단들보다는 단지 그 목적―깨달은 마음―자체만을 전한다.7 중국불교에서 선 이전에도 이미 여러 종파들이 부침하였다. 각자가 제시하고 전승해온 "수행방편"의 유효성 여부에 따라 부침하였던 것이다. 선도 분명히 그 옛 종파들의 유산을 수용하였다. 그들의 온갖 방편을 수용했던 것이다. 하지만 "방편"은 "공"하며 따라서 역사적 맥락에 의지하는 상대적이라는 인식도 선을 궁지에 몰지는 못한다. 수단이 아니라 깨달은 마음이라는 목적 자체만을 전한다는 것이 선의 주장이기 때문이다. 선에서 활용하는 문헌, 교리, 수행은 다양하지만, 한 세대에서 다음 세대로 전해진 깨달은 마음의 상태는 다양하지 않고 같다고 여긴다. 전해진 마음이 정확하게 동일하다는 것을 도장 또는 인장으로 비유한다. 인주를 바른 도장을 어

---

7 배휴는 『전심법요』 서문에서 그 문헌 자체를 "심인(心印)"이라고 일컬었다. 여기에는 상당한 아이러니가 들어있다. 어쩌면 몰역사적인 태도가 깔려 있다고까지 할 수 있다. 왜냐하면, 『전심법요』에 보면 진정한 "심인"은 문자와는 관계없다고 하기 때문이다. 그러니까 그 책이 황벽선사를 정확하게 대변한다고 주장하고 싶은 배휴의 소망에 공감한다 하더라도, 또 한편으로 그 책 자체의 시각에서 보면 이런 주장은 스스로 모순되는 점도 볼 수 있다.

면 흡수하는 표면에 누르면 아무리 많이 되풀이해도 똑 같은 복제품을 낳는다. 선에서도 이처럼 스승의 마음의 정확한 윤곽과 깨달음의 체험이 방법을 불문하고 철저하고 긴 세월에 걸친 공동수행을 통해서 계승자의 마음에 찍히게 되는 것이다. 이러한 각인의 과정―선 수행자의 마음 가장 깊은 곳에 스며드는 사회화―이 완성되면, 이제 남는 필요한 절차는 오직 의례적으로 "전심"을 선언하는 일뿐이다.

한 "종파"의 기초가 되는 것이 역사적 계보이며 "조사들"도 그 계보 안에 위치한다는 생각은 선 이전부터 이미 중국불교에 있었다. "이심전심"이 역사상의 계보를 기록하게 했다기보다는, 실제로는 그 반대였을 것이다. 선승들이 나름의 교리와 수행 방식을 전개하면서 새로운 "선 종파"를 역사적 계보를 통해서 합법화시킬 필요를 느꼈을 것이라는 얘기이다. 그리고 이를 위해 "이심전심"의 계보를 내세운 것은 당연하고도 독창적인 귀결이었을 터이다. 아마도 모든 이러한 요소들의 실제 "연기적"인 관계는 훨씬 더 복잡했을 것이다. 수없이 많은 요소들이 철저하게 서로 엮여 있었다. 그러나 어쨌든 일단 형성이 되자 "이심전심" 교리, 그리고 마침내 합의를 보게 된 역사적 계보의 구조는 선에 굉장히 강력한 설득력을 가져다주었다. 선의 "깨달음"은 붓다의 깨달음과 정확하게 같다는 주장이 정당화되었던 것이다. 현재의 선사들과, 가섭, 석가모니, 그리고 옛 부처들을 연결하는 계보가 분명하게 제시되었으며, 그래서 현재와 미래로 이어지는 전심의 질과 확실성이 보장되었다. 훗날의 "깨달음들"도 원래의 깨달음과 정확하게 같다고 여길 수 있었다. 항벽의 『전심법요』에서도 이것이 하나의 핵심 주제이다. "여래께서 가섭에게 법을 부촉하실 때로부터 마음으로써 마음에 전하였으니, 마음과 마음이 서로 다르지 않다……마음으로써 마음에 새기는 것이니, 마음과 마음이 다르지 않다."[8] 비록 "조사계보"의 개념이 이미 황벽의 시대에 나타났을지라도, 이러한 계보를 미래로 확장시키는 방법이 고안되기까지는 적어도 또 한 세기가 지나야 했다. 이 작업은 『전등록』이 황벽의 어록과 많은 다른 어록들을 깨달음의 역사라는 거대한 비전으로 흡수한 11세기 초에 이르러 그 결정판을 이루게 되었다.

[선사들은 석가모니로부터 전승된] 동일한 정체성을 가진다고 하는 그 중요한 교리에 비추어 보건대, "넘어서라"는 극단적인 요구는 이와 모순되는 것이다. 스승과 동일한 정체성이 확립된 마당에, 도대체 어떻게 "넘어섬"이 가능하겠는가? 어떤 동일성을 "넘어서는 것"은 동일함을 벗어나서 차별화하는 것이니까 말이다. 이 두 모순된 교리 사이의 긴장을 알아차리지 못하는 이들도 물론 있었다. 그러나 알아차린 사람들은 그 둘을 동시에 다 받아들이기 위해서 더 깊은 이해를 모색해야 했다. 여기에서 선불교인들에게 즉각 떠오른 전략이 바로 체용體用의 개념이었다. 체용의 개념은 전통적인 중국적 사고 전반에서 이미 핵심적인 위치를 차지하고 있었다. 마음의 "체"와 "용"을 구분함으로써, 전달된 마음은 동일하다는 교리와 스스로를 차별화함으로써 전통을 "넘어서라"는 요청 사이의 긴장을 해결할 수 있었던 것이다. 마음의 체는 깨달음을 얻은 조사들에게 모두 똑같은 반면, 그 "깨달음"이 세상 속에서 작용하는 방식은 서로 다를 수 있다. 그래서 후대의 선사는 상황의 변화에 따라 이전의 선사와는 매우 다른 방식으로 행동하고 말하고 가르치면서 그

---

**8** T. 48, p. 382a; Blofelf, *Huang Po*, p. 50.
　**역주_**원문은 "自如來付法迦葉已來 以心印心 心心不異 … 故以心印心 心心不異." 한글 번역은 백련선서간행회 옮김, 『선림보전』, pp. 257~258.

스승을 "넘어선다." 하지만, 그럼에도 불구하고 마음의 경지와 체험은 동일하다고 여길 수 있는 것이다. 실제로 용이라는 개념은 깨달은 행동을 가리키는 넓은 의미로 사용되게 되었다. 진정한 선적 행동에서는 깨달은 마음이 작용하여 나타나는 모습, 그 본질의 표출을 볼 수 있다는 것이다. 그 표출 양상은 시간의 흐름에 따라 변할 수 있을지라도, 그것이 나타내는 것—즉 깨달은 마음의 본질—은 변하지 않는다고 여겼다.

만약 존 블로펠드가 이러한 두 가지 가르침들 간의 긴장을 의식했다면, 그도 역시 어떤 형태로든 조정을 모색하려 했을 것이다. 그 자신의 언어와 문화 안에서 활용 가능한 레퍼토리에 중국의 체용 이분법과 유사한 형이상학적 구조를 추가시켰을 터이다. 그의 배경과 교육을 감안했을 때, 마음의 본질—아리스토텔레스의 용어로는 질료substance—은 모든 부처들에서 항상 동일한 반면에, 그것이 역사 속에서 상황에 따라 구체적으로 발현되는 양상은 변화하고 다양할 수 있다고 주장할 수 있었을 것이다. 마음의 본질은 초시간적이지만 그것이 시간 속에서 역사적으로 "표출되는 모습들"은 다양할 수 있다. 그러므로 계승자의 가르침이 그 스승을 "넘어서고" 또는 그 스승과 다르다 해도 이로 인해 그 본질의 동일성을 의심할 필요는 없게 된다.

블로펠드가 종교들의 동일성과 차이에 관한 문제를 언급하는 곳이면 어디에서나 그런 식의 견해가 그의 글 전반에 걸쳐서 나타난다. 블로펠드의 배경—세계적인 대영제국의 시민이고 "보편적 영성"으로 개종한 낭만주의자—을 감안할 때, 이 문제는 중요한 관심사일 수밖에 없었다. 영국 종교전통에서 보이는 과도한 배타주의와 교조주의敎條主義 요소들을 거부하면서 모든 종교가 그 목적에서는 궁극적으로 모두 하나라는 인도의 사상에 심취하는 이들이 당시 영어권에서 점점 늘어가는 추세였다. 블로펠드도 이에 합류하였다. 여러 종교는 초월체험이라는 동일한 봉우리로 향하는 서로 다른 길일뿐이라고 보는 인도의 모델을 받아들였던 것이다. 그리하여 블로펠드는 종교들 간의 외면적인 차이들은 같은 궁극적 목적지에 도달하기 위해서 활용하는 각자의 방법이 역사적으로 도출되고 다양한 데에서 기인했을 뿐이라는 주장을 되풀이하였다.

이러한 견해는 동일한 깨달은 마음을 가지고 있는 선사들이 왜 다른 모습을 보이는가 하는 문제에도 쉽게 적용할 수 있다. 비록 언어, 행동, 가르침, 수행에서는 그 위대한 선사들 사이에 분명히 큰 차이가 보일지라도, 이러한 차이는 "본질적"이라기보다는 "우연한accidental" 것이라 치부할 수 있다는 것이다. 왜냐하면 그 차이는 역사적 상황이 다양함에 따라 가르침의 기술技術이 다를 수밖에 없기 때문에 생긴 것이지, 그 가르침의 원천인 마음의 경지가 다양해서 그런 것은 아니라고 보기 때문이다.

이러한 교리적 전략—중국의 체용 이분법과 서구전통의 본질/우연 이분법—에는 비슷한 실체론적essentialist 패턴이 공통되게 들어있다. 각자 나름의 형이상학적인 근거에 의지하는데, 그 근거 자체가 정당화되기 어렵다. 그래서 이 시대의 반실체론으로부터 제기되는 비판에 취약하다. 현대사조에 입각해서 보자면, 역사적으로 표출되는 다양한 외형에도 불구하고 깨달은 마음은 동일하다는 주장이 그런 이분법적 시각으로는 설득력 있게 뒷받침될 수 없다. 이러한 이유로 선 어록들에 피력되는 그 "넘어섬" 교리가 갖는 중요성은 전통적인 해석가들이나 근대의 해석가들에게보다 이 시대에 오히려 더 크다. 지금 우리로서는 선에서 말하는 "마음을 통하여 전달되는 마음"이 영원하고 역사를 초월한 어떤 본질을 가리킨다고 보기 어렵다. 그보다는 각 세대에서 상정하는 최고의 이상, 시대의 흐름에 따라 역사 속에서 계속해서 새롭게 전개되는 최고의 이상을 가리킨다고 보는 것이 최선의 이해일 것이다.

우선 본질/부수적인 것substance/accident의 이분법 또는 체용의 이분법에 반하는 주장들을 정리해보는 것으로 그 점에 대한 이야기를 시작할 수 있겠다. 또 한편으로는 깨달음이라는 "목적"과 이를 위한 다양한 "방법"들을 구분하면서 논의하는 전략을 쓸 수도 있겠다. 후자도 전자와 관련이 있기는 하지만 다소 다른 전략이다. 세상 모든 종류의 실체들—사람, 사상, 사물, 기관들—에는 어떤 하나의 심층구조적인 본질이 있고 그 위에 다양한 역사적 요인들이 작용한다고 여기는 성향이 우리에게 매우 깊게 자리하고 있다. 그 점은 불자들도 마찬가지이다. 불교전통은 그런 견해를 부정하는 데에서 출발했음에도 불구하고, 더욱이 불교성전 전반에 걸쳐 실재론에 대해 강력한 비판을 가함에도 불구하고 그러하다. 불교사상의 이 보편적인 주제를 대표적으로 상징하는 것이 용수(龍樹, Nagarjuna)와 중관학파(中觀學派, Madhyamika) 계보이다. 중관사상에 대해서는 잠시 뒤에 본격적으로 살펴보기로 한다. 여기에서는 일단 중관사상에는 본질/부수물 구분essence/attribute division에 반대하는 최고의 논변이 담겨있다는 점만 언급하고 넘어가기로 한다. 우리가 본질이라고 보는 것은 무엇이든 간에 그것의 다양한 [외면적] 특징들에 의존한다는 것이 그 논변의 핵심이다. 우리는 무엇인가를 중심에 놓고 다른 것은 주변이라고 본다. 하지만 바라보는 각도를 바꾸면 그런 배치가 변하거나 심지어 정반대가 될 수 있다. "본질substance"이 "우연accidents"에 의존하는 면이 있다면 그 구도가 역전된다. 본질이 더 우연한 것이 되고 우연이 더 본질적인 것이 된다. 본질이 우연에 의존한다면, 상황이 바뀌어서 배경이 전면이 된다. 우리는 매일의 삶에서 늘 "본질"적인 것과 "주변"적인 것을 분별하지만, 그것은 특정 맥락에서 한정적이고 우연한 방식으로 그렇게 하는 것일 뿐이다. 예를 들자면, 우리가 어떤 특정 사안의 본질을 따질 때에는 특정 시간과 맥락 속에서 그렇게 하는 것이다. 따라서 그 특정의 무대장치가 변하면 "본질"의 양상도 바뀔 것을 알면서 그렇게 하는 것이다. 그런 "해체deconstruction"의 논변이 우리의 지적 사조에 일반화되었다—더욱이, 설득력 있게 되었다. 무엇이 "본질적"인 것인지 늘 찾으려 하는 우리들의 성향이 그런 인식으로 인해 없어지지는 않는다 할지라도, 우리가 본질이라고 이해하는 것의 의미는 근본적으로 바뀐다.

본질/작용essence/function 이분법도 중국의 체용 이분법과 마찬가지로 위에서 언급한 본질/부수물(우연) 이분법의 한 형태일 뿐이다. 어떤 것을 두고, 그것이 무엇이며 어떤 작용을 하느냐를 구분해서 따지는 것이다. 선에 적용하면, 깨달음의 외형은 변화하더라도 그 본질은 동일하다는 주장을 가능케 한다. 그런데 이렇게 주장할 때 야기되는 가장 심각한 문제는 "깨달음의 본질"을 이 세상 밖으로 밀어내어 그 어떤 초월의 영역에 두게 된다는 데 있다. 그리고 초월의 영역에 대해서는 아무것도 말할 수가 없다. 왜냐하면 사람들은 다양하고 변하는 "세상" 안에서 나타나는 그것의 모양만을 만날 수 있기 때문이다. 우리는 블로펠드가 많은 경우에 그런 방식(깨달음의 본질을 초월의 영역으로 밀어내는)을 취하는 것을 발견할 수 있다. "궁극적인 초월 체험"은 언제나 동일하되 그에 대한 "표현"이 다를 수 있다는 것이다. 사실상 다른 전통에 속한 다른 경험자들은 "그것(초월 체험)"에 대해 서로 매우 다른 방식으로 표현하며 이에 반응하는 행동도 서로 다르다. 그렇다면 "그것"의 본질은 도저히 알 수가 없다는 결론에 이를 수밖에 없다. 알 수가 없다면 그게 동일한 체험이라고 하는 주장도 근거가 없게 된다. 이러한 논리를 받아들이더라도, 본질이 어디 다른 곳에 있다는 주장은 여전히 성립할 수도 있다. 여러 전통에서 그런 식의 관념을 비슷한 방식으로 표현해 왔다. 이데아Idea의 영역이라든가 신의 마음, 또는 열반의 세계를 이야기하는 것이 이에 해당한다. 그러나 칸트이후 지성사의 사조에서는 그러한 형이상학적 경향을 정당화하는 데 발생하는 어려움을 극복하기 어려워 보인다. 하지만 블로펠드는 이러한 장애들을 무시해버리고 논의의 지적 맥락을 바꾸려는 시도를 가지고 버틴다.

그러나 다른 방법도 있다. 이 책에서 시험하고 있는 방법이 바로 그것이다. 그것은 처음부터 어떤 영원하고 초월적인 체험을 전제하는 형이상학적인 입장에서 출발하지 않고, 모든 인간의 경험들이 유한하고 역사적이고 변형될 수 있다는 가능성을 전제하는 데에서 출발한다. "영원성"이라는 특징을 부여받을 만한 후보 가운데 인간의 경험은 뽑힐 가능성이 가장 적은 것에 속한다. 경험의 주체들이 맥락과 상황의 변화에 따라 변하듯이, "경험"도 마찬가지이다. 우리의 "경험"은 언제나 시간 안에서, 일시적으로 일어나는 것이다. 일시성과 경험은 불가분이다. 그 둘은 늘 같이 간다. 심지어 "영원성"의 경험도 시간 안에서 발생하거나 않거나 하는 것이며, 그런 경험의 조건들도 역사 속의 다른 요인들과 "연기緣起"하는 관계이다.[9]

존 블로펠드가 황벽의 어록을 읽을 때 동원한 형이상학적인 성향은 황벽을 우리에게 전하는 데 분명하게 영향을 미쳤다. 황벽에 관한 블로펠드의 번역 전반에 제시된 "주석들"은 황벽의 어록이 어떤 대목에서 블로펠드의 형이상학과 긴장을 일으켰는지를 보여주면서 흥미로운 단서들을 제공해준다. 그 어록이 "불확실한" 곳은 어디에나, 즉 "선의 정신"에 관한 블로펠드의 이해와 일치하기 위해서는 알레고리의 도움이 상당히 필요한 곳에서는 어디에서나, 문제를 해결하기 위해 주석이 붙었다. 이러한 주석들 대부분은 독자가 그 어록을 너무 문자 그대로 읽고 따라서 잘못된 해석을 하지 않도록 막는 것을 목적으로 하고 있다. 우리의 개정된 "형이상학"을 전제하고 아래에 인용하는 대목을 읽어보면, 블로펠드라면 고려하지 않았을 시각을 우리가 택할 만한 이유도 충분히 있을 듯하다.

> 여래께서 가섭에게 법을 부촉하실 때로부터 마음으로써 마음에 전하였으니, 마음과 마음이 서로 다르지 않다…… 그러므로 마음으로써 마음에 새기는 것이니, 마음과 마음이 다르지 않다. 새김[能]과 새겨짐[所]이 함께 계합하기란 매우 어려운 것이어서, 그것을 얻은 사람은 매우 적다. 그러나 마음은 마음 없음[無心]을 말하는 것이고, 얻음도 얻었다 할 것이 없는 것이다.10

---

**9** 현대의 반실재론적인 역사관을 응용한 흥미롭고도 역사적으로 중요한 예의 하나를 포울크(Foulk)의 "The Ch'an School"에서 볼 수 있다. 그는 송대(宋代) 중국 선불교의 제도들을 철저하게 연구한 끝에, 일본의 선 호교론자들이 많이 주장하는 것과는 달리, 어떤 본질적이고 분명한 선의 특징은 볼 수 없다는 결론에 이르렀다. 그 어떤 수행방법이나 교리, 문헌의 장르, 또는 기관도 시간의 흐름 속에 변치 않고 선의 본질을 규정해주는 것은 없다는 얘기다. 선 전통 그 자체의 극단적인 "넘어섬" 방침 때문에, 선의 본질이라 여길 만한 것은 모두 내던지게 된 것이다. 그러나 포울크는 딱 하나의 본질만은 남겨 놓았다. 선 전통 전체를 역사적 차원과 "초역사적" 차원으로 구분했던 것이다. 선의 여러 가지 측면 가운데에는 역사적으로 연구할 수 있는 것도 많지만, 깨달음만은 "전적으로 비판적인 역사학 너머"라는 것이 그의 생각이었다(p. 32). 이처럼 "영역"을 구분하는 것도 나름의 장점이 있다. 예를 들어 과학적으로 탐구할 범위를 분명하게 설정해준다는 것이 그 하나이다. 하지만 그런 구분의 근거가 되는 형이상학적 전제는 이제 수용될 수 없다. 포울크의 역사학적 연구는 블로펠드의 낭만적 신학과 뚜렷하게 구별된다. 하지만 그 둘 다 근대의 형이상학적 전제를 공유한다. 그것을 바탕으로 해서 역사와 "초월"을 구분할 수 있었던 것이다.

이 인용문의 마지막 문장은 바로 앞에서 말한 것을 모두 뒤집어버린다. 만약 "마음"이 마음이 아니고 "초월"도 초월이 아니라면, "전심傳心"의 상태와 특징을 예전의 방식으로는 파악할 수 없을 것이다. 블로펠드는 문제가 되는 이 결론적인 문장에 다음과 같은 주석을 붙임으로써 이 해석상의 딜레마를 해결하려 했다. "이 대목은 선에서 사용된 모든 용어들은 단지 임시변통에 불과하다는 점을 일깨워준다."11

이 주석은 문제의 그 단락을 다음과 같이 읽으라고 말하는 셈이다. "진정한 전심과 초월적인 마음—그런 개념들이 실제로 지시하는 대상—은 네가 생각하는 그 개념들의 의미 어느 것에도 해당하지 않는다는 점을 명심하여라." 왜냐하면, 블로펠드의 말을 그대로 쓰자면, "언어는 유전流轉과 환영幻影의 영역에 속하며,"12 "마음"과 "전심"의 영역은 그 것과는 별개이고 그 너머이기 때문이다. 블로펠드가 이 두 가지 영역 사이에 아무런 연속성도 인정하지 않는 것은 아니다. 블로펠드도 분명히 그 두 영역사이에서 동일성을 본다. 하지만 그 관련성은 매우 제한적이며, "저 쪽"이 우선이라는 구도 하에서만 성립한다. 영원성의 영역은 일시성의 영역—우리의 세계—을 포함하되, 일시성의 영역은 궁극적으로는 잘못된 것이며 더 큰 영원성의 실재 속에 녹아버리는 환상의 세계라는 것이 블로펠드의 견해이다. 블로펠드의 담론에서 그 두 가지 영역은 심하게 물화物化되고 둘 사이의 관계는 대체로 비변증법적이다. "연기"

---

**10** T. 48, p. 382a; Blofeld, *Huang Po*, p. 50.
　**역주**_원문은 "自如來付法迦葉已來 以心印心 心心不異 …… 故以心印心 心心不異. 能印所印俱難契會 故得者少. 然心卽無心 得卽無得." 한글 번역은 백련선서간행회 옮김, 『선림보전』, pp. 257~258.

**11** Blofeld, *Huang Po*, p. 50.
**12** Blofeld, *Huang Po*, p. 82.

의 관계도 아니고 "원융무애圓融無碍"도 아니다. 대신에, 한 쪽이 다른 쪽을 흡수해서 소멸시킨다.

앞의 설명이 암시하듯이, 이 구절에 대한 블로펠드의 해석 뒤에 깔린 형이상학은 전형적인 "불교"의 입장도 아니고 우리가 지금 전개하고 있는 논의에서 보아도 공감이 가지 않는다. 우리의 논의 맥락에서 보자면, "선의 정신"이란 그게 아니라 뭔가 다른 것을 가리키는 듯하다. 그게 무엇인지 찾기 위해서는 우선 블로펠드가 제시한 것과 같은 그런 일단의 새로운 주석들을 "넘어서는" 것이 최소한의 요건이다. 열반과 윤회는 전혀 분리된 영역이 아니며, "마음"과 "전심"을 포함한 모든 것은 다른 것에 상호의존하여 "연기"한다는, 황벽의 어록에 무수히 나오는 주장들이 우리의 길잡이가 된다. 블로펠드의 주석은 황벽의 어록 중에 모순으로 보이는 대목들을 너무 쉽게 해결해버리고 넘어가게 한다. 그렇다면 그의 주석을 대체해서 제시하려는 우리의 주석은 제대로 보는 통찰을 제공해줄 수 있을까? 아니면 그저 황벽의 마음의 힘에서 더 멀리 도피하게 할 것인가?

이 구절에 대한 블로펠드의 해석—개념과 대상물들은 별개임을 상기시키는—은 황벽을 형이상학적 이원론자로 읽는 그의 경향을 그대로 따르고 있다. 황벽에 대해 그가 가지고 있던 이미지는 시간과 공간의 영역을 넘어서는 초월의 세계에 살고 있는 스승이다. 블로펠드의 말을 그대로 옮기자면, "깨달은 사람의 마음의 상태는 시간의 틀과는 그 어떤 관련성도 상관도 없다."[13] 이런 관점에서 보면 그의 선 설법은 다시 우리들의 세계로 손을 뻗으려는 불가능한 일을 시도하는 짓인 셈이다. [초월

---

**13** Blofeld, *The Zen Teaching of Hui Hai*, p. 131.

의 세계를] 가리켜 보여주려고 하지만 그 형이상학적 입지 때문에 아무 것도 가리켜 보여줄 수 없다.

앞에서 기껏 말한 것을 마지막에 철저히 뒤집어버리는 황벽의 말을 [블로펠드와] 다르게 읽는 방법은 무엇인가? 불교의 "공" 개념의 의미를 더 잘 읽어봄으로써 단서를 찾을 수 있을지도 모른다. 선서를 읽으면서 큰 모순에 맞닥뜨릴 때면 "공"사상을 지침으로 삼는 것이 좋은 방법이다. 블로펠드도 그랬다. 하지만 그는 "공"도 세계를 이분화하는 형이상학적 구도에 집어넣고 이해했다.14 황벽을 번역하면서는 형이상학적 이원구도에 맞추기 위해서 "공"을 두 가지로 구분했다. "공"을 두 가지로 나누어 두 형이상학적 영역에 각자 하나씩 배당하였던 것이다. 블로펠드는 주석에서 이를 분명히 하고 있다. "여기에서는 모든 상相은 유전流轉[하며 따라서 헛되다]는 의미의 '공void'과 절대공Great Void을 구별하였다. 절대공이란 우주 전체에 펼쳐지고 모든 것을 관통하여 사실상 모든 것인, 그런 공을 가리킨다."15 블로펠드는 공이라는 중국단어 하나에 담긴 다의성을 그의 형이상학으로는 수용할 수 없었기 때문에 그것을 영어로 번역하면서 대문자로 표기하는 방법을 썼다. 소문자로 표기한 "공"은 윤회 즉 역사, 문화, 언어, 종교, 철학, 변화, 그리고 유한성의 영역을 가리킨다. 한편, "절대공"은 그런 인간적 양상이 전혀 없는 영역인 열반을 가리킨다. 그러나 현재 우리들이 참고할 수 있는 불교 문헌들을

---

**14** 불교는 "불이법(不二法)"을 가르치므로 블로펠드도 당연히 자신은 이원론자가 아니라고 여겼다. 예를 들어 정/부정(淨/不淨) 이분법(Huang Po, p. 117)은 떨쳐버려야 할 환상이며 "어떤 시대건 위대한 신비가들"은 그 환상을 떨쳐버렸다고 주장했다. 그러나 이런 관점에서 보면 블로펠드는 내내 또 다른 이분법 구조를 바탕으로 해서 황벽을 읽은 셈이었다.

**15** Blofeld, *Huang Po*, p. 75.

감안할 때, 불교의 "공"을 그런 식으로 해석하는 것은 더 이상 설득력을 가지지 못한다. 또한 블로펠드의 관심은 끌었겠지만 선에 대한 우리의 관심은 끌지 못한다. 다른 식으로 생각해보면, 블로펠드가 말하는 "공"의 두 측면은 유전의 면, 즉 무상이고 연기이기 때문에 결국 고정된 본질이 "공"하다는 실재관으로 귀결되는 그 면으로 합쳐진다. 2장에서 언급했듯이, 대승불교의 "공" 개념은 자성(自性, svabhava)이 없음을 의미한다. 그 개념을 바탕으로 하면 마음, 전심 또는 심지어 공 그 자체를 비롯해서 그 어느 것도 물화해서는 안 된다. 그 무엇도 영속적이라 여기거나 다른 것들에 의지하지 않는 독자적인 것으로 여기지 않는 시각이 요구된다. 이렇게 보면, 공은 유한성에 대한 불교의 원리를 나타내는 개념으로 이해된다. 사물이 어떻게 해서 형상과 특질을 가지며, 이것이 시간의 흐름에 따라 어떤 의미를 가지는지를 말하는 개념인 것이다.

공에 대한 이러한 정의도 물론 "공"하다. 다른 맥락에 서 있는 불자들은 그것을 다른 식으로 정의할 것이며 그들의 정의가 더 통찰력이 있을 수도 있다. 블로펠드처럼 "초자연적" 특성들을 더 강하게 가진 더 실체적인 의미의 공 개념을 선호하는 불자들도 있었다. 중국문화에서만도 셀 수 없이 많은 다양한 정의가 제시되었다. 다른 문화에서는 또 다른 정의를 내놓는다. 그러나 어쨌든 이런 관점에서 보면 그 정의들 중에는 "공"을 실체시하는 경향이 강하게 나타나는 것이 많다. 아마도 이것은 "공"을 개념으로 사용하는 데에서 더 나아가 "공"의 체험을 "열반," "부처"와 동일시했기 때문일 터이다. 열반은 곧 공을 깨닫는 것이라는 불교 경전의 선언에 대해서는 여러 가지 해석이 가능하다. "열반"이 "공"의 뜻에 포함된다고 볼 수도 있고 "공"이 "열반"에 포함된다고 볼 수도 있다. 그 결론은 물론 그 각각을 어떻게 이해하느냐에 따라 달라진다. 블로펠드는 후자를 택하였다. 그런 이해에서는 "공"—"절대공"—이 신성화되어 이 유전하는 세계에서 떨어져나간다. "공"은 이 세상과는 전혀 다른, 시간성이 없는, 또 다른 영역을 의미하게 된다. 하지만 "열반이 곧 공"이라는 명제를 전자의 의미로 읽으면, 전혀 다른 결론에 이른다. 이 경우에 "공"은 "본질들"을 보는 행위로 이끌어준다. "열반의 본질"도 포함해서 사물의 본질을 그것의 다양한 조건이라는 렌즈를 통해서 보게 하는 것이다. 이에 비추어 관계와 우연, 변화가 시야에 들어오고 아울러 "넘어섬"의 가능성도 나타나게 된다.

이 두 번째 관점의 가능성을 염두에 두고, "이심전심"에 대한 황벽의 모독적인 찬사를 블로펠드는 보지 못했던 방식으로 다시 읽어보자. 황벽의 어록에서는, 전심 과정은 서로 다르더라도 전달되는 마음은 내내 같다는 일련의 주장이 전개된 다음에 아래와 같은 대목이 나온다(블로펠드의 번역이다). "그러나 사실상 '마음'은 '마음'이 아니며 전달도 실은 전달이 아니다."[16] 이것은 많은 대승경전에서 일반적으로 볼 수 있고 핵심적인 위치를 차지하는 어법 공식이다. "마음"과 "전달"이 둘 다 "공"하다는 뜻이다. 즉, 둘 중 어느 것도 시간 밖의 것, 초역사적인 실체가 아니라는 뜻이다. 우연적이고 유한한 세상 속의 여느 모든 것들처럼, "마음"과 "전달"도 특정한 맥락 안에서, 그리고 다른 종교적, 문화적, 물질적 요인들과 관계를 가지면서 발생하고 특정한 모습으로 나타난다. 『반야

---

**16** T. 48, p. 382a; Blofeld, *Huang Po*, p. 50.
   **역주**_원문은 "然心卽無心 得卽無得." 위의 주 9의 인용문에서는 "그러나 마음은 마음 없음[無心]을 말하는 것이고, 얻음도 얻었다 할 것이 없는 것이다"라고 한 백련선서간행회의 한글 번역을 제시했으나(『선림보전』, pp. 257~258), 여기서는 일부러 블로펠드의 영역에 따라 번역하였다.

경』에서 말하듯이 "공은 곧 색"이며, 색에는 영원성도 본질도 없다. 색은 계속해서 변한다. 그 이전의 모습을 "넘어서는" 것이다. 황벽의 그 설법은 앞서 말한 것을 돌이켜 "해체"하고 물화와 고정된(정형화된) 경험을 "깨부수려는" 뜻이라고 읽는다면, 대승불교의 발단이 된 반야부 경전에서 가장 흔하게 볼 수 있는 주제와 그대로 연결된다. 그렇게 읽는 것이 그 특정의 종교적 맥락[17]에 보다 합당하며, 지금 우리의 독법에도 부합한다.

그러나 또 다른 이분법이 여전히 작동한다. 선대 스승들의 깨달음을 "넘어서라"는 요청은 하나의 순수하고 비역사적이며 변함없는 그 무엇으로서의 깨달음에 종속된다고 보는 구도가 그것이다. 이러한 이분법에서는 불변의 "목적"으로서의 깨달음과 그것을 달성하기 위한 여러 가지 "수단"―상황에 따라 달라질 수 있는―을 구분한다. 수행자는 그의 깨달은 스승과 같은 마음의 상태를 공유하되 동시에 깨달음의 "촉발" 또는 "표현"을 위한 새로운 방편들을 고안하는 점에서는 스승을 "넘어설" 수 있을 것이다. 여기에서 논의된 다양한 이분법들 중에서, 아마도 이것이 가장 그럴듯할 것이다. 그것은 또한 모든 교리와 수행은 깨달음이라는 목적을 향한 "공한 수단들(즉 상황에 따라 다른 방편들)"이라고 규정한 대승불교의 방편upaya 개념과도 일치한다는 이점을 가진다. 그럼에도 불구하고, "수단/목적"의 이분법이 마음의 탈역사적 본질을 뒷받침하는 근거가 되지는 못한다. 그것 역시 "공"하기 때문이다. 심지어 수단과 목적이 서로 겹치기도 하며, 새로운 수단이 새로운 목적을 낳거나 가능하게 하기도 하고, 또 목적으로부터 끊임없이 새로운 수단이 발생하기도

---

**17** 역주_불교의 맥락.

한다. 수단/목적 이분법의 "공성," 즉 그 양극이 온전히 분리되지 못한다는 점을 지적할 방법은 수도 없이 많다. 불교에서 가장 잘 알려졌고 불교 전통을 통하여 되풀이해서 언급되는 방법은 용수의 논변이다. 딜레마의 어느 한쪽이 그 반대쪽에 의거해서만 성립한다면 그 양극은 각자 본질적으로 상대편을 전제한다는 것이 그의 주장이다. 다시 말해 "본질"에 이미 비본질적인 것이 포함된다는 뜻이니 양극구도 자체가 "공"하게 되어버리는 셈이다.[18]

　이것이 그 수단/목적의 이분법을 논리적으로 넘어서는 방법 가운데 하나이다. 목적과 수단을 상호의존 관계로 정의하는 데 동원될 수 있는 또 다른 관점들이 역사로부터 제공된다. 수단뿐만 아니라 목적―깨달음―에도 역사가 있음을 보는 것이다. 서로 다른 여러 문화의 역사 속에서 불교인들이 추구한 목적은 다양하고 서로 다르다. 불교신화들은 "무한한" 수의 깨달은 부처들이 있어왔다고 말한다. 하지만 우리도 그렇게 생각하기는 어렵다. 역사적으로 생각해 볼 때, 깨달음에도 기원起源이 있게 마련이다. 그 사연이 아무리 복잡하고 또 현재 우리가 아무리 이해하지 못할지라도 어쨌든 기원이 있다. "빛"의 비유, 그리고 "깨어남"이란 언어가 적절한 문화적 조건, 사회적 실천, 적절한 시간에 함께 결합되면, 인간의 마음이 더 꿰뚫는 빛, 더 큰 깨어남과 인식, 그리고 그 이상이 될 수 있음을 시사한다. 이러한 가능성들을 실제화 할 수 있게 새로운 수행들이 고안되면, 새로운 목적 개념과 새로운 체험이 등장한다. "깨침"이나 "깨달음" 같은 단수 단어를 "사용"하면 이 과정의 문화적인 복합성

---

**18** *Mula Madhyamaka Karikas*, section XV 참조.
　**역주_**『중론』(中論) 15 관유무품(觀有無品)을 가리킨다.

이 가려진다. 내가 바로 위에서 "기원"에 대해 간략히 언급한 것도 마찬가지이다. 그런 단어들은 그 개념들을 물화시키며, 그리하여 그것들을 둘러싸고 있는 언어, 관습, 역사로부터 그 개념들을 분리시킨다. 만약 황벽을 이런 식으로 읽는 것이 도움이 된다면, 블로펠드가 설명하듯이 언어는 역사적이고 우연적이며, 그래서 역사적이지도 우연하지도 않은 실재에는 부합하지 않는다는 그런 뜻에서가 아니다. 그보다는, 언어와 실재 양쪽이 모두 역사적이고 우연적이며, 둘 사이의 괴리와 경계는 가공의 구조라는 뜻에서이다. "실재"가 언어를 "넘어설" 뿐만 아니라, 언어도 실재를 "넘어선다." 하지만 물론 둘 다 상대를 넘어 멀리 가지는 않는다. "상호침투"가 그들의 "본질"이기 때문이다.

여기에서 내가 강조하고 싶은 것은 목적과 수단 사이에 중요한 연관성이 있다는 점이다. 그 목적이 어떤 문화 전체에서 가장 높은 이상으로 여겨지는 것일 때 특히 그러하다. 어느 한쪽의 변화가 다른 쪽의 변화를 일으키게 마련일 정도로 밀접히 연결된다. 어느 쪽이 먼저인지는 가릴 수 없다. 이미 설정되어 있는 어떤 목적을 위해 어떤 수행을 이미 하고 있는 이들에게 "깨달음"이 목적이 되기에 이르렀다고 하자. 일단 "깨달음"이 목적이 되면 기존의 수행방법 가운데 어떤 것은 그 목적을 위해 덜 적절하다고 해서 쇠퇴하고, 반면에 다른 것들이 그 목적을 달성하는 데 가장 효과적인 것으로 대두한다. 수행방법의 그러한 변화는 다시 목적을 더 가다듬게 하는 멍석을 깔아준다. 여기에서 중요한 것은, "깨달음"을 전파시키기 위해서 불자들이 사용하는 "방편"이 "깨달음"이라는 이상의 내용을 변화시킨다는 점이다. 예전의 이상을 "넘어선" 이상을 지향할 수밖에 없게 하는 부수적인 효과를 발휘하는 것이다. 게다가 그런 역사적 전개 과정은 갈수록 가속된다. 인간문화의 모든 면에서 그러하듯이, 우리가 이상을 추구하면서 행하는 일들이 이상이 형성되는 바로 그 과정에도 불가피하게 어떤 영향을 미치게 된다.19

전통을 "넘어서라"는 요구와 "깨달음은 동일하다"는 개념을 어떻게 화해시킬 것인가가 우리의 첫 질문이었다. 지금까지 우리가 도달한 결론은 다음과 같다. 그 화해는 쉽게 이루어질 수 없다. 그럴 필요도 없고, 그래서도 안 된다는 점이 더욱 중요하다. 서로 다른 역사적 상황 속에서도 깨달음은 늘 "똑같다"는 관념은 무상, 연기, 무아, 공 등 불교전통의 여러 핵심 개념들과 모순된다. 더욱이, 깨달음 또는 "초월"을 그 초월적 성격을 훼손하지 않으면서 "무상"과 "공"의 모습으로 이해할 수 있으며 또 불교에서는 실제로 그렇게 해왔기 때문에, 이 모순은 불필요하다. 대신에 "초월"은 역사의 언어로, 즉 유한의 용어들로 재정의 될 수 있다. 초월은 유한한 것이 아니라는 게 블로펠드의 생각이었다. "초월"의 정의 자체가 이미 그런 뜻이라는 것이다. 유한성을 넘어서는 것이 초월이기 때문이다. 그런데 공간, 시간, 우연성, 언어, 역사 너머 구축된 절대 초월을 미래의 수행자들은 어떻게 초월할 수 있다는 말인가? 이에 대해 블로펠드가 선택할 수 있는 유일한 해결책은 전달되는 과정 속에서도

---

**19** "자기가 가치 있다고 여기는 것을 획득하려고 노력하는 과정이, 가치 있다고 여기는 바로 그것을 변화시킬 수도 있다"(McIntyre, *Whose Justice*, p. 41). 매킨타이어는 또한 우리 앞의 이 문제를 "수단/목적 이분법"으로는 해결할 수 없는 이유를 말해 준다. "수단/목적 이분법에 의하면 인간의 모든 활동은 이미 주어진, 또는 결정된 목적을 위한 수단이거나, 아니면 그 자체로 가치가 있거나, 또는 두 가지 다이라고 한다. 이런 틀을 가지고는 보지 못하는 게 있다. 행동하는 중에 목적을 발견하거나 재발견해야 하는, 그리고 이를 위한 수단을 고안해내야 하는, 그런 양태의 인간 활동이 계속 벌어진다는 점은 볼 수 없게 한다. 따라서 그런 양태의 활동이 새로운 목적과 새로운 목적개념을 발생시키는 중요한 양상을 보지 못하게 한다"(*After Virtue*, p. 273).

전달되는 마음은 늘 동일하다고 하는 어록의 주장을 부각시키고 "넘어섬"을 말하는 대목은 무시해버리는 것이었다. 이에 대한 대안으로 우리는 선에서 말하는 "넘어섬"이라는 주제를 탐구해보았다. 그것은 "역사 속에서 이루어지는" 초월, 다시 말해 세상 속에 남아있으면서도 넘어선다는 것은 무슨 뜻인지를 나름대로 이해해보려는 노력이었다.

만약 초월도 하나의 역사적 현상이라면, 다시 말해 역사적 인간들 사이에서 역사적으로 구성되는 문화에서 발견되는 현상이라면, 다른 요인과 상황에서 변화가 일어나면 그것도 영향을 받아 변화하고 변형이 일어나게 될 터이다. 초월의 체험도 역사적 전통, 어록, 그리고 가르침을 통하여 한 세대에서 다른 세대로 전해지는 것이라면, 여느 체험과 마찬가지도 불변하고 영원한 본질이 있을 수 없다. 새로운 초월체험도 과거의 체험을 출발점을 삼아 일어나는 것이라 하더라도, 상황과 사고, 수행방법, 그리고 인간 자체가 변화하는 한은 그 선대先代의 체험을 넘어서게 된다. 이러한 맥락에서 이해하면, 전통은 하나의 살아있는 매개체이다. 그것의 모든 측면은 다른 측면과 주변의 역사적 상황과의 관계 속에서 성장하고, 변하고, 사라진다. 전통을 새롭게 실현하는 일—"넘어섬"—하나하나가 전통 그 자체에 역사적 가능성의 하나로 이미 내포되어 있다고 본다면, 언제나 "달라지고" 그 자체를 "넘어서는" 것이 전통의 "본성"이라고 할 수 있다.[20]

선의 "넘어섬" 교리는, 전통은 불변이라는 주장이 간혹 나옴도 불구하고 사실은 변화한다는 점을 자각한 데에서 빚어졌을 수도 있다. "전달"은 새로운 선사 각자가 다른 사람의 체험을 그대로 복사하기보다는

---

**20** "늘 달라진다는 것, 이게 전통의 본질이다"(Gadamer, *Truth and Method*, p. 110).

"독창적original"인—자기 자신의—깨달음을 얻었을 때에만 일어난다는 것이 선 전통의 생각이다. "전달"되는 그 "초월"은 역사적으로 선행하는 것을 그대로 복사한다는 뜻의 "반복"이 아니다. 그보다는, "독창적"인 체험을 겪는다는 점에서 선대가 행한 초월을 자기도 행하는 것이다. 만약 스승의 체험이 스승 그 자신의 독창적인 것이라면, 그에 필적하기 위해서는 그 제자의 체험도 그래야 한다. 전심은 선례와 전통을 "넘어서는" 데에서만 이루어진다고 백장이 황벽에게 말한 것은 아마도 이러한 의미에서였을 것이다. 이와 비슷하게, 『전등록』에서 황벽은 다음과 같이 말한다. "자기 자신의 실제는 능히 체달하지 못한 채 다만 말만을 배워서 가죽 주머니에 넣고 가는 곳마다 자기가 선을 안다고 칭하지만, 그래서야 도대체 어떻게 그대들의 생사문제를 해결할 수 있겠는가?"[21]

위산潙山과 앙산仰山의 문답이 이 문제에 하나의 답을 준다.

"말해보아라. [황벽스님이] 태어나면서부터 [깨달음의 기틀을] 얻었는지, 스승에게서 배웠는지를."

"이는 스승에게서 이어받은 것이기도 하고 스스로 종지를 깨달은 것이기도 합니다."

"그래, 그렇지."[22]

황벽의 힘은 물려받은 것인가, 아니면 독자적으로 얻은 것인가? 둘 다

---

**21** T. 51, p. 266; Chang, *Original Teachings*, p. 105.
역주_3장 각주 2 참조.

**22** T. 51, p. 266.
역주_라이트가 제시하는 『전등록』이 아니라 『사가어록』에 수록된 백장의 어록에 나오는 대목이다. 원문은 "潙山云, 汝道, 天生得, 從人得. 仰山云, 亦是稟受師承, 亦是自宗通. 潙山云, 如是如是"(Z. 119, p. 819b). 한글 번역은 백련선서간행회 옮김, 『마조록·백장록』, p. 89 참조.

이다. 왜냐하면 선의 교리에서는 이 둘이 같은 것이기 때문이다. 스승이 가르쳐주는 것은 자력으로 계합할 방법이다. 깨달음은 "자력"에 의한 것이기 때문에, 또한 전통의 가르침에 접하는 개개인이 처하는 역사적 환경은 각자 새롭기 때문에, 새로운 "초월"의 체험은 어떤 면에서는 그의 스승을 "넘어서는" 것이어야 할 수밖에 없다. 그러므로 "전통"을 두고 한 세대에서 그 다음 세대로 전해지는 담보물, 봉인된 꾸러미 같은 것이라고 여기면 옳지 않다. 그런 단선적인 역사개념으로는 그 상호교환적인 성격을 인식하지 못한다. 전통은 "초월"의 전통에 대한 텍스트를 다시 쓰게 하는 출발점, 즉 프리텍스트pretext를 제공한다. 하지만 그 작업은 옛것과 새것, 해석된 과거와 현재의 해석간의 상호작용이라는 "변증법"으로서만 의미를 가질 수 있다.23 아마도 이점은 마조가 그의 스승의 "전심"을 받은 일화에 대한 이해에도 그대로 적용할 수 있을 것이다. 남악회양南嶽懷讓이 제자 여섯 명에게 인가를 내리면서 말하기를 "그대들 여섯 사람이 똑같이 내 몸을 증득해서 각기 한 방면에 계합하였다" 하고 각자의 깨달음을 언급하는 가운데 마조에 대해서는 다음과 같이 말한다. "한 사람(마조 도일)은 나의 마음을 얻어서 옛것에나 지금 것에나 다 뛰어나다."24

---

**23** 바로 이런 이유로, 야나기다 세이잔은 선의 "독창성"을 지나치게 강조한 셈이라 할 수 있다. 그는 선종에 대해 다음과 같이 말하였다. "기존의 조직과 가치를 모두 부인하는 그 나름의 독창적인 체험을 바탕으로 한 새로운 창조물이었다. 선종이 '교외별전'(教外別傳)으로서 형성되었다는 것은 중국인들이 인도에서 빌려온 옷을 벗어던지고 자기들의 체제에 맞는 새 옷을 만들어냈음을 의미한다"(『禪の語錄』下, 『初期の禪宗』, trans., Foulk, *"The Ch'an School,"* p. 25). "전통"을 "옷"에 비유하는 시각은 블로펠드도 비슷한 결론에 이르게 하였다. 즉 전통과 언어, 역사는 마음대로 벗어버릴 수 있는 것이지 자아의 구성요소는 아니라는 결론이었다.

**24** T. 51, p. 241a; Pas, *The Recorded Sayings of Ma-tsu*, p. 49.
**역주**_다른 다섯 명에 대해서는 각자 회양 자신의 눈썹, 눈, 귀, 코, 혀를 얻었다고 평가한 다음 마지막으로 마조에 대해서 한 말이다. 원문은 "師各印可云. 汝等六人同證吾身各契一路 · …… 一人得吾心善古今(道一)." 한글 번역은 김월운 옮김, 『전등록』 1, p. 341 참조.

옛것에 뛰어날 뿐 그것을 "넘어서지" 못한다면 새것—우리가 실제로 살고 있는 현재—에서는 실패이다. 반대의 암시도 또한 분명하다. 기존의 것을 깊이 수용하지 않은 채 새로운 것에 능할 수는 없다. 선 이전의 중국 불교 사상인 천태와 화엄에서 이미 분명히 하였듯이, 과거와 미래에 온전히 임재하지 못한 채 현재에 충실하기는 불가능하다.

선의 전통에 담겨 있는 많은 역설이 과거와 현재의 이러한 상호교환적인 관계에서 비롯된다. 역설적으로, 황벽은 스승과 전통의 유산을 자유롭게 변화시킴으로써만 그들에 충실할 수 있다. "선"의 의미를 다시 정립하여 현재에서 제기되는 문제들을 수용해야지만 진정으로 선 전통을 "전달"할 수 있다. 모든 것이 무상하며 일시적임을 감안할 때, "깨달음"의 이미지를 새롭게 하고 다시 서술하며 다시 체험함으로써만 계속 "깨달음을 일으키는 깨달음"일 수 있다.[25]

어느 정도의 초월 또는 "넘어섬"은 우리가 그것을 원하든 않든 간에 어차피 일어날 수밖에 없다. 사실상 역사는 늘 우리를 저 너머로 던져낸다. 우리의 의지에 반해서 그렇게 하는 것이라기보다는 우리 의지의 모

---

[25] 선 해설가 토마스 후버(Thomas Hoover)는 다음과 같이 말했다. "사실상 황벽이 모든 터를 닦았다. 선의 길을 열었고, 선이란 것을 결정적으로 확립하였다 …… 그가 죽은 9세기 중엽 이후로는 새로운 것이 거의 없었다"(*The Zen Experience*, p. 131). 이것은 좀 기이한 역사인식이고, 분명히 그리고 중대하게 잘못된 견해이다. 황벽이 선의 무대에 올랐을 때에도 선은 이미 진행 중이었다. 그 시점 이후로도 선 전통 내에 거대한 발전이 전개되었다. 하지만 후버의 이야기에도 일말의 흥미로운 진실이 들어있다. 수 세기 뒤 중국 선은 어떤 의미에서는 보수적이게 되었고 당시 중국 문화가 전개되던 양상과 관련성이 적어지게 되었다. 변화하고 적응하며 자기 자신을 "넘어서는" 생동력을 상실하게 된 듯하다. 그 대신에 당시마 대두하던 성리학 전통을 비롯하여 다른 부분이 중국 문화를 신도하는 힘을 빌휘하게 된다. 선은 중국 역사에서 더 이상 주역이 아니게 되었다. 블로펠드가 우리는 "전통과의 연결이 대부분 깨지거나 약화되어서 돌이키기 어려운 지경이 되기 전에 불교의 핵심을 보존하여 서구에 전해주는 일을 …… 서둘러야 한다"고 한 것은 그런 상황을 염두에 둔 말이었다(*The Zen Teaching of Hui Hai*, p. 14). 그러나 이 "핵심"에 기존의 핵심을 넘어서는 능력까지 포함되지 않는다면, 보존할 가치가 없는 핵심일 것이다.

습을 만들어냄으로써 그렇게 한다.26 우리는 블로펠드 그 자신도 영국 문화의 부단한 "넘어섬"의 하나의 도구였음을 알고 있다. 그와 그의 세대의 일부 다른 사람들은 그들 문화 기존 형태의 종교를 넘어섰다. 왜 그랬는가? 어떻게 그렇게 되었는가? 블로펠드 자신의 설명은(우리의 설명처럼) 역사가 그에 미친 영향을 보여준다. 근대주의자로서, 그는 그 문제를 집단적 또는 역사적인 것이 아니라 개인의 문제로 이해한다. 낭만주의자로서, 그는 그 문제를 "타자他者"의 카테고리들을 통하여 이해하려고 노력한다. 업이라든가 환생, 또 그밖에 "동양의 지혜"의 신비한 요소들이 그것이다. 그러므로 그는 이런 물음을 던진다. "그런 상황에서, 어떻게 내가 선택한 삶의 방식이라든가 심지어 시킴Sikkim에 가게 된 일을, 나의 성장배경이나 출신가문으로 설명할 수 있겠는가? 나의 출생 이전까지 거슬러가는 어떤 흐름들이 그런 결과를 낳았다고 할 수밖에 없다." 질문에 이미 답도 포함시킨 셈이다. 계속해서 또 다음과 같이 설명한다. "내 인생의 초반기에 나를 그 길과 연결해 줄만한 것은 조금은 있었을지 몰라도 표면상으로는 아무것도 없었으며, 나를 아시아의 어떤 면들과 멀게라도 연결시켜 주는 것은 아무것도 없었다."27

---

**26** 역사가 기존의 것을 "넘어서는" 양상은 때로는 매우 급진적으로 벌어지기도 한다. 그 유명한 "대장정" 직전, 모택동과 "붉은 군대"가 황벽산의 불교사원을 점거하여 수년 동안 기지로 사용하였다. 그리하여 황벽산은 어떤 의미에서는 전혀 다른 계보의 성지가 된 것이다. 그런데 바로 그 역사 덕분에 수십 년 뒤 문화혁명의 와중에서 황벽산의 사찰은 파괴되지 않고 살아남게 된다. 그 벽돌과 바위들을 가지고 바로 그 자리에 새 건물을 지어 새로 조직된 "황벽생산대(黃檗生产队)"가 사용하게 되었다. 이제는 붉은 깃발들이 나부끼면서 마르크스와 엥겔스, 레닌, 그리고 모택동이라는 새로운 족보를 표시하게 되었다. 원래 사원에 있던 것 중에는 우물만 남았는데, 꽤나 의미 있는 상징물이라 할 수 있다. 그러나 지금의 지역민들은 사찰 재건립을 추진하고 있다. 마치 공산주의라는 현재의 상태가 안고 있는 결함을 "넘어서는" 데 황벽의 도움이 있기를 바라는 듯이. 황벽산의 변화는 결코 끝이 없을 듯하다.

**27** Blofeld, *The Wheel of Life*, p. 18.

그가 여기에서 시도하고 있는 설명은 업과 윤회이다. 그는 가족배경이나 그 밖의 "외적" 요인과는 아무런 관계가 없이 아시아에 와 있는, 불교로 개종한 자신을 발견한다. 그것은 아마도 자기의 과거 즉 전생 때문일 것이라는 얘기이다. 그런 식의 설명을 시도하는 것은 그가 마음을 열고 배우려는 소망으로 "타자의" 문화적 경향들을 실행하고 탐구하고 시험하는 셈이었다. 하지만 바로 그런 태도 때문에 그는 한 가지 중요한 것을 깨닫지 못하고 있었다. 그것은 업과 윤회에 대한 좀 덜 개인주의인 해석을 통해서만 얻을 수 있고 이해할 수 있는 사항이었다. 그의 실험[28]을 감안할 때, 그가 알지 못한 것은 대영제국이 "아시아"까지 확장해 나아갔을 때 그 결과가 상호 교환적으로 나타났다는 점이었다. 즉 대영제국과 아시아가 서로를 바꾸어놓게 되는 역사적 과정이 불가피하게 벌어짐을 보지 못했다. 블로펠드가 그의 개종이 "출생 이전까지 거슬러가는 어떤 흐름들"의 논리적 결과라고 말했을 때 그가 의미한 것—개인적인 업—은 사실은 더 큰 역사적 전개 속에 포함되었다. 영국에 있는 어떤 "개인들"에게는 "불교"가 거역할 수 없고 설득력 있는 것으로 받아들여지게 만든 "흐름들"이 바로 그것이다. 블로펠드는 단순한 한 사람의 개종자가 아니라 개종의 한 도구였다. 역사의 흐름에 의해서 그가 변했듯이, 그의 글들은 역사의 흐름을 바꾸는 데 일조했다. 바로 블로펠드의 글을 통해서 영국문화는 그 자체를 "넘어섰다." 우리가 그의 "과거 삶"들을 어떻게 이해하든지 간에, 더 거대한 역사의 전개가 블로펠드의 아시아 여행을 위한 무대를 마련해 주었고 그를 불교신자로 개종시켰으며, 역사 속에서 그의 위치를 가능하게 만들어 주었다. 이것이 이제 우리가 살

---

**28** 역주_타자의 문화를 자기 것으로 삼으려는 실험.

펴보아야 하는 "전승의 신비"이다.

"역사적 초월" 또는 물려받은 전통을 "넘어섬"에 관련된 선의 교리는 다른 불교원리들(무상, 연기, 무아, 공)에 대한 근본적인 통찰에 기초를 두고 있다. 비록 선 전통이 이러한 교리를 항상 지지한 것도 아니고 이에 반하는 경우도 흔히 있었지만, 그럼에도 불구하고 그 교리들이 선에 깔려있다는 사실은 흥미롭고 인상적이다. 전통을 극복하고 그것을 "넘어서고" 그것과 달라진다는 것—전통 자체가 이를 요구한다. 그렇게 하는 것이 굳이 전통에 대립하거나 전통을 이탈하는 것은 아니다.29 단순하게 전통에 동의하거나 전통의 현재 형태를 따르는 것은 "전승"을 받는 데 실패하는 셈이다. 그것은 『전등록』에서 강조하듯이 "[전통을] 저버리는 짓"이다.30 이러한 통찰은 역사에 대한 깊은 이해에서만 나올 수 있다. 인간으로서 우리의 정체는 늘 역사적으로 형성된다고 하는 지극히 현실적인 주제가 거기에 들어있다. 여기에서 말하는 역사의 개념은 외부로부터 우리 인간의 본질에 작용하는 하나의 힘이라기보다는 바로 부근에 더 가까이 있는 어떤 것, 우리가 도무지 넘어서려고 의도하지 않는, 그런 것을 말한다. 사실 오직 소수의 예외적인 불자들만 이러한 자각

---

**29** 선의 "넘어섬" 교리와 낭만주의의 "[밖으로부터의] 영향에 대한 우려"(Harold Bloom이 *The Anxiety of Influence*에서 설명한) 사이에는 차이가 있다. 낭만주의가 "다만 하나의 복제에 불과하기를 지극히 두려워하는 태도"는 전통과 거리를 두는 것이 가장 중요한 일이라는 의식을 낳는다. 자기 자신 속에서 극복해야 할 것은 바로 전통이라는 의식이다. 그러나 선에서는 자기를 넘어설 것을 전통 그 자체가 요구한다. 그러므로 넘어선다는 것은 전통에 대한 일종의 충성이며, 초월을 가능하게 해준 전통에 대해 진 빚을 갚는 행위이다. 바로 자기 자신이 전통이므로, 그리고 바로 자기 자신을 통해서, 자기의 모든 일탈을 통해서 전통이 전진하므로, 전통과 거리를 두어야만 초월을 성취하는 게 아니다.

**30** T. 51, p. 291.
　　**역주_**8장 주 1 참조. 원래는 "스승을 저버리는 짓(孤負先師)"이지만 문맥에 맞추어 "전통을 저버리는 짓"이라고 번역하였다.

을 기꺼이 그리고 철저하게 직면하려 했다. 대부분의 불자들은 그것이 부처, 열반, 이심전심 등의 초월적인 영역이 아니라 "이 세계"에만 그것(그런 역사 개념)이 적용되기를 선호했다. 어쨌든, 황벽산의 그 스승이 누구였든지 간에, 그는 그 소수의 예외적인 불자들 중 하나였을 것이다. "그러나 사실상 '마음'은 '마음'이 아니며 전달도 실은 전달이 아니다."[31] 그러므로 이러한 맥락에서 선을 읽는 것은 역사적으로 산다는 것이 무엇을 의미하는가 하는 질문을 우리도 제기할 것을 요구한다. 그리고 또한 이런 질문도 제기해야 한다. "넘어서라"는 요구는 우리의 선 읽기에는 어떻게 적용되는가?

---

**31 역주**_8장 주 16 참조.

# 9장
# 마음—선의 일대사

> 마음에 어떤 틀을 가지는 것과 아무 틀도 안 가지는 것은 똑같이 치명적이다.
> 그러므로 양쪽을 결합시킬 수밖에 없다.
> — 프리드리히 슐레겔(Friedrich Schlegel)[1]

> "어떤 것이 부처입니까?"
> "마음이 곧 부처요 무심(無心)이 도이니라."
> — 황벽[2]

 

황벽의 어록에 나오는 모든 상징과 관심사 가운데 가장 중요한 것이 "마음"이라는 점은 아주 분명하다. 그 텍스트의 "대사大事", 즉 가장 중요한 주제는 바로 마음이다. 모든 다른 주제는 이에 종속된다. 그래서『전심법요』서문에서 배휴는 다음과 같이 말한다. 황벽스님은 "오로지 한 마음만을 전하고 다시 다른 법이 없으셨다."[3] 황벽의 어록에서 마음이라는 주제가 워낙 자주 등장하고 또한 다른 모든 관심사들이 이에 수렴되는 것을 보면, 배휴의 그런 언급에 쉽게 수긍할 수 있다. 황벽 어록의 초기 편찬자들이 그 제목을『전심법요』라고 붙인 이유도 납득이 간다. 이것이

---

**1** Hart, *The Trespass of the Sign*, Cambridge University Press, 1989, p. 105에서 재인용.

**2** T. 48, p. 384b.
   **역주**_원문은 "問如何是佛. 師云. 卽心是佛 無心是道." 한글 번역은 백련선서간행회 옮김,『선림보전』, p. 280.

**3** T. 48, p. 379b-c; Blofeld, ***Huang Po***, p. 27.
   **역주**_원문은 "唯傳一心 更無別法." 한글 번역은 백련선서간행회 옮김,『선림보전』, p. 236 참조.

그야말로 "법요" 즉 가르침의 요체라면, 우리의 명상도 바로 그것을 초점으로 삼아야 마땅할 터이다.

『전심법요』의 첫마디는 다음과 같다. "황벽 스님이 배휴에게 말씀하셨다. '모든 부처님과 일체 중생은 한마음일 뿐 거기에 다른 어떤 법도 없다 …… 바로 그 몸 그대로일 뿐이다."[4] 배휴가 서문에서 말했듯이 황벽 선사가 오직 "일심"만을 가르쳤다면, "다시 다른 법이 없으셨다"는 말이 무슨 뜻인지 알 수 있을 듯하다. "일심"은 "모든 한계를 뛰어 넘으며,"[5] 그리하여 모든 것을 포용한다. 모든 것이 일체임을 깨닫기 위해서는, 즉 사물 전체를 상징하는 마음을 깨닫기 위해서는, 오랜 기간에 걸친 치열한 수행이 필요하다고 황벽의 어록은 강조한다. 또한 사람들은 사물의 다양성만 본다는 점도 지적한다. 즉 사물이 서로 별개이며 서로 다른 정체성을 가졌다고만 본다는 것이다. 그런 일상적인 의식 상태를 뚫고 만물이 서로 얽혀있으며 일체라는 인식이 일어나는 일은 매우 드물다고 한다. 만물이 "일체"라는 것은 보다 근본적인 진상이며 따라서 깨닫기 힘들다. 더욱이, 만물의 일체성, "동일성"을 일컬어 "불성佛性"이라고 한다. "마음이 곧 부처이니라. 위로는 모든 부처님으로부터 아래로는 꿈틀거리는 벌레에 이르기까지, 모두다 불성이 있어서, 동일한 마음의 본체를 지녔느니라."[6] 우리는 워낙 만물을 분별해서 보지만, 그 모두가

---

**4** T. 48, p. 379c; Blofeld, *Huang Po*, p. 29.
역주_원문은 "師謂休曰. 諸佛與一切衆生 唯是一心 更無別法 …… 當體便是." 한글 번역은 백련선서간행회 옮김, 『선림보전』, p. 239.

**5** T. 48, p. 379c.
역주_원문은 "超過一切限." 한글 번역은 백련선서간행회 옮김, 『선림보전』, p. 239 참조.

**6** T. 48, p. 386b; Blofeld, *Huang Po*, p. 87.
역주_원문은 "卽心是佛. 上至諸佛 下至蠢動含靈 皆有佛性 同一心體." 한글 번역은 백련선서간행회 옮김, 『선림보전』, p. 300.

"본체"에서는 동일하다는 것이다. 이를 설명하기 위해 수은에 비유하기도 한다. 본체는 "마치 한 덩어리의 수은이 여러 곳으로 나뉘어 흩어지되 방울방울이 모두 둥글며, 다시 합치면 한 덩이인 것과 같다"는 것이다.7

황벽의 어록에서 "마음"의 이미지로 즐겨 쓰이는 것이 "허공"이다.8 자세한 설명으로 들어가기 전에 우선 "마음은 마치 허공과 같다"고 말한다. "[마음은] 마치 허공과 같아서 끝이 없으며 재어볼 수도 없다."9 "이 마음은 허공같이…… 어떤 모습도 하고 있지 않다."10 "[이 마음은] 허공과 같아서, 그것에는 잡됨도 무너짐도 없다."11 그러나 공간적인 비유뿐 아니라 시간적인 비유도 "마음"의 "무한성"을 이야기하는 데 동원된다. 마음은 무한한 공간 속의 모든 것을 그 안에 담을 뿐 아니라 무한한 시간 속의 모든 존재를 또한 담고 있다는 것이다.

황벽의 어록 다른 곳을 보면, "일一"의 이미지가 동일성 또는 전체성이 아니라 "시원始原"이 하나임을 가리킨다. "일심"은 "원천"이고 "샘"이며 "대지"이고12 "태胎"이다. 만물이 그로부터 비롯된다. 그러나 "시

---

**7** T. 48, p. 386a; Blofeld, *Huang Po*, p. 84.
　역주_원문은 "譬如一團水銀分散諸處 顆顆皆圓. 若不分時秪是一塊." 한글 번역은 백련선서간행회 옮김,『선림보전』, p. 296를 참조하되, 라이트의 문맥에 보다 적합하게 다시 번역하였다.
**8** 마음을 허공의 이미지로 이야기하는 데 대해서는 Faure, *Chan Insights and Oversights*, 6장에서 보다 자세한 논의가 전개되고 있다.
**9** T. 48, p. 379c; Blofeld, *Huang Po*, p. 29.
　역주_원문은 "猶如虛空無有邊際不可測度." 한글 번역은 백련선서간행회 옮김,『선림보전』, p. 239.
**10** T. 48, p. 380a; Blofeld, *Huang Po*, p. 30.
　역주_원문은 "此心 …… 猶如虛空無一點相貌." 한글 번역은 백련선서간행회 옮김,『선림보전』, pp. 239~240.
**11** T. 48, p. 380a; Blofeld, *Huang Po*, p. 31.
　역주_원문은 "猶如虛空無雜無壞." 한글 번역은 백련선서간행회 옮김,『선림보전』, p. 240.
**12** 이리야 요시타카(入矢義高)는 황벽의 어록에 나오는 대지(大地) 상징의 연원을 선 전통 전반에 걸쳐서 추적하였다(『傳心法要』, p. 87).

원"의 동일성도 역시 본체의 동일성으로 이해된다. 만물은 같은 "원천"으로부터 나오고 또한 그리로 돌아간다는 점에서 하나라는 것이다. 대지는 지상에 존재하는 만물의 "근거"이며 "원천"이다. 즉 만물이 거기에서 비롯되고 그것을 질료로 해서 구성된다. "마음"도 마찬가지이다. 그리하여 "원천"이라는 이미지와 "질료"라는 이미지가 합쳐지고 있다. 그래서 "마음은 인연에 따라 만물이 된다"고 하였다.13 또 다음과 같이 말하기도 한다. "본래 청정한 이 마음은 중생의 세계와 부처님의 세계, 산과 물, 모양 있는 것과 없는 것 및 온 시방법계가 다 함께 평등하여 너 다 나다 하는 생각이 없다."14 이런 우주적이고 형이상적인 이미지는 선의 독창이 아니다. 그 이전의 중국불교, 특히 화엄종과15 천태종으로부터 빌려온 것이다.16 그 뒤에 깔린 도교의 영향도 놓칠 수 없다. 이런 식의 관념은 그 이전에 이미 오랫동안 중국문화에 깊이 뿌리박혀 있었던 것이다.

하지만 이러한 우주론에서 "마음"이 핵심 요소로 떠오른 것은 중국불교가 상당히 발전된 단계에 이르러서였다. 그 발단에는 유식사상唯識思想이 놓여 있다. "마음"이 만물의 원천이라 함은 무슨 뜻인가? 현상으로

---

**13** T. 48, p. 386b; Blofeld, *Huang Po*, p. 87.
    **역주**_원문은 "應緣而化物." 백련선서간행회 옮김, 『선림보전』, p. 300에서는 "인연에 호응하여 중생을 교화하나니"라고 번역하였으나, 여기서는 라이트의 문맥에 맞추기 위하여 블로펠드의 번역에 따랐다.

**14** T. 48, p. 380b; Blofeld, *Huang Po*, p. 36.
    **역주**_원문은 "卽此本源淸淨心 與衆生諸佛世界山河 有相無相遍十方界 一切平等無彼我相." 한글 번역은 백련선서간행회 옮김, 『선림보전』, p. 245.

**15** 이리야 요시타카도 화엄사상이 황벽의 어록에 미친 영향에 대해서 논하였다(『傳心法要』, p. 35).

**16** 비교적 이른 시기의 황벽 행장이 수록된 『조당집』에 보면, 황벽이 젊었을 때 가르침을 구하러 천태산에 갔던 것으로 되어 있다.

나타나는 것, 즉 인식의 대상이 되는 것은 모두 다 마음속에서 나타난다는 것이 그 뜻 가운데 하나이다. 그래서『완릉록』에 다음과 같이 말하였다. "만법이 모두 마음으로 말미암아 변한 것이다. 그러므로 나의 마음이 비었기 때문에 모든 법이 공하며, …… 같은 한 마음의 본체다."[17] 세상이 그 모든 복잡한 차별을 지닌 채 그런 모습으로 나타나는 것은 바로 마음의 산물이라는 것이다. 그 마음이 "다시 추슬러 모이면" 그 때에는 "동일성"이 차별성을 누른다는 것이다. 하지만 그 동일성 때문에 차별성이 없어지지는 않는다. 그보다는, 모든 차별적인 사물에서 동일성이 나타난다고 하는 뜻이다. "다만 보고 듣고 느끼고 아는 곳에서 본래 마음을 인식할지라도, 본래 마음은 보고 듣고 느끼고 아는 데에도 속하지 않으며, 그렇다고 해서 그것을 떠나 있지도 않느니라 …… 보고 듣고 느끼고 아는 것을 떠나 마음이나 법을 찾아서도 안 되며 …… [마음은 그것들과] 같지도 않고 다르지도 않다."[18] 이런 설명이 시사하는 점 한 가지는, "일심" 또는 "부처"는 "객관적"으로 경험할 수 없다는 것이다. 그러니까 이 경우에는 "경험"이 경험의 대상 없이 일어난다고 하는 셈이다. 그러나 깨달음을 구하러 나선 입장에서 무엇인가를 "구하지" 않기는 힘든 일이다. 하지만 어쨌든 황벽은 구하지 말라고 가르친다. "오직 이 한 마음일 뿐, 거기에 티끌만큼의 어떤 법도 있을 수 없으니, 이

---

**17** T. 48, p. 384c; Blofeld, *Huang Po*, p. 72 참조.
　역주_원문은 "萬法盡由心變 所以我心空故諸法空 …… 同一心體." 한글 번역은 백련선서간행회 옮김,『선림보전』, p. 284.
**18** T. 48, p. 380b; Blofeld, *Huang Po*, p. 37 참조.
　역주_원문은 "但於見聞覺知處認本心. 然本心不屬見聞覺知 亦不離見聞覺知 …… 莫離見聞覺知覓心 …… 不卽不離." 한글 번역은 백련선서간행회 옮김,『선림보전』, p. 245 참조.『대정신수대장경』수록본의 원문 전거는 p. 380c이나 라이트는 이를 p. 380b로 잘못 표기하였다.

마음 그대로가 곧 부처다. 그런데 지금 도를 배우는 이들은 이 마음 바탕을 깨닫지 못하고 문득 마음에서 마음을 내고 밖에서 부처를 구하며 모양에 집착하여 수행을 하고 있으니, 모두가 악법이지 깨닫는 도는 아니다."[19] 구도를 하려면 당연히 부처라든가 마음이라는 "개념"을 전제할 수밖에 없다. 하지만 그것이 "깨달음"에 장애가 될 수 있다는 것이다. "부처라는 개념을 일으키면 바로 부처라는 장애에 끄달리게 된다."[20] "일심"이란 수행자들이 각자 개인적으로 관계를 맺을 수 있는 그런 것이 아니다. 세상 그 어떤 것과 관계를 맺는 행위 하나하나가 동시에 "마음"과의 관계라고 이해해야 한다. "마음" 또는 "부처"는 모든 현존 가운데 별개의 하나로 만나게 되는 것이 아니라 모든 현존에서 만나게 되는 그런 것이다. 또는 그 어느 것의 현존에도 언제나 들어 있는 그런 것이다. 이렇게 보면 황벽 선사가 도를 구하는 자들에게 구해서는 안 된다고 강조하는 이유가 설명된다. 부처를 "구한다"는 것은 불가능한 일이다. 그럴 필요도 없다. 부처는 모든 경험 하나하나에 언제나 이미 들어있기 때문이다. 마음이란 온갖 형상 가운데 한 형상이 아니다. "형상 없는" 배경으로 있는 것이며, 이를 바탕으로 해서 모든 형상들이 나타나게 된다. 이 "배경"은 본질적으로 "공"하다. 즉 "열려 있다." 개념적으로 고정될 수 없다. 자신을 그 앞에 세우려 노력한다면 오히려 거기에서 배제될 수밖에 없다. 그러므로 황벽의 선이 요구하는 노력은 어떤 주체가 어떤 행

---

**19** T. 48, p. 380a; Blofeld, *Huang Po*, p. 31 참조.
　**역주**_원문은 "唯此一心更無微塵許法可得 卽心是佛 如今學道人 不悟此心體 便於心上生心 向外求佛 著相修行 皆是惡法 非菩提道." 한글 번역은 백련선서간행회 옮김, 『선림보전』, p. 240.

**20** T. 48, p. 384c; Blofeld, *Huang Po*, p. 71 참조.
　**역주**_원문은 "纔作佛見便被佛障." 한글 번역은 백련선서간행회 옮김, 『선림보전』, p. 284 참조.

위를 한다는 의미의 여느 노력과는 의미가 다르다. 그것은 "파악"하는 행위가 아니며 "앎"이나 판단의 행위가 아니다.

황벽이 말하는 "일심"은 경험의 객체가 아니다. 그렇다고 해서 주체인 것도 아니다. 그러나 어쨌든 "마음"이란 것을 주관 그 자체로 관념하는 쪽이 더 매력적인 선택인 것만은 분명하다. 실제로 선 불교인도 포함해서 많은 불자들이 이런 관념을 선택하였다. 그런 관념에서는 "일념"이란 모든 개별적인 주관 뒤에서 작용하는 주관성, 다시 말하자면 의식 그 자체를 뜻하는 것으로 이해된다. 존 블로펠드는 긴 경력에 걸쳐서 이 문제에 대해 여러 가지 입장을 취하였다. 황벽 어록을 번역할 때에는 이 문제에 대해 분명한 입장을 취하지 않았다. 그런 뒤에 혜해慧解의 어록을 번역할 때에는 "불성"을 중생과 동일시하는 견해를 취했다. 중생의 근본적인 특징은 "의식"이기 때문이고, 그런 견해는 혜해의 어록에 따른 것이었다. 의식의 대상은 "마음이 지어낸 허깨비"라고 생각했다. 그리고 "나무나 바위 같은 허깨비는 불성 또는 자성을 가질 수 없다. 그것은 마음에만 해당하는 것"이라고 하였다.[21] 그러나 이런 견해에는 심각한 약점이 있다. 황벽의 어록에는 그런 견해를 부인하는 대목이 숱하게 나온다. 황벽의 어록은 "마음"과 마음의 대상을 구별하기보다는 결합시킨다. "내면"과 "외부," "정신"과 "물질"을 구별하는 태도에 대한 비판이 되풀이해서 나온다. "대상"에 대한 인식 바깥에 따로 "마음"이 존재하는 게 아니라는 것이다. 그리고 마음속에 있는 것 이외에 따로 저 밖에 대상이 있는 것도 아니라고 한다. 그래서 황벽은 "마음"에는 "주도 없고 객도 없으며 자기도 남도 없다"고 했던 것이다.[22] "마음이란 본래 서로

---

[21] Blofeld, *The Zen Teaching of Hui Hai*, p. 139.

다르지 않고 법 또한 다르지 않다."23 마음과 마음의 대상인 법 모두 "공"하다. 즉 [고유한 정체성 없이] 관계를 통해 구성된 것이며 독립적으로 성립된 것이 아니다. 마음과 세계는 "동시발생적"이며 근본적으로 서로 의존하는 관계이다. 바로 이 "본체가 일심이다."24 초기 불교 교리에서는 감각과 그 대상, 그리고 그 둘 사이의 관계를 말하는 이른바 "18계" 이론이 이런 근본적인 상호관계를 고찰한 것이다. 황벽도 이 유명한 교리를 끌어다가 "마음"에 대해 다음과 같이 말한다. "마음 또한 '나'도 '주재'도 없음을 알아야 한다. 6근·6진·6식이 화합하여 생멸하는 것도 또한 이와 같다. 18계가 이미 공空하여 일체가 모두 공하고, 오직 본래의 마음이 있을 뿐, 맑아서 호호탕탕 걸림이 없다."25 "마음"과 "세계"의 이러한 근본적인 연관성, 본질적인 통합성이 황벽 어록에 자주 등장하는 주제이다.26 그런 "상호성"은 그야말로 근본적이다. 즉 바로 그 상호성이 관념과 경험의 외연이 된다. 그래서 "공"이라 일컫는 것이다. 마음은 바로 이

---

**22** T. 48, p. 384b; Blofeld, *Huang Po*, p. 67 참조.
**역주**_앞뒤 문맥을 아우른 전체 내용은 다음과 같다. "마음이 곧 부처요 무심(無心)이 도이니라. 다만 마음을 내어서 생각을 움직이다든지, 혹은 있고 없음, 길고 짧음, 너와 나, 나아가 주체니 객체니 하는 마음이 없기만 하면, 마음이 본래로 부처요 부처가 본래 마음이니라"(卽心是佛 無心是道. 但無生心動念有無長短彼我能所等心 心本是佛 佛本是心). 한글 번역은 백련선서간행회 옮김, 『선림보전』, p. 280.

**23** T. 48, p. 384c; Blofeld, *Huang Po*, p. 72 참조.
**역주**_원문은 "心本不異法亦不異." 한글 번역은 백련선서간행회 옮김, 『선림보전』, pp. 284~285. 라이트는 마음과 그 대상인 법이 서로 다르지 않다는 면을 강조하여 번역하였다.

**24** T. 48, pp. 384c; Blofeld, *Huang Po*, p. 72 참조.
**역주**_원문은 "同一心體." 라이트의 번역에 따랐다. 전후 맥락의 한글 번역은 백련선서간행회 옮김, 『선림보전』, p. 284 참조.

**25** T. 48, p. 380c; Blofeld, *Huang Po*, pp. 38~39 참조.
**역주**_출처는 『전심법요』. 원문은 "故知此心無我亦無主 六根六塵六識和合生滅亦復如是 十八界旣空 一切皆空 唯有本心蕩然淸淨." 앞의 "故知此心無我亦無主" 부분은 라이트의 글에는 없으나 문맥 연결을 위하여 역자가 덧붙였다. 한글 번역은 백련선서간행회 옮김, 『선림보전』, p. 248.

공을 의미한다.

선서에 흔히 나오는 "마음은 마음을 볼 수 없다"는 이야기도 그런 근본적인 상호성을 근거로 한 것이다. 마음이 마음을 볼 수 있다면 목적어가 되는 그 마음은 객체인 셈이다.27 그러므로 마음을 주체와 객체라는 두 부분으로 나누고 마음이 그 자체를 인식할 수 있는 것으로 보려는 견해는 성립할 수 없다. 그런 식으로 "보는" 대상이 되는 "마음"은 분명히 "마음"이 아니다. 그래서 황벽도 그의 제자 임제와 같은 물음을 던진다. "마음을 찾는다 하면, 찾는다 하는 바로 그 때에, 과연 그 찾는 주체는 무엇이란 말인가?"

"홍주종洪州宗" 전통에 속하는 이들은 누구나 아주 기본적인 것으로 여기는 "설법" 가운데 하나가 "평상의 마음이 곧 도平常心是道"라는 말씀

---

**26** 황벽 직전의 선서(禪書)들에서도 이 주제를 볼 수 있다. 예를 들어 종밀(宗密)은 다음과 같이 말하였다. "마음과 대상은 서로 의존한다······ 대상이 없이 마음만 있을 수는 없다"(Broughton, *Kuei-feng Tsung-mi*, p. 177).
역주_출전은 『선원제전집도서』. 원문은 "心境互依 ······ 未有無境之心 ······"(T. 48, p. 404a). 이는 종밀이 자신의 견해를 피력한 내용이 아니라 밀의파상현성교(密意破相顯性敎), 즉 '은밀한 뜻으로 상(相)을 파(破)하고 자성을 드러내는 교파'의 교의를 설명하는 대목이다. 종밀은 그러한 교파의 사상과 선문의 민절무기종(泯絶無奇宗) 즉 '모든 것을 끊어 아무것에도 의지할 바 없다는 종파'의 사상이 완전히 같은 것이라고 본다. 민절무기종은 우두(牛頭)와 석두(石頭) 계열의 선을 가리킨다. T. 48, pp. 402c, 404a; 김무득 주석, 『선의 근원』, pp. 125, 153~154; 전종식 역해, 『도서』, pp. 70~71, 86, 88 참조.

**27** 이 문제에 대해서는 종밀이 좀체 더 뛰어날 수 없는 탁견을 피력한 바 있다. Broughton, *Kuei-feng Tsung-mi*, p. 194 참조. 피터 그레고리(Peter Gregory)의 종밀 연구도 참조.
역주_종밀은 신수(神秀)의 북종(北宗禪)에서 말하는 "간심(看心)," 즉 '마음을 본다'는 것을 비판하고자 "자기 마음이 자기 마음을 취하면 허깨비가 아닌 것도 허깨비 법이 된다(自心取自心 非幻成幻法)"는 『수능엄경』(首楞嚴經)의 게송(T. 19, p. 124c)과 "마음은 마음을 보지 않는다(心不見心)"는 『대승기신론』의 구절(T. 32, p. 577b), 그리고 "마음을 헤아리면 바로 어긋난다(擬心卽差)"는 신회(神會)의 말(『華嚴經行願品小鈔』, 卍續藏經 7, p. 858c)을 인용하고는 다음과 같이 말한다. "마음이 만약 볼 수 있는 것이라면 바로 이는 대상이 되는 것이니, 이에 '마음은 대상이 아니다'라고 말한 것이다(心若可看. 卽是境界. 故此云非心境界)"(T. 48, p. 405a). 김무득 주석, 『선의 근원』, p. 166; 전종식 역해, 『도서』, p. 98 참조.

이다. 이 말씀에 담겨 있는 또 하나의 주제가 앞에서 이야기한 것을 거의 그대로 담고 있다. 이 말씀으로 인해서 근접성의 역설이 마음에 부여된다. "마음"은 너무나 가까이 있기 때문에 찾아도 찾을 수가 없다는 이치가 그것이다. 우리는 종교적 깨달음을 위해서 속세를 등지는 "분별"을 행하는데, 이것은 잘못된 관념에서 비롯된 것이다. 물론 이해할 수 있는 잘못이기는 하다. "마음"은 열린 영역이며 사물 속 또 그 사이의 "빈 터전"이다. 그러나 사물 가운데 하나는 결코 아니다. 경험 주체가 맞닥뜨리는 대상이 결코 아닌 것이다. "평상의 마음이 곧 도"라는 설법은 수도원의 출세간적인 성향에 대한 질정이다.[28] "생멸"과 "열반"을 "구별"하면서 생멸로부터 벗어나 그 "반대"인 열반을 구하려고 하는 경향에 대한 질책이다. 그런 태도는 열반이 마치 이 세상보다 더 멋진 또 다른 세상인 듯이 여기는 관념을 바탕으로 한다. 황벽의 "평상심"은 그 반대를 요구한다. 그것도 더욱이 훨씬 더 극단적으로 요구한다. 모든 현존에서 우리를 맞닥뜨리는 "일심," 그것도 그 모든 현존들 사이의 관계에서 맞닥뜨리지 별도의 독립된 관계에서만 그러는 게 아닌 일심을 전제하기 때문이다. 온갖 다양한 "현존"이 펼쳐지는 세계를 거부하는 것은 바로 마음을 깨달을 길을 막아버리는 것과 같다.

---

**28** 바로 이 점에서 나는 베르나르 포르가 선은 대승불교의 "이제(二諦)" 교리를 "극단적"으로 사용하는 한 예라고 본 데(*The Rhetoric of Immediacy*, p. 58) 대하여 의문을 제기한다. 선 전통은 "세간을 새롭게 강조"하고 나섰는바, 이는 중관사상을 "단선적"으로 재해석하여 한 쪽 영역 내지 한 쪽 진리만을 강조한 비변증법적인 태도라는 것이 포르의 주장이다. 하지만 선서에서 보이는 것은 그 정반대라는 것이 나의 생각이다. 즉 중관사상이 말하는 "다수의 진리"에서부터 비롯된 "여러 터전" 위에서 벌어진 하나의 "세간적"인 활동이 선이라는 것이 나의 생각이다.

대부분 사람들은 경계가 마음을 가로막고 현상[事]이 본체[理]를 흐리게 하여, 의례껏 경계로부터 도망쳐 마음을 편히 하려하고, 현상을 물리쳐서 본체를 보존하려 한다. 그러나 이들은 오히려 마음이 경계를 가로막고, 본체가 현상을 흐리게 한다는 사실은 모르고 있다. 마음을 비우기만 하면 경계는 저절로 비고, 본체를 고요하게만 하면 현상은 저절로 고요해지므로 거꾸로 마음을 쓰지 말아야 한다.29

"평상의 마음이 곧 도"라면, 도망쳐야 할 것은 아무것도 없다. 오히려 일상으로부터 벗어나지 말아야 한다. 또한 구할 것도 없다. "구한다"는 데에는 구하는 대상이 있어야 하기 때문이다. "마음"은 찾거나 말거나 하기도 전에 언제나 이미 거기에 있다.

그러나 만약에 황벽이 자신의 설법이 우리에게까지 전달되리라는 것을 알았다면, 아마도 "평상의 마음이 곧 도"라는 얘기를 그렇게 강조해서 하지는 않았을 것이다. 사람들이 수도원에 가는 이유는 "평상의 마음"을 극복하기 위해서이다. 황벽이 선은 제쳐놓고 세간으로 돌아가라고 하는 뜻에서 그 말을 한 것이 아니었음은 물론이다. 선사禪寺에 오기 전까지 하던 일들이 그대로 괜찮다고 하는 뜻도 물론 아니었다. "평상의 마음"에 대한 강력한 비판이 "불교"의 발단이자 핵심인 것이다. 그 "평상의 마음"이 곧 도라고 추켜세운 데에는 나름의 맥락이 있다. 아무 생각 없이 "평상심"에 안주하기를 거부하고 그 밑바닥까지 꿰뚫고 그 너머의 뭔가를 찾는 데 평생을 바치겠다고 이미 달려든 이들의 집단이 그

---

**29** T. 48, pp. 381c-382a; Blofeld, *Huang Po*, p. 48 참조.
역주_원문은 "凡人多爲境礙. 心事礙理. 常欲逃境以安心. 屛事以存理. 不知乃是心礙境理礙事. 但令心空境自空. 但令理寂事自寂. 勿倒用心也." 한글 번역은 백련선서간행회 옮김, 『선림보전』, pp. 256~257.

의 청중이라는 점이 바로 그 맥락이다. 여기에서 황벽이 구사하는 어법은 "방편"이다. 듣는 이에 따라서 말을 한 것이다. 그리고 그의 청중은 수도원에서 구도생활을 한다는 고도로 압축된 세계의 맥락 속에 있는 사람들이었다.

그런데 황벽 어록의 이 "방편"은 그 어록의 "일심" 교리에 대한 비판이며 그것을 무너뜨리는 셈이 된다. "마음"에 대한 정교한 이론을 세우자마자 즉각 "해체" 작업이 시작된 셈이다. 그러므로 다음과 같이 말한다. "마음 그 자체는 또한 마음이라 할 것도, 무심이라 할 것도 없다. 마음을 가지고 마음을 없앤다면 마음이 도리어 있게 된다. 다만 묵묵히 계합契合할 따름이다. 모든 사유와 이론이 끊어졌으므로 말하기를, '언어의 길이 끊기도 마음 가는 곳이 없어졌다'고 하였다."[30] "마음"이라는 개념을 제시하자마자 거의 동시에 거두어들인 셈이다. 황벽 어록은 어떤 체계를 성립시키는 것을 이런 식으로 피한다. 그래서 복잡하고 정연한 이론을 황벽의 어록으로부터 뽑아내기는 어려운 일이다. 어떤 이론을 제시했다가는 또한 금방 의도적으로 뒤집어버린다. 그러니까 그런 이론의 취지는 어떤 특정한 견해를 세우는 데 있다기보다는 "놓아버리는" 데 있다. 즉 일단 개념을 형성했다가 곧장 놓아버리는 것이다. 이와 관련해서 중요한 구절이 있다. "무엇인가 보는 곳[見處]이 있으면 곧 외도라고 부른다."[31] 그러니까 여기에서 말하는 "외도外道"는 그릇된 견해

---

**30** T. 48, p. 380a; Blofeld, *Huang Po*, p. 34 참조.
　**역주**_원문은 "心自無心 亦無無心者 將心無心 心卻成有 黙契而已 絶諸思議 故曰言語道斷心行處滅." 원문의 정확한 전거는 T. 48, p. 380b이다. 한글 번역은 백련선서간행회 옮김, 『선림보전』, p. 243.

**31** T. 48, p. 385a; Blofeld, *Huang Po*, p. 74 참조.
　**역주**_원문은 "若有見處卽名外道." 한글 번역은 백련선서간행회 옮김, 『선림보전』, p. 287.

를 가지는 것을 가리키는 게 아니다. 무엇이건 "견해"를 가진다는 것 자체가 외도이다. 어찌하여 그러한가? 도대체 어떻게 아무런 "견해"도 가지지 않는 게 가능하단 말인가? 물론 가능치 않다. 적어도 우리가 생각하는 인간생활에서는 가능치 않은 일이다. 그러니까 여기에서 문제 삼는 것은 "견해"를 지니는 방식일 터이다. 그 당시부터 선서들은 선지禪旨에 대해서 다양한 입장을 늘 변화시키면서 활발하게 수용해왔다. 수많은 견해가 표명되었다. 그것은 피할 수 없는 노릇이다. 그러나 표명하자마자 곧 취소하거나 비판하거나 어떻게든 다른 방식으로 조명한다. 이런 "스타일"의 시조인 마조馬祖가 계속해서 자기의 입장을 바꾸는 대목들은 홍주선洪州禪의 대표적인 유머라고 할 만하다. 그래서 그의 제자들은 도대체 무엇을 "믿어야 할지" 도무지 알 수가 없게 된다.

> 어떤 스님이 물었다.
> "스님께서는 무엇 때문에 즉심즉불卽心卽佛이라는 말을 하십니까?"
> "어린 아이의 울음을 달래려고 그러네."
> "울음을 그쳤을 땐 어떻게 하시렵니까?"
> "비심비불非心非佛이지."32

선승들은 세간이 아니라 부처와 법에 관심의 초점을 맞추려고 애쓴다. 이에 대해 황벽은 때로 충격적인 말을 던져서 그런 맥락을 뒤흔들어 버린다. "부처와 법이 모두 함께 없는 것을 승僧이라 부[른다]."33 그리고 기껏 "마음"에 대해 이야기해놓고는 "마음 또한 마음이 아닌 것"이

---

32 Pas, *The Recorded Sayings of Ma-tsu*, p. 102 참조.
　역주_원문은 "僧問. 和尙爲甚麽說卽心卽佛. 祖曰. 爲止小兒啼. 曰啼止時如何. 祖曰. 非心非佛"(Z. 119, p. 815b). 한글 번역은 백련선서간행회 옮김, 『마조록·백장록』, p. 43.

라고 선언한다.34 "마음"이라는 개념이건 "무심"이라는 개념이건 어떤 견해를 내든 간에 모두 다 마음을 "두 철위산 사이"에 "가두어" 버린다.35 그러나 이렇게 거듭되는 부정이 "아무 근거 없음"을 인정하는 사상으로 귀결되지는 않는다. 그것조차도 부정한다. 그러한 철저한 부정은 우리의 마음을 불가피하게 장악하는 온갖 견해들을 어떻게 지녀야 올바른 태도인지를 말해주려는 메타철학적인 충고라고 보는 것이 최선의 이해일 것이다.

"일심"과 "무심"의 가르침에 대해서 황벽이 요구하듯이 수행의 목표를 "객관화"하지 않으면서 적절히 읽는 방법 가운데 하나는, 여기에서 추구하는 마음의 상태는 세상이 우리의 경험에 와 닿는 그대로, 개념구축과 감정투사로 왜곡시키지 않은 세상의 "순수한 현존" 그대로라고 이해하는 것이다. 선을 이런 식으로 읽는 것은 매우 그럴 듯하며 장점도 많다. 가장 중요한 장점은 황벽 어록의 많은 구절, 특히 관념적인 수행을 버리고 분별없이 "열린" 마음을 강조하는 대목들에 잘 부합한다는 점이다. "무심이란 [그 어떤 상태의] 마음도 일체 없음이다."36 이런 이해의 또 하나의 장점은 선에 대한 일본과 영어권 모두의 현재 "정통적"인 견해가 바로 그것이기 때문이다. 깨달음 마음이란 "언어, 사유, 그리고 인간의 관심

---

**33** T. 48, p. 385a; Blofeld, *Huang Po*, p. 76 참조.
　　역주_원문은 "佛法俱無 名之爲僧." 한글 번역은 백련선서간행회 옮김, 『선림보전』, p. 289.
**34** T. 48, p. 383a; Blofeld, *Huang Po*, p. 59 참조.
　　역주_원문은 "心亦不心." 한글 번역은 백련선서간행회 옮김, 『선림보전』, p. 268.
**35** T. 48, p. 385a; Blofeld, *Huang Po*, p. 76 참조.
　　역주_원문은 "貶向二鐵圍山." 한글 번역은 백련선서간행회 옮김, 『선림보전』, p. 288 참조.
**36** T. 48, pp. 380a; Blofeld, *Huang Po*, p. 31 참조.
　　역주_원문은 "無心者無一切心也." 백련선서간행회 옮김, 『선림보전』, p. 241에서는 "무심한 사람에게는 일체의 마음이 없 …… 다"고 번역하였으나, 여기서는 라이트의 문맥에 맞추어 번역하였다.

에 의하여 왜곡되지 않은 사물 그 자체의 순수한 현존"이라 보는 것이다.

존 블로펠드도 이런 간단하고 구체적인 이해에 이끌렸다. 그의 황벽어록 번역에도 이미 그런 기미가 나타나지만, 몇 년 뒤 대주 혜해 어록 번역에서 그러한 입장을 더욱 분명하게 제시하였다. 예를 들어 다음과 같이 말하였다.

> 우리의 마음이 마치 잘 닦인 거울처럼 될 것이다. 지나가는 영상을 모두 완벽하게 비치면서도 자신은 오염되지 않는다. 아름다운 것이건 추한 것이건 모든 사물을 비치면서도 그 때문에 자신이 변하지는 않는다. 그리하여 점차 완전한 적정寂靜을 이루어야 한다. 더 이상 상相에 대해 의지와 정념, 욕구 또는 혐오를 분출하면서 반응하지 않게 되어야 한다. 사물이 우리 앞에 나타날 때면 거울과 같은 의식으로 그들을 비추어야 한다. 그것들이 지나간 다음에는 아무 흔적도 남지 않고 우리에게서 아무런 반응도 끌어내지 않을 것이다.[37]

그러나 블로펠드의 마음을 지배한 또 하나의 입장이 있는 듯하다. "깨달은 마음"이란 "무상한 형상의 영역 너머의 궁극적인 완성"이라고 여기는 것이다.[38] 여기서는 "마음"이란 것이 "전변하는 세상 너머"의 "절대"이며 수행자로 하여금 "실재에 대한 초월적 체험"을 하도록 요구하는 그런 것이다.[39] 이런 두 견해가 블로펠드에게 계속 남아 초기 저술뿐 아니라 후기 저술에서도 피력되곤 했다. 블로펠드의 견해를 바탕으로 해서 "마음"을 "현존"으로 보는 견해를 전개한 이들도 있다. 특히 스즈키 다이세쓰(D. Suzuki, 鈴木大拙)가 서구에 처음 선을 소개할 때 취했던 "임

---

**37** Blofeld, *The Zen Teaching of Hui Hai*, p. 22.
**38** Blofeld, *The Zen Teaching of Hui Hai*, p. 27.
**39** Blofeld, *Huang Po*, p. 55.

제선"보다는 "조동종"의 관점에서 선을 이해하게 되면서 그런 추세가 두드러지게 되었다. 그들의 설명에 의하면, "선의 마음"이란 "순수경험" 즉 객관 세계를 아무런 매개 없이 직접적으로 체험하는 것이다. 언어와 사유라는 주관적인 매개를 통하기 이전의 사물 그 자체를 체험하는 것이다. 순수한 마음은 "절대적으로 열린" 상태에서 "현존"이 마음에 나타나는 데에서 아무런 매개의 개입도 없이 "순수한 현존"을 직접 체험한다.

"선의 마음"을 이런 식으로 이해하는 것은 매력적이기는 하지만 선에 대한 요즘의 이해와는 부합하지 않는다. 이것도 선의 마음을 정확하게 서술한 것이라기보다는 그것을 하나의 망상적인 목표로 여기는 견해이다. 이런 입장이 안고 있는 "망상적"인 성격은 여러 가지 시각에서 지적할 수 있다. 자세한 이야기 이전에 우선 두 가지 시각에서 간단하게 살펴본다. 첫째는 요즘 서구 사상의 한 줄기인 "해체주의"의 시각이다. 자크 데리다Jacques Derrida 등이 개진한 해체주의의 주요 주제 가운데 하나는, "온전한 현존이라는 꿈"은 어떤 형태이건 간에 유한성 그 자체를 초극하려는 욕구의 작용, 달리 말하자면 인간적인 것을 모두 폐기하려는 "신학적" 욕구의 작용이라는 것이다. 이런 욕구는 결코 충족될 수 없으며, 떨쳐버리는 것이 최선의 해결책이다. "현존"은 세계의 순수한 현현이기보다는 "언제나 이미 하나의 표상"이며 "기호체계"의 작용으로, 그 기호체계에 의하여 결정된다. 이렇게 보면 "인간적"인 방식으로 경험을 영위하는 한은 인간의 언어와 이해가 구축하는 틀을 폐기하는 것은 있을 수 없는 일이다.

둘째로, 여러 가지 형태의 불교사상을 잘 읽어보면, "선의 마음"을

"사물을 있는 그대로 아무런 매개를 통하지 않고 직접적으로 인식하는 것"이라고 이해하기는 곤란하다는 점을 알 수 있다. 불교의 관점에서 보면, "확실한 근거"를 찾는 것은 망상이다. 그것도 욕망에서 비롯되었고 따라서 버리는 것이 최선의 길이다. 경험의 겹들을 하나하나 벗겨보았자 결국 마지막 겹에 이를 수는 없다. 마음의 근저가 되는 그 어떤 순수 경험도 없기 때문이다. 그보다는, 불교 용어를 쓰자면, "연기," "무상," 그리고 "무아"를 보게 될 뿐이다. 달리 말하자면, 그 어떤 경험도, 참선을 통해 "집중"한 경험조차도, "최소한의 공통분모"에는 결코 이르지 못한다. 모든 경험은 "공"하다. 이는, 유한한 인간에게는, "공"에는 "바닥"이 없다는 뜻이다. 우리가 발견하는 것은 모두 다른 것과 서로 의존하고 얽혀있다. 그러므로 결코 "최종"이 아니다. 황벽이 "마음은 공하다"고 선언한 것은 탐구의 끝, 즉 "인간존재의 올바른 모습"을 구축할 절대적이고 확실한 근거를 찾아내는 궁극적인 지점에 이르고자 하는 우리의 욕구를 불교의 전통적인 해석틀에 충실하게 깨버린 것이다. 그런 욕구에 굴복해서 "선의 마음"을 완벽히 깨끗한 거울로 보는 것은 잘못이라는 것이 내 생각이다.[40]

---

**40** "거울"의 비유를 부인하는 혜능(慧能)의 시를 상기할 수도 있겠다(그렇다면 자기의 마음은 거울이 아니라 간직한 기억들의 "창고"임을 이해할 수 있을 것이다). 혜능의 시에 동기가 된 여러 가지 역사적 맥락을 짚어볼 수도 있다. 그러나 어쨌든 혜능의 시는 마음을 거울로 보는 이해도 "공"하다는 뜻이다. 즉 특정 맥락에 의한 것이지 결코 "보편적 진실"이 아니라는 것이다. 그렇다면 "선의 마음"을 "순수 현존"이라고 하는 이야기를 문자 그대로 받아들이면 안 될 것이다.
역주_『육조단경』(六祖壇經)에 나오는 유명한 게송을 언급한 것이다. 오조(五祖) 홍인(弘忍, 594-674)대사가 후계자를 정하기 위해 제자들에게 각자 깨달은 바를 게송으로 지어 올리라고 지시하자 문중에서 가장 명망이 높은 신수(神秀, 606-706)가 다음과 같은 게송을 지어 제출한다. "몸은 보리의 나무요 / 마음은 밝은 거울과 같으니 / 때때로 부지런히 털고 닦아서 / 티끌과 먼지 묻지 않게 하라"(身是菩提樹 / 心如明鏡臺 / 時時勤佛拭 / 莫使有塵埃). 이에 혜능이 다음과 같은 게송으로 응대하였다. "보리는 본래 나무가 없고 / 밝은 거울 또한

"현존은 언제나 없음을 포함한다"[41]고 하는 요즘의 발견도 이 문제를 헤쳐 가는 우리의 길을 찾는 데 도움이 될 것이다. 우리 경험의 장에는 언제나 그 경험의 모습을 결정하는 배경요소들이 현존한다는 얘기이다 (그러나 전면에 있는 것은 아니며 따라서 "없거나" 알려지지 않는 것이다). 어떤 요소들인가? 우선 아주 분명한 것은, 경험의 대상이 지금의 그런 모습이 되도록 한 수많은 요소들이 있다. 그 사물들을 바로 이 경험의 순간에 이 세상에 그런 모습으로 있게 한 "원인"들을 말하는 것이다. 둘째로, 경험의 "지평" 또는 "맥락"을 구성하는 여러 가지 배경요소들을 집어낼 수 있다. 여기에는 의식의 지평에 널린 그야말로 모든 것이 포함된다. 우리가 우리의 주의를 어느 특정 사물에 집중할 때에는 그 나머지 대부분은 직접 인식되지 않는다. 그러나 그 모든 것이 우리가 주목하는 대상을 위한 무대를 마련해준다. 길에서 아이들이 놀고 있는데 자동차 한 대가 그쪽으로 달려가는 것을 본다고 하자. 그 순간 우리의 의식은 거기에만 집중된다. 길이라든가 나무, 전선, 가로수, 컹컹 짖고 있는 개, 심지어 아이들의 재잘거림조차 의식되지 않는다. 하지만 이 모든 것이 그 장면에서 우리 경험의 "터전$_{ground}$"이 되는 것이다. 셋째로, 모든 경험의 배경에는 경험자의 "마음"이 있다. 그것은 특정의 "구조" 즉 과거의 경험, 기억, 선입관, 감정, 취향, 유전적 성향, 음식에 대한 취향 등등 하도 의식으로부터 멀리 옮겨져서 일일이 집어내기 불가능한 여러 가지 요소에 의하여 구

---

받침대 없네. / 부처의 성품은 항상 깨끗하거니 / 어느 곳에 티끌과 먼지 있으리오"(菩提本無樹 / 明鏡亦無臺 / 佛性常淸淨 / 何處有塵埃). 결국 홍인은 혜능을 후계자, 즉 육대(六代) 조사로 인정한다. T. 48, pp. 337-338. 한글번역은 『선림보전』, pp. 63, 66f.

[41] 이 명제는 하이데거(Heidegger)를 통해 데리다(Derrida)에게까지 이르렀지만 하이데거 이전에 비롯된 것이다. 불교의 "공"에 대한 좋은 작업가설적 정의 가운데 하나이기도 하다.

성되어 있다. 선사의 마음이 아무리 "순수"하더라도 이것들은 그대로 있다. 사실상, 한 마디로 말하자면, 이들이 바로 그 선사이다. 이런 배경요소들은 주의의 중심에 있지 않고 따라서 우리가 그들의 현존을 의식하지 않는 가운데 언제나 우리의 의식에 포함되어 있다. 인간의 마음은 철학과 과학에서 찾으려는 그런 "빈종이," 타불라 라싸tabula rasa가 아니다.[42]

마음에 대한 이런 이해는 "사유thinking"에만 적용되는 게 아니라 "인식perception"에도 적용된다는 점을 상기해보자.[43] "의미"라는 것은 우리가 보고 듣는 것에 부수적으로 갖다 붙이는 그런 것이 아니다. 인식은 일어나는 그 순간에 이미 의미를 포함한다. 자동차들을 보고 아이들의 목소리를 들을 때, 추상적인 모양, 색깔, 음색을 보고 듣는 게 아니다. 모양과 색깔, 음색도 우리가 의식하는 요소들이기는 하다. 그러나 원래 우리의 감각에 드러난 사물을 그런 요소들로 환원해서 추상화한 것일 뿐이다.

---

[42] "선의 마음"을 "순수 현존"으로 해석하는 것이 매력적이었던 이유 가운데 하나는 그것이 과학과 근대 철학의 바탕에 깔린 서구 "인식론" 전통에 부합하기 때문이라는 점을 알아차리는 것도 중요한 일이다. 우리 모두는 "객관성"이 중요하며 진리와 정의는 개인의 관심과 편견을 버리고 사물을 그 자체로 보려는 우리의 의지에 달려있다고 배웠다. 이런 언어, 그리고 이를 실현하는 구체적인 방법들을 "선"에서 보았을 때 당연히 매력적일 수밖에 없던 것이다. 그러나 "포스트모던" 과학철학에서는 근대 인식론의 주장을 부인해버렸다. 과학을 하는 데 한 때 필수적이라고 여겼던 그런 종류의 "객관성"은 꼭 필요한 것이 아니다. 이런 종류의 "객관성"은 워낙 인간의 유한성에 모순되기 때문에 구조적으로 불가능하다는 인식이 널리 퍼졌으므로 이는 다행스러운 일이다. 과학이건 참선이건 그 어떤 인간의 노력도 "사물의 있는 그대로의 순수한 현존"에 대한 경험으로 이끌어주지는 못한다. "사물"은 언제나 "각자의 마음"에 현존하며, 각자의 마음은 언제나 매우 복잡하게 전개되는 것이다.

[43] 그러나 선을 어떻게 이해해야 하는가 하는 물음 전체가 사유의 문제, 즉 고도로 이론적이고 관념적인 문제라는 점을 염두에 둘 필요가 있다. 어느 누구도 이 문제에 대해서 "직접적인 인식"을 하지는 못한다. 우리는 모두, 선사까지도, 이에 대해서는 사유를 할 수밖에 없다. 그러므로 우리는 모두, 또한 선사까지도, 잘못되었다고 할 수도 있다. "매개되지 않는" 경험과 "매개된 경험"을 구별하는 것도 이미 고도로 "매개된" 관념이다. 그것도 분명히 하나의 "교리"이며 그에 대해 관념상의 "실수"를 저지를 수 있다. 또한 언제든지 새로운 시각에서 이해할 수도 있다. "인식(perception)"과 "관념(conception)"의 관계에 대한 자세한 이야기는 앞의 3장과 4장을 참조하라.

인식은 언제나 이해를 바탕으로 해서 진행된다. 3장에서 보았듯이, 우리는 언제나 사물을 그것이 우리에게 나타나 보이는 모습인 듯이 경험한다. 나중에 잘못 보았다고 인정하더라도, 또는 혼란스럽고 모호해서 그것을 그저 "혼란스럽다"거나 "모호하다"거나 또는 "모르겠다"고 하면서 어떻게 이해할지 모를 때에도 마찬가지이다. 이해를 바탕으로 하지 않는 인식이라는 게 도대체 있을 수 있는가 말이다. 만약에 우리의 마음에서 모든 언어와 이해와 과거 경험들을 "씻어버린다"면, 우리가 이 세상에서 기능을 한다는 것이, 또는 심지어 이 세상에 존재한다는 것이 도대체 가능할까? 우리가 생각할 수 있는 한 "사람"의 존재방식으로는 그런 게 어떤 식으로든 가능치 않다. 그렇다면 서구의 선 해석가들이 생각한 "순수경험"이라는 것은 가능하지도 않고 바람직하지도 않은 것이다.

마음을 "순수경험"으로 보는 교리를 부인하거나, 또는 이 장에서 계속해서 제시하듯이 마음에 확장된 광범한 자질을 부여하는 입장을 취한다면, 황벽의 마음에서 "깨달음"이라는 요소를 이해하는 방법으로는 어떤 것이 남아있을까? 많다! 온전한 현존을 붙들지 않으면 "없음" 또는 "공"을 "신비"로 경험할 수 있다. 안전하고 확실한 입지를 붙들지 않으면 유한한 실존의 자유와 우연성을 경험할 수 있다. 확정성이라는 닫힘이 없으면 "열림"이 마음의 우선적인 특징이 된다. 이런 주제들은 다음 장에서 다룰 것이다. 그러나 그것들을 적절한 맥락 속에서 본격적으로 논의하기 전에, 우선은 황벽이 그밖에 또 무엇을 마음속에 가졌을 수 있는지 살펴보아야 한다. 그의 마음에도 언어, 이해, 시간, 사유가 없을 수 없다면, 이런 정신적인 요소들은 각자 선 체험에 어떤 역할을 하는 것일까?

선에서 언어의 역할에 대해서는 이미 "재고"한 바 있다. 이를 바탕으로 해서 이제 "언어"를 "마음"이라는 맥락에 위치시켜보자. 인간 마음의 특정한 특성과 언어는 "연기"의 관계이다. 같지는 않지만 불가분이다. 황벽에게나 또 선에 대한 우리의 고찰에서 "마음"이라는 것이 "마음의 대상"도 포함한다면, 우리는 그 상호관계를 더 확장해서 이해할 수 있다. 세계에 대한 우리의 경험과 언어는 불가분이다. 서로가 서로를 결정한다.44 그렇다면 "우리는 언어를 아는 것과 세계 전반을 두루 주유할 길 사이의 경계를 지워버리는 셈"이다.45 우리가 이 세계에 사회화되는 첫 순간부터 생의 마지막까지 내내 언어는 우리에게 현세적인 지향을 부여한다. 이 점을 바탕으로 해서 선의 언어의 특성을 다시 보자. 선사들은 이 세계에서 특별히 예외적인 능력을 가지고 기능을 한다면, 이는 그들이 언어와 어떤 특별한 예외적인 관계를 개발한 것과 상당한 관련이 있을 터이다. 선사들이 경험을 기술하는 데 더 많은 어휘를 가지고 있다거나, 우리와는 달리 표현할 수 없는 영역을 경험한다는 뜻은 아니다. 언어와 경험을 그런 식으로 보는 것은 매우 "이분법적"이다. 언어와 경험은 서로 별개이며 각자 다른 영역에 속하되 경험을 "포착" 또는 "기술"하기 위해 언어를 동원할 때 그때그때 부적절하게 결합한다는 식의 관념을 전제하는 것이다. 여기에서 "포착"이라는 비유, 그리고 언어의 일차적인 역할은 "기술"에 있다고 하는 전제에 문제가 있다. 황벽의 설법은 포착이건 기술이건 어느 쪽에서든 무엇인가를 표현하는 게 아니다.

---

**44** 데리다가 *Of Grammatology*의 결론에서 한 이야기가 생각날 것이다. "초월적인 기의(記意, signified)"는 바닥이 없이 무한한 기표(記標, signifier)의 망 속으로 녹아버리기 때문에, "사물 그 자체가 하나의 기호"라고 했던 것이다(p. 50). 이는 달리 말하자면 "기표와 기의" 또는 개념과 사물을 하나의 서로 얽힌 통합체로 여기는 셈이다.

**45** Davidson, *Truth and Interpretation*, p. 446.

담론이 이루어지는 맥락 너머의 그 어떤 것을 포착하려는 의도는 거의 없다. 가르치고 알려주고 정의하고 명령하고 반박하고 조롱하고 자극하고 탐색하고 질문할 뿐, "기술"하는 데에는 거의 에너지를 쓰지 않는다.

더욱이 우리가 무엇인가를 무엇으로 경험하는 한, 그 경험은 이미 언어의 정신적 맥락에 깊이 봉해진다. 이미 우리에게 "기술"된 것이다. 언어와 경험은 매우 교묘하게 한데 얽혀 이해를 구성한다. 존 블로펠드와 그 외의 낭만주의자들은 외국 여행을 통해서, 그리고 비범한 체험을 통해서 전혀 새로운 언어 체험을 거쳤음에도 불구하고, 그 경험을 설명하는 데 기껏해야 근대적인 담론, 그리고 이에 상응하는 언어관에 의지했을 뿐이었다. 언어는 "표상"의 "도구"로서 기술과 소통에 유용하다는 것이 블로펠드의 언어관이었다. 그리고 바로 이런 관념을 통해서 황벽의 선을 읽었다. 그는 황벽 어록 번역 서문에 다음과 같이 말하였다.

> 황벽은 개념적인 사유가 미칠 수 없는 표현불능의 실재를 상징하기 위해 "마음"이라는 말을 선택했지만, 이것을 완벽히 만족스러워하지는 않았음을 볼 수 있다. 일심은 결코 진짜 마음이 아니라는 설명을 여러 번 하고 있다. 그러나 어쨌든 어떤 말을 쓰긴 써야 했고, 그의 선배들도 흔히 "마음"이란 말을 썼던 것이다.[46]

이런 식의 설명은 그 과정을 거꾸로 뒤집어 말하고 있다. "마음"의 체험이 먼저이고 이를 지칭하는 "마음"이라는 언어가 그 뒤에 오는 식으로 본 것이다. 황벽은 먼저 "개념적인 사유가 미칠 수 없는 표현불능의 실재"를 체험하였고, 그 다음에 그것을 뭐라고 "지칭"할지 결정하는 과

---

**46** Blofeld, *Huang Po*, p. 18.

정에서 선배들이 이전에도 "사용"했던 "마음"이라는 단어를 선택했다는 것이다. 그러나 사실은 황벽이 선승으로서의 경력을 시작한 바로 그때부터 "마음"이라는 단어가 이미 그의 목표를 상징하고 있었다. "마음"이라는 단어가 그를 "마음"의 체험으로 이끈 것이다. 황벽은 마음에 대한 설법을 들었고 마음에 관한 문헌을 읽었으며 마음에 대해 명상하는 방법을 배웠다. 그가 추구한 것은 "마음"이었고 결국 그가 얻은 것이 "마음"이었다. 마음이라는 말이 그 모든 것을 상징하기는 하지만, 그렇다고 해서 "마음"이라는 말이 그 설법과 문헌, 명상, 그리고 체험의 복합적인 얽힘을 모두 "포착"하는 것은 아니다. 그리고 황벽이건 존 블로펠드건 "개념적인 사유가 미칠 수 없는 표현불능의 실재"가 있음을 알게 된 것도 분명히 언어를 통해서이다. 언어가 제시하면 개념이 이를 관념하고 경험이 그 한계를 모색한다. 블로펠드에게나 황벽에게나 "관념불능(언어도단)"의 언어가 선 경험의 형성에 특히 중요했다. 선 언어에는 그 밖에도 몇 가지 "상징"들이 이와 비슷하게 강력한 효과를 발휘한다. "침묵"이라는 말은 침묵을 깨뜨림으로써 침묵을 마음에 가져온다. 이런 언어라는 형태가 없었다면, 선승들이 침묵의 명상을 수련할 기회는 전혀 없었을 것이다. "모양 없음無相"이라는 말은 특정 형태의 체험을 그 형태이게 하는 하나의 특정 형식이다. "공"이라는 말은 그것이 가리키는 것 즉 "공"을 구축함과 동시에 그에 장애가 된다. 그래서 부정적인 언어 기능과 긍정적인 언어 기능을 모두 수행한다. 블로펠드의 견해에 따른다면 이런 점이 보이지 말아야 할 곳 즉 명상의 언어에서조차 쉽게 발견된다. 애초에 주제를 제시하여 이에 대한 명상을 가능케 하는 것이 언어이다. 명상을 이끌고 필요한 지침을 제공하는 것도 언어이다. 명상을 독려

하고 이를 위한 무대를 설치하며, 명상을 일으키고 명상에 관해 알려주고, 그 명분을 제공하며 정당화하고, 그것을 확장시키고 변화시키며, 비판하기도 하고 칭찬하기도 하며, 개선시키기도 하고 또한 그것을 이해할 길을 제공하는 것도 언어이다. 간혹 명상을 "기술"하는 데 언어가 동원되기도 하지만, 결코 언어가 명상을 "포착"하는 일은 없다. 그러니까 언어가 수행하는 이 모든 여느 일을 고려하건대 포착은 분명히 핵심이 아니다. 심지어는 침묵 중에도 "선의 마음"은 선의 언어 없이는 관념불능이다.

"마음"에 언어가 현존한다는 점과 밀접히 연관된 것이 경험으로 하여금 특정 형태를 취하게 하는 "이해"라는 배경이다. 여기에서 "이해"란 지금까지 우리가 살펴본 바와 같이 특정의 "신념"과 "이데올로기"를 포함하면서도 그런 것을 훨씬 더 넘어간다. 이해는 대개 전前의식적이다. 이해는 오래도록 잊고 있는 과거 경험의 기억들, 우리가 지금껏 들은 이야기들, 우리가 지금껏 행한 행위들에 의하여 형성되고 또 그 안에 담겨있는 것이다. 우리 몸의 움직임은 그 안에 이미 이해가 들어있음을 보여준다. 특정의 의례, 관습, 그리고 형상 들은 우리가 어떻게 지금의 모습이 되었는지를 드러내준다. 초기 대승불교의 "여래장如來藏" 개념은 불자들에게 여러 가지 기능을 했지만, 바로 이런 이해라는 배경을 매우 적절하게 표현하는 역할도 하는 듯하다. 혜해가 언급한 "거대한 경전大經"에 관해 블로펠드는 각주에서 "거대한 경전이란 마음을 지칭하는 다른 말"이라고 설명했다.47 마음은 경전에서 말하는 모든 것을 담고 있다.

---

**47** Blofeld, *The Zen Teaching of Hui Hai*, p. 147.
역주_2장 각주 48의 역주 참고.

마치 경전을 다 모아놓은 도서관 같다. 그러나 우리는 거기에 무엇이 있는지 정확히 알지 못한다. 이와 같이 대부분 무의식 속에 들어가 있는 예전의 경험이라는 거대한 배경이 우리가 현재 하는 체험의 틀을 형성한다. "선"의 체험도 마찬가지이다. 이런 특정된 문화적 양태는 진짜 선 체험에 장애가 된다고 보는 해석도 있다. 하지만 내 생각에는 바로 그것들 덕분에 선 체험이 가능하다. 걸림돌이라기보다는 디딤돌이다. "선의 깨달은 마음"이라 해서 이런 이해를 배제하고 있다고는 생각할 수 없다. 이해 없이는 우리는 아무런 작동도 할 수 없고 경험도 할 수 없다.48

앞에서 살펴보았듯이, "이해"의 개별적인 양상은 "~라는 이해" 또는 "~로 이해한다"는 식으로 제시되는 그 내용을 통해서 해석된다. 예를 들자면 우리는 이것을 책으로 이해하고 그리하여 그것을 가지고 무엇을 해야 할지 안다. 또는 이것을 명상이라고 이해하고 그리하여 우리가 왜 그걸 하고자 하는지 이해한다. 이런 이해의 양상은 블로펠드의 황벽 어록 번역, 또한 나의 글에서 내내 나타난다. 블로펠드에 의하면 황벽은 우리에게 중생을 그림자로, 교리를 꿈으로, 모든 마음은 하나인 것으로, 세상은 무상無相으로, 우리 자신은 무아로, 그리고 마음은 공으로 여기라고 가르친다. 이런 식으로 우리의 경험에 대해 그것이 무엇인지 알려주고 거기에 언어적 형상을 부여하는 비유가 없다면 우리는 우리가 과연 무엇을 경험하는지를 모를 것이다. 심지어는 경험을 한다는 것 그 자체도

---

**48** 흔히 "직관"은 이해 이전이라거나 이해를 대체하는 것이라고 여긴다. 그러나 나는 그렇지 않다고 하는 하이데거의 의견이 옳다고 본다. 직관은 세계의 특정 모습이 이해 속에 존재함으로써 가능해진다. 하이데거에 의하면, "모든 견해는 무엇보다도 우선 이해를 근거로 한다. 이로써 순수직관이 이해에 우선한다는 견해는 폐기되었다 …… 직관과 사유는 모두 이해에서 파생된 것이며, 그것도 이미 꽤나 먼 거리를 떨어져 나온 것이다"(*Being and Time*, p. 187).

모를 것이다.[49]

그렇다고 해서 모든 경험은 "이론적"이며 따라서 성찰과 사유의 대상이 된다는 뜻은 아니다. 오히려 "선"의 경험을 포함해 대부분의 경험이 그렇지 않다. 황벽의 어록은 분명히 이론 이전의, 담론 이전의 그 어떤 체험을 이야기한다. 황벽의 어록은 의식적이고 지적인 활동에 대해서도 많이 이야기하지만, 그 목표는 그런 활동 너머의 어떤 체험에 있다. 하지만 여기에 세 가지 중요한 특질을 첨부할 필요가 있다. 첫째, 선 체험은 사유 이전—이론 이전—이라고 말하는 목적은 그것을 지적인 또는 합리적인 훈련으로 수렴시키는 태도를 피하기 위해서이다. 황벽의 의견으로는 그 이전의 중국불교는 그런 태도를 가지고 있었다. "깨달음"이란 하나의 사유방식이 아니다. 그런 식으로 여겨서는 결코 깨달음을 얻지 못할 것이라고 황벽은 말한다. 하지만 아무튼 이런 "목적"도 특정 맥락에 의거한 것이다. 둘째로, 선 체험에는 "이해"가 들어 있지 않다고 하는 뜻은 아니다. 그 어떤 인간 경험에도 이해가 배제되어 있을 수 없다. 선 체험을 형성하는 것도 이해요 선 체험이 낳는 것도 이해이다. 셋째로, 지적 사유는 깨달음의 체험과 별개라거나 그에 전혀 개입하지 않는다고 보는 것은 잘못이다. 황벽의 설법은 관념의 실행이요, 마음의 작동이다. 우리로 하여금 어떤 특정 방식으로 사유하도록 충고한다. 무엇보다도, 모든 사물을 "마음"으로 여기려면 어떻게 해야 하는지를 가르쳐준다. 이런 지적 훈련이 선 체험의 무대를 마련해주며 선 체험이 구조적으로 가능하게 해준다. 심지어는 이 체험을 촉발시키기도 한다. 지적 활동의 역할

---

**49** 찰스 테일러(Charles Taylor)는 *Sources of the Self*에서 이해의 "틀"이라는 문제를 가장 중요한 주제의 하나로 논의하고 있다.

에 대해서는 잠시 뒤에 다시 논하기로 하자.

언어와 이해라는 구성요소와 아울러, "시간"을 빼놓고는 "마음"에 대한 관념을 가질 수 없다. 그러나 어떤 선 교리는 시간을 배제하라고 요구하기도 한다. 존 블로펠드도, 어떻게 그런지는 그에게도 분명치 않았지만, 선사들의 "마음"은 시간을 초월한다고 강조한다. 선사들은 "무시간"의 경지에 들어, 모든 시간성과 상관없는 그런 양식의 이해를 가지고 살아간다는 것이다. 그래서 블로펠드는 주장하기를, "깨달은 이의 마음은 시간속의 모든 관계들과는 무관한 경지"라고 하였다.50 하지만 불교 경전에서는 매우 세련된 "시간의 철학"을 볼 수 있다. 그러나 블로펠드의 저술에서 자신의 이런 주장에 대한 자세한 성찰은 거의 찾아볼 수 없다. 황벽 어록에서 "시간성"은 핵심 주제가 아니다. 그러나 가끔 그 이전 불교의 시간관을 시사하는 대목이 나온다. 배경에 깔린 그 문헌들의 맥락에서 황벽 어록의 그런 대목들을 읽어본다면, 왜 블로펠드가 그런 결론에 이르렀는지 쉽게 알 수 있다. 예를 들어 『완릉록』 끄트머리에서 블로펠드는 다음과 같은 번역을 제시한다. "과거 현재 미래로써 사유하는 잘못을 저지르지 말라."51 그러나 바로 다음 문장은 바로 그 "잘못"을 저지르고 있다. "과거는 감이 없으며 현재는 머무름이 없고 미래는 옴이 없다"52고 논하고 있기 때문이다. 여기에서 황벽은 "시간"에 대해 사유

---

**50** Blofeld, *The Zen Teaching of Hui Hai*, p. 131, n. 20.

**51** Blofeld, *Huang Po*, p. 131.
　**역주**_원문은 "莫認前後크際"(Z. 119, 846b). 백련신서간행회의 한글 번역은 "앞뒤의 3세 (三際)를 헤아리지 말라"(『선림보전』, p. 345).

**52** Blofeld, *Huang Po*, p. 131.
　**역주**_출처는 『사가어록』 소재 『완릉록』. 원문은 "前際無去 今際無住 後際無來"(Z. 119, p. 846b). 한글 번역은 백련선서간행회 옮김, 『선림보전』, p. 345.

하고 있다. 물론 시간의 틀로 사유해서는 안 되는 이유를 제시하려는 것이 그 사유의 의도이기는 하지만, 또한 시간의 틀로 사유하지 않는 것은 불가능함을 보여주기도 한다.

"마음"에 "시간"이 필수적임을 보여주는 하나의 예로 불교의 기초교리인 "무상無常"에 대해서 생각해보자. 석가모니는 모든 것이 무상함을 깨달았다. 즉 모든 것은 **시간이 흐르면서** 변한다는 것이다. 변화를 경험하는 데에는 이미 시간이 전제되어 있다. 마음속에 사물의 현재 상태와 과거 어느 시점에서의 상태를 대조해보지 않고는 그것이 변했는지 어쨌는지를 인지할 수 없다. 그리고 그런 변화가 미래에도 계속될 하나의 원리라고 투사한다. 그러니까 시간에 대한 인식이 그의 "깨달음"에 포함되지 않았다면 "무상"의 교리를, 다른 교리도 마찬가지이지만, 선포했을 수가 없는 것이다.

여기에서 초점을 맞추고자 하는 것은 "마음"도 이 세상의 여느 것들과 마찬가지로 "무상"이라는 속성을 가진다는 점이 아니다. 그것도 진실이기는 하지만. 중요한 점은 마음도 여느 사물들과 나란히, 그러나 별개로 "시간 속"에 위치한다는 것이다. 여기서 마음에도 시간성이 있다는 것은 단순히 마음도 무상하다는 뜻만은 아니다. 경험한 사물들을 시간 속에 위치시키는 것은 바로 인간의 마음이기 때문이다. 마음은 시간이라는 구조를 통해서 작동하며, 그리하여 경험 즉 모든 정신적인 활동은 분명히 시간성을 지닌다. 이처럼 모든 것을 시간 속에 위치시키는 과정과 그 과정의 구조를 표상하는 기호들이 언어에, 그러므로 또한 모든 이해활동에 각인되어 있다(그런데 어떤 언어든지 나름대로 과거 현재 미래를 구분하기는 하지만, 외국어를 배워본 적이 있는 사람이라면 누구나 이 구조가 문화마다 다르다는 것을 알 수 있을 것이다). 모든 경험은 그 이전의 것으로부터 일어나며 그 뒤에 올 것에 영향을 끼친다. 그리하여 과거 현재 미래의 연속성이 형성되고 그것이 마음의 인지활동의 모습이 된다. "이전" 및 "이후"와의 관계를 제쳐놓는다면 현재는 없다. 각각의 시점時點은 다른 시점들과 서로가 서로를 전제하는 가운데 비로소 성립한다. 황벽은 이런 사상을 비롯해서 많은 것을 화엄과 천태로부터 전수받은 듯하다. 화엄과 천태종의 문헌은 "시간"이라는 주제를 아주 많이 다루고 있다.

황벽 어록에서 "시간에 관한 이론"을 볼 수 있다는 점보다 더욱 근본적으로 중요한 것은 황벽의 설법은 시간에 "대한" 것뿐 아니라 사실상 그 모두가 이미 시간의 구조 속에서 이루어진다는 점이다. 시간의 구분과 연속성이 그 속에 주장으로서, 또한 전제로서 각인되어 있다. 현재 속에 회상과 예상, 즉 과거와 미래가 다 들어있지 않다면 그 현재는 실재성이 없다. 선의 대사大事에 임하는 황벽에게 그런 실재성은 없어서는 안 되는 것이다. 황벽은 인간의 부조리에 대한 과거의 경험을 바탕으로 현재 보살행을 하는 것이고 그 목적은 미래의 괴로움과 어리석음을 구제하는 데 있다. 과거로부터 배운 "경험"의 지혜를 더 많이 수용할수록 현재에 더 솜씨 좋은 "방편"을 구사할 수 있다, 유한한 인생살이에는 언제나 뭔가 해결 안 되고 불완전한 면이 있다는 것이 불교 전반의 전제이다. 언제나 뭔가 해야 할 일이 있게 마련이다. 아직은 문제가 안 되던 것이라 할지라도 과거와 미래가 함께 작동하여 현재를 구성함으로써 안건으로 대두한다. 특히 황벽선사는 자신의 설법과 행동이 현재와 미래를 변화시키는 데 공헌할 것이라는 "전망(선견지명)"을 가지고 활동한다.

우리가 현생 너머의 삶, 즉 "시간성"보다는 "영원성"이 지배하는 삶을 상상할 수 있다는 것도 사실이다. 그러나 이런 "삶"의 내용은 전혀 제시할 수 없다. 그저 "우리가 아는 것과는 다른 것," "시간 밖의 것"이라고 밖에는 말하지 못한다. "영원"을 이야기하는 종교 사상들이 공통적으로 가지고 있는 것이 있으니, 시간 속의 삶은 고통이며 신성은 이와는 "전혀 다르다"는 경험이 바로 그것이다. 그런 동기로 해서 모든 괴로움 너머 무시간의 영역을 생각해내려는 노력을 한다. 선서에서도 이런 경향을 어렵잖게 찾아낼 수 있다. 그러나 선 전통이 특이한 점 가운데서도 가장 두드러진 것은 이 시간의 세계 너머 어떤 영역을 상정하는 "타계적"인 형이상학을 떨쳐버리려고 애쓴다는 점이다. 견고한 "현세적" 성격이 선 전통 전반의 분명한 특징이다. 그 반대되는 사례가 좀 있다고 해도 그다지 문제되지 않는다. 그리고 선을 추종하는 서구인들은 무엇보다도 선의 그런 특징에 이끌렸다는 것이 내 생각이다. 영원이라는 타계적인 형이상학을 우선적인 관심사로 하는 이라면 선이나 불교로 갈 필요가 없다는 점만은 분명하다. 또한 간혹 선서에 나오는 "영원"에 관한 사상은 다른 종교의 "영원" 사상에 비하면 별로 매력적이 못하다. 선은 그와는 전혀 다른 관심사를 바탕으로 구축된 것이다. "시간 너머"에 대한 사변이라면 무엇이건 비웃어 버리는 것이 선사들의 전형적인 태도이다. 우리는 분명히 시간 너머의 존재가 아니기 때문이다. 선의 초점은 "여기 바로 지금"에 확고히 맞추어져 있다. 그리고 "여기 바로 지금"은 유한한 시공을 근본적인 구조로 하고 있다. 황벽의 선은 어떻게 하면 시간을 벗어날 수 있느냐가 아니라 시간 속에서 어떻게 살아야 하느냐를 가르치는 것이다.

마음에 관해 우리가 살펴보아야 할 마지막 주제도 아주 까다롭다. "선의 마음"에서 사유는 어떤 역할을 하는가 하는 물음에 대한 답을 모색하기 위해서 황벽을―또한 우리 자신의 마음을―읽어야 하는 것이다. 황벽 또는 어느 선 수행자건 간에 그 마음속에 성찰적 사유의 자리는 과연 있는가? 있다면 어디인가? 언뜻 보면 별로 어렵지 않은 물음인 듯하다. 선서에 보면 "개념적 사유"는 아무런 역할도 하지 못한다거나, 또는 적어도 "해서는 안 된다"는 이야기가 되풀이해서 나온다. 존 블로펠드도 황벽을 번역하고 분석하면서 바로 그렇게 결론을 내렸다. 불교는 "개념적 사유에 의하여 업을 짓게 되는 과정을 포착"하는 데 그 의도가 있다는 것이 그의 대체적인 생각이었다.[53] 블로펠드는 다음과 같이 말하였다. "반야란 개념적 사유의 차원 훨씬 너머의 실재를 직관적으로 아는 것이다. 개념적 사유는 이를 가로막는 장애가 된다."[54] 이렇게 보면 사유란 실재에 대한 직관을 가로막는 "정신적 침전물"을 생성시키는 역할만 하는 셈이다.[55] "직관적 지식"은 "인간 지성이 지금껏 도달한 최고봉보다도 무한히 더 높은 곳"에 있기 때문에,[56] 황벽의 선수행에서 가장 핵심이 되는 것은 "개념의 짐을 벗어버리는 것"일수밖에 없다는 것이다.[57]

더욱이 "개념적 사유"와 "직관"을 부별하는 이분법이 황벽 어록의 중

---

**53** Blofeld, *The Wheel of Life*, p. 131.
**54** Blofeld, *The Wheel of Life*, p. 133.
**55** Blofeld, *The Wheel of Life*, p. 133.
**56** Blofeld, *Huang Po*, p. 17.
**57** Blofeld, *Huang Po*, p. 51. 블로펠드가 자신의 사유 훈련에 대해 성찰하는 대목이 다른 저술에 나온다. "지난 20년간 개발해온 이해, 특히 불교 교리에 대한 이해를 바탕으로 해서, 이 우주 속에서 각 개인의 삶과 위치가 어떤 의미를 가지는지 추론하느라 시간을 보낸 적이 있었다. 이런 훈련은 매력적이기는 하지만 아무런 이득이 되지 않는다. 부처님도 자주 지적하곤 했다 …… 그런 문제에 대해 심사숙고하는 것은 깨달음에 도움이 되지 않는다고"(*The Wheel of Life*, p. 250). "교리적 사유"에 대해 이처럼 부정적인 판정을 내리면서도 블로펠드의 그 많은 저술들은 바로 그런 사유로 구성되어 있다.

요한 요소 가운데 하나이다. 어떤 것이건 교리적 입장見을 취하면 "장애"가 된다고 한다.58 그러나 "개념적 사유"에 대한 황벽의 비판도 그 자체가 인상적인 "개념적 사유" 행위임을 알아차리기도 어려운 일은 아니다. 특정의 사유주제에 대한 특정의 "견해"인 것이다. 이것은 불가피한 일이다. 성찰은 "경험" 그 자체에 장애가 되고 그것을 가로막으며 또는 경험 그 자체와 일치하지 않는다는 주장도 또한 경험에 대해 성찰해 보고 나서 내리는 결론이다. 심지어는 "경험"과 "사유"를 구분하는 행위 또한 사유행위로서, 경험으로부터 이끌어내는 추론이다. 그러니까 "일심"은 사유의 대상이 아니라는 주장도 일심에 대한 사유로부터 나온 것이다.59 이 점을 감안한다면, "마음의 성품을 알았을 때 비로소 불가사의하다고 말할 수 있도다"60라는 대목의 번역을 다음과 같이 바꾸어 보면 사안이 좀 더 분명해질 것이다. "마음의 성품을 알았을 때를 두고 비로소 불가사의한 [경지]라 여길 수 있다." 이를 두고 물론 "마음의 성품"이라거나 "돈오"라거나, 또는 그 밖에 황벽 어록이 우리에게 제시하는 다른 어떤 것으로 여길 수도 있다. "관념 너머"라는 것도 분명히 그것을 관념화한 형태의 하나이다.

사유에 대한 비판이 황벽의 사유에서 큰 자리를 차지한다. 하지만 그

---

**58** T. 48, p. 384c; Blofeld, *Huang Po*, p. 71.
　역주_『완릉록』의 이 대목에서 "見"을 내면 곧 장애가 된다는 취지의 설법이 진행된다. 가장 축약적인 대목은 "범부다 성인이다 하는 견해를 내고, 더럽느니 깨끗하다느니 하는 견해를 내는 등이 모두 그 장애를 받느니라(作凡作聖作淨作穢等見 盡成其障)"이다. 한글 번역은 백련선서간행회 옮김, 『선림보전』, p. 284.
**59** Blofeld, *Huang Po*, p. 51. 이 문제와 관련해서는 로버트 샬만(Robert Scharlemann)의 사상에서 배운 것이 많았다. 예를 들어 *Reason of Following*, p. 128 참조.
**60** T. 48, pp. 384b; Blofeld, *Huang Po*, p. 70 참조.
　역주_원문은 "認得心性時 可說不思議." 한글 번역은 백련선서간행회 옮김, 『선림보전』, p. 283.

것이 다는 아니다. 위의 예에서 보듯이 사유는 그밖에 다른 역할도 한다. 그 중에 아주 중요한 것은 "이상"을 구축하는 일이다. "이상"은 하나의 특정 사유 틀이다. 그 특정 사유 틀과의 관련 속에서 이상의 경험이 형성된다. "마음," "공," "수행," "부처" 등등의 개념이 선의 수행과 깨달음의 모습을 빚어낸다. 황벽은 "부처의 견해를 내는 순간 바로 부처에 끄달린다"고 했지만,[61] 그 반대 또한 말할 필요도 없이 너무나 분명한 진실이다. 즉 "부처라는 개념"을 일으키지 않는다면 황벽이 무슨 말을 하는 건지 이해할 수 없을 것이다. 뿐만 아니라 "부처의 가르침"에 대해서도 관념을 가질 수 없을 터이니, 그 가르침이 우리로 하여금 극복케 하려는 인간의 모든 결함에 여전히 "끄달리고" 있을 수밖에 없다. 불자에게는 이런 개념들을 일으키거나 말거나 선택할 수 있는 일이 아니다. 그런 개념들이 "불도"를 우리의 마음에 제시해주며, 따라서 그런 개념들은 "불도"에 "본질적"인 것이다. "부처라는 개념"을 일으키지 말라는 황벽의 경고는 이미 마음에 그 개념을 가지고 있는 이들을 향한 것이다. 사실상 "마음속"에 그것을 너무나 넓고 깊게 가지고 있어서 그 전에 그들의 정신공간을 점유하고 있던 많은 것을 이미 밀어내버린 이들에게 주는 가르침이다. 황벽의 가르침은 그 개념을 가지고 어떻게 해야 하는가를 말해준다. 선의 개념들이 일단 "마음속"에 들어오면, 그것들이 해야 할 역할은 경험의 구조를 재편하는 데 있다. 예전에 경험해오던 방식을 "그냥 그대로" 내버려두는 것이 아니라 새롭게 개혁하는 역할을 해야 하는 것이다.

선에서 말하는 개념들의 "지시대상"은 여느 개념들의 경우와는 성격

---

**61** T. 48, p. 384b; Blofeld, *Huang Po*, p. 71 참조.
　**역주**_원문은 "纔作佛見便被佛障." 한글 번역은 백련선서간행회 옮김, 『선림보전』, p. 284.

이 매우 다르다. 오직 관념을 통해서 (마음에) 존재하게 되는 것이지 거기에 덧붙여 세상 속의 대상으로 인지됨으로써 존재하게 되는 것이 아니다. 세상 속의 대상과 연관해서 경험될 수도 있겠지만, 어쨌든 선의 개념들은 객관적인 것과는 다른 질서의 개념들이다. 이런 "질서" 개념들, 예를 들어 "일심"이라든가 "공," "불성" 같은 개념에는 인지할 대상으로서의 지시대상이 없다. 그런 개념들은 상상으로부터 나온 것이다. 그런 개념들에 대해서 사유하려면 어떤 특정 대상이나 실체가 아니라 상상으로부터 출발해야 한다. 그러나 이제 주위의 일상 세계가 어떤 특별한 양상으로 보이게 된다. 이 개념들은 일상의 세계를 "달리" 보이게 하며, 그리하여 예전의 익숙한 것과는 다른 양상의 경험을 일으킨다. 일상적인 것이 달리 보이는 그 모습은 처음에는 허구적이고 추상적이다. 상상하는 어떤 가능성을 임의로 투사하는 것이다. 하지만 그 개념을 "사용" 즉 "수행"해가면서 점차 "자연스러워"진다. 세계에다가 상상을 투사한 것이 아니라 세계의 실제 모습 그 자체가 되는 것이다. 블로펠드도 다음과 같이 말할 때는 바로 이런 것을 염두에 두었음이 분명하다.

> 선사禪寺에서 보낸 시간은 헛되지 않았다. 이론적인 지식으로부터 벗어나 두 가지 지극히 중요한 진리를 일부라도 깨닫는 데 진전이 있었다고 확신한다…… 한 선사가 "열반은 여기 바로 지금이다"거나 "현재만이 유일한 실재"라고 선언했을 때, 그 가르침이 말하는 진리를 내가 정말 이해하였다고 생각한다.[62]

블로펠드는 "이론적인 지식"은 "깨달음"으로 변환되어야 할 필요가 있다고 말하는 셈이다. 내가 한마디 덧붙이자면, 그 지식이 성공적인

---

**62** Blofeld, *The Wheel of Life*, p. 170.

"지식"으로서 실현되려면 그런 변환이 필요하다. 피아노를 치거나 테니스 라켓을 휘두르거나 좌선하거나 하는 것과 마찬가지로, 이론적인 사유가 진정한 결실을 보려면 그것이 전면에서 물러나 제2의 본성이 될 때, 즉 추상적이고 어색하던 것이 직관적인 본능으로 바뀌어야 한다. "일심"이라든가 "공" 같은 관념이 마음속에 하나의 정의定義나 일단의 사유규칙으로 남아있는 한, 그것은 세계 속에서가 아니라 세계와는 별개로 경험될 터이다. 그 정의들을 가지고 수행하는 일이 무르익으면, "일심"이나 "공"이 비로소 마음속의 한 개념으로가 아니라 (또는 그에 덧붙여서가 아니라) 이 세계 위에서 또는 안에서 경험될 것이다.

위의 인용문에서 블로펠드는 몇 달 동안의 선 수행을 통해 "열반은 여기 바로 지금 있다"는 말이 진리임을 이해하게 되었다고 술회했다. 이 개념적 구절은 간단하지만, "여기 바로 지금"에 대해서 (그리고 열반에 대해서도) 다시 생각할 것을 요구한다. 그리고 이 개념들을 명상속에서 수행하여 "여기 바로 지금"의 "경험"을 변혁시킬 것을 요구한다. 이 개념들을 수행하면서 블로펠드는 일상적인 "여기 바로 지금", 즉 그가 선 경험 이전에 경험하던 것으로서의 "여기 바로 지금"으로부터 벗어나게 되었다. "열반은 여기 바로 지금"이라는 개념에 대하여 사유하는 수행을 통해서, 지금 여기 있는 것을 그 개념을 통해 바라보는 수행을 통해서, "여기 바로 지금"은 이제 예전과는 다른 성격을 가지게 된다. "지금 이 순간"과 "여기"가 "열반"의 기호記號가 되는 것이다. 사유행위 속 그 개념의 움직임을 따라가는 가운데 그처럼 경험의 구조가 바뀐다. 이를 위해서는 상당한 성찰이 필요하지만, "타계적인" 종교사상에서만 그러한 것이 아니라 "여기 바로 지금"이나 "사물 그 자체 그대로"라는 개념에서도 못지않게 그러하다. 종교적 개념들은 세상을 새롭게 보이게 하는 기능을 한다. 그 개념들과 "수행"은 대립하는 관계가 아니라 필수적인 상호관련을 맺고 있다. 수행할 거리를 제공하는 것이 개념이다. 그 개념들이 없으면 수행할 거리도 없다.

개념을 가지고 하는 수행에 관한 황벽의 체제에서는 "일심"이 우선적인 위상을 차지한다. 특정 경험의 순간들이 그 개념의 내용을 채운다. 하지만 어떤 경험도 그것을 다 채울 수는 없다. 우리가 개인적으로 어떤 경험을 하건 간에, "일심"은 늘 그보다 크다. 모든 경험을 다 포괄하는 개념이기 때문이다.63 그러나 "일심"은 개념으로서의 위상에 덧붙여서, 황벽의 수행의 취지가 무엇인지를 단적으로 규정하는 경험을 가리키는 명칭이기도 하다. 경험으로서의 "일심"은 결코 그 어떤 개념으로도 포착될 수 있는 게 아니다. 황벽에게 "일심"이란 워낙, 즉 근본적으로, 또 원리상, "관념될 수 없는 것(불가사의)"을 가리킨다. "일심" 개념을 사유하는 행위는 이미 그것에 위배되는 짓을 저지르는 셈이다. 그것의 통합성unity을 관념하기 위해 사유하는 것인데, 사유는 곧 그 통합성을 깨뜨리기 때문이다. "나" 즉 주체로서의 자아가 사유대상으로서의 "일심"을 사유하는 것인데, 그 과정에서 그것의 통합성과 즉각성immediacy(방편으로 매개될 수 없음, 무소의)을 훼손하기 때문이다. 황벽이 가르치는 바에 의하면, 사유로써는 결코 완벽히 도달할 수 없는 것이 "일심"이다. 그러나 또한 동시에 모색할 만한 가치가 있는 유일한 목표이기도 하다. 하지만, 사

---

**63** 이 대목에서 나는 칸트가 어떤 통찰로도 다 섭수할 수 없는 개념과 어떤 개념으로도 다 섭수할 수 없는 통찰을 구분한 것을 바탕으로 해서 논의를 전개하고 있다. 이 틀은 Robert Scharlemann, "The One of the May, and the Many of the One," in *Inscriptions and Reflections*를 통해서 수용하였다.

유의 이러한 한계 그 자체에도 한계가 있다. 그 한계도 우리가 생각하는 한계이기 때문이다. "일심"에는 워낙 사유가 배제된다는 것, 또 왜 어떻게 그런지를 우리는 이해하고 추론할 수 있다. 간단하게 말하자면, "우리는 우리가 일심이라고 관념하는 그것의 불가사의성을 이해할 수 있다"는 얘기이다.64

선의 사유는 무엇보다도 우선 선의 경험을 일으키는 역할을 한다고 했다. 선의 사유는 뿐만 아니라 성찰 이전의, 이론 이전의 경험을65 성찰하고 추론하게 하는 역할도 한다. 사유는 그런 일을 과거로 소급하여 올라가는 방식으로 수행한다. 경험 속에 어떤 일이 일어났는지를 돌아보며 평가하고 비판하면서 그 모습을 바꾸고 다듬는 것이다. 이게 왜 중요한가? 어떤 수행을 하더라도 거기에 엄격한 개념적 사유의 수행이 수반되지 않았다면, 황벽도 자신이 전수 받아 제자에게 전해주는 그 "선의 마음"이 과연 그렇게 전승할 만한 가치가 있는지 여부를 알 길이 없었을 터이다. 그것을 평가한다는 것도 있을 수 없는 일이었고, 심지어 그게 무엇인지 알 리도 없었을 터이다. 성찰능력과 비판의식이 없었다면 황벽은 자신이 그토록 소리 높여 내세우던 이상에 대해 책임을 질 수도 없었겠고 그에 대해 어떤 설명을 제시할 수도 없었을 것이다. 비판적 사유가

---

**64** Scharlemann, "The One of the May, and the Many of the One," in *Inscriptions and Reflections*, p. 221.

**65** 이 대목은 "선의 사고방식"에 너무나 위중하게 반하는 이야기이므로 여기서 다시 한 번 보충설명을 하고자 한다. 즉, 이런 경험은 "성찰적"이지도 않고 "이론적"이지도 않지만 그렇다고 해서 "개념 이전"이거나 "언어 이전"이지는 않다. 모든 경험 속에는 개념과 인이 구조가 이미 박혀있다. 그것들이 경험을 가능하게 하기 때문이다. 다만 "직접적인 경험"에서는 그것들이 배경에 깔릴 뿐 두드러지게 나타나거나 경험의 주제로 부각되지 않을 뿐이다. 사유행위가 꼭 세계의 모습을 언어적, 문화적으로 그려내기 위해서 수행될 필요는 없다. 선의 언어가 없다면 "사물을 있는 그대로," 즉 그것이 선에 보이는 모습으로 경험하는 일이 불가능할 터이다.

없는 곳에는 오직 교조주의教條主義, 즉 욕구를 바탕으로 할 뿐 정당성은 없는 주장만 남는다.

선을 정당화할 능력이 전혀 없는 선사는 없었다는 사실은 "사유"가 "선의 마음"의 한 불가피한 필수요소임을 말해준다. 한편, 선의 "무심"이라든가 "무념"이라는 개념을 문자 그대로 받아들인다면 비교적 "비성찰적인" 선도 실제로 가능하다고 할 것이고 실제로 선 전통의 역사에 내내 그런 선을 추구하는 사례가 있었다. 사실 그런 "근본주의적"인 충동도 선 전통의 기본 교의教義에 포함되어 있고 때때로 강력하게 대두하곤 했다. 여기에서 "근본주의"란 기본 교리 가운데 특정한 것—"돈오," "불립문자," "평상심시도" 등등—만을 선택해서 축자적으로 협소하게 해석하고는 그것을 선 전통의 영원한 본질이라고 여기는 경향이라고 느슨하게 정의할 수 있겠다. 그 목록에 "무심"을 포함시켜 문자 그대로 해석하는 한, 선 불교인들이 자기들의 수행과 성취를 이해하는 능력은 제한될 것이다.

선 전통이 아직 직면한 적이 없는 문제 하나는, 선의 교리는 교리로 간주하지 않으려는 경향이다. 아마도 "불립문자" 구호 때문일 텐데, 선 불교인들은 선 전통에서 "도"에 관해 말하는 것은 교리의 일종이 아니며 따라서 비판의 대상이 되지 않는다고 보는 경향이 있다. 관념들은 "경험으로부터 직접 나온 것(또는 유신론 전통에서라면 "신으로부터 직접 주어진 것)"이라고 여기면, 그것들을 교조적으로 붙들고 있게 된다. 성찰을 배제하는 선도 분명히 가능하기는 하지만, 바람직하지는 않다. 그런 것은 스스로 한계를 지우는 짓이며 실제로 간혹 선 전통을 약화시키기도 했다. 하지만 선 전통에서 그런 일은 실제로 별로 일어나지 않았다. 어떤 의미에서는, 성찰과 관념의 능력에서 견줄 것 없이 훌륭한 이 전통이 우리에게까지 전해질 수 있었던 것은 "일심"과 "평상심" 모두에 깊이 들어간 창조적인 마음 덕분이었다. 선서禪書의 전통과 선 실수實修 양쪽 모두가 고도로 발달했다는 점이 그런 능력을 잘 보여준다.

  선 전통에서는 사유의 수행과 선 체험 사이의 변증법적인 관계가 핵심적인 중요성을 갖는다. 사유는 경험을 더 밀고나가게 하며, 새로운 경험의 장을 열어주고, 경험을 정제해준다. 한편으로 경험은 사유를 더 진전되게 하고 새로운 사유의 차원을 열어주며 그 범위를 정해주어 일탈을 막는다. 선의 사유는 그 유연한 성격, 즉 "무주無住", "무착無着"의 마음에 그 우수성이 있다. 선사들은 모든 사유는 "공"함을 사유를 통해 알아차리고는 그 어떤 다른 전통에게서도 볼 수 없는 성찰의 세계를 탐험하였다. 유한한 세계의 "공성"을 경험하도록 훈련한 그들은 그것을 두려움 없이 직면하며, "상식"의 밑바닥에 무엇이 있는지를 즐겁게 "사유"한다.

  "개념적 사유"가 선에서도 본질적인 위치를 차지하기는 하지만, 그것만이 선의 수행은 물론 아니다. 그것은 "일심"의 한 편린일 뿐이다. 사유는 "마음" 전체에 대해서 마치 얼음덩어리에 송곳 같은 것이라 할 수 있다. 하지만 빛 속으로 튀어나온 그 "송곳"도 무의식적인 전체와 소통하면서 그 자체가 무엇인지, 또한 그 정체성을 어떻게 수련해야 하는지를 알려주는 마음의 한 요소이다. "선"이란 무엇인지를, 그것도 아주 확고하고 설득력 있게 말할 수 있었던 황벽의 능력은 그를 그 절의 다른 많은 선의 마음들 사이에서 성찰적 이해의 최고 달인으로 우뚝 서게 하였다. 그들은 자기 자신을 어떻게 관념해야 하며 그 정체성을 어떻게 수련해야 할지를 황벽의 마음으로부터 배울 수 있었다. 그 선승들은 황벽의 그런 뛰어난 능력이 어디에서 비롯된다고 여겼을까? 바로 그의 마음을 깨달은 데에서, 즉 깨달음의 경험에서 비롯되었다고 여겼던 것이다.

# 10장

## 깨달음—마음을 깨쳐라

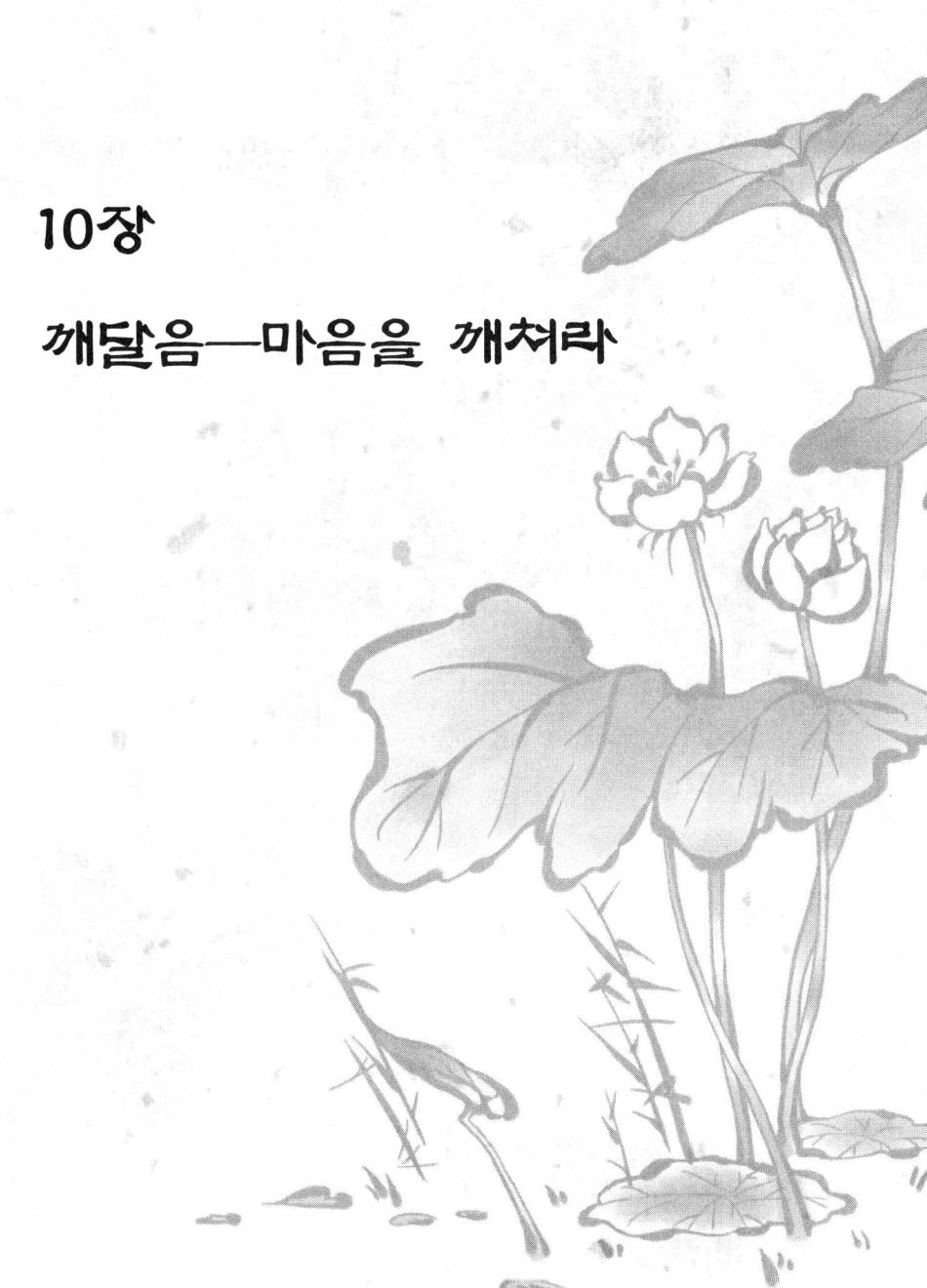

황벽의 깨달음은 온전치 못했다고 말하지 말라. 어찌 승고(承古) 같은 이가 황벽의 경지나 그 가르침의 뜻을 알겠는가? 황벽은 고불(古佛)이고, 전법(傳法)을 위해 신명을 바쳤다.
― 도겐(道元)<sup>1</sup>

깨달음이란 무엇인가?
― 임마뉴엘 칸트<sup>2</sup>

 

존 블로펠드는 선의 최고 목표인 깨달음을 19세기 유럽의 관습에 따라 "enlightenment"라 번역하였다. 황벽의 어록에서는 선의 목표를 가리키는 상징이 매우 여러 가지가 사용되지만, 그 중에 문자 그대로의 뜻으로 영어로 "enlightenment"라고 번역될 만한 것은 사실상 없다.<sup>3</sup> 그러면 블로펠드는 왜 그저 황벽 어록에 나오는 상징들을 번역하지 않고 하필 이 단어를 선택했을까? 그런 선례가 이미 확립되어 있었다는 것이 그 이유의 하나임이 분명하다. 스즈키 다이세쓰를 비롯해서 이전의 번역가들은

---

**1** 道元, 『正法眼藏』, p. 143.
   **역주**_T. 82, p. 216b.

**2** Immanuel Kant, *Foundations of the Metaphysics of Morals, and What is Enlightenment?* (New York : Liberal Arts Press, 95).

**3** 선의 목표를 나타내는 상징을 다 모아 목록을 만든다면 매우 길 것이고, 더욱이 역사적으로 변해왔다. 그 중에 황벽의 어록에서 간혹 쓰인 것 하나가 문자 그대로의 뜻으로 영어로 "enlightenment"라 번역될 수 있을 것이다. "명(明)"이 그것인데 해와 달을 가리키는 상형문자를 합쳐서 만들어진 글자이다. 이것은 분명히 "밝히다(to enlighten)"이라는 뜻을 지닌다. 즉 "빛을 비추어 분명하게 해서 알아차리다"라는 뜻이다.

불교와 선 전통을 "enlightenment"의 추구에 초점을 두고 해석하였던 것이다. 그러나 이것은 우리의 물음에는 답변이 되지 않는다. 왜 그들은 불교 정신수련의 목표를 가리키는 일련의 어휘들을 번역하는 가장 일반적인 단어로 "enlightenment"를 선택하였는가? 그들은 틀림없이 "정확성"이 선택의 가장 우선적인 기준이라고 답변할 것이다. 그렇다고 꼭 "문자 그대로" 번역할 필요는 없고 정확한 의미를 전달하는 데 전반적으로 합당하느냐 여부가 중요하다는 것이다. 그런데 "합당"이란 두 개체 사이의 관계에 적용되는 개념이다. 두 개의 어휘, 두 개의 의미맥락, 그리고 두 개의 전통에 대한 이해를 수반하는 것이다. 한쪽 전통으로부터 의미를 취하여서 다른 전통에다가 위치시킨다. 그러니까 불교의 "깨달음"이 무슨 뜻인가만 문제 되는 게 아니라 유럽 말 "enlightenment"가 무슨 뜻인지도 문제가 된다. 불교의 "깨달음"이라는 것이 "enlightenment"라는 말과 연관해서 이해될 터이기 때문이다. 이런 번역을 통해서 불교를 접하는 서구 사람은 "enlightenment"라는 말이 그들 자신의 언어와 역사적 맥락에서 원래 가지는 의미에 의거해서 불교의 깨달음을 이해하게 된다.[4]

"enlightenment"라는 말이 불교의 목표를 가리키는 뜻도 포함하게 되었을 당시, 그 말은 서구에서 원래 어떤 의미였는가? 유럽에서 "Enlightenment"라 하면 합리주의의 시대를 가리키는 말이었다.[5] 과학적인 사고방식으로써 정화된 인간 이성의 밝은 빛으로 미신의 암흑을

---

**4** 중국에서도 번역자들이 "니르바나"라든가 그밖에 비슷한 개념들이 저 멀리 인도의 문화적 맥락에서 가지던 의미를 중국문화의 맥락에서 전달할 어휘들을 찾을 때 이미 똑같은 과정이 벌어졌었다.

**5 역주**_한문권에서는 대개 "계몽주의[시대](啓蒙主義[時代])"라고 번역한다.

거두어내고자 하던 시대이다. 그리하여 과거에는 오직 권위에 의지하던 진리를 이성에 의지해 검증하고자 했다. 그 "계몽주의"의 가장 두드러진 예언자였던 임마누엘 칸트는 "[우리가] 스스로 덮어쓴 미개한 상태로부터 탈출"할 수 있게 하는 것이 계몽의 해방적 목표라고 여겼다. 그래서 미개한 사유, 즉 권위에 의지하던 사고방식을 극복하자는 것이다. 유럽 합리주의에서 비롯된 수사修辭 가운데 특히 서구에서 이해한 불교의 깨달음 개념에 첨부된 것이 있었다. "사물을 있는 그대로," 어떤 조건이나 편견에 매이지 않고 인식한다는 사상이 그것이다. 이는 원래 데카르트 사상에 그 뿌리를 두고 있으나, 아주 멀리 원용되어서 선의 깨달음을 규정하는 데 동원되기에 이른 것이다. 여기에서 그 두 "깨달음" 전통(계몽주의와 선)을 낳은 수도적 관심修道의 關心 사이에 흥미로운 관련성이 있음을 볼 수 있다. 유럽 계몽주의의 기원을 가장 분명하게 찾을 수 있는 곳은 데카르트의 『명상록 Meditations』이다. 편견 없는 분명한 통찰을 하려면 우선 관조contemplation와 명상meditation으로 의식을 정화해야 한다는 것이 데카르트의 생각이었다. "사물의 있는 그대로의 모습"은 근거 없는 전제와 과도한 감정을 씻어낸 마음을 가진 이에게만 드러난다는 것이다. 동양에서든 서양에서든 그런 정화淨化는 종교와 수도修道에 그 뿌리를 두고 있으며, 다양한 종교 수행과 관념으로부터 비롯되었다.

유럽 계몽주의의 합리주의자들은 신론神論을 바탕으로 하지 않은 윤리체계를 구축하였다는 점에서 중국 유학자들을 높이 평가했다. 그보다는 좀 덜하지만 인간의 마음을 철저하게 분석한 데 대해서 "원래"의 인도불교도 높이 평가하였다. 그러나 서구사람들이 선에 관심을 가지게 된 것이 그런 합리주의 전통 때문은 아니다. 서구사람들이 선의 "깨달음"에 대해 가지는 이미지는 대개 계몽주의의 합리주의에 반대되는 유럽의 한 사상전통으로부터 제공되었다. 낭만주의가 바로 그것이다. 낭만주의는 당시 대두하던 근대성의 모습에 대해 근대적인 입장에서 반대하면서, 계몽주의가 표방한 것 가운데 많은 것과 거꾸로 된 방향을 취했다. 계몽주의 사상가들은 전형적으로 로고스$_{logos}$가 미토스$_{mythos}$를 극복해 간다고 여긴 반면에, 낭만주의자들은 이성$_{理性}$은 협착하다고 비판하면서 고대 신화에서 지혜를 찾으려고 하였다. 계몽주의 사상가들은 과거의 전통은 미숙하고 그것을 대체한 근대[합리주의]는 [성숙한 것이라고] 본 반면, 낭만주의자들은 대개 근대의 계산적인 사고방식의 경제학에는 없는 어떤 깊이 있는 원천을 옛날에서 찾고자 하였다. 존 블로펠드를 비롯한 낭만주의 사상가들이 신비하고 고대적인 "동양"에 이끌린 것은 바로 이런 이미지 때문이었다. 그러나 계몽주의의 세력과 권위가 대단했던 까닭에, 근대 낭만주의에서조차도 다른 어떤 단어보다 "enlightenment"가 불교의 궁극적인 목표를 가리키는 일반적인 개념으로 선택되었던 것이다.[6]

황벽의 "깨달음"을 존 블로펠드는 어떤 뜻으로 받아들였을까? 블로펠드는 아시아의 종교전통들에 대한 해석가로서 활동한 경력 내내 이 주제에 대해 많은 생각을 기울였다. 블로펠드는 많은 다른 인물들도 탐색하면서 그들에게서 어떤 하나의 일반적인 종교적 경지를 찾으려 했고, 황벽의 깨달음은 그런 경지의 매우 강렬한 사례 가운데 하나라고 여

---

[6] 폴 리꾀르(Paul Ricoeur)는 이 "두 근본적인 사상적 태도"—합리주의와 낭만주의—가 근대성을 규정한다고 본다. 낭만주의는 겉으로 내세우는 교리에서는 계몽주의에 반하지만, 계몽주의의 언어에서 벗어날 수가 없었다. 그래서 근대정신을 반대하면서도 여전히 계몽주의의 어휘 영역 속에 머물렀으며 또한 과학적 합리주의가 제시하는 범위의 문제의식 안에 머물렀다(*Hermeneutics and the Human Sciences*, p. 66).

졌다. 황벽에게서든 다른 곳에서든 블로펠드가 찾으려 한 것은 바로 깨달음이었다. 그리고 그것을 불자로서의 수행을 통하여 자기 자신의 삶에 도입하려고 했다. 그는 과연 깨달음을 어떤 것으로 생각하고 또 어떻게 표현했는가?

블로펠드의 생각에 "깨달음"의 우선적인 특징은 "실재"reality와의 관련이다. 깨달음은 "실재와 직접 대면하는 체험"이라는 것이다.[7] 그것은 다른 어떤 경험과도 대조되는 경험이다. "궁극적 실재"가 갑자기 그리고 자명하게 나타나면서 그 전까지 실재라고 여겼던 것들은 그에 종속되는 것으로 쭈그러들어 버린다.[8] 블로펠드는 미래 시제로 다음과 같이 말한다. "실재가 우리에게 나타날 것이다." "현상계 전체가 그 실제 모습 그대로 보일 것이다."[9] 우주를 그 실제 모습 그대로 볼 수 있는 능력은 인간에 내재되어 있다. 그러나 많은 수련을 통해 개발되어야 한다. 청정한 마음만이 실재를 볼 수 있다. 블로펠드는 선의 역사 내내 논쟁거리였던 "거울"의 이미지에 마음을 비유하며, 수행은 "닦기"로 비유한다. "우리의 마음은 잘 닦인 거울처럼 될 것이고…… 그리하여 지나가는 영상을 다 낱낱이 비쳐 보이면서도 오염되지 않으며, 아름다운 것이건 추한 것이건 사물을 다 비쳐 보이면서도 그 자체는 전혀 변하지 않을 것이다."[10]

깨달음에 대한 블로펠드의 교리에서는 황벽의 "궁극적 실재"와 우리가 사는 현상적 실재 사이를 구분하고 이를 "장막"에 비유한다. 실재는

---

**7** Blofeld, *The Wheel of Life*, p. 180.
**8** Blofeld, *Beyond the Gods*, p. 20.
**9** Blofeld, *The Zen Teachings of Hui Hai*, p. 31.
**10** Blofeld, *The Zen Teachings of Hui Hai*, p. 22.

바로 우리 앞에 있지만, 우리의 눈과 그 사이에는 장막이 쳐있다. 인간이 처한 상황의 구조를 그처럼 장막에 비유하였으므로, 인간이 할 일은 "감각을 통한 인식과 개념적 사유라는 장막을 찢어버리고 실재에 대한 직관적 인식에 도달하고자 노력"하는 것이다.[11] 황벽처럼 "장막을 찢어버린" 이들은 나아가 또 하나의 "의무" 의식을 가지게 된다. "장막 뒤의 비밀을 가져와 알려주는 일"이 그것이다.[12] "가져온다"는 표현은 두 영역이 실질적으로 분리되어 있는 것 같은 어감을 풍긴다. 그래서 블로펠드는 이러한 구도에 담긴 타계지향적인 함의에 대해서 재빨리 부연설명을 한다. 지금 우리에게는 깨달음이 멀어 보이지만, 갑자기 깨달음이 터질 때에 드러나는 것은 다름 아닌 바로 이 세계의 진리라고 첨언한다.

하지만 그런 타계지향적인 성격은 계속해서 드러난다. 깨달음의 체험은 "인간의 상태로부터 무조건적인 해방"을 가져온다는 것이 블로펠드의 주장이다.[13] 깨달음은 "무상한 상(相)의 영역 너머의 '궁극적인 완성'"이며[14] "윤회의 사슬로부터 완전히 벗어나는 것"이라고 한다.[15] 블로펠드가 동원하는 어휘를 보면 깨달음을 그런 "초월적 탈출"로 보는 그의 생각이 잘 드러난다. "실재"는 "시간과 공간이 없다"고 한다.[16] "깨달은 이의 마음은 모든 시간상의 관계들과 무관한 경지"이며[17] "아무런 분별도 하지 않는다"고 한다.[18] 그런 경지는 그야말로 불가사의하다는 것을

---

**11** Blofeld, *The Zen Teachings of Hui Hai*, p. 11.
**12** Blofeld, *The Wheel of Life*, p. 17.
**13** Blofeld, *Beyond the Gods*, p. 17.
**14** Blofeld, *The Zen Teachings of Hui Hai*, p. 27.
**15** Blofeld, *The Wheel of Life*, p. 62.
**16** Blofeld, *Huang Po*, p. 16.
**17** Blofeld, *The Zen Teachings of Hui Hai*, p. 131.

블로펠드도 분명히 알고 있었다. 그것은 사실상 하나의 신조인 것이다. 지금 우리는 그런 경지를 헤아릴 수 없지만, 황벽 같은 위대한 스승들에 관해 읽어보면 그 불가사의한 것이 실제로 드러날 수 있다는 확신을 가지게 된다고 본다.

블로펠드가 깨달음에 대한 이런 식의 이해를 뒷받침하기 위해 제시하는 각주들을 보면, 황벽에 관한 것이 아닌, 심지어는 선에 관한 것이 아닌 저작들도 참고하고 있다. 블로펠드에게는 선의 교리도, 적어도 그 최고의 차원에서는, 다른 전통의 교리와 구별되지 않는다. 이처럼 서로 다른 전통들을 "융합"시키는 것도 블로펠드의 의도이며, 여기 우리의 설명도 단순히 그의 인도를 따라가기로 한다. 블로펠드의 그런 사상은 "영원의 철학Perennial Philosophy"이라고 하는 영국의 한 강력한 사상전통과 관련이 있다. 블로펠드도 그 사상전통에 동의한다. 역사 속에 전개되는 다양한 전통들 속에는 어떤 하나의 비역사적인, 즉 "영원한" 사상이 숨어 있으며, 그것은 특정 문화나 사유방식으로부터 비롯된 것이 아니라 "궁극적 실재"와의 직접적이고 신비한 접촉으로부터 비롯된 것이므로 지역과 시대를 불문하고 다 동일하다고 보기 때문이다. 그리하여 블로펠드는 황벽을 문화의 경계를 넘어서는 맥락에다 놓고 읽으면서 다음과 같이 주장한다. "'실재'와 직접 대면하는 경험은 결코 변하지 않는다. 어느 시대 어느 지역이건 위대한 신비가들은, 예를 들어 플로티누스Plotinus와 부처, 노자老子, 에크하르트Eckhart, 블레이크Blake, 수없이 많은 힌두 성인, 그리고 수피Sufi 들은 시공간상으로 서로 멀리 떨어져 있음에도 불구하고 놀랄 만큼 같은 특징을 보여준다."19 블로펠드는 "'지고至高의 깨달

---

**18** Blofeld, *The Zen Teachings of Hui Hai*, p. 140.

음'은 오직 하나일 뿐"[20]이라고 전제했기 때문에 황벽의 어록을 비롯한 선서들을 불교나 힌두교, 그리고 무엇보다도 낭만주의 등 다른 전통의 틀을 통해서 읽을 수 있었다. 하지만 그 때문에 황벽의 선이 지니는 특수성은 보지 못하고 말았다. 동일성이 바닥에 깔려있다는 전제는 하나의 강력한 해석 도구가 될 수 있다. 예를 들어 황벽의 언어가 힌두의 언어와 아무리 다르더라도, 모두가 같은 경험을 표현한다고 이해할 수 있는 것이다.[21]

자기가 경험한 것에 옷을 입힐 언어를 찾을 때, 주위의 사람들이 가장 쉽게 이해할 수 있는 말들을 선택하곤 한다. 그래서 예를 들어 가톨릭 신비가들은 가톨릭 신학의 언어로 말하고 수피들은 알라를 들어 말한다.[22]

---

**19** Blofeld, *The Wheel of Life*, p. 180.
 **역주**_플로티누스(205?~270?)는 신플라톤주의(neo-Platonism) 그리스 철학자. 플로티노스(Plotinos)라고도 표기한다. 일자(一者), 즉 신(神)을 규정하기 위해 신으로부터 세계를 인식해 가는 유출(流出)의 개념으로 존재의 기초를 설명한다. 즉 일자 이외의 존재 사물은 일자로부터 유출되며, 이는 다시 자기의 근원으로 되돌아가 궁극적으로 일자에 합쳐진다. 일자로부터 맨 처음 유출되는 것은 누스(nous, 叡智)로, 이는 초감각적이며 근원적인 일자의 모사(模寫)이나 신은 아니다. 누스는 영(靈)으로 유출되며, 영은 누스가 감각계에 투사(投射)된 것으로 감각계와 예지계(叡知界)와의 중간적인 것이다. 다음 단계는 동식물·땅 등을 포함하는 자연으로, 영의 세계보다 더 감각화된 형체계이다. 유출의 마지막 단계는 물질로, 이것은 악(惡)이며 부정적인 것으로 선(善)인 일자에 반대된다. 세계의 과정은 이러한 유출의 단계를 거치며, 인간은 철학을 통해 이 단계를 역류시켜 궁극적으로 일자와 합일하는 엑스터시에 들어가게 된다고 하였다. 이러한 플로티노스의 철학은 그리스도교 신비주의에 큰 영향을 끼쳤다.
 에크하르트(Meister Johannes Eckhart 1260?~1327?)는 그리스도교 신비주의자. 블레이크(William Blake 1757~1827)는 영국의 시인이자 화가. 수피(Sufi)는 이슬람 신비주의 전통 또는 그 신비주의자들을 가리킨다.
**20** Blofeld, *The Wheel of Life*, p. 51.
**21** Blofeld, *The Wheel of Life*, p. 254.
**22** Blofeld, *The Wheel of Life*, p. 180.

블로펠드의 그런 주장에는 앞에서도 언급하였듯이 언어를 도구로 보는 입장이 깔려있다. 그런 입장에서 보면 언어는 특정 문화의 방식에 따라 실재에 "옷을 입히는" 것일 뿐 그 실재와 본질적인 관련은 없다. 그러니까, 황벽은 실재 자체를 그대로, 즉 벌거벗은 채로 체험하였지만 그것을 다른 사람들에게 전달하기 위해서는 그 사람들이 가장 이해하기 좋은 문화적인 "옷"을 매개로 삼았다는 것이 블로펠드의 생각이었다.[23] 깨달음을 표현하고 전달하기 위해 어떤 언어를 사용하건 간에 깨달음 그 자체는 거기에서 영향을 받지 않는다는 것이 블로펠드의 생각이었다. 깨달음에는 역사도 없고 황벽 선 전통 특유의 어떤 형태 같은 것도 없다는 것이다. 블로펠드의 "영원의 철학"은 그렇게 근대 서구에 선을 전하는 광장을 마련해주었고, 황벽의 어록은 그 주최자 즉 블로펠드가 지닌 자유주의 사상을 통하여 미리 검열을 거쳐서 소개되었던 것이다.

블로펠드는 언어의 차이뿐 아니라 전통의 차이도 무시한다. 전통에 따라 수행이나 방법은 다를지라도 목표는 근본적으로 같다는 것이다. 그러니까 전통에 따라 열반을 얻기 위해 동원하는 방법은 다를지라도 언제나 열반은 마찬가지라고 본다. 이렇게 보니까 부파불교와 대승불교도 "방법에서 다를 뿐 '목표'는 결코 다르지 않다"고 한다.[24] 그리고 블로펠드는 "신비가들"에서 발견되는 동일성을 가지고 곧 그들의 경험이 진실임을 증명하는 증거로 삼는다. 올더스 헉슬리를 인용하면서 블로펠드는 신비가들의 동일성에 대해 다음과 같이 주장한다. "[그들의 동일성

---

**23** 선사들의 가르침은 "눈에 안 보이는 '실재'에다가 당시 그곳에 널리 퍼진 종교의 옷을 입힌 것"이라고 한다(Blofeld, *The Zen Teachings of Hui Hai*, p. 18).
**24** Blofeld, *The Wheel of Life*, p. 25.

을 감한하면] 그들이 환상의 희생자였다고 볼 수는 없다. 서로 모르는 사이였던 그 수많은 사람들이 어떻게 같은 꿈을 꿀 수 있다는 말인가? 그들의 경험은 어떤 하나의 실재를 바탕으로 하였다고 할 수밖에 없다. 다만 표현 불가능한 그 경험을 동료들이 이해할 수 있는 언어로 표현해주다 보니까 동일성이 훼손되었을 뿐이다."[25] 이런 견해에 대해서 블로펠드는 비판적인 회의는 전혀 일으키지 않는다. "고타마 붓다라든가 그 밖의 성인들—불교의 성인이건 다른 전통의 성인이건—이 각자 나름의 방식으로 표현한 바로 그 똑같은 '영원한 진리'의 체험을 황벽도 나름의 방식으로 표현하고 있다는 데 대해서 나는 한 순간도 의심하지 않는다…… 만약 달리 생각한다면, 절대진리에 여러 가지가 있음을 인정해야 하지 않는가 말이다!"[26] 블로펠드의 "영원의 철학"이 표방하는 개방성과 관용의 태도가 지닌 문화적 중요성도 잊어서는 안 될 것이다. 그러나 지금 이 시점에서 보면 그것이 비판적 사유에 대해 교조적으로 제한을 가한 면도 간과할 수 없다. 더구나 뭔가 새로운 것을 배우고자 황벽을 읽는다면, 그 어록을 우리가 이미 알고 있는 "영원한 것"에 미리 종속시켜 놓고 읽는 태도는 지양해야 한다. 그래서, 깨달음에 관한 황벽의 교리에 대해서 블로펠드가 내린 해석의 요점들을 지금까지 기껏 설명해보았지만, 이 해석의 어떤 요소들이 황벽 읽기에서 비롯되었고 어떤 요소들이 다른 곳으로부터 왔는지 전혀 분명치 않다. 블로펠드의 이론은 차이를 부인하기 때문이다.

---

**25** Blofeld, *The Wheel of Life*, p. 205.
　　**역주**_헉슬리(Aldous Leonard Huxley, 1894~1963)는 영국의 소설가이자 비평가.
**26** Blofeld, *Huang Po*, p. 9.

블로펠드가 황벽 어록의 깨달음 교리에는 동일성과 통합성 의식이 기본에 깔려 있다고 지적한 점은 옳다. 그 어록은 핵심 개념인 "일심"으로 통합된다. 또한 수행에서 경험하는 것도 그 일심으로 통합된다. 하지만 이 동일성은 추상적이며 높은 수준의 동일성이다. 그것이 그 어록과 [사상 및 수행] 체계의 핵심으로 자리 잡을 수 있는 것은 다른 온갖 수준의 통합성이 그것을 뒷받침해주는 한에서만 가능하다. 그 가운데 어떤 것은 너무나도 기초적인 차원의 통합성이어서 그 어록에서는 아예 전제로 언급조차 할 필요가 없었다. 이 점을 밝히기 위해서, 그리고 황벽의 선에서 통합성 개념이 가지는 중요성을 드러내기 위해서는, 그 어록에 보이게 또 안 보이게 들어있는 동일성의 주된 구조들을 살펴보는 것이 도움이 되겠다.

동일성 의식이 가장 먼저 발휘되는 것은 사찰에 들어가 선 수행을 하겠다고 결심할 때이다. 이것은 이념적으로는 자아의 통일된 의미, 통합적인 삶을 추구하는 것이다. 황벽의 선의 중요한 의미 가운데 하나는 현재의 순간을 그 생생한 구체성 그대로 온전하게 산다는 데 있다고 하지만, 또 하나의 근본적인 의미가 있다. 현재에 파묻힌 자아를 끌어내서 당장의 순간에 얽매이지 않고 보다 넓은 시야를 개발한다는 것이다. "출가"는 세상의 갖은 활동에서 물러나 수행생활로 들어간다는 데 그 가장 기본적인 의미가 있다. 명상을 통하여 세상의 보다 깊고 통일된 의미를 보고 그에 따라 일상의 거동과 경험을 이끌어가고자 한다. 황벽의『전심법요』에는 다음과 같은 탄식이 나온다. "세상 사람들은 깨닫지 못하고 다만 보고 듣고 느끼고 아는 것 ······ 에 덮이어있다."[27] 세상의 온갖 다양한 양상은 우리의 눈을 가린다. 명상수련은 어떤 형태건 간에 사물 전체와의 관계 속에서 올바르게 존재하려면 어떻게 해야 하는지를 모색한다. 의식치 못한 채 세상에 얽매어 있는 자아를 해방시키고자 한다. 그러기 위해서는 일상사에 적극적으로 개입하는 데에서 일단은 물러날 필요가 있다. 그처럼 세상사로부터 물러나는 명상수련의 목적은 보다 확대된 의식과 보다 넓은 차원의 전체를 인식하기 위한 일종의 문화적 공간을 확보하는 데 있다. 수행자 개인의 일차적인 과제는 그저 자기의 삶의 각 순간이 전체 삶과 그 의미의 표출임을 보는 것이다.

선사禪寺에서의 수행 구조를 통하여 추구되는 통합성 수련의 두 번째 차원은 황벽의 어록에서는 직접 다루기보다는 이미 전제로 깔고 있다. 그것은 하나의 사회로서 선찰이 지니는 전체성을 의식에 각인하는 일이다. 선찰에 들어오면 수행자는 다른 사람들과 그 전체 공동체와의 관계를 특정 방식으로 관념하고 실행하는 사회화과정을 시작하게 된다. 자기의 개인적인 관심을 처음에는 전체 선원 공동체의 관심사에 종속시키고 나중에는 어느 정도 동일화하게 된다. 자기가 이전의 성장과정에서 배웠던 것, 즉 부분은 전체에 종속되며 개인은 공동체에 종속된다는 점을 새롭고도 철저히 이론화된 방식으로 다시 배우게 된다.

통합성 수련의 세 번째 차원은 공동체 의식을 선원 생활에서 직접 체험하는 범위에서 더 나아가 확장하는 것이다. 이 차원은 황벽 어록에서 비교적 뚜렷하게 언급된다. 앞의 6장에서 고찰했듯이 선맥이라는 역사적 통일체가 바로 그것이다. 황벽의 어록에 보면 현재 행하는 수행이 "부처와 조사님네 들"의 수행과 연관성이 있다는 이미지가 자주 등장한

---

**27** T. 48, p. 380b; Blofeld, *Huang Po*, p. 36.
    **역주_**원문은 "世人不悟 …… 爲見聞覺知所覆." 한글 번역은 백련선서간행회 옮김,『선림보전』, p. 245 참조.

다. 물론 그 신화적인 계보가 논의의 핵심 주제로 등장하는 경우는 거의 없다. 황벽의 시대에는 선맥을 암송하고 전법의 의례를 행하는 일이 요즘만큼 정례화 되어 있지 않았지만, 그런 것이 선승으로서의 의식과 수행에 중요한 예비적인 요소임이 분명했다. 올바른 선 수행을 위해서는 우선 당장의 협착한 활동으로부터 벗어나야 하고 둘째로는 자기 자신에 초점을 두는 미성숙한 버릇에서 벗어나야 한다. 그리고 셋째로는 자기가 처한 역사적 시대에만 갇혀 있는 데에서 벗어나야 한다. 그리하여 깨달음의 전체 역사와의 관계 속에서 자기가 처한 시대는 어떤 좌표에 위치하는지 의식할 수 있어야 한다. 그러한 총체에 대한 의식을 개발함으로써 개개인은 더 크고 더 일관된 시각 안에 좌표를 잡으며, 그리하여 현재 눈앞의 것에 대한 경험도 변혁시킬 수 있게 된다.

넷째로, 개인과 공동체, 그리고 문중의 계보도 더 큰 맥락 안에다가 가져다 놓을 수 있다. 그것은 인간보다도 더 큰 총체적 차원이다. 이것도 황벽의 어록에서 일차적인 주제는 아니지만, 이 차원의 통합성이 자주 표명되고 있다. 앞에서 언급했듯이, "공" 개념은 인간을 더 큰 관계망 속에 위치시키는 의식을 일으키고 경험케 한다. 모든 중생, 모든 존재는 연기적인 관계임을 말하는 것이 공 도리이다. 모든 존재는 다른 존재에 의지하여 생겨나고 또한 다른 존재들의 조건이 된다. "지수화풍" 사대四大를 떠나서는 선 수행이 있을 수 없다. 이 이치는 누구나 나름대로 알고 있지만, 처음에 알고 있던 것을 넘어서는 수준으로 그런 지각을 개발하면 "지혜와 자비," 즉 모든 사물이 본질에 대한 깊은 이해와 함께 이에 상응하는 보은의 마음과 책임감이 일어난다. 깨달음의 한 가지 측면은 자기 자신을 전체와의 관계 속에서 경험할 수 있는 능력임이 분명하다.[28]

원리상으로는 사물의 총체성에 대해 생각하고 인식을 확장할 수 있지만, 유한한 존재인 개인 수행자가 이 총체성을 직접 경험할 수는 없다. 깨달음을 이룬 선사라 할지라도 특정 장소와 시점에서 살아가고 있지 모든 곳 모든 시점에 존재할 수는 없다는 의미에서, 깨달음은 유한한 것이다. 통합성의 다섯 번째 차원은 모든 사물의 근거로서의 통합성이다. 수행의 한 차원으로서는 총체성으로서의 통합성보다 이것이 더 중요하다. 황벽의 가르침에는 앞의 네 차원도 다 전제되어 있지만, 그의 설법의 초점은 바로 여기에 있으며 그가 말하는 깨달음의 일차적인 내용이 바로 이것이다. 모든 사물의 "근거"를 가리키는 황벽의 어휘로는 본本, 원源, 리理 등이 있다. 특히 불교와 중국 신화 및 사상의 맥락으로부터 나온 전문용어로는 공空, 심心, 불佛, 불성佛性 등이 있다. 이런 용어들은 각자 다른 맥락에서 등장하고 개념도 다르지만, 황벽 어록을 비롯한 불교 문헌에서는 이들이 다 동일하다고 주장한다. 그 모두가 깨달음에서 체험하는 것을 지칭한다는 것이다.

황벽의 설법은 많은 부분 "깨달음에서 체험하는 것"에 대한 일반적인 관념을 바로잡는 데 할애되고 있다. 수행을 통해 "마음"이라든가 "부처"와 특별한 관계를 맺게 된다는 식으로 분별의 구도를 가지고 생각하는 것이 바로 황벽이 바로잡으려는 관념이다. "근원"을 찾는다면서 세상의 일상사를 떨쳐버리고 그것을 마치 하나의 사물인 듯이, 심지어 더욱 신비하고 더욱 강력한 무엇인가로 여기는 것도 바로잡아야 할 관념이다. 황벽 어록은 "근원"이란 결코 어떤 사물이 아니며 그보다는 모든

---

**28** Hunt-Badiner, *Dharma Gaia*는 통합성의 이러한 차원을 요즘의 방식으로 논의하는 한 예라고 할 수 있다.

사물을 그 안에서 대면하게 되는 터전임을 온갖 어법을 동원해서 이야기한다. 근원과의 만남은 어떤 특별한 별도의 관계를 맺는 게 아니라 모든 관계들 한가운데에서 이루어지는 일이다. 그러니까 그 온갖 관계들과 별도로 새로운 또 하나의 관계를 맺는 게 아니다. 세상 모든 사물과의 관계 하나하나가 또한 모든 사물의 근원과의 관계이기도 하다. 그 근원은 "세상사"와 별도로 "존재"하는 게 아니라 "세상사"를 통해서 표출된다. "마음"이라든가 "부처" 또는 "공"은 얻고 말고 하는 것이 아니라는 점은 황벽의 설법에서 되풀이해서 역설된다.

> 너희가 가깝다고 말하면 시방세계를 두루 찾아도 구하지 못한다. 그렇다고 멀다고 말하면, 볼 때에 단지 눈앞에 있어서 쫓아가면 더더욱 멀리 가 버리며, 피하려 하면 또 쫓아와서 취할 수도 버릴 수도 없다.[29]

그것(만물의 근원)도 온갖 사물의 경험 속에서 경험되기 때문에, 이 "근원"이 나타날 수 있도록 하기 위해서 일종의 미묘한 형태의 의식을 닦는다. 사물에 완전히 등을 돌리지 않으면서도 그에 영향을 받아 장애를 받는 일이 없는 그런 의식이다. 마음은 하나의 상황과 대상으로부터 다른 상황과 대상으로 계속해서 옮겨 다니지만, 깨달은 마음은 모든 사물의 "근원"인 "일심"에 맞추어진 그대로이다. 공의 개념을 적용하자면, 모든 형태, 모든 겉모양들은 "공" 안에서, 또 공을 통해 나타난다. 거꾸로

---

**29** T. 48, p. 387b; Blofeld, *Huang Po*, p. 107.
　역주_라이트는 전거로 『대정신수대장경』 소재 『완릉록』을 들었으나 이 대목은 거기에는 없고, 『사가어록』에만 있다. 원문은 "你道近 十方世界求不可得. 始道遠 看時祇在目前. 你擬趁他. 他又轉遠去. 你始避他. 他又來逐你. 取又不得. 捨又不得"(Z. 119, p. 840b). 한글 번역은 백련선서간행회 옮김, 『선림보전』, p. 318.

말하자면, 공은 오직 드러나는 현상들 속에서, 또 그 현상들을 통해서 나타난다.30 황벽 어록에서는 이 점을 때로는 이론적인 언어로 때로는 구체적인 이미지를 통해 이야기한다. 어떤 경우건 요점은 매일의 생활과 경험 속으로 그러한 의식을 끌어들이는 데 있다. 어록에서 동원하는 개념과 이미지 들은 그 의식에 깊이를 마련해주고, 그 의식은 일상의 경험 속에 들어가 하나가 되어야 한다.

사안을 이런 식으로 이해하고 보면 황벽을 비롯한 선승들은 역설적인 상황에 처한 셈이다. 그들은 부처를 구하러 선원에 모였다. 그러나 황벽은 농담조로, 하지만 매우 심각하게, 부처는 찾을 수가 없는 것이라고 말한다. 게다가 찾을 필요도 없다고 한다, 부처는 우리가 마주치는 모든 것에 이미 언제나 있기 때문이다. 열반을 찾아 세상을 떠난다면, 도대체 어떻게 열반을 찾을 수 있겠는가?31 중국불교에서 전개된 이러한 종교사상은 "본각"本覺이라는 개념을 낳기에 이른 바 있다. 황벽 어록은 이러한 사상을 다양한 방식으로 제시한다. 다음 인용문들은 그 한 예이다.

> 설사 3아승기겁을 정진 수행하여 모든 지위를 거치더라도 한 생각 증득하는 순간에 이르러서는 원래 자기 부처를 깨달을 뿐, 궁극의 경지에 있어서는 어떠한 것도 거기에 더 보탤 것이 없다.32

---

**30** 여기에서 귀착되는 당연한 결론은 공 그 자체가 하나의 공한 상(相)이라는 것이다. 다른 상들에 대해 말할 수 있는 것은 모두 또한 공에도 적용된다. 공의 개념이나 경험에 관심의 초점을 맞추는 그 순간 그 관심의 근거가 시야에서 감추어져버린다. 높은 수준의 개념 형태와 깨치는 체험에서조차 그 근거는 손아귀에서 빠져나가 버린다.

**31** 『임제록』에 다음과 같이 말한다. "제방에서 온 그대들은 모두가 마음이 있어서, 부처가 되려 하고 법을 깨닫고자 하며 해탈하여 3계를 벗어나고자 한다. 어리석은 이여! 3계를 벗어나 어디로 가려 하느냐?"(Sasaki, *The Recorded Sayings of Lin-chi*, p. 26; T. 47, p. 500c).
  **역주_**원문은 "爾諸方來者 皆是有心 求佛求法求解脫求出離三界. 癡人. 爾要出三界什麽處去." 한글 번역은 백련선서간행회 옮김, 『임제록·법안록』, p. 76.

이 성품은 네가 미혹했을 때라도 결코 잃지 않으며, 그렇다고 깨쳤을 때에도 역시 생겨나는 것은 아니니라.33

이렇게 보면 깨달음이란 우리가 원래 속한 곳(그것과 별도로는 우리가 존재할 수 없는 곳)과의 접촉을 "재건"하는 것이다. 하지만 그것은 의도된 "재건"이다. 선 수행은 모든 인간이 태어날 때부터 이미 속해 있던 근원을 만나고 되찾게 하는 문을 명상수련을 통해 열어젖히는 과정이다. 깨달음의 경험에서 이런 차원을 인식함으로써 수행자들은 처음부터 깨달음이 무엇인지 알게 된다. 우리의 본래 정체를 되찾는 것일 뿐이기는 하지만, 그 본래 정체와 하나가 되는 일은 진정 하나의 과제이고 도전이며, 많은 노력을 기울여 진전시키고 마침내 자각을 통해 실현해야 하는 일이다.

하지만 이 "자각을 통한 실현"은 관념적 판단의 "종식"終熄이 아니다. 다만 의식이 포착하거나 의식에 표상되는 객체가 없다. 황벽 어록은 이 점을 분명히 한다. "마음" 또는 "공"을 마음 앞에 객체로 놓으면 그 순간 마음을 깨칠 가능성이 배제되어 버린다. 마음이란 모든 앎이 일어나는 열린 공간과 같은 곳이지 앎의 대상이 아니다. 깨달음의 체험 외부에 별도의 입지는 있을 수 없다. 다시 말해 어떤 특정 자리에 서서 "마음"이라든가 "공," "부처"를 외적 대상으로 포착할 수 있는 그런 입지는 없다.

---

**32** T. 48, p. 380a; Blofeld, *Huang Po*, p. 35.
역주_라이트는 『전심법요』에서 인용한 이 대목의 『대정신수대장경』 소재를 p. 380a라고 하였으나 p. 380b가 옳다. 원문은 "縱使三祇精進修行歷諸地位. 及一念證時. 秖證元來. 自佛向上更不添得一物." 한글 번역은 백련선서간행회 옮김, 『선림보전』, p. 245.

**33** T. 48, p. 387a; Blofeld, *Huang Po*, p.93.
역주_원문은 "此性縱汝迷時亦不失. 悟時亦不得." 한글 번역은 백련선서간행회 옮김, 『선림보전』, p. 303.

그래서 황벽은 깨달음의 문제를 이야기할 때 두 가지 다른 태도를 채택하였다. 첫 번째는 반어법이다. 깨달을 것이 없기 때문에 깨달음의 내용을 탐색한다는 것은 반어적이다. 깨달음이란 부재(공)와 유한성(세간)을 경험하는 것이기 때문이다. 이런 반어법은 수행자들이 가지고 있는 기대와 깨달음을 대상으로 놓고 포착하려는 태도를 꺾어버린다. 황벽은 부처가 자신은 아무것도 얻은 바가 없다고 한 말씀을 즐겨 인용한다.[34] 그리고 임제는 황벽의 깨달음은 "별것" 아니라고 하였다.[35] 하지만 이런 구절들의 반어적인 힘은 수행자로 하여금 미묘하고 비객관적인 세계를 열어주고 거기에서 마음 또는 공의 깨달음이 못 보던 것을 비로소 보게 하는, 또는 일대 전환의 사건을 일으킨다.

깨달음을 이야기하는 데 황벽이 택한 또 하나의 태도도 그런 반어법으로 구축된 양식을 따른다. 깨달음에 대한 일반론적인 명제를 내세울 방법은 없으므로, 황벽 어록은 깨달음을 직접 촉발시키는 어법을 사용한다. 마음의 열린 공간은 관념적인 사유로는 추론할 수 없지만 또한 매우 가깝기도 하다. 그것보다도 더 자기 자신의 정체성에 근본이 되는 것은 달리 없다. 깨달음의 경험은 마치 "맛을 느끼는 것" 또는 "감촉을 느끼는 것"과 같다. 미각과 촉각은 매우 즉각적이다. 그렇기 때문에 역설적으로 의식적인 자각으로부터 가장 멀다. 그러나 "마음"과 "부처"를

---

**34** 예를 들어 T. 48, p. 387a; Blofeld, *Huang Po*, p. 35.
    **역주**_라이트는 『전심법요』의 이 대목 출처를 오기하였다. p. 380b가 옳다. 해당 구절은 "내가 아뇩다라삼먁삼보리에 있어서 실로 얻었다 할 것이 없느니라"(我於阿耨菩提實無所得), 『금강경』에 나오는 구절이다. 한글 번역은 백련선서간행회 옮김, 『선림보전』, p. 245.

**35** T. 47, p. 504c.
    **역주**_원문은 "元來黃蘗佛法無多子." 한글 번역은 백련선서간행회 옮김, 『임제록·법안록』, p. 125.

담론의 주제로 삼고 그리하여 그 "멀고도 가까움"을 의식케 함으로써 수행이 익은 수행자는 이 비범한 열린 차원으로 들어가 진상이 열리는 체험을 할 수 있게 된다.

황벽이 가르친 선—홍주종의 선—의 가장 뚜렷한 특징은 아마도 "열반이 곧 윤회"라는 대승불교의 통찰을 실제 깨달음으로 실천하는 데 지속적인 관심을 기울인 점이라 할 수 있다. 이런 노선의 선을 일으킨 마조의 말씀—"평상심시도"와 "즉심시불"—은 열반을 인간의 시공간時空間과는 별개의 무시간적인 영역으로 보는 관념을 부수어버렸다.36 깨달음을 그처럼 객체화하는 것은 불교의 사상과 실수實修에 모두 내재하는 경향이었다. 열반에 대해서 이야기하면 할수록 열반은 하나의 객체가 되며 또한 이 세계를 넘어서는 어떤 것으로 여겨지게 된다.37 황벽이 이런 경향을 뒤집는 방식에는 여러 가지가 있다. 예를 들어 다음과 같이 말한다. "발을 들었다 놓는 것이 모두 도량을 여의지 않나니, 도량이란 얻은 바가 없는 것이니라. 내 너에게 말하노니, 다만 이 얻은 바 없는 자리를 도량에 앉아 있음이라고 하느니라."38 황벽은 일상으로의 복귀와 또한 일상과 깨달음의 분별을 해체하는 데에서 해결책을 찾은 것이다. "네 만

---

36 마조의 그런 가르침은 처음에는 본각(本覺)을 의미하는 것으로 받아들여졌다. 본각 개념이 "범속(凡俗)"과 "깨달음" 이분법에 미친 영향에 관해서는 LaFleur, *The Karma of Words*, p. 21 참조.

37 이 교리가 전개된 양상을 논의하면서 베르나르 포르가 밝혔듯이, 깨달음으로 얻는 것은 아무것도 없다는 홍주종의 통찰조차 "실체화(hypostasization)"될 수도 있다. *The Rhetoric of Immediacy*, p, 27 참조.

38 Blofeld, *Huang Po*, p. 128.
　역주_출처는 『사가어록』 소재 『완릉록』. 원문은 "舉足下足不離道場. 道場者無所得也. 我向你道 祇無所得名爲坐道場"(Z. 119, p. 846a). 한글 번역은 백련선서간행회 옮김, 『선림보전』, pp. 341~342. 블로펠드가 "도량(道場)"을 "sanctuary of enlightenment"라 번역하였듯이, 여기에서 "도량"은 절이 아니라 깨달음 또는 깨달은 경지를 가리킨다.

약 범부의 뜻과 성인의 경계를 없애기만 한다면, 마음 밖에 다른 부처가 없느니라."[39]

황벽과 동시대의 종밀宗密은 홍주종 사상의 확산이 중국불교에 위험하다고 보았다. 당시 불교의 타계지향적인 경향에 대한 비판에는 종밀도 동의할 만했다. 홍주종이 일상생활을 강조한 것도 그러한 비판정신에서 비롯되었다. 하지만 그렇다고 해서 정반대의 방향으로 돌아서는 것은 사람들이 이미 취하고 있는 행태에 너무 쉽게 항복하는 결과를 낳을 수도 있으리라는 점을 종밀은 우려하였다.[40] 불교의 요점은 세간에서 이미 벌어지고 있는 양상을 더 높은 차원으로 끌어올리는 데 있는 것이 아니다. 그것을 변혁하는 데 있다. 순결을 지향하는 수도생활의 동기는 사실상 삶을 부인하는 경향을 일으킬 수도 있지만, 그렇다고 해서 홍주종에서 제시하는 것 같은 처방은 종밀이 보기에 너무 극단적이라고 생각되었다.[41]

선이 서구에 전해져서 낭만주의 전통과 만날 때 바로 그런 입장이 또 하나의 바탕이 되었다는 점을 서구의 독자들은 염두에 둘 필요가 있다. 우리도 대부분 그렇지만, 블로펠드가 일찍이 영국에서 받은 교육은 일상적인 것의 영적 중요성을 주요 주제로 하는 낭만주의 작가들의 저술을 교재로 하였다. 수세대에 걸친 유럽 작가와 예술가 들이 계몽주의의 합리주의와 기존의 그리스도교 제도에 반발하여, "일상적인 것의 변혁"

---

**39** T. 48, p. 383a; Bolfeld, *Huang Po*, p. 58.
　**역주**_원문은 "汝但除卻凡情聖境. 心外更無別佛." 한글 번역은 백련선서간행회 옮김, 『선림보전』, p. 267.

**40** Broughton, *Kuei-feng Tsung-mi*, p. 152 참조.

**41** Yanagida, "The *Li-tai fa-pao chi*" p. 35 참조.

과 그것을 "숭고"한 차원으로 승화시키는 일을 주제로 삼았다.42 그리고 종밀이 이에 상응하는 선의 경향에서 우려하였듯이 이런 이념적 경향에는 분명히 위험성이 내포되어 있었고, 그 위험성은 알맞은 상황만 되면 실제로 대두하게 마련이었다. 낭만주의 문헌의 이러한 전례를 바탕으로, 미국의 선 추종자들 첫 세대에서 이미 "평범"의 승화를 강력하게 강조하는 양상이 대두했다. 이른바 "비트 선Beat Zen"은, 적어도 어떤 맥락에서는, 모든 가치판단을 배제하라고 주장한다. 인간이 만물의 영장이라는 점을 암암리에 내세우고는 있지만, 이것은 만사를 그저 있는 그대로 용인하고 마는 태도로 귀착될 수 있다. 어떤 일이 벌어지건, 그에 대해 우리가 어떻게 반응하건 간에 다 괜찮다는 것이다. 게다가 "비트" 낭만주의는 순결을 추구하는 타계지향적인 추구를 거부할 것을 강조하며, 그래서 "즉흥적"인 영감을 위해 성찰을 억압하는 일종의 관능주의sensualism 성향으로 흐른다. 충분한 내면적 내지 공동체적인 규제가 없이 이런 식으로 "현재의 순간"을 그대로 용납하는 태도는 경우에 따라서는 매우 범속한 형태의 삶으로 귀착하고 만다.

　전통적인 선 문헌에도 "마음대로 행동하는 승려"에 대한 언급이 있다. 하지만 홍주종의 교리에 내재되어 있는 지나친 점들 가운데 많은 것이 불교의 수도원 전통이 지닌 힘에 의하여 제어된다.43 적어도 근대적인 기준에 의해서 이 교리들을 극단적으로 해석하는 경우는 거의 없었

---

42 유럽에서 이러한 사고가 전개된 양상에 관해서는 Taylor, *Sources of the Self* 참조.
43 사원생활의 구조가 홍주종의 선으로 하여금 "범속한 생활"로 되돌아가는 것을 방지한다는 점이 중요하다. 사원에서는 남녀를 엄격히 분리하고 출가수행자들은 독신생활을 지킨다. 후손을 낳아 기르고 교육시키는 등의 일, 그리고 이를 위한 경제적 필요를 감당하지 않아도 되는 것이다. 사원생활에서 "일상적"이라는 것은 일반인의 생활에서 "일상적"인 것과 똑같은 게 아니다.

다. 게다가 일상으로 돌아간다는 것이 과연 어떤 것인지 황벽이 언급하는 내용이 중요하다. 블로펠드는 그 가운데 하나를 특히 중요하다고 생각해서 그 번역을 대문자로 적어놓았다. "**종일토록 갖가지 일을 하면서도 그 경계에 현혹되지 않아야만** 비로소 자유자재한 사람이라 할 수 있다."[44] 깨달은 이는 온전히 세상 속에 존재하면서도 전적으로 세상에 속하지도 않는다. 자기의 의지에 반해서 어느 한 일에 끄달렸다가 계속해서 또 다른 일에 끄달리는 그런 삶이 아니다. 깨달음은 "자유"를 포함한다. 자유는 깨달음의 가장 중요한 특징 가운데 하나이다. 그 자유는, 앞에서 살펴보았듯이, 제약으로부터 해방된다는 뜻이 아니다. 제약은 언제나 있다. 인간이 처한 정황 그 자체의 구조가 워낙 그렇다. 여기에서 자유란 특정 상황의 특정 윤곽에 대한 깨달음, 자기 자신의 근본적인 좌표에 대한 최고도의 인식을 뜻한다. 이를 위해서는 처음에는 낯설게 하기의 훈련이 필요하다. 그래서 평범한 것이 이제는 평범한 것으로 보이지 않게 된다. 그렇게 의도적으로 세상과 소외되는 훈련을 하는 목적은 무엇인가를 새로 얻으려는 데 있는 것이 아니라 자신이 이미 경험한 것을 진정으로 회복하는 데 있다. 선 수행자는 자기가 이미 있었던 곳으로 돌아간다. 그러나 이제는 깨어난 정신으로 그것을 만나는 것이다.[45]

이 "되돌아감"은 그동안에는 감추어져 있던 것이 비로소 드러나는 사

---

**44** Blofeld, *Huang Po*, p. 131.
역주_출처는 『사가어록』 소재 『완릉록』. 원문은 "終日不離一切事 不被諸境惑 方名自在人"(Z. 119, p. 846b). 한글 번역은 백련선서간행회 옮김, 『선림보전』, p. 345.

**45** "마조(馬祖)의 선은 어떤 의미에서는 점종(漸宗)으로의 복귀라고 할 수 있다. 자기의 진정한 본성을 직접 단박에 볼 것을 주장하지 않고 그 본성의 작용이라는 매개를 통해서 본다고 주장했기 때문이다"라고 한 포르(Faure)의 지적은 옳다(*Rhetoric of Immediacy*, p. 51). 그러나 만약 견성(見性), 즉 "자신의 진정한 본성을 보는 것"이 "돈(頓), 무매개, 무소의)이라는 수사"의 매개를 통해서만 가능한 일이라면 "점종" 이외에 그 어떤 대안도 있을 수 없는 셈이다.

건으로 발생한다, 한 순간에 "갑자기" 폭발이 일어나 경험의 방향이 바뀌게 된다. 이것이 아마도 선의 특징으로 가장 널리 알려진 면일 것이다. 황벽은 "돈오"를 강조하여 가르친 선사들 가운데 한 사람이었다. 깨달음에 대한 이런 식의 이해가 최고조의 설득력을 가지게 되는 것도 황벽의 역사적인 위치 덕분이다. 우리는 이러한 가르침의 취지를 어떻게 이해해야 하는가? 깨달음은 지속되는 존재의 한 경지이며 선사들의 삶이 그 모습을 보여주는 것이라면, 깨달음을 돈오라고 하는 것은 이치에 맞지 않는다. 깨달음의 시간을 단 한 순간으로 제한하기 때문이다. 황벽의 어록은 깨달음이란 처음에 일종의 갑작스러운 폭발로 일어난다거나 한 순간의 경험으로 시작된다고 말하고 싶어 하는 듯하다. 하지만 모든 인간의 경험은 시간 속에서 이루어진다. 그러므로 깨달은 삶이건 못 깨달은 삶이건 모두가 "점진적"으로 진행된다. 즉 시간이 흐르면서 변하게 되어 있다. 깨달은 마음이 어찌 그럴 수 있는가? 깨달은 마음의 상태도 영원한 게 아니라고 해야지만, 즉 그 어떤 변화도 없고 차차 더 심화된다거나 변형되지 않는 그런 것은 아니라고 해야지만 깨달음도 점진적인 것, 즉 하나의 과정이라고 볼 수 있을 터이다. 초기의 황벽 어록에서는 이런 문제에 대한 성찰이 나타나지 않는다. 하지만 황벽 어록의 대목들도 공안으로 끌어들인 후대의 공안선에서는 이 문제에 대한 하나의 답을 엿볼 수 있다. 일련의 공안을 들고 참구한다는 점, 그리고 처음 "돈오"한 뒤에도 수행이 계속된다는 점은 마음이 시간의 흐름 속에서 열리는 과정이 깨달음에 수반되어야 함을 말해준다. 불교 신화에서는 성불하면 신통력을 얻는다고 하는 등 이 과정이 완전히 끝날 수도 있다는 상상이 펼쳐지기도 한다. 하지만 모든 선서들이 그런 식으로 얘기하지는 않는다. 실재는 한없이 열려 있고 바닥이 없다고 보므로, 깨달음은 끝장이 있는 것이 아니라 계속해서 의식을 열어가는 것, 끝없이 지속적으로 실재에 대한 자신의 반응을 완성시켜가는 것이라는 결론이 도출되는 경우도 있었다. 황벽의 설법에는 깨달음이 점차 열린다는 이야기는 없다. 현세의 일상생활을 초월하는 어떤 무한한 경지가 있다는 상상도 내놓지 않는다. 황벽의 초기 어록에서는 깨달음의 경지가 이미 탈신화화되어 있다. 깨달음을 이루어도 여전히 인간이다. 그러므로 계속해서 불도를 가는 것이다. 그 와중에 언제나 현실의 상황에 처하게 되고 상황마다 구체적인 결정을 계속해서 내려야 한다.

깨달음을 이런 식으로 이해한다면, 돈오는 어떻게 설명할 텐가? 황벽의 어록에서는 단박에 깨닫는 양상이 두 가지로 나타난다. 첫째는 수행자의 주체적인 행위에 관한 것이다. "만약 그대가 문득 한 생각을 놓으면 깨닫게 될 것이다." 여기에서 "돈오"는 일종의 도약을 가리키며, 그것은 수행자가 "행해야 할" 행동이다. 둘째는 수행자의 행위라기보다는 수행자에게 닥쳐와 수동적으로 당하는 갑작스러운 변혁으로 표현된다. 앞의 경우는 수행자에게 점차 수행하여 성취해야 할 목표를 가르쳐준다. 자기의 현재 존재 상태를 유지시키는 모든 형태의 주관성을 내던질 수 있어야 한다는 것이다. 둘째 경우는 그렇게 내던지는 행위에 따라오는 깨달음의 경험을 묘사하는 셈이다. 주관성을 내던질 때 깨달음의 체험이 자기 자신의 행위와는 별도로 수행자에게 덮쳐온다는 것이다. 돈오의 이 두 차원 모두 좀 더 설명이 필요하다.

"도약"은 여느 선서에서도 그렇듯이 황벽의 어록에서도 중요한 이미지이다. 황벽이 제시하는 깨달음의 이미지는 단호히 "백척간두에서 뛰어내리는 것"이다. 그런 단박의 행동과 점수漸修는 어떻게 관련되는가? 누구나 그렇듯이 선 초심자들도 현재의 자의식을 떨쳐버리고 전혀 다른 사람으로 다시 태어나는 일을 간단하게 해낼 수는 없다. 단박에 해치우는 것은 더욱 불가능하다. 자기 자신에 대해 자기가 가지고 있는 인식을 단박에 문제 삼게 되지는 않는다. 지향할 그 어떤 새로운 인식을 설정해야지만(그것이 자아와 관련된 모든 관념을 떨쳐버리라는 것이라 할지라도) 일어날 수 있는 일이다. 그 새로운 자기 이해가 교리적인, 또 비교리적인 성찰 속에 축적되면서 점차 옛 관념을 불식시켜버린다. 그러면 예전의 자아와 새로운 자아의 차이는 무엇인가? 이상적으로 말하자면, 새로운 자아는 "공"을 구현하는 자아라는 것이 그 차이이다. 그런 자아는 열려 있는, 폐쇄성이 없는 구조를 담고 있다. 그런 자아는 자기 자신이라든가 그 어떤 교리적 입장에 대해서도 집착하지 않는 모습으로 그 개방성을 표출한다. 공도리空道理는 공 그 자체도 공임을 선언하며, 그리하여 공 그 자체도 넘어설 것을 강조한다. 무엇인가를 문제 삼는 것, 특히 자기 자신을 반성한다는 것은 워낙 점진적인 과정일 수밖에 없다. 예전의 경험 구조가 와해되는 과정은 서서히 진행된다. 우선은 지적인 차원에서 와해된 다음에 실천과 일상생활의 차원까지 내려간다. 황벽 어록의 특성에 이런 과정이 내포되어 있다. 다음과 같이 가르치는 셈이기 때문이다. "이러이러하게 생각해보라. 했는가? 그러면 이제는 이러이러하게 생각해보라." 이것도 여느 성찰이 모두 그렇듯이 점진적인 훈련과정이다. 예를 들자면, 황벽은 점차 깨닫는다는 관념을 힐난한다. 대신에 우리 자신이 돈오를 일으키는 주체라 생각하지 말라고 가르친다. 왜냐하면 그러한 생각은 자신 너머의 경지에 대한 열림, 약진을 가능하게 하는 마음의 자세를 닫아버리기 때문이다. 하지만 이런 사유가 돈오의 가능성을 마련하는 기능을 발휘하는 것은 점진적인 과정 속에서 이루어진다.46

　수행자의 마지막 주체적인 행동은 도약으로 묘사된다. 일상적인 주관성의 안전하고 친근한 면모들을 내던지는 도약이다. 이러한 행위로 수행자는 자신을 "공"에다 내던진다. 이는 의지할 바 없는 의지처이며 황벽의 어록에서는 이를 "거대한 신비"라고 일컫는다. 그 경지에서 의지할 바는 의지할 바 없음이며, 이제껏 자기가 알고 있던 자기 자신, 안전하게 의지하던 그 의지처를 버리고 그러한 미궁으로 뛰어드는 것은 두려운 일이라고 한다. 어떤 일이 펼쳐질지 알 수 없고, 수행자 자신의 판단과 통제를 넘어서는 일종의 신비를 맞닥뜨리는 셈이기 때문에 두렵다. 오직 잘 수련된 수행자만이 그러한 도약을 할 수 있고 하고자 한다. 이를 위해서는 점진적인 믿음의 축적을 필요로 한다. 하지만 그것도 하나의 필요조건일 뿐이다. 『무문관無門關』 제5칙에 수록된 향엄화상香嚴和尙의 설법이 그 한 예이다. 한 수행자가 높은 나뭇가지에 매달려 있는데, 그 가지를 입으로만 문 채 매달려 있다. 나무 아래에서 어떤 사람이 묻는다. "달마가 서쪽에서 온 까닭이 무엇인가?" 대답하려면 물고 있는 나뭇가지를 놓아버려야 한다.47 놓아버리기 전에는 내내 괴로움과 번민 속에서 그렇게 매달려 있을 수밖에 없다. 괴로움과 번뇌를 마침내 놓아버

---

**46** 돈오와 점수에 대한 다양한 해석에 관해서는 Gregory, *Sudden and Gradual* 참조.
**47** 역주_『선종무문관』(禪宗無門關), T. 48, p. 293c. 이 대목의 전체 번역은 다음과 같다. "향엄화상께서 말씀하셨다. 사람이 나무 위에 올라 입으로 가지를 물고 손으로는 가지를 잡지 않고 발도 나무를 딛고 있지 않은데, 나무 아래에서 어떤 사람이 묻는다. '달마대사께서] 서쪽에서 온 까닭이 무엇입니까?' 대답하지 않으면 묻는 사람을 무시하는 것이고 대답한다면 죽게 될 터이다. 이럴 때 어찌할 터이냐? 대답해 보라." 원문은 "香嚴和尙云. 如人上樹. 口啣樹枝 手不攀枝 脚不踏樹. 樹下有人. 問西來意. 不對卽違他所問. 若對又喪身失命. 正恁麼時. 作麼生對."

리는 순간 자아도 해방된다. 이것이 돈오이다.

왜 돈오를 부처의 자비로운 품이나 정토 등에 안겨 더 확실한 안락의 반석 위에 서는 것으로 얘기하지 않고 허공으로 놓여나는 것으로 묘사하는가? 그런 이미지가 개념과, 그리고 경험과 분명히 일치하기 때문일 것이다. 황벽이 말하듯이 부처는 깨달음에서 "아무것도 얻은 바가 없었다." 지식이나 확고한 입지, 그 어떤 보장이나 확신을 얻은 게 아니다. 깨달았다고 해서 흘러가는 삶에서 벌어지고 맞닥뜨리는 일들로부터 탈출한 것이 아니다. 완전한 지식의 빛에 물드는 것이 깨달음이라면, 황벽은 깨닫지 못했다고 해야 할 것이다. 그러나 황벽의 어록에서 깨달음이란 모든 존재에 근거가 없다는 진상에 맞닥뜨리면서 주관이 깨져버리는 것, 자아가 해체되는 것으로 설명된다. 인간이 모든 것을 주재한다는 착각을 떨쳐버리고, 그럴 때 오히려 무한한 자유가 펼쳐진다는 것을 안다. 그래서 황벽의 어록은 보리달마의 말을 빌어서 "깨달음"에 대해 다음과 같이 이야기한다. "[너는 마음에 전한다는 말을 듣고는 얻을 만한 무엇이 있다고 생각하는구나. 그래서 조사께서는,] '마음의 성품[心性]을 깨달았을 때에야 불가사의라 하리라. 요연히 사무쳐 얻을 바가 없나니, 얻었을 때라도 알았다 하지 못하노라'고 하셨느니라. 만약 이것을 너더러 알도록 한다 하여도 어떻게 감당하겠느냐?"48 이런 이미지의 깨달음은

---

**48** T. 48, p. 383ab.

    **역주**_원문은 "汝聞道傳心, 將謂有可得也. 所以祖師云, 認得心性時. 可說不思議了了無所得, 得時不說知. 此事若教汝. 會何堪也." 한글 번역은 백련선서간행회 옮김, 『선림보전』, p. 269. 라이트의 본문에서는 앞의 괄호 안에 있는 부분은 생략했으나, 여기서는 문맥을 더 분명케 하기 위해 번역자가 집어넣었다. 또한 라이트는 "만약 이것을 너더러 알도록 한다 하여도 어떻게 감당하겠느냐?"라는 부분도 보리달마의 말로 처리했으나 이를 황벽의 말로 간주한 백련선서간행회의 번역에 따랐다.

모든 확고한 입지를 버리는 인간의 행위를 가리킨다. 그런 경지를 추구하려는 태도조차 버린다. 그런 경험은 소유, 포착, 앎을 모두 놓아버림과 동시에 일어난다. 모든 진리주장과 절대성 주장을 거부하는 "공" 개념을 그대로 따르고, 모든 주장에 관한 궁극적인 진실을 안다는 주장까지도 부인하는 것이다.

황벽의 어록에서는 좌선을 주제로 이야기하는 대목이 거의 없다. 하지만 교리적인 주장과 참선 수행의 접점을 살펴보지 않으면 그 어록의 취지를 짐작하기 힘들다는 점만은 분명하다. 황벽의 어록에서 처방하는 사유 훈련은 바로 참선임을 다시 한 번 상기한다면, 비개념적인 명상이 이런 맥락에서 어떤 역할을 하는지도 짐작해볼 필요가 있다. 교리가 발휘하는 비움의 효력은 마음을 가라앉히고자 하는 정신수련이 역시 발휘하는 비움의 효력을 뒷받침하고 그와 나란히 가는 것이다. 황벽이 처방하는 사유방식은 잘 훈련되고 고요한 마음이라는 상태에서만 실행될 수 있다. 그리고 마음을 가라앉히는 명상수행은 그렇게 해야 할 "이유"를 제시하는 사유가 있어야만 실행될 수 있다. 그런 사유와 명상은 모두 자아를 해체하고 마음을 깨끗이 해서 비우는 데 목적이 있다. 그렇게 해서 열린 빈자리에 마음속의 이미지가, 또는 공空 속의 형상이 나타나되 집착함이 없다. 그렇게 활짝 열어젖히는 것은 매우 어렵고도 두려운 일이라고 한다. 자신을 넘어 더 큰 공간으로 열린다는 것은 곧 자아는 근거가 없음을 적나라하게 드러내는 일이기 때문이다. 달리 말하자면 자아의 죽음, 자아의 비움이다. 이러한 점에서 깨달음은 단지 개인의 성취나 심리적인 향상이 아니다. 그보다는, 자의식이라는 보호막을 거둠으로써 자아 너머의 초개인적인 지평에 노출되는 것을 의미한다.

황벽의 어록이나 그 이후 다른 선서들에서 볼 수 있는 깨달음의 이미지 가운데 하나로 "나무나 돌과 같은 마음상태"가 있다. 이 이미지는 "깨달음"에 대한 블로펠드의 서구적인 이해와는 전적으로 다르다. 그래서 블로펠드는 이것을 "깨닫지 못함"의 이미지로 계속 사용하였다. 황벽과 혜해의 어록에서는 분명히 그 반대의 의미로 쓰였음에도 불구하고 그랬다. 그래서 블로펠드는 이 비유에 대해 서문에서 다음과 같이 말하였다. "하지만 이것이 우리가 우리의 마음을 백지로 만들어야 한다는 의미는 아니다. 그러면 나무토막이나 돌덩어리보다 나을 게 없을 터이다. 게다가, 그런 상태에 머문다면 우리는 일상생활의 상황에 대처할 수 없게 될 것이다."[49] "나무나 돌과 같은 마음"을 진정한 깨달음의 이미지로 인정하고 싶어 하지 않는 블로펠드의 심정에도 충분히 공감이 된다. 나무와 돌은 반응을 한다거나 동조한다거나 의식을 한다거나 하는 작용이 비교적 없다. 도대체 어떤 뜻으로 마음을 나무나 돌에 비유하는가? 분명히 여러 가지 뜻이 있을 것이다. 모든 비유에는 한계가 있다. 비유에는 동일성과 차이가 모두 들어 있다. 마음을 나무와 돌에 비유할 때에는 어떤 차원의 동일성을 말하고자 함이다. 깨달은 마음은 "차별하지 않는다"거나 "아무것도 구하려 하지 않는다"거나 "현실을 있는 그대로 받아들이며 자기 자신이 현실에 의해서 움직여지도록 자신을 열어놓는다"거나 하는 점에서 나무나 돌과도 같다고 하는 것이다. 그러나 또 한편으로 나무나 돌은 깨달은 마음과는 분명히 다른 점이 있다. 하지만 황벽에게는 비슷한 점이 중요했다. 깨달은 마음을 두고 나무나 돌과도 같다고 하는 비유는 불도佛道란 포기하고 놓아버리며 집착을 버리고 아무것도 추구하지

---

[49] Blofeld, *Huang Po*, p. 20; 또는 Blofeld, *The Zen Teaching of Hui Hai*, p. 132 참조.

않는 것이라고 여기는 부정否定 차원의 수행과 부합한다. 황벽은 그의 청중에게 "본래 얻은 것이 없어서 얻은 것이 없음도 얻을 수 없느니라"고 가르쳤다.50 그러므로 그 어떤 안전하고 지속적이며 영원한 입지를 찾으려고 하는 생각을 놓아버리라는 얘기이다. 자신을 허허벌판에 내놓아 세계에 드러내라는 것이다. 아무것도 잡으려 하지 말라. 목표를 그 어떤 이미지로 설정해서 그것을 향해 매진하더라도 끝내는 합당치 않은 것으로 밝혀질 터이다. "무엇보다도, 미래의 부처가 되려고 하는 열망을 가지지 말라. 다만 생각 생각이 이어지는 가운데 그 어떤 생각에도 집착하지 않도록 하라."51 우선은 아무것도 구하지 않는 경지를 추구해야 한다는 가르침임에는 의심의 여지가 없다. 황벽어록에서도 이를 위한 노력과 훈련이 중요하다는 점을 분명히 인정한다. 하지만 결국에는 노력의 방향을 그러한 노력 자체에게로 되돌려야 한다. 그런 노력 자체를 구하지 않는 노력을 기울여서, 마침내 아무런 노력도 하지 않는 일이 노력 없이 이루어질 수 있게 되어야 하는 것이다. 그러므로 황벽은 다음과 같이 말한다.

---

**50** Blofeld, *Huang Po*, p. 111.
　**역주**_출처는 『사가어록』 소재 『완릉록』. 원문은 "本無所得 無得亦不可得"(Z. 119, p. 841b). 한글 번역은 백련선서간행회 옮김, 『선림보전』, p. 320.

**51** Blofeld, *Huang Po*, p. 106.
　**역주**_출처는 『사가어록』 소재 『완릉록』. 이 대목 전후까지 포함해서 원문은 "過去佛且不有. 未來佛且不無. 又且不喚作未來佛. 現在念念不住. 不喚作現在佛"(Z. 119, pp. 840b). 이 대목에 대한 블로펠드와 백련선서간행회의 번역이 서로 다르다. 여기서는 데일 라이트가 전개하는 논설의 맥락을 지키기 위해서 일단 그가 인용한 대로 블로펠드의 번역에 따랐다. 백련선서간행회의 번역은 다음과 같다. "과거의 부처님은 또한 있지도 않고 미래의 부처님 또한 없지도 않다. 그렇다고 또한 미래의 부처님이라고 부르지도 못한다. 반면에 현재의 생각 생각이 일정하게 머물지 않으니 현재의 부처님이라고도 부르지 못한다"(『선림보전』, pp. 317~318). 한편, 이 대목에 대한 블로펠드의 번역을 한글로 옮기면 다음과 같다. "과거의 부처님이 정말 있는 것도, 미래의 부처님이 아직 존재하지 않는 것도 아니다. 무엇보다도, 미래의 부처가 되려고 하는 열망을 가지지 말라. 다만 생각 생각이 이어지는 가운데 그 어떤 생각에도 집착하지 않도록 하라. 아울러, 지금 여기에서 부처가 되려는 생각은 조금도 하지 말라."

"…… 이 어찌 힘 덜리는 일[省力事]이 아니겠느냐? 이런 때에 이르러서는 쉬어 머물 바가 없어서, 모든 부처님이 행하시는 행을 하게 되고, '머문 바 없이 그 마음이 난다'는 것이 되느니라."52 깨달은 경지에서는 이러한 자기 부정을 불교의 사상이나 교리에도 적용하게 된다. 물론 불교의 사상에 대해서 사유하는 수련도 해야 하겠지만, 가장 높은 수준에 이르면 그런 사념도 내던지고 비우는 것이다. "여의는 것이 곧 법이요, 여읠 줄 아는 이가 곧 부처. 일체 번뇌를 여의기만 하면 얻을 만한 법이 없다."53 황벽산의 선원에서는 모든 것을 여의라는 그 가르침만은 잘 받들어 수행하는 것이 중요했다. 그러나 여의고 또 여의다가 결국에는 그 가르침마저도 여의어야 한다. 그것이 황벽이 말하는 부처요 깨달음이다. 선 수행의 과정은 명확한 지식이나 확실한 견처를 얻게 해주는 것이 아니라 "놓아버림"을 특징으로 하는 일종의 열림을 지향한다고 여겨졌다. 그래서 황벽의 어록은 "진정한 자아"의 개념을 제시하지도 않으며 "사물의 진정한 모습"에 대한 설명으로 결론을 맺지도 않는다. 그보다는 생각을 수련하는 법을 제시하고, 생각하는 가운데에서도 생각을 놓아버릴 수 있는 선사들의 이미지를 제시한다. 그래서 황벽의 어록은 체계적이지 못하고 때로 일관되지 못한 면도 보인다. 하지만 그 대신에 창의적이고 반어법적이며 개방적이고 자유로운 그런 양태의 텍스트와 수행 방식을

---

**52** T. 48, p. 383b; Blofeld, ***Huang Po***, p. 62.
　**역주**_원문은 "不是省力底事. 到此之時無棲泊處 卽是行諸佛行 便是應無所住而生其心." 한글 번역은 백련선서간행회 옮김,『선림보전』, p. 272. "성력사(省力事)"에 대해서는 7장 주 40 참조. 블로펠드는 첫 문장을 "이것은 노력으로 이룰 수 있는 일이 아니다"라고 번역하였다.

**53** T. 48, p. 381a; Blofeld, ***Huang Po***, p. 40.
　**역주**_원문은 "離卽是法 知離者是佛. 但離一切煩惱 是無法可得." 한글 번역은 백련선서간행회 옮김,『선림보전』, p. 149 참조.

제공한다.

 황벽이 말하는 "여읜다"는 것은 불교의 "무아" 교리를 일상생활과 수행현장에 적용하는 실천지침이라고 할 수 있다. 황벽에게 '여읜다'는 것은 "깨달음 속에서 자기를 버림"이다. 이에 상응해서, 깨달음에서 경험하는 진리는 경험하는 주체가 붙잡아서 소유하는 그런 것이 아니다. 오히려 개인의 주체를 들어내고 변혁해버린다. 그 자체가 주도해서 그렇게 될 뿐만 아니라 그 자체의 정체가 갑자기 노출되는 사건을 통해서 그렇게 된다. 이 사건을 통해서 자아가 더 높은 주체와 결합하게 된다. 그 더 높은 차원의 주체성은 주체성을 포함하면서도 그것을 변혁시킨다. 주체성을 자아 이외의 다른 것 즉 세계를 향해 개방함으로써 변혁시킨다. 이렇게 보면, 선사들의 창의성과 독창성은 그 개인의 비상한 능력을 말하는 것이 아니다. 그것은 세상의 소리를 경청하고 세상과 조화하면서 자아를 자아 그 자체 너머로 열어젖히는 것이다.

 그러니까 깨달음이란 세계에 대해 기꺼이 그리고 개방적으로 반응하는 사람이 되는 것이며, 일종의 자기 부정을 통해 세계와 개방적인 상호작용을 이루는 것이다. 황벽은 실제 삶의 상황에서 자신을 무화시킴으로써 그 상황의 진상이 자신을 통해서 드러나도록 하는 깨달은 조사들의 모습을 묘사한다. 그들은 의지와 마음에 의한 행동이 아니라 여읨을 통해서 세상과 만난다. 그들 자신의 마음과 의지를 열어젖힘으로써 더 큰 정황의 맥락이 그들을 통해서 드러나게 된다.[54] 이런 종류의 무아가 어떤 것인지 상상하는 데 도움이 될 예가 불교에 두 가지 있다. 첫 번째는 이른바 선문답이다. 많은 사례가 선서에 제시되어 있다. 선문답들은 자아를 놓아버리는 행위를 실행하는 실례를 보여준다. 두 선승 사이에 마치 게임처럼 대화가 오간다. 그러나 역시 마치 게임처럼, 어느 쪽도 말과 이미지의 움직임을 통제한다거나 사전에 기획하지 않는다. 각자가 자기가 깨달은 만큼 자신을 열어젖히고 순수한 응대자로서 그 대화에 임한다. 상대방이 금방 말한 것에 대해서 아무런 예비 의도 없이 자유롭게 반응하는 것이다. 그 대화도, 또 그 대화를 통해 밝혀지는 것도, 어느 누구의 주체적인 행위가 아니다. 또 다른 의미에서 둘이 함께 이룩했다고 할 것도 아니다. 무슨 일이 벌어질지 모르지만 각자 자기 자신을 열고 만사가 활짝 노출되기를 기다리는 것이다. 즉 열린 마음들이 대화 속에서 그 어떤 통찰의 사건을 맞이하는 순간이 오는 것이다. 하지만 그 사건은 그들이 만들어내는 것이 아니다. 『임제록』은 그런 선문답의 기록으로서 매우 흥미로운 문건이다.55 특히 대화가 실패하는 경우에 임제의 반응을 잘 보여주기 때문이다. 앞에서도 언급했듯이 상대방이 다음에 어떻게 응답할지 궁리하느라고 머뭇거리는 것을 잡아내는 순간이 그 대표적인 예이다. 상대방은 몇 단계 앞질러 응답을 궁리하느라 머뭇거릴 수도 있다. 대화의 어느 한쪽이 그 대화의 열린 공간으로부터 물러나 자아 속으로 후퇴함으로써 주고받음이 끊기는 그런 때를 "머뭇거림"의 순간이라 일컫는다.

두 번째 예는 깨달음은 반드시 자비를 포함한다고 하는 대승불교의

---

**54** 이러한 정신수양의 일반적인 형태에 가장 잘 부합하는 모델은 가다머(Gadamer)가 말한 게임의 비유라고 생각된다. 게임을 할 때 우리는 자기 자신을 벗어나서 그 놀이 속에 놓이게 된다. 그때 우리의 행동은 우리 자신의 의지나 마음이 결정하는 데 따르는 것이 아니다. 우리의 행동은 그 게임에 대한 이해, 게임의 규칙, 그리고 그 게임 특유의 움직임에 의해서 결정된다. 즉 게임에서 우리의 행동은 다른 참가자들의 움직임과 그 게임의 취지에 대한 반응들이다. *Truth and Method*, pp. 91~108 참조.

**55** 임제록의 선문답들은 황벽의 시대에서 수세기가 지난 뒤에 기록되었지만 황벽도 주인공으로 많이 등장한다.

가르침이다. 자비는 자아보다 더 넓은 콘텍스트를 민감하게 알아차려야만 가능하다. 무아가 됨은 타인과 하나가 되는 것이다. 깨달은 이는 타인들에게 열려 있는 존재로서, 타인에 의하여 움직인다. 그들의 곤경도 마치 그 자신의 곤경인 듯이 여긴다. 자비는 성공한 사람들이 져야 할 의무 같은 게 아니다. 엄격히 말하자면 의지에 의한 행동도 아니다. 그것은 타인에 의해 움직여질 수도 있도록 자기 자신을 여는 것이며, 자아와 그 너머 사회 세상이 하나임을 경험하는 것이다. 이러한 상황에서는 움직이는 것과 움직여지는 것이 구별되지 않는다. 황벽의 어록은 세상의 인간사에서 일어나는 이러한 상호작용에 대해서 빼어난 가르침을 준다. 깨달음은 "주관이니 객관이니 할 것도 없다"고 한다.[56] 행위의 주체나 대상 어느 한쪽만으로는 주객이 하나라는 그런 구도를 다 담아내지 못한다. 깨달은 마음은 자신과 타인, 능동과 수동의 이분법을 넘어 양쪽 모두를 포함한다. 능동으로서의 마음은 단호하게 자신을 열고 타인의 안녕이 곧 자기 자신의 행복이라 여기고자 노력한다. 수동적인 면에서는 진리가 드러나기를 열린 태도로 기다리는 것이다. 무엇인가를 붙잡으려 하지 않고 고요한 채로 있다. 선과 불교에서는 이러한 열림은 단순한 심리적인 자세를 말하는 것이 아니다. 그런 열림은 세상과의 복잡한 관계들 속에서 상호작용하는 중에 일어나는 하나의 사건이라는 점이 중요하다. 그래서 깨달음이란 개인의 자아 너머의 힘들이 일으키는 것이라고 하는 "대승"불교 사상도 있다. 자아는 그 자신을 열기 위해 노력해야 되고 그런 가운데 어떤 마음가짐들을 취해야 한다. 그러나 "깨달음"의 사

---

**56** T. 48, p. 380b; Blofeld, *Huang Po*, p. 38.
　**역주**_『대정신수대장경』에서 올바른 위치는 p. 308c. 원문은 "無能無所." 원문에서 이 대목의 주어는 "일체법(一切法)"이다. 한글 번역은 백련선서간행회 옮김, 『선림보전』, p. 246.

건을 그 자체의 힘으로 이룰 수는 없고, 열림을 당해야 한다는 것이다. 어록에는 황벽이 추천하는 존재의 기술이 있다. 거기에는 어떤 마음가짐을 취하고, 어떤 생각들을 사고하거나 어떠한 방법으로 행동하는 것이 포함된다. 하지만 그 모두가 시간 속의 과정으로서의 삶, 즉 전적으로 우리 자신이 짓는 행동만은 아닌 다차원적인 사건들의 움직임으로서의 삶, 그 삶을 살기 위한 것이다. 황벽의 어록은 자신을 여는 실행과 열림을 당하는 사건, 이 둘을 모두 가르친다.

깨달음의 능동적인 요소에는 매우 다양한 수련이 포함된다. 황벽의 원칙과 수행, 그리고 계율을 따라 수련하는 것이다. 하지만 깨달음은 그런 활동조차 넘어간다. 앞에서 설명한 것과 같이 일종의 무위無爲라 할 수 있는 즉흥적인 태도의 경지로 들어가는 것이다. 선의 정신을 그대로 실천하는 삶은 전통적으로 완벽한 무위의 모습으로 표현되어왔다. 즉흥성이라는 것도 자기 자신이 구축하는 것이자 또한 전통이 나 자신에게 구축해주는 것이다.[57] 그러나 선에서는 그런 관념이 아예 사라져버린 경지까지 이르는 수행을 높이 평가하고 이상으로 삼는다. 수행과 즉흥성 사이의 이러한 관계는 교리와 깨달음, 또는 사유와 느낌 사이의 관계

---

**57** 베르나르 포르(Bernard Faure)는 선에서 무위적 즉흥성을 의례화하는 현상을 밝혀내는 탁견을 제시하였다. 이것은 이를테면 "진제(眞諦)를 속제(俗諦)로써 틀 지우는 것"이라 할 수 있다. 포르는 즉흥성(무위) 또는 즉각성(무소의)에 대하여 "그것이 사라지려고 하는 바로 그 역사적 순간, 즉 매개가 작동하여 그것을 증가시키는 역할을 하게 되는 바로 그 순간에 비로소 수긍되는 것이 아닐지" 의문을 제기한다(*Rhetoric of Immediacy*, p. 314). 포르가 말하려는 취지가 중요한데, 그것을 뒤집어서 논의를 더 확장시킬 수 있다. 즉흥성의 "사라짐"은 실제로는 즉흥성의 등장이기도 하다. 그때서야 비로소 즉흥성을 인지하고 사유와 실천의 대상으로 삼기 때문이다. 그것을 뭔가 바람직한 것, 개발할 가치가 있는 것으로 여기게 된다. 어느 누구도 그것을 즉흥성으로 알아채기 전 "태초"의 신화적인 즉흥성은, 즉흥성의 인식이라는 "타락"이 벌어진 뒤에 이제는 관념되고 실천되는 그런 즉흥성과는 근본적으로 종류가 다르다. 선 전통도 하나의 전통이기 때문에, 일찍이 의식하지 않은 채 즉흥성을 행하다가 나중에야 이를 의식하고서는 하나의 주제로 삼아 가치를 부여하고 수행하며 이에 관한 이론을 정립하게 된 것이다.

와도 비슷하다. 상호인과의 관계이다. 하지만 일단 인과 작용이 일어난 다음에는 그 결과 속에 현존하는 원인의 모습도 완전히 바뀐다. 그래서 황벽은 "자기 자신의 실제는 능히 체달하지 못한 채 다만 말만을 배워서 가죽 주머니에 넣고 가는 곳마다 자기가 선을 안다고 칭하지만, 그래서야 도대체 어떻게 그대들의 생사문제를 해결할 수 있겠는가?"라고 하였다.[58] 선의 진리를 깨닫는 데는 시간과 수행 그리고 노력이 필요하다. 우선은 "언어로 배우고" "말을 모아야" 한다. 그리고 시간을 들여 그 배움과 언어를 자기 것으로 만들어 마침내 체화하고 자연스럽게 즉흥적으로 발휘할 수 있어야 한다. 진리를 즉흥적으로 느끼는 것이 진리를 사유하는 것과 대립하지는 않는다. 즉흥적 느낌도 부분적으로는 사유의 결과로 일어나는 것이다. "감정은 생각에 대조되는 것이 아니다. 사유가 나의 것이 되었을 때 그것이 감정이다."[59]

지금 우리가 설명한 깨달음의 형상과 개념 들은, 적어도 어느 정도는, 황벽의 시대 이후의 선 전통에서만 볼 수 있다. 그 이전 중국 불교 승려들에게는 깨달음의 의미가 상당히 달랐을 것이다. 그 전에는 불교사상을 철학적으로 다듬어내는 데 큰 중점을 두는 경향도 있었다. 예전의 깨달은 인물들은 황벽과 같은 설법자이기보다는 저술가인 경우가 많았다. 황벽의 시대 이후 선어록에서 강조되는 "선문답"에 뛰어난 모습 같은 것은 그 이전의 이상적인 승려 이미지에서는 거의 볼 수 없다. 선의 "어록"과 "전등록"에서 이상으로 삼는 성인의 이미지와 그 이전의 "고승전高僧傳"

---

**58** T. 51, p. 266; Chang, *Original Teachings*, p. 105.
　**역주**_3장 주 2 참조.
**59** Ricoeur, "The Metaphorical Process as Cognition, Imagination, and Feeling."

들에서 이상으로 삼는 이미지를 비교해보면 불교의 목표에 대한 관념이 서로 매우 다르다는 점을 알 수 있다. 깨달음의 의미가 변한 것이다.

게다가, 황벽의 이미지와 깨달음 개념도 중국에서건 또 다른 지역에서 그 뒤로 계속해서 온전하게 받들어지지는 않았다. 그런 이미지에 대한 비판이 여러 시대에 다양한 방식으로 제기되고 수용되었다. 예를 들어, 중국에서는 선의 황금시대에 이어 신유교(성리학)가 이데올로기의 주도권을 장악하며 대두했고, 그들의 이상인간관이 힘을 떨치게 되었다. 이들 "도학자道學者"들은 사실상 황벽의 선으로부터 상당히 많은 부분을 빌려왔지만, 그러면서도 황벽의 선에 대해 매우 비판적이다. 황벽을 비롯한 선사들은 윤리, 도덕 문제나 정치적인 문제, 또는 예술이나 문화에 대해서는 별로 할 말이 없었다. 경제나 사회조직에 관해서는 거의 도움이 되지 않는 듯했다. 일반인들의 "정명正命"에 대해서는 가르침이 없었고 교육이라든가 가정생활 등에 대해서도 조언을 거의 주지 않았다.60 선의 이야기에도 분명히 도덕적인 교훈이 있지만, 그 어느 것도 양심 문제에 대해 독자들을 교육하는 것 같지는 않다. 성리학자들은 선이 제시하는 이상에 그런 것들이 없는 데 대해서 극렬한 비판을 가했다. 그래서 그 빠진 것들을 집어넣고 마땅치 않은 것들은 빼내어서 이상인간형을 다시 빚어냈다. 이 과정이 지속되어 성리학의 이상인간형이 수세기에 걸쳐 다듬어졌다. 그러다가 19세기와 20세기에 들어와 일거에 근대의 이상에 의하여 일약 각광을 받게 되었다. 처음에는 과학적인 합리주의가 이를 지워하였고 그 뒤에는 특히 마르크스가 갈채를 보냈다. 그런데 마르크스주의 내지 모택동주의의 이상인간형이 수용된 지 얼마 안

---

**60 역주**_정명은 팔정도(八正道) 가운데 하나로 올바른 생계수단, 즉 직업을 뜻한다.

되었음에도 불구하고 이제는 어느새 심한 압박을 받고 있다. 벌써 새로이 형성된 이상에 밀려나고 있는 것이다. 이와 비슷한 과정이 서양 문화의 역사에도 진행되었으며 지금도 계속되고 있다.

오늘날 우리는 이런 식으로 이상인간형의 변천사를 말할 수 있지만, 과거 어느 문화에서도 그것을 오늘날 우리가 보는 식으로 보지 않았다. 지금 우리에게는 전례 없이 광범하고 다양한 이상인간형이 고찰대상으로 주어져 있다. 그 각 이상인간형은 각자 특정의 역사적 입지에서 이상화된 것이지만, 바로 그렇기 때문에 당시 그곳의 생각으로는 시대를 불문한 영원한 진리라고 여겨진다. 아주 근본적으로 새로운 이상이 대두하는 경우도 있다. 전통적으로 내려온 것을 개정하는 정도가 아니라 아예 패러다임의 변화라고 할 만큼 극적으로 다른 이상이 제시되는 것이다. 그럴 때는 그게 최종적이며 확실하다는 주장이 더 고조된다. 하지만 어떤 경우든 간에 역사의식이 뚜렷한 관찰자라면 시대를 불문하고 영원한 진리를 주장하는 그 각 입장 자체가 이미 특정 시대에 매어 있음을, 즉 어떤 일단의 역사적 상황의 산물임을 알 수 있을 것이다. 깨달음이 초시대적이라는 관념은 황벽에게서도 볼 수 있다. 황벽 어록의 저자들, 그리고 아마도 황벽 자신도, "진정한 깨달음"이란 것이 그들이 생각한 것과는 많이 다를 수도 있다는 점은 상상조차 하지 못했을 것이다. 앞에서도 언급했듯이, 선서에서는 깨달은 마음이 스승으로부터 제자에게 근본적인 변화 없이 "전승"된다고 전제하는 역사의식이 작동하고 있었다. 그러니까 그게 사실상 무슨 뜻인가 하면, 황벽의 시각에서 보는 부처는 자기가 살던 중세 당시 중국인의 삶과 관련해서 운위할 수 있는 모든 능력과 덕목을 다 갖추고 있는 한 사람의 선사였던 것이다. 모든 상(相)은

"공"이라고 하면서도 깨달음만은 어떤 초시간적인 본질로 여겼으며, 거기에는 "무상無常"의 이치를 적용하지 않았다.

하지만 하나의 흥미로운 예외를 찾을 수 있었다. 깨달음이란 스승으로부터 제자로 전해지는 어떤 영원한 본질이라는 식으로 이야기하면서도, 깨달음에서 스승을 "넘어서야" 한다고 말하는 대목도 있다. 적어도 그런 대목에서는 깨달음 자체도 "무상"일 수 있다는 가능성을 열어놓는 셈이다. 이는 모든 것이 공이라는 원리를 깨달음에도 적용하면 어떤 의미가 되는가 하는 물음을 황벽도 이미 분명히 의식하고 있었음을 시사한다. 이것이 아마도 가장 어려운 문제일 터이다. "공 또한 공"이라는 것보다도 더 난처한 문제이다. 이 문제에 답하는 데 동원할 개념적인 요소들은 황벽의 어록에 이미 분명히 있다. 깨달음은 공하다. 깨달음에 대한 생각과 체험은 그 어느 것도 궁극적이거나 완전하지 않다는 뜻이다. 어떤 요소가 이 답을 뒷받침해주는가? 황벽의 어록에서 깨달음은 대체로 열림으로 정의된다. 황벽이 열림을 그렇게 중시하는 데에는 여러 가지 이유가 있겠지만, 그 중에서도 특히 불교의 세계관에 기본이 되는 것이 무상의 이치이기 때문이다. 모든 것이 변한다. 변화는 언제나 진행 중이다. 닫음은 현명치 못하게도 그에 저항하는 짓이다. 변화에 대한 열림은 그래서 지혜 그 자체이다. "열림" 그 자체조차 여러 가지 다른 형태를 취할 수 있고 계속해서 변한다는 점까지 보기는 어떤 관점에서라도 쉽지 않은 일이다. 하지만 황벽과 그 어록의 저자들은 그 점을 알고 있었고, 다른 불교전통에서도 나름대로 이 원리를 간파한 이들이 있었다. 깨달음은 언제나 어떤 식으로든 "넘어섬"을 수반한다는 것, 그런 일은 어떻게 일어난다는 말인가?

잘 발달된 수행 전통이라면 어디에서나 변화를 지향하는 동력을 볼 수 있다. 수행의 목적에 대한 이해는 목표를 향해 전진해 나아감에 따라 변화한다. 인간 문화의 어느 차원에서건 나름대로 이상으로 삼는 우수한 자질이 있다. 이에 대한 우리의 이해는 그것을 이루기 위한 우리의 노력에 의해 바뀐다. 목표에 다가가는 노력이 진전함에 따라, 그 목표에 대한 우리의 관념도 진전한다.[61] 어떤 문화적 행위가 성공적이라면, 그 "존재 이유"를 재구성하는 일련의 과정이 이어지게 마련이다.[62] 황벽의 선도 그런 재구성의 일부이다. 전통이 전개되는 과정에서 목표에 대해 제시되는 이미지는 결국 장래에 등장할 이미지를 위한 수단으로서의 역할을 하고 말 뿐이다. 깨달음의 이미지는 당대에는 언제나 그 이상의 목표는 없다는 궁극성을 부여받는다. 하지만 그 궁극성도 상황과 시각의 변화에 따라 조만간 훼손되게 마련이다. 심지어는, 목표에 대해 말하는 새로운 방식과 목표를 실행하는 새로운 방법, 그리고 목표에 대한 표현이 등장하면 마침내 이전에 추구하던 목표도 이제는 "넘어서야 할" 필요에 이르게 된다.

아직도 우리의 중요한 유산인 계몽주의적 합리주의에서 발전 또는 "넘어섬"이라 여기는 것은, 무엇보다도 우선 현재의 생각과 실천에 엄격성과 일관성을 높이는 일이다. 한편으로 낭만주의는 사유와 행위, 체험 전반에 걸쳐서 전혀 새로운 차원이 열리는 통찰을 얻을 수 있다고 본다. 우리의 자아와 문화가 타자와의 만남을 통해 일어날 수 있는 전면적

---

**61** "가치 있게 여기는 것을 획득하려고 노력하는 바로 그 과정이 자기가 가치 있게 여기는 것을 변화시킬 수도 있다"(MacIntyre, *Whose Justice*, p. 41).

**62** "그런 개발도상의 사유 및 실천 체계가 융성할 때 나타나는 특징 가운데 하나는 그 목표가 시시각각 재구성된다는 점이다"(MacIntyre, *Three Rival Versions*, p. 149).

인 변화에 대해 가장 크게 열린 차원이 낭만주의라 할 수 있다. 게다가 우리가 물려받은 이 두 유산(계몽주의와 낭만주의)은 서로 워낙 철저히 얽혀있어서, 근본적으로 새로운 차원의 인간생활에 자신을 개방하는 일은 비판이성이 우리에게 부여하는 하나의 불가피한 의무로 여겨진다. 이제 비판이성은 모든 문화의 유한성과 역사성을 예전의 그 어느 때보다도 철저하게 인식하고 있다. 그리하여 "정적靜的"인 깨달음 개념보다는 "계속되는 깨달음"의 개념과 실천이 더 수승하다는 것을 알아차리게 되었다. 이런 의미의 "계속되는 깨달음"이란 끝이 있을 수 없는 과정이다. 어떤 형태의 이상적인 경지라 하더라도 새로이 수정된 형태에 길을 내주게 마련이다. 그러므로 현재의 이상을 심화하는 과정에 지속적으로 주의를 기울이는 일이야 말로 "깨달음"의 가장 영구하고도 중요한 차원이라고 하는 것이 타당할 터이다.

현재 세계 문화의 상황에서는, 우리의 이상들을 변화시키는 통찰을 제공할 가장 유력한 원천은 서로 다른 문화와 역사를 대조해보는 성찰에 있음이 분명하다. 유럽의 근대는 이슬람 문화와의 조우로부터, 그리고 이를 통해 처음으로 그리스 및 로마의 유산을 본격적으로 수용한 데에서 비롯된 면이 있다. 마찬가지로 중국과 그 외의 불교문화는 서구와의 창조적인 조우를 통하여 그 사유와 실천의 양상을 변화시켰다. 아시아는 그 전에는 개발되지 않았던 형태의 깨달음—과학, 정치구조 등—에 개방될 수밖에 없었다. 비록 절박한 역사적 압력 때문에 강요된 것이기는 했지만, 아무튼 그 열림은 전통적인 아시아의 이상에 광범한 변화를 일으켰다. 황벽이라든가 그 밖의 전통에서 이상으로 삼던 깨달음 개념은 다윈, 밀, 마르크스가 제공한 깨달음의 이미지와 조우하면서 그 지평이 넓어지고 확장되었다. 깨달음에 대한 칸트의 정의에 비추어보면 우리가 탈출해야 하는 "미숙한 상태"라는 것에도 엄청나게 여러 가지 역사적 형태가 있음을 알게 되었고, 깨달음도 이와 마찬가지이다. 그런 혁명적인 성찰은 오늘날의 중국에서도 계속되고 있다.

영어문화권에 속한 우리들도 아시아와의 조우를 통하여 그 정도로 변화할 수 있을까? 동아시아가 겪은 만큼 넓고 깊은 변화는 아닐지 몰라도 우리도 변화할 수 있을 뿐만 아니라 이미 변화하였다. 낭만주의는 아시아 문화로부터 배울 방법을 우리에게 보여주기는 하였지만, 그 가능성과 범위 양쪽 모두에서 아직까지는 큰 제한이 있었다. 미숙했던 것이다. 그러나 영어의 "enlightenment"라는 말의 뜻에는 이미 아시아에서 말하는 깨달음이라는 뜻도 들어와 있다. 이제 우리가 쓰는 "enlightenment"라는 말에는 블로펠드라든가 그 밖의 매개자들을 거쳐서 황벽이 이미 들어와 있다. 그 개념의 배경 중에서도 아득히 먼 구석에 깔릴 뿐이라고 해도, 아무튼 이미 들어와 있는 것이다. 물론 그 요소를 개발할지 무시할지는 우리가 선택할 수 있다. 그러나 아무튼 enlightenment라는 개념에 동양의 깨달음이 가지는 의미도 포함됨으로써, 서구문화전통이 이미 가지고 있는 enlightenment 개념의 의미와 실천이 이를 통해 확장되고 심화된다. "깨달음"이란 것이 이상인간형 즉 현재 상상할 수 있는 최선의 삶의 모습(그것을 어떤 내용으로 정의하건 간에)을 상징하는 것이라면, 이 장 첫머리에 소개한 칸트와 도겐의 물음—깨달음이란 무엇인가?—은 곧 우리의 물음이기도 하다. 그리고 이에 대한 우리의 답은 그 개념을 우리 자신의 삶에서 사용하기 위한 내용으로 채울 수밖에 없다. 이론상으로야, 다시 말해 사유에서는, 그런 작업을 할 수도 있고 안 할 수도 있다. 하지만 실천 상으로는 이미 그렇게 하고 있는 셈이다. 잘된 방식이건 잘못된 방식이건 간에 어느 특정된 방식으로 살아가는 것 자체가 이미 "깨달음"의 개념을 나름대로 정의하는 일을 실천하고 있는 셈이다. 그 일을 충분한 사유를 통해, 그리고 일관성 있게 행할 수도 있다. 그렇다 해도 아무튼 선에 대한 우리의 명상은 우리가 추구할 가장 가치 있는 깨달음의 형태는 무엇인지 우리 스스로 묻는 이러한 질문과정의 한 부분일 뿐이다. 게다가 황벽과 칸트가 모두 수긍할 기준에 의하면, 다른 이로부터 뭔가 새롭고 가치 있는 것을 배울 가능성에 대해 진정으로 열려 있는 개인과 문화, 그리고 그것을 자신의 삶에 "적용"하는 과정에 가장 창조적이고 활발하게 임하는 이들이야 말로 우리가 장래에 개발할 깨달음의 이미지를 제공할 개인과 문화라고 할 수 있을 터이다.

# 결론—선의 이론과 수행

**384** 선불교에 대한 철학적 명상

이 세상에 그 위를 걷거나 설 수 있는 대지나 바위는 없고 오직 출렁거리는 바다와 하늘과 바람만 있다면, 그럴 때 취할 성숙한 태도는 고정된 자리의 상실에 대해 애도하는 것이 아니라 항해하는 법을 배우는 것이다.
— 제임스 보이드 화이트(James Boyd White)[1]

황벽은 자기를 따르는 승려들을 내버려 두고 대안사(大安寺)에서 잡일을 했다. 거기서 그는 모든 방을 청소하면서 계속 수행했다. 불당과 법당을 청소했다. 그러나 마음을 청소하기 위해 계속 수행한 것도 아니며, 부처의 등불을 깨끗이 닦기 위한 수행도 아니었다. 그냥 수행을 계속하기 위한 수행이었을 뿐이다.
— 도겐(道元)[2]

선불교는 동아시아에서 천년이 훨씬 넘게 수행되어 왔다. 이 긴 기간 동안 선 전통은 당대를 주도하던 여러 문화권—또는 문화적 관습—에 스며들었다. 이론적 사고 또는 철학에도 스며들었다. 송대 초기 선의 이론적 사유 또는 철학의 좋은 예가 황벽의 어록들이다. 하지만 선불교는 기본적으로 사상운동이 아니다. 사실상 선 명상수행의 시각에서 이론적 성찰을 비판하는 대목이 선서에 늘 나타나고 있다. 선불교 신자들도 철학적으로 사색하기는 한다. 황벽도 분명히 그렇게 했다. 그러나 그 성찰의 초점은 이론이 아니라 수행이다. 그래서 몇 가지 질문을 던짐으로써 이 명상(이 책의 논의)을 마무리할 필요가 있겠다. 첫째로, 선불교에서 명

---

[1] White, *When Worlds Lose their Meaning*, p. 278.
[2] Francis Cook, trans, *How to Raise an Ox*, p. 198.

상과 철학은 어떤 관계인가? 둘째로, 선에 대한 우리의 이론적인 성찰과 선 수행 사이의 관계는 어떻게 보아야 할 것인가?

여기서도 다시 존 블로펠드로부터 실마리를 풀어볼 수 있겠다. 황벽어록을 영어로 번역하면서 쓴 서문에서 그는 "선의 교리"에 대해 논의한 다음에 "선 수행"이라는 주제에 초점을 맞춘다. 그가 마음속에 품고 있는, 또한 논의할 필요가 있다고 생각한 수행은 바로 명상이었다. "선"이라는 단어는 "명상"을 뜻한다. 그 개념은 다양하게 설정되었지만 선 전통에서 늘 중시되어왔다.3 하지만 선의 명상이라는 주제는 블로펠드가 황벽의 어록을 이해하는 데 심각한 문제를 야기하였다. 왜냐하면 블로펠드 자신도 인정하듯이 황벽은 이 주제에 대해서는 거의 말하지 않았기 때문이다. 그 이유를 분명히 알 수 없었던 블로펠드는 다음과 같이 짐작하였다. "황벽은 자기의 청중이 이 명상 수행에 대해서 이미 알고 있으리라고 전제한 듯하다. 사실 대부분의 명민한 불자들이 물론 그러하다."4 블로펠드로서는 충분히 그럴 듯한 짐작이었다. 9세기 불교 사원의 수행자들은 명상수행에 대해 어느 정도 알고 있었을 것이다. 어느 정도가 아니라 사실 많이 알고 있었을 것이고, 그것을 드러내놓고 논의하든 않든 간에 모든 선서에는 언제나 그 주제가 늘 배경에 가까이 깔려있음에 틀림없다. 하지만 어쨌든 다음과 같은 질문은 중요하다. 선 전통이 애초부터 좌선에 큰 비중을 두었다면, 왜 황벽과 그 시대의 전위적인 선 전통에서는 명상에 대해 비교적 무관심한 모습을 보이는가? 왜 그 시대

---

**3** 그러나 Foulk가 강조했듯이 선 전통 가운데 그 어떤 하나의 요소를 가지고 선의 역사 전체를 관통하는 그 전통의 정수라고 간주할 수는 없다("The Ch'an School").

**4** Blofeld, *Huang Po*, p. 19.

선 담론에서는 명상수행을 그리도 자주 비판하는가?

이 질문에 대한 답은 여러 곳에서 찾을 수 있다. 그렇지만 이론과 수행이라는 주제에 관한 우리의 성찰에 추진력을 주기 위해 딱 하나만 집어내보자. 이 시기 중국의 선승들이 고요한 명상수행을 하는 한편으로 명상의 전 영역을 재고하고자 일종의 이론적인 검토를 시행했음은 많은 자료에서 분명하게 드러난다. 그 가운데 한 가지로, 모든 인간은 태어날 때부터 이미 "불성"을 갖고 있기 때문에 무언가를 얻기 위해 명상의 노력을 할 필요가 없다는 주장이 나왔다. 그래서 조사선祖師禪의 개조開祖인 마조는 좌선을 계속할 필요가 없는 듯이 말하곤 하였다. 오랫동안 좌선을 연마해서 얻는 비범한 마음이 아닌 "평상심"이 도이기 때문이다. 황벽도 마조를 따라 제자들에게 다음과 같이 가르쳤다. "너희는 본래 모든 것을 완벽히 갖추고 있으니, 헛되이 닦아서 보탤 필요가 없다."[5] 이 이론은 깊은 명상의 대상이 될 만한 가치가 있는 것으로 여겨졌다. 신실한 수도승들은 좌선을 할 때건 아니건 "밤낮으로" 그것을 수행하곤 하였다.

황벽의 어록이 집필되던 당시에는 사유와 수행, 그리고 그 밖에 모든 활동들의 관계가 근본적으로 재고되고 있었다. 그 가운데 하나로, 명상수행은 일상생활 영역 밖의 특별한 활동이라는 생각에 대한 비판이 제기되었다. 별도의 성스러운 삶의 차원이 아니라 모든 인간 활동에서 늘 의식적으로 깨어있는 것이 명상이라고 여겼고, 그럴 때 명상수행을 더욱 효과적으로 할 수 있다고 생각하였다. 일상생활을 영위하는 가운데

---

[5] T. 48, p. 379c ; Blofeld, *Huang Po*, p. 30.
역주_원문은 "本自具足不假修添." 바로 앞에 "六度萬行河沙功德"이라는 구절이 있어서, 원래 문맥에서 "具足"의 주어가 된다. 백련선서간행회의 한글 번역은 "6도만행과 항하사 같은 공덕이 본래 그 자체에 갖추어져 있어서, 닦아서 보탬을 필요로 하지 않는다"(『선림보전』, p. 239).

늘 깨어있고자 하는 것이 명상의 요체라면, 즉 모든 순간과 모든 활동이 깨달음이 되게 하는 것이 명상의 요체라면, 명상을 뭔가 고상한 것으로 여기고 일상생활로부터 분리하는 것은 역효과를 낼 터이다. 그 대신에 명상을 보편화 하고자 하였다. 즉 어떤 행위를 할 때라도, 아무리 평범한 행위라 할지라도, 그것 또한 명상수행인 듯이 행하고자 하는 것이다. 선방에서의 일정한 시간에 행하는 명상수행 대신에 삶의 모든 순간을 명상으로 살라고 가르쳤다. 어떤 외형의 활동이건 상관없다. 명상수행은 모든 것을 포함하는 것으로 이론화되었다. 사원에서의 매일 행하는 노동, 일상적인 대화, 먹고 씻고 숨 쉬는 모든 활동이 명상수행이라는 것이다. "나무 하고 물 긷는 그 속에 묘도妙道가 있다"는, 선에서 흔히 하는 말은 당시의 가장 새로운 선 이론을 간단하게 표현해준다. 그 목적은 삶의 모든 국면이 오직 하나, 명상수행을 지속하는 것이 되게 하는 데 있었다.

 이론적 또는 철학적인 성찰도 명상의 여러 가지 형태 가운데 하나일 수 있다. "이론"도 마음속에서 "실천"이 될 수 있는 것이다. 어떤 면에서는 이것이 뜻밖의 결론으로 보일 수 있겠지만, 불교전통에서 전혀 놀랍지 않은 일이다. 반면에, 아주 일찍부터, 명상은 두 가지의 기본적인 형태로 나뉘었다. 그 하나인 사마타samatha는 사변思辨 없는 적정寂靜이다. 생각하는 행위를 멈추고 마음을 가라앉히는 것이다. 다른 하나인 위빠사나vipassana는 철학적 명상 즉 개념적인 명상수행이다. 이 두 경우 모두에 선적 명상이 풍부하게 들어있다. 사마타의 좌선은 헛되이 날뛰는 마음의 활동을 가라앉히는 데 목적이 있다. 세상 속에서 온전한 의식으로 현존하는 데 장애가 되는 무의미한 상념을 없애 버리고자 하는 것이다. 그러면 평소에는 가려있던 새로운 방식으로 세상을 경험할 수 있는 의식이 열린다. 이것은 사변, 관념을 여읜 수행이다. 물론 그 배경에는 이론이 깔려있음을 볼 수 있다. 고요함과 깨달음 사이의 관계에 대한 이론이라든가, 마음은 무엇이며 그것을 어떻게 변화시킬 수 있는가 하는 데 관한 이론, 무엇이 진리이며 그것은 어떻게 경험되는가 하는 데 대한 이론이 있고, 그리고 물론 이를 실행하려면 어떻게 해야 하는가 하는 실천론도 배경에 깔려 있는 것이다. 하지만 실제 수행을 할 때에는 이론은 배경에 깔린 채, 왜 그런 수행을 그런 식으로 해야 하는지 따져볼 필요도 없이 그 이유를 자명하게 해줌으로써 수행의 틀을 잡아주는 역할을 한다.

반면에 좌선 시 사변의 명상수행이라는 형태(위빠사나)를 취하는 경우에는, 계속해서 사유하는 가운데 마음을 깨치고자 한다. 이 경우에는 관념적인 이미지가 실재의 새로운 차원을 볼 수 있게 열어주는 인식의 눈을 제공한다. 존 블로펠드가 선 수행에 대해 논의하면서 "모든 것을 우리가 배우고 있는 진실의 빛으로 보기 위해 끊임없이 노력"하는 것을 수행의 목록에 포함시킨 것도 이를 가리킨 것이었다.[6] 생각과 이미지라는 형태로서의 "진실"은 "모든 사물"에 빛을 비추어 그것들이 새로운 방식으로 경험되게 한다. 사물이 나타나는 모습은 어떤 정신적인 "빛"을 거기에 비추느냐에 따라 달라진다. 예를 들어 공의 교리를 통해 반사된 빛이 보여주는 세상의 모습이 있는가 하면 자비라든가 돈오, 이심전심의 교리가 보여주는 세상의 모습도 있다. 여기서 요점은, 전통적인 선의 기준에 의하면, 선의 교리를 사유함으로써 선의 빛을 지키는 것도 선 명상 수행이라는 것이다.

그러나 이 점에 대해서는 흔히 오해가 있다. 동서양을 불문하고 학자

---

[6] Blofeld, *The Zen Teaching of Hui Hai*, p. 40.

들과 수행자들 양쪽 모두 생각과 명상을 구별하는 근거 없는 선입견 때문에 명상에서 사유가 담당하는 역할에 대해 잘못된 생각을 하는 경향이 있다. 그런 입장에서는 "우리가 선을 수행하는 것은 분명히 선의 종지를 받아들이기 때문"이라고 한 블로펠드의 주장과는 반대되는 전제를 세울 수도 있다. 선은 교리가 없는 종교라는 것이 선 전통의 중요한 교리 중 하나이기 때문이다.7 그러나 선에 대한 이러한 주장은 그 자체도 증거가 없을 뿐 아니라, 선에는 분명히 그 세련된 수행을 뒷받침하는 사상체계가 있다는 사실을 설명해줄 수 없다. 선의 이론도 선 수행의 한 형태이다. 선 수행에 대하여 어떻게, 왜, 그리고 어떤 목적을 위해 해야 하는지를 밝혀줌으로써 그것을 뒷받침해주는 역할을 한다. 이론이라고 해서 선 수행에 붙는 임의의 부가물이 아니다. 교리는 없어도 된다는 믿음을 가지고 수행에 임할 수도 있다. 하지만 그것도 아무런 교리에 입각하지 않은 수행은 아니다. 사유를 기울여 다듬는 과정을 거치지 않았기 때문에 단순하며 거의 개발되지 않은 교리이기는 하지만 아무튼 교리의 인도에 따라 행하는 수행인 것이다. 선을 연구하는 학자들은 선의 다른 면모에 대해서는 주의 깊게 비판적인 평가를 가하면서도 선에 대한 이러한 견해(선 수행은 교리와 관계없다는 견해)는 비판 없이 그대로 받아들이는 경향이 있다.

하지만 선의 이론을 여느 형태의 활동에다가도 이런 식으로 덮어씌우는 데에는 중요한 한계가 있다. 종교적이건 아니건 모든 사유나 이론은 이미 행동에 의하여 형성되어 있다는 점이 아마도 가장 중요한 한계일 것이다. 여기에서 "행동"이라 함은 단순히 "우리가 정규적으로 행하는

---

**7** 블로펠드도 나중에는 선뿐만 아니라 불교 자체도 교의적 진실에 의지하지 않는다고 가르치기 시작했다는 점에 주목해야 할 것이다.

것"이라는 뜻이다. 즉 우리가 다른 이들과 공유하며 사회적으로 구축된 우리의 세상을 형성하는 활동양식을 말한다. 인간의 행동 또는 활동양식이 사유의 배경 또는 맥락을 구축한다. 세상에 대한 인식, 그리고 세상 속에서 가능한 일이 무엇인가에 대한 견해는 삶의 이러한 실행 형태에 의하여 미리 형성된 것이다. 실제로 삶을 사는 행동양식이 사유의 근거 또는 맥락을 구축하는 것이다. 모든 인간이 이 공통의 기반을 공유하지만, 차이도 중요하다. 우리의 사고방식은 우리가 다른 사람들과 함께 좌선하는 데 많은 시간을 쓰는지, 또는 농사나 사회활동에 전념하는지, 또는 주식시장을 분석하는 데 신경을 많이 쓰는지에 따라 매우 다른 모습을 하게 된다. 어떤 활동을 하며 살아가느냐에 따라 우리의 마음의 방향이 달라지고 모습도 달라지며 언어와 관심사, 소망, 두려움도 달라진다.

    이런 시각에서 보면 행위가 이론을 결정하는 면을 볼 수 있고, 따라서 그 둘은 상호작용을 한다는 점을 볼 수 있다. 이론과 행위는 서로 얽혀서 계속해서 서로가 서로를 형성해 간다. 삶을 사는 방식과 삶을 이해하는 방식은 서로가 서로를 결정하는 것이다. 불교 용어로 말하자면 서로 "연기적"인 관계이며, 어느 한쪽이 없으면 다른 쪽도 있을 수 없다. "행위"는 이론의 실행이고 구체화이다. 이론을 실행하는 가운데 그 이론을 낳은 세계관을 끊임없이 다듬고 고치고 새로운 방향으로 이끌어간다. 한편으로, 성찰적 사유를 통해 행위가 명확해지고 자각되며 그에 대한 비판과 수정이 가능해진다. 무엇을, 왜, 그리고 무엇을 목표로 실행하는가 하는 물음을 계속 제기하도록 하는 것이 성찰적 사유이기 때문이다. 이런 이론적인 물음들은 선뿐만 아니라 다른 어느 부문에서도 행위와 이론 사이에는 근본적인 상호관계가 있음을 보여준다.

선 전통에서 모든 것이 종교적 수행이라고 말하는 목적은 일상의 삶을 깨어있음으로 유도하려는 데 있다. 또한 자기가 행하는 일상 활동방식을 스스로 알아차리게 하려는 데 있다. 이것은 매우 생산적인 이론이다. 그것을 실천하는 이는 누구나 그들의 삶의 어떤 부분이라도 무시하지 않을 터이다. 그런 수행을 닦는 가운데 차츰 더욱 깨어있는 상태에서 각각의 활동을 하게 될 것이다. 그러나 "모든 것이 수행"이라는 이론에는 위험성도 있다. 그 반대의 면을 보지 못하게 할 수도 있는 것이다. 사람들의 많은 행동 가운데 다른 사람들을 향상시키는 데에도 중요한 영향이 있기 때문에 높이 선양할 만한 가치가 있는 것은 몇 가지밖에 안 된다. 명상과 철학은 둘 다 이에 해당한다고 할 수 있을 것이다. 아무튼 그러므로 "모든 것이 수행"이라는 말을 두고, 어느 것이 정말로 진정한 수행이며 그 서로 간의 관계는 무엇인지 따지는 것은 전혀 문제가 안 된다는 의미로 받아들여서는 안 된다. 그런 사항은 매우 중요한 문제이다. 모든 행위가 다 질적으로 똑같은 힘을 가지고 있지는 않다. "모든 것이 수행"이라는 이론이 강조하려고 하는 것은 그 모든 활동에 임하는 마음의 상태이다. 하지만 그렇다고 해서 많은 활동 가운데 어느 것이 가장 선택해서 수행할 가치가 있는가 하는 문제와 혼동해서는 안 된다. 그것을 혼동한다면 일상의 삶에 가치를 부여하는 반면 영적인 삶은 평가절하하거나 상실할 위험이 야기된다. 선 전통에서 목적으로 삼는 것 가운데 하나가 "세간"과 "출세간" 사이의 구별을 없애는 것이기는 하지만, 그것도 세간이 출세간의 차원으로 승화될 때에나 타당하지 그 반대의 경우는 성립하지 않는다. 불교 용어를 동원하자면, 세간과 출세간의 구별이 "공"이라는 얘기는 그것을 구별하는 것이 전혀 무의미하다는 뜻은 아니다. 세간과 출세간을 어떤 식으로든 구별하지 않고서는 깨달음이라는 변혁을 추구할 일이 없고 따라서 성취할 일도 없을 것이다.

이런 성찰의 타당성을 검증하기 위해 사유 속에서 한 가지 실험을 해보는 것이 도움이 될 것이다. 이론은 사실상 실천이라는 이 생각을 뒤집어서, 정반대로 철학과 명상을 모두 이론으로 간주할 수 있는지를 따져보자. 이런 틀로 보면, 이론적 성찰과 명상수행이 모두 잠시 일상생활로부터 물러나야만 가능하다고 해야지만 그 둘 모두 "이론"으로 간주할 수 있을 터이다. 그렇다면 철학과 명상수행은 모두 일상의 행위를 유보해야지만 가능한 예외적인 행위라고 하는 셈이다. 둘 다 일상생활에 대한 자신의 전반적인 성향을 바꾸려는 의도적인 목적에서 세간의 활동으로부터 일시적이고 인위적으로, 그리고 실험적으로 벗어나 보는 행위라고 하는 셈이다. 그렇다면 철학적 사유와 고요한 명상은 이 근본적인 면에서 동일하다. 모든 행위는 이 세상 속에서 전개되는 반면, 이 두 행위는 이를테면 세상 속에서의 활동을 정지시킨다. 대신에 행위자 자신의 "정신"을 가지고 어떤 작업을 하기 위해서 의식적으로 한 걸음 물러설 것을 요구한다. 철학적 사유와 명상수행을 두고 대부분의 다른 일상 활동이나 행위와 분명히 구별하면서 영적 활동이라고 일컫는 것은 바로 이런 뜻에서일 터이다.

이렇게 보면 우리에게 두 가지 서로 모순되는 선택이 주어지는 듯하다. 철학적 성찰도 여느 모든 활동과 마찬가지로 정말 행위의 한 형태인가? 아니면 철학적 성찰과 명상수행은 일상생활로부터 이론적으로 물러나는 두 가지 방식이라고 여기는 게 더 나은가? 이 경우에는 그 두 가지 견해를 다 취할 수도 있다. 둘 다 다른 시각으로는 볼 수 없는 그 어떤 차원을 볼 수 있게 하기 때문이다. 둘 중 어느 하나만을 최종 결론으로 여기는 것은 사실상 생산적이지 못하다. "방편"은 유연한 관념을 가능케 하는 불교의 덕목인 바, 원칙적으로 말하자면 서로 다른 견처 사이를 자유롭게 오가면서 그 서로 다른 견처들이 서로가 서로를 발전시켜 점차 더 큰 포용적인 이해를 낳을 수 있는 능력을 가리킨다. 그런 포괄적인 이해에 아직 못 미친 수준에서 미리 어느 특정의 교리적 입장을 결론으로 내세우는 것은 스스로 한계를 지우는 짓이다. 그것은 불필요할 뿐만 아니라 오도誤導의 잘못을 저지르는 짓이다. 철학적 명상도 사변을 배제한 명상수행과 마찬가지로 분명히 일종의 수행이다. 그리고 또 한편으로는 일상생활의 행위영역으로부터 벗어나 삶에 대해 더 큰 시야를 얻고자 하는 행위이기도 하다. 그처럼 한 걸음 물러나 이론적 수행을 행하는 목적은 그 외의 다른 행위들도 변혁시키고 승화시키기 위한 것이다.

성찰을 하거나 명상을 하기 위해 분주한 일상생활로부터 물러남은 또한 사실상 자아로부터 물러나는 것이다. 지금까지 자기의 모습과는 다른 모습이 되는 데 대해서 생각하거나(이론) 실제로 그렇게 되려고 노력하는(수행) 기회를 가지는 것이다. 불교 수행 전반의 요점이 분명히 여기에 있다. 자기 자신을 초월하기, 자기를 넘어가기, 지금까지의 자기보다 더 현명하고 더 명석하며 더 자비롭고 더 유연하게 세상과 조화를 이루는 사람이 되려는 것이다. 선불교에서는 이 변화의 과정이 그 제도적 구조 속에 깊이 담기게 되었고, 비교적 안정적인 전통의 형태로 긴 세월동안 유지되고 있다. 이것은 많은 서구의 문헌에서 그리는 선의 이미지와 충돌한다. 그들은 대개 "제도적 구조"와 선의 정신 사이에는 심각한 긴장이 흐른다고 전제하기 때문이다. 선의 인습타파적인 차원을 두고 흔히, 경직된 제도와 고압적인 전통을 피하면서 각자 자기 자신의 힘으로 자기를 초월하는 깨달음을 추구해야 한다고 격려하는 의미로 해석하곤 한다. 그러나 이런 식의 개인주의는 동아시아에서는 거의 발견되지 않는다. 선 전통에서도 그렇고 다른 불교전통에서도 마찬가지이다. 설사 그런 식의 개인주의가 형성된 경우가 있다 하더라도, 그것도 전통과 제도가 개인으로 하여금 그렇게 해보도록 격려하는 덕분에 가능한 것이다. 제도도 전통도 전혀 없다면 어떤 형태건 "깨달음의 사상"을 물려받지 못할 것이다. 모범과 이상, 이미지, 상징이라는 유산을 물려받지 못할 것이다. 그런 것들이 불도를 추구할 동기가 되고 계속 추구하게 하며 때로는 목적을 달성하게 한다. 어떤 문화에서건 추구할 이상의 이미지와 이런저런 수행방법을 개인들 앞에 제시해주는 것은 제도적 전통이다. 대부분의 자기 수행의 전통에서 그랬듯이, 선에서도 전통이라는 형태로 세대에서 세대로 전수된 인간 수양의 이상적인 이미지를 이상화하고 투사하고 내면화하는 과정을 통해서 "초월"이 이루어졌던 것이다. 그리고 그러한 전수를 담당하는 것이 제도였다. 선승들은 직접 대면하거나 문헌에서 제시하는 이미지를 통해 그들 이전의 스승들을 연구했고, 그들을 모범으로 삼아 자기들의 행동거지를 거기에 맞추었다. 이러한 문헌과 이상형을 통해 승려들은 그들이 어떤 사람이 될 수 있는지, 그렇게 되기 위해 필요한 수행이 어떤 것인지 연구했다. 이러한 자기 수양을 실행할 때 우선 필요한 자세는 훌륭한 사람의 이미지, 즉 깨달은 선사의 이미지 앞에서 자기는 형편없는 존재라고 겸손한 태도를 취하는 것이다. 이러한 이상형을 모방한다고 해서 깨닫지 못하는 것도 아니고, 그렇게 하는 것이 불가능한 일도 아니었다. 왜냐하면 승려들은 이러한 최상의 이미지를 그들이 가진 진정한 본성(그들 안에 함께하는 불성)의 예시이거나 전형이라고 생각하기 때문이다.

그러나 수행자들이 체험하는 이런 문화적 이상이 제도적으로 "주어진 것"임을 이토록 강조한다고 해서, 선 수행에서 자기 자신의 역할은 단순히 수동적이라거나 또는 선 전통은 매우 보수적이어서 변화에 개방되지 않았다는 뜻은 아니다. 고전적인 선서들이 제시하는 이상의 이미지는 한 가지가 아니라 수천 가지임을 염두에 두어야 한다. 역사상에 실존했었건 역사적으로 그 이미지가 구축되었건 엄청나게 많은 성인들의 만신전을 제공해주었던 것이다. 자기를 찾는 길도 무수하게 많이 제시되었다. 이는 깨달은 존재가 되고자 하는 선대들의 노력은 각자 어느 정도의 차별화를 요구한다는 점을 보여준다. 승려들은 이전의 자기를 비우고 전통을 통해 그들에게 전수된 다양한 양식들을 통합하고 재구성함으로써 자기의 정체성을 구축하는 과정에 뛰어들었던 것이다. "기성의 관습"과 "구별되는 독자적 정체성"을 서로 대립되는 것으로 여기지 않았다. 기존의 이상형이 바로 독자적인 정체성들이었고, 수행자의 자기 형성 행위는 반드시 어떤 새로운 방향으로 나아가게 마련일 것이기 때문이다.

실로, 우리가 보아왔듯이, 선서에서 가장 우리의 흥미를 끄는 이미지 가운데 하나는 인습을 거부하고 관습과 주어진 방식을 따르기를 거부하는 선사들의 예화이다. 그런데 이것 자체가 하나의 관습이 되어 수행자들이 모방하는 대상이 되었다. 달리 말하자면 선수행의 한 유형이 되었던 것이다. 깨달은 삶에 대한 추구는 선대 스승들의 이미지에 대한 존경심에서 그것을 모방하고자 함으로써 시작된다. 하지만 모방행위는 그 자체로는 깨달은 태도가 아니다. 그러나 수행자에게 그 모범에 비추어 자기가 얼마나 결함이 있는지를 깨닫게 하고 자기 변혁의 과정을 어떻게 시작할 것인지를 가르쳐줌으로써 수행의 여정을 시작하게 하는 역할을 한다.

이러한 과정을 통해서 각 참여자는 전통이 제공해주는 전범들과 나름의 특별한 관계를 맺게 된다. 그리고 그런 가운데 전통도 변화한다. 새로운 세대가 새로운 정황에다가 전통을 적응시키면서 새로이 바뀐 이상의 이미지가 등장한다. 이론상 불교전통의 가장 강한 힘이 아마도 바로 여기에 있다고 할 수 있을 것이다. 무아, 무상, 연기 그리고 공의 교리에 입각하면, 인간은 유동적이며 실체가 없고 그래서 온갖 다양한 가능성을 발휘할 수 있음을 쉽사리 이해할 수 있다. 전통적인 선사들 가운데 가장 위대한 이들은 사실상 개혁가로 여겨졌다. 예를 들어 황벽처럼 자기가 물려받은 전통에 대해 근본적인 압박을 가했던 것이다. 그 전과 후의 선사들과 마찬가지로 황벽도 자기가 이상으로 삼고 모방한 훌륭한 인물들을 "뛰어 넘을 것"으로 기대되었다. 인간은 고정된 본질이 없는데, 그 어떤 인간의 문화적 변형 가능성을 미리 배제할 수 있을 텐가?

최상의 전통적 전범("넘어서는" 활동들의 결과)과 비판적 혁신을 통해 그런 전형들을 뛰어넘는 현재의 행위 사이에 긴장이 조성된다. 그 긴장은 강력한 창조적 힘을 발휘한다. 전범을 적극적으로 이상으로 삼는 활동은 전통에 내용과 구체적인 모습을 제공해준다. 한편으로, 비판적 수용은 그것을 뛰어넘어 그것의 예전 형태를 더욱 정제되거나 개량된 모습으로 끌고 가서 전통을 구축한다. 선 수행에서는 그러한 긍정과 부정을 결합시킬 것이 요구된다. 그리하여 세월이 흐르는 가운데 그 둘이 서로가 서로를 뒷받침해주도록 하는 것이다.

각 수행자들은 이 일을 스스로 해야 한다. 하지만 그러려면 "깨달음"이 요구된다. 오직 자기 만족감에서 빠져나왔을 때에만 수행자는 결정적인 물음을 제기할 수 있다. 선 전통에서 황벽과 같은 깨어있는 스승이 하는 중요한 역할 중의 하나는 매일의 생활 속 지겨운 일과를 드러내는 데 있다. 심지어 선의 담론에서조차도 자아를 객체화하고 실체화해서 "자아"를 붙들고 늘어질 주제가 되게 하면서 반면에 그 붙들고 늘어지는 주인공이 누구인지는 잊게 하는 경향이 있음을 폭로하는 것이었다. 선 담론의 그러한 경향에 대응해서 선사들은 그 자아를 바로 "나"로 노출되게 하려고 하였다. 전통의 언어와 관습에 숨은 그 자아를 끄집어내려 했던 것이다. 대주혜해大珠慧海(대주는 "큰 보배구슬"이라는 뜻이다)가 선을 공부하러 마조선사에게 왔을 때, 마조가 다그친다.

"어디서 오느냐?"
"월주越州 대운사大雲寺에서 옵니다."
"여기에 와서 무엇을 구하려 하느냐."
"불법을 구하려 합니다."
"자기의 보배창고寶藏는 살피지 않고서 집을 버리고 사방으로 치달려 무엇하려느냐. 여기 나에게는 아무것도 없다. 무슨 불법을 구하겠느냐?"
대주스님은 드디어 절하고 물었다.
"무엇이 저 혜해慧海의 보배창고입니까?"
"바로 지금 나에게 묻는 그것이 그대의 보배창고이다……."[8]

---

8 Pas, *The Recorded Sayings of Ma-tsu*, p. 94.
역주_출처는 『사가어록』 소재 『강서마조도일선사어록』(江西馬祖道一禪師語錄). 전후 문맥을 드러내기 위해 라이트가 원래 인용한 대목의 앞부분도 포함시켰다. 원문은 "祖曰. 來此擬須何事. 曰來求佛法. 祖曰. 自家寶藏不顧. 抛家散走什麼. 我這裡. 一物也無. 求甚麼佛法. 珠遂禮拜. 問曰阿那箇. 是慧海自家寶藏祖曰. 即今問我者. 是汝寶藏"(Z. 119, p. 813a). 한글번역은 백련선서 간행회 옮김, 『마조록·백장록』, p. 32.

이것은 마조가 즐겨 쓴 문구이며, 딱 알맞은 순간에 제자들에게 그 말을 던지곤 한다. 그 딱 알맞은 순간이란, 이전부터 해왔던 수행을 통해 "나"가 자의식에 떠오를 준비가 되어 있는 순간을 말한다. 이것은 일반적인 "자아"나 다른 어떤 자아가 아닌 바로 "너"를 가리킨다. "너" 누구냐? "너" 뭐 하니? 또 다른 경우에, 마조가 "보리달마가 서쪽에서 온 뜻은 무엇입니까?"라는 질문을 받았을 때, 그는 그 질문을 다시 되돌려 질문자에게 던졌다. "바로 그대의 뜻은 어떤가?"⁹

선을 연구하는 근대 서구의 학자들에게 던질 질문으로도 마조의 질문보다 더 좋은 것이 없을 터이다. 우리의 역사적 정황 속에서 정확히 지금 이 순간 "우리"가 선에 대해 질문하는 의미는 무엇인가? 왜 우리는 불교에 흥미 있어 하며, 근대 서구가 불교에 참여하는 일이 가지는 핵심 의미는 무엇인가? 이러한 질문을 해야지만 불교를, 또 선을 읽고 사유하는 우리 자신의 행동이 시야에 들어오게 된다. 문화적, 역사적 경계를 넘나들며 이러한 명상(이 책에서 제시한 것과 같은)에 몰두하는 우리는 과연 누구인가? 오늘날 선불교를 읽는 사려 깊은 독자들에게는 이런 질문이 중요하다. 그 질문들은 또한 황벽의 어록과 같은 선서들이 일찍이 명상수행을 하는 독자들에게 자극을 주려고 던졌던 그 질문들과 비슷하다. 시대의 거리를 넘어 이러한 질문들 사이를 연결시켜주는 것은 바로 자기 인식의 문제가 그 초점이라는 점이다. 그래서 우리는 우리가 선을 공부할 때, 언제 왜 공부를 하든지 간에, 우리가 또한 불가피하게 공부하는 것은…… 바로 우리 자신임을 깨닫는다. 그리고 명백히, 비로 그것이

---

**9** 역주_출처는 『사가어록』 소재 『강서마조도일선사어록』. 원문은 "如何是西來意. 祖曰. 卽今是甚麼意"(Z. 119, p. 815b). 한글번역은 백련선서간행회 옮김, 『마조록·백장록』, p. 44.

황벽선의 요지이다. 이런 명상이 결실을 맺기 위해 필요한 것은 바로 이 점을 알아차리는, 그리고 황벽의 눈의 섬광을 떠올리는 일뿐이다.

# 참고문헌

Almond, Philip C. *The British Discovery of Buddhism.* Cambridge University Press, 1988.
Altieri, Charles. *Canons and Consequences: Reflections on the Ethical Force of Imaginative Ideal.* Evanston: Northwestern University Press, 1990.
Ames, Van Meter. *Zen and American Thought.* Honolulu: University of Hawaii Press, 1962.
Arnold, Sir Edwin. *The Light of Asia.* New York: Crowell and Co., 1884.
Austin, J. L. *How to Do Things with Words.* Cambridge, MA: Harvard University Press, 1962.
Barthes, Roland. *The Empire of Signs.* Trans. Richard Howard. New York: Hill and Wang, 1982.
Bergmann, Frithjof. *On Being Free.* Notre Dame: Notre Dame University Press, 1977.
Berling, Judith A. "Bringing the Buddha Down to Earth: Notes on the Emergence of *Yü-lu* as a Buddhist Genre." *History of Religions* 21.7 (1987): 57-88.
Bernstein, Richard J. *Beyond Objectivism and Relativism: Science, Hermeneutics, and Praxis.* Philadelphia: University of Pennsylvania Press, 1983.
Bielefeldt, Carl. *Dogen's Manuals of Zen Meditation.* Berkeley: University of California Press, 1988.
Blofeld, John. *Beyond the Gods: Taoist and Buddhist Mysticism.* New York: Dutton & Co., 1974.
*The Tantric Mysticism of Tibet.* New York: Causeway Books, 1974.
*The Wheel of Life.* Berkeley: Shambhala Publishers, 1959, 1972.
*The Zen Teaching of Hui Hai on Sudden Illumination.* New York: Richer and Co., 1962.
*The Zen Teaching of Huang Po on the Transmission of Mind.* New York: Grove Press, 1959.
Bloom, Harold. *The Anxiety of Influence: A Theory of Poetry.* New York: Oxford University Press, 1973.
Bodiford, William. *Soto Zen in Medieval Japan.* Honolulu: University of Hawaii Press, 1993.
Bols, Peter K. *This Culture of Ours: Intellectual Transitions in T'ang and Sung China.*

Stanford University Press, 1992.

Broughton, Jeffrey. *Kuei-feng Tsung-mi: The Convergence of Ch'an and the Teachings*. Ann Arbor: University Mirofilms, 1975.

Bruns, Gerald. "Canon and Power in the Hebrew Scriptures." In *Canons*. Edited by Robert von Hallberg. University of Chicago Press, 1983. 65-83.

*Inventions: Writing, Textuality, and Understanding in Literary History*. New Haven: Yale University Press, 1982.

Buswell, Robert E., Jr. *Chinese Buddhist Apocrypha*. Honolulu: University of Hawaii Press, 1989.

*The Formation of Ch'an Ideology in China and Korea: The Vajrasamadhi-Sutra, a Buddhist Apocryphon*. Princeton University Press, 1989.

"The 'Short-cut' Approach to *K'an-hua* Meditation: The Evolution of a Practical Subitism in Chinese Ch'an Buddhism." In *Sudden and Gradual Approaches to Enlightenment in Chinese Thought*. Edited by Peter N. Gregory. Honolulu: University of Hawaii Press, 1987. 321-377.

Buswell, Robert E., Jr. and Robert M. Gimello, eds. *Paths to Liberation: The Marga and Its Transformations in Buddhist Thought*. Honolulu: University of Hawaii Press, 1991.

Cavell, Stanley. *In Quest of the Ordinary: Lines of Skepticism and Romanticism*. University of Chicago Press, 1988.

Chang, Chung-yüan. *Original Teachings of Ch'an Buddhism*. New York: Vintage, 1969.

Chappell, David W., ed. *Buddhist and Taoist Practice in Medieval Chinese Society*. Honolulu: University of Hawaii Press, 1987.

Cleary, Thomas, trans. *Sayings and Doings of Pai-chang*. Los Angeles: Center Publications, 1978.

Cleary, Thomas, and J. C. Cleary, trans. *The Blue Cliff Record*, 3 vols. Boulder: Shambhala Publications, 1977.

Collcutt, Martin. *Five Mountains: The Rinzai Zen Monastic Institution in Medieval Japan*. Cambridge, MA: Harvard University Press, 1961.

Cook, Francis H. *The Record of Transmitting the Light: Zen Master Keizan's Denkoroku*. Los Angeles: Center Publications, 1991.

Cook, Francis H. trans. *How to Raise an Ox*. Los Angeles: Center Publications, 1978.

Crossan, John Dominic. *Cliffs of Fall: Paradox and Polyvalence in the Parables of*

*Jesus*. New York: Seabury Press, 1980.
Davidson, Donald. *Inquiries into Truth and Interpretation*. Oxford University Press, 1984.
Dawson, Raymond. *The Chinese Chameleon: An Analysis of European Conceptions of Chinese Civilization*. Oxford University Press, 1967.
De Man, Paul. *Allegories of Reading: Figural Language in Rousseau, Nietzsche, Rilke, and Proust*. New Haven: Yale University Press, 1979.
　　　*Blindness and Insight: Essays in the Rhetoric of Contemporary Criticism*. New Haven: Yale University Press, 1983.
Derrida, Jacques. "The Law of Genre." Trans. Samuel Weber, in *Glyph: Textual Studies* 7 (1980): 202-232.
　　　*The Margins of Philosophy*. Trans. by Alan Bass. University of Chicago Press, 1982.
　　　*Of Grammatology*. Trans. by Gayatri C. Spivak. Baltimore: Johns Hopkins University Press, 1974.
　　　"White Mythology: Metaphor in the Text of Philosophy." *New Library History* 6 (1974): 5-74.
Dogen Zenji. *Shobogenzo*. Vol. II. Trans. by Kosen Nishiyama. Tokyo: Nakayama Shobo, 1975. (道元禪師.『正法眼藏』. 西山古泉 譯. 東京: 中山書房, 1975).
Dumoulin, Heinrich. *Zen Buddhism: A History*. 2 vols. Trans. by James W. Heisig and Paul Knitter. New York: Macmillan, 1988-1990.
Ebrey, Patricia B., and Peter N. Gregory, eds. *Religions and Society in T'ang and Sung China*. Honolulu: University of Hawaii Press, 1993.
Eco, Umberto. *Semiotics and the Philosophy of Language*. London: Macmillan Press, 1984.
Faure, Bernard. *Chan Insights and Oversights: An Epistemological Critique of the Chan Tradition*. Princeton University Press, 1993.
　　　*The Rhetoric of Immediacy: A Cultural Critique of Ch'an/Zen Buddhism*. Princeton University Press, 1991.
Fish, Stanley. *Doing What Comes Naturally*. Durham: Duke University Press, 1989.
Foucault, Michel. *Language, Counter-memory, Practice: Selected Essays and Interviews*. Ithaca: Cornell University Press, 1977.
　　　*The Order of Things: An Archeology of the Human Sciences*. New York: Vintage/Random House, 1973.

"What is Enlightenment?" In *The Foucault Reader*. Ed. by Paul Rabinow. New York: Pantheon, 1984. 32-50.

Foulk, Theodore Griffith. "The Ch'an School and Its Place in the Buddhist Monastic Tradition." Ph.D. dissertation. University of Michigan, 1987.

Gadamer, Hans-Georg. *Philosophical Hermeneutics*. Trans. & ed. by David E. Linge. Berkeley and Los Angeles: University of California Press, 1976.

*Reason in the Age of Science*. Trans. by Frederick G. Lawrence. Cambridge, MA: MIT Press, 1981.

*Truth and Method*. Revised translation by Joel Weinsheimer and Donald G. Marshall. New York: Seabury Press, 1989.

Gardner, Daniel K. "Modes of Thinking and Modes of Discourse in the Sung: Some Thoughts on the *Yü-lu* ('Recorded Conversations') Texts." *Journal of Asian Studies* 50.3 (1991): 574-603.

Geertz, Clifford. *Local Knowledge: Further Essays in Interpretive Anthropology*. New York: Basic Books, 1983.

Gimello, Robert M. "Mysticism and Meditation." In *Mysticism and Philosophical Analysis*. Ed. by Steven Katz. New York: Oxford University Press, 1978. 170-179.

Gómez, Luis O. "D. T. Suzuki's Contribution to Modern Buddhist Scholarship." In *A Zen Life: D. T. Suzuki Remembered*. Ed. by Abe Masao. New York: Weatherhill, 1986. 90-94.

Gregory, Peter N. "Tsung-mi and the Single Word 'Awareness.'" *Philosophy East and West* 35.3 (1985): 248-269.

*Tsung-mi and the Sinification of Buddhism*. Princeton University Press, 1991.

ed. *Sudden and Gradual: Approaches to Enlightenment in Chinese Thought*. Honolulu: University of Hawaii Press, 1987.

ed. *Traditions of Meditation in Chinese Buddhism*. Honolulu: University of Hawaii Press, 1986.

Guojuin, Lui. *The Story of Chinese Books*. Beijing: Foreign Language Press, 1985.

Habermas, Jürgen. *The Philosophical Discourse of Modernity*. Cambridge, MA: Harvard University Press, 1987.

Hansen, Valerie. *Changing Gods in Medieval China: 1127-1276*. Princeton University Press, 1990.

Hanson, Chad. *Language and Logic in Ancient China*. Ann Arbor: University of Michgan Press, 1983.

Hartman, Geoffrey. *The Fate of Reading and Other Essays*. University of Chicago Press, 1975.
Heidegger, Martin. *Being and Time*. Trans. by John Macquarrie and Edward Robinson. New York: Harper and Row, 1962.
  *On the Way to Language*. Trans. by Peter D. Hertz. New York: Harper and Row, 1971.
Heine, Steven. "Does the Koan Have Buddha-Nature?: The Zen Koan as Religious Symbol." *Journal of the Americal Academy of Religion* 58.3 (1990): 357-387.
  *Dogen and the Koan Tradition: A Tale of Two Shobogenzo Texts*. Albany: State University of New York Press, 1994.
  *Existential and Ontological Dimensions of Time in Heidegger and Dogen*. Albany: State University of New York Press, 1985.
  "From Rice Cultivation to Mind Contemplation: The Meaning of Impermanence in Japanese Religion." *History of Religions* 30. 4 (1991): 374-403.
Heise, Steven, and Charles Wei-Hsun Fu. *Japan in Traditional and Postmodern Perspectives*. Albany: State University of New York Press, 1995.
Hoover, Thomas. *The Zen Experience*. New York: New American Library, 1980.
Hoy, David. *The Critical Circle: Literature and History in Contemporary Hermeneutics*. Berkeley and Los Angeles: University of California Press, 1978.
Hunt-Badiner, Allan, ed. *Dharma Gaia: A Harvest of Essays on Buddhism and Ecology*. Berkeley: Paralax Press, 1990.
Iriya, Yoshitaka. "Chinese Poetry and Zen." *Eastern Buddhist* 6.1 (1973): 54-67.
Jan, Yün-hua. "Buddhist Historiography in Sung China." *Zeitschrift der Deutschen Morgenhändlischen Gesellschaft* 114 (1964): 360-381.
  "Tsung-mi: His Analysis of Ch'an Buddhism." *T'oung Pao* 58.1 (1972): 1-50.
Jean-Luc, Nancy. *The Experience of Freedom*. Stanford University Press, 1993.
Jorgenson, John. "The Imperial Lineage of Ch'an Buddhism: The Role of Confucian Ritual and Ancestor Worship in Ch'an's Search for Legitimation in the Mid-T'ang Dynasty." *Papers on Far Eastern History* 35 (1987): 89-133.
Kasulis, Thomas P. *Zen Action/Zen Person*. Honolulu: University of Hawaii Press, 1981.
Kim, Hee-jin. "The Reason of Words and Letters: Dogen and Koan Language." In *Dogen Studies*. Ed. by William LaFleur. Honolulu: University of Hawaii Press, 1985. 54-83.

Klein, Anne C. *Meeting of the Great Bliss Queen: Buddhists, Feminists and the Art of the Self.* Boston: Wisdom Publications. 1995.

Klemm, David E. *Hermeneutical Inquiry*, 2 vols. Atlanta: Scholars Press, 1986.

*The Hermeneutical Theory of Paul Ricoeur.* Lewisburg: Bucknell University Press, 1983.

Kraft, Kenneth. *Eloquent Zen: Daito and Early Japanese Zen.* Honolulu: University of Hawaii Press, 1992.

ed. *Zen: Tradition and Transition.* New York: Grove Press, 1988.

Kuhn, Thomas. *The Structure of Scientific Revolutions.* 2nd ed. University of Chicago Press, 1970.

LaCapra, Dominick. *Rethinking Intellectual History: Texts, Contexts, Language.* Ithaca: Cornell University Press, 1983.

LaFleur, William R. *The Karma of Words: Buddhism and the Literary Arts in Medieval Japan.* Berkeley: University of California Press, 1983.

ed. *Dogen Studies.* Honolulu: University of Hawaii Press, 1985.

Lai, Whalen, and Lewis R. Lancaster, eds. *Early Ch'an in China and Tibet.* Berkeley: Asian Humanities Press, 1983.

Levering, Miriam. "Ch'an Enlightenment for Laymen: Ta-hui and the New Religious Culture of the Sung." Ph.D. dissertation. Harvard University, 1978.

"Ta-hui and Lay Buddhists: Ch'an Sermons on Death." In *Buddhist and Taoist Practice in Medieval Chinese Society.* Ed. by David W. Chappell. Honolulu: University of Hawaii Press, 1987. 181-209.

Liu, James J. Y. *Chinese Theories of Literature.* University of Chicago Press, 1975.

Lopez, Donald S., Jr., ed. *Buddhist Hermeneutics.* Honolulu: University of Hawaii Press, 1988.

MacIntyre, Alasdair. *After Virtue.* Nortre Dame: University of Notre Dame Press, 1981.

"Relativism, Power, and Philosophy." In *After Philosophy.* Ed. by Bohman, Baynes, and McCarthy. Cambridge, MA: MIT Press, 1987.

*Three Rival Versions of Moral Enquiry: Encyclopaedia, Genealogy, and Tradition.* University of Notre Dame Press, 1990.

*Whose Justice? Whose Rationality?* University of Notre Dame Press, 1988.

Maraldo, John. "Hermeneutics and Historicity in the Study of Buddhism." *Eastern Buddhist* 19.1 (1986): 17-43.

"Is There Historical Consciousness Within Ch'an?" *Japanese Journal of Religious*

   *Studies* 12.2-3 (1986): 141-172.
McGann, Jerome J. *The Romantic Ideology*. University of Chicago Press, 1983.
McRae, John R. "Encounter Dialogue and the Transformation of the Spiritual Path in Chinese Ch'an." In *Paths to Liberation: The Marga and Its Transformations in Buddhist Thought*. Ed. by Robert N. Buswell, Jr., and Robert M. Gimello. Honolulu: University of Hawaii Press, 1991.
   *The Northern School and the Formation of Early Ch'an Buddhism*. Honolulu: University of Hawaii Press, 1986.
Michelfelder, Diane P., and Richard Palmer, eds. *Dialogue and Deconstruction: The Gadamer-Derrida Encounter*. Albany: State University of New York Press, 1989.
Miura, Isshu, and Ruth Fuller Sasaki. *Zen Dust: The History of the Koan and Koan Study in Rinzai (Lin-chi) Zen*. New York: Harcourt, Brace, and World, 1966.
Napper, Elizabeth. *Dependent-Arising and Emptiness: A Tibetan Buddhist Interpretation of Madyamika Philosophy*. Boston: Wisdom Publications. 1989.
Nattier, Jan. *Once Upon a Future Time: Studies in a Buddhist Prophecy of Decline*. Berkeley: Asian Humanities Press, 1991.
Nietzsche, Friedrich. *The Use and Abuse of History*. Trans. by Adrian Collins. Indianapolis: Bobbs-Merril Company, 1957.
Noakes, Susan. *Timely Reading: Between Exegesis and Interpretation*. Ithaca: Cornell University Press, 1988.
O'Leary, Joseph S. *Questioning Back: The Overcoming of Metaphysics in Christian Tradition*. Minneapolis: Winston Press, 1985.
Ogata, Shohaku. *The Transmission of the Lamp*. New Hampshire: Longwood Academic Press, 1990.
Pas, Julian F., trans. *The Recorded Sayings of Ma-tsu*. Lewiston, ME: Edwin Mellen, 1987.
Pollack, David. *The Fracture of Meaning: Japan's Synthesis of China from the Eighth through the Eighteenth Centuries*. Princeton University Press, 1986.
Powell, William F., trans. *The Record of Tung-shan*. Honolulu: University of Hawaii Press, 1986.
Prip-Moller, J. *Chinese Buddhist Monasteries: Their Plan and Its Function as Setting for Buddhist Monastic Life*. Hong Kong University Press, [1937] 1982.
Ricoeur, Paul. *Hermeneutics and the Human Sciences*. Trans. and ed. by John B.

Thompson. Cambridge University Press, 1981.

*Interpretation Theory: Discourse and the Surplus of Meaning*. Fort Worth: Texas Christian University Press, 1976.

"The Metaphorical Process as Cognition, Imagination, and Feeling." *Critical Theory* 5.1 (1978): 143-159.

*The Symbolism of Evil*. Boston: Beacon Press, 1967.

*Time and Narrative*. 3 vols. University of Chicago Press, 1984.

Rorty, Richard. *Contigency, Irony, and Solidarity*. Cambridge University Press, 1989.

*Philosophy and the Mirror of Nature*. Princeton University Press, 1979.

Said, Edward. *Orientalism*. New York: Vintage Books, 1979.

Sasaki, Ruth Fuller, trans. *The Recorded Sayings of Ch'an Master Lin-chi Hui-chao of Chen Prefecture*. Kyoto: Institute of Zen Studies, 1975.

Sasaki, Ruth Fuller, Yoshitaka Iriya, and Dana R. Fraser, trans. *A Man of Zen: The Recorded Sayings of Layman P'ang*. Kyoto: Institute for Zen Studies, 1971.

Scharlemann, Robert P. *Inscriptions and Reflections: Essays in Philosophical Theology*. Charlottesville: University of Virginia Press, 1989.

*The Reason of Following: Christology and the Exstatic I*. University of Chicago Press, 1991.

Sekida, Katsuki. *Two Zen Classics: Mumonkan and Hekiganroku*. Ed. by A. V. Grimstone. New York and Tokyo: Weatherhill, 1977.

Sharf, Robert H. "The Idolization of Enlightenment: On the Mummification of Ch'an Masters in Medieval China." *History of Religions* 32.1 (1992): 1-31.

Smith, Barbara Herrnstein. *Contigencies of Value: Alternative Perspectives for Critical Theory*. Cambridge, MA: Harvard University Press, 1988.

Stout, Jeffrey. *Ethics After Babel: The Language of Morals and Their Discontents*. Boston: Beacon Press, 1988.

Suzuki, D. T. *Essays in Zen Buddhism (Second Series)*. London: Rider, 1970.

*Zen Doctrine of No Mind*. New York: Weiser, 1973.

Taylor, Charles. *Sources of the Self: The Making of the Modern Identity*. Cambridge, MA: Harvard University Press, 1989.

Taylor, Mark C. *Deconstructing Theology*. New York: Crossroad Publishing Co., 1982.

Teiser, Stephen F. *The Ghost Festival in Medieval China*. Princeton University Press, 1988.

Thurman, Robert A., trans. *The Holy Teaching of Vimalakirti: A Mahayana Scripture*.

University Park: Pennsylvania State University Press, 1976.
Van Hallbert, Robert, ed. *Canons*. University of Chicago Press, 1983.
Vickers, Brian. *In Defense of Rhetoric*. Oxford University Press, 1989.
Wachterhause, Brice, ed. *Hermeneutics and Modern Philosophy*. Albany: State University of New York Press, 1986.
Warnke, Georgia. *Gadamer: Hermeneutics, Tradition and Reason*. Stanford University Press, 1987.
Watts, Alan. *In My Own Way*. New York: Random House, 1972.
Weinsheimer, Joel. *Gadamer's Hermeneutics: A Reading of "Truth and Method."* New Haven: Yale University Press, 1985.
*Imitation*. London: Routledge and Kegan Paul, 1984.
*Philosophical Hermeneutics and Literary Theory*. New Haven: Yale University Press, 1991.
Weinstein, Stanley. *Buddhism under the T'ang*. Cambridge University Press, 1987.
Welbon, Richard. *The Buddhist Nirvana and Its Western Interpreters*. University of Chicago Press, 1968.
White, Hayden. *Topics of Discourse: Essays in Cultural Criticism*. Baltimore: Johns Hopkins University Press, 1978.
White, James Boyd. *When Words Lose Their Meaning: Constitutions and Reconstitutions of Language, Character, and Community*. University of Chicago Press, 1984.
Yampolsky, Philip B., trans. *The Platform Sutra of the Sixth Patriarch*. New York: Columbia University Press, 1967.
Yanagida Seizan. "The *Li-tai fa-pao chi* and the Ch'an Doctrine of Sudden Awakening." Trans. by Carl Bielefeldt. In *Early Ch'an in China and Tibet*. Ed. by Whalen Lai and Lewis R. Lancaster. Berkeley: Asian Humanities Press, 1983. 13-49.
"The Life of Lin-chi I-hsüan." *Eastern Buddhist* 5.2 (1972): 70-94.
"The 'Record Sayings' Texts of Chinese Ch'an Buddhism." Trans. by John R. McRae. In *Early Ch'an in China and Tibet*. Ed. by Whalen Lai and Lewis R. Lancaster. Berkeley: Asian Humanities Press, 1983. 185-205.
Yu, Lu K'uan. *Ch'an and Zen Teachings*. Second series. Berkeley: Shambhala Publications, 1970.

## 역자의 참고문헌

* 한문 (한국 발음 가나다 순)
『建中靖國續燈錄』. Z. 136; ZZ. 78.
『景德傳燈錄』. T. 51.
『古尊宿語錄』. Z. 118.
『舊唐書』.
『筠州黃檗山斷際禪師傳心法要』. ZZ. 69.
『大乘起信論』. T. 32.
『大珠禪師語錄』. 묘협(妙叶) 攢. 長沙刻經處, 1917[1374].
『百丈廣錄』. Z. 119.
『碧巖錄』. T. 48.
『佛祖歷代通載』. Z. 132; ZZ. 76.
『四家語錄』. Z. 119; ZZ. 69.
『釋氏稽古略』. Z. 132; ZZ. 76.
『禪門規式』. T. 51.
『禪源諸詮集都序』. T. 48.
『禪宗無門關』. T. 48.
『宋高僧傳』. T. 50.
『新唐書』.
『五燈會元』, Z. 138; ZZ. 80.
『六祖壇經』(南宗頓教最上大乘摩訶般若波羅蜜經六祖惠能大師於韶州大梵寺施法壇經). T. 48.
『祖堂集』. TK. 45.
『宗門燃燈會要』. Z. 136; ZZ. 79.
『鎭州臨濟慧照禪師語錄』. T. 47.
『天聖廣燈錄』. Z. 135; ZZ. 78.
『華嚴經行願品小鈔』. 卍續藏經 7.
『黃檗斷際禪師宛陵錄』. T. 48; ZZ. 69.
『黃檗山斷際禪師傳心法要』. T. 48.

* 한국어 (가나다 순)
김무득 옮김. 『선의 근원』. 서울: 우리출판사, 1991.
김월운 옮김, 『전등록』. 3권. 개정판. 서울: 동국역경원, 2008.
문재현 옮김, 『전등록』. 5권. 서울: 바로보인, 1998.
백련선서간행회 옮김. 『마조록·백장록』. 선림고경총서 11. 서울: 장경각, 1989.
　　『벽암록』. 3권. 선림고경총서 35-37. 서울: 장경각, 1993.
　　『선림보전』. 선림고경총서 1. 서울: 장경각, 1988.
　　『위앙록』. 선림고경총서 13. 서울: 장경각, 1989.
　　『임제록·법안록』. 선림고경총서 12. 서울: 장경각, 1989.
백련선서간행회 편. 『돈오입도요문론 강설』. 성철스님 법어집 1집 4권. 서울: 장경각, 1986.
야나기다 세이잔(柳田聖山). 『초기 선종사』. 2권. 양기봉 옮김. 서울: 김영사, 1990.
오스틴, J. L. 『말과 행동』. 김영진 옮김. 서울: 서광사, 1992
　　『話行論』. 張奭鎭 編著. 서울: 서울大學校 出版部, 1987.
이철교 외 편찬. 『선학사전』. 서울: 불지사, 1995.
전종식 역해. 『都序』. 서울: 도서출판 예학, 2007.
하이데거, 마르틴(Martin Heidegger). 『존재와 시간』. 소광희 옮김. 서울: 경문사, 1995.


* 일본어 (히라가나 순)
入矢義高(이시이 요시타카), 『傳心法要·宛陵錄』, 禪の語錄 8, 東京: 筑摩書房, 1965.
宇井伯壽(우이 하쿠주). 『禪宗史研究』, 3卷. 東京: 岩波書店, 1966[1935-1943].
鏡島元隆(가가시마 겐류). 『道元禪師とその門流』. 東京: 誠信書房, 1961.
駒澤大學(고마자와 다이가쿠)內 禪學大辭典編纂所 編. 『新版禪學大辭典』. 東京: 大修館書店, 2000[1978].
望月信亨(모치즈키 신쿄). 『望月佛敎大辭典』. 塚本善隆(쓰카모토 젠류) 代表編纂. 增訂版. 東京: 世界聖典刊行協會, 1974[1933].
柳田聖山(야나기다 세이잔). "語錄の歷史: 禪文獻の成立史的硏究." 『東方學報』 57 (1985): 211-663.
　　『初期禪宗史書の研究』. 京都: 法藏館, 1967.
　　『初期の禪史 I—楞伽師資記·傳法寶紀』. 禪の語錄 2. 東京: 筑摩書房, 1981[1971].
柳田聖山, 梅原猛(우메하라 다케시). 『無の探求<中国禅>』. 仏教の思想 7. 東京: 角川書店, 1969.

\* 서양어 (알파벳 순)

Broughton, Jefferey Lyle. *Zongmi on Chan*. NY: Columbia University Press, 2009.

Otto, Rudolf. *Das Heilige: Über das Irrationale in der Idee des Göttlichen und sein Verhältnis zum Rationalen*. 1917.

# 찾아보기

## ㄱ

개인주의　97, 235, 239, 242, 247, 294, 394
격외(格外)　174, 175, 176, 179, 180, 181, 182, 183, 191, 197, 198, 202
경덕전등록(景德傳燈錄) →전등록
계몽주의 81, 263, 341, 342, 343, 359, 379, 380
공(空)　71, 75, 76, 77, 84, 110, 111, 112, 114, 115, 116, 117, 124, 153, 155, 156, 178, 189, 194, 201, 203, 206, 248, 261, 262, 271, 282, 283, 284, 285, 286, 288, 302, 303, 305, 314, 317, 320, 322, 330, 331, 332, 336, 352, 353, 354, 355, 356, 364, 365, 367, 378, 388, 391, 396
공안(公案)　84, 186, 219, 246, 252, 253, 362
규봉종밀(圭峰宗密) 29, 32, 39, 42, 63, 70, 234, 306, 359, 360
근기(根機)　24, 42, 102, 103, 124, 188, 204, 234
금강경(金剛經)　3, 75, 76, 77, 135, 256, 357

## ㄴ

남전(南泉) →남전보원
남전보원(南泉普願)　127, 128, 180, 181, 192, 236

낭만주의　10, 11, 12, 13, 26, 36, 38, 43, 47, 48, 49, 59, 60, 61, 87, 88, 97, 103, 108, 124, 125, 139, 140, 144, 145, 155, 157, 158, 159, 160, 219, 220, 225, 246, 250, 252, 274, 293, 295, 319, 343, 347, 359, 360, 379, 380, 381

## ㄷ

대사(大事)　20, 40, 41, 71, 78, 80, 83, 87, 129, 132, 150, 185, 189, 326
대주혜해(大珠慧海)　26, 183, 234, 304, 321, 368, 397
덕산선감(德山宣鑑)　76, 77, 236, 248, 249
데카르트, 르네(René Descartes)　15, 16, 342
도겐(道元)　17, 210, 340, 381, 384
돈오(頓悟)　236, 259, 263, 329, 335, 362, 363, 364, 365, 366, 388

## ㄹ

리쾨르(Paul Ricoeur)　152

## ㅁ

마조(馬祖) →마조도일
마조도일(馬祖道一)  29, 35, 36, 37, 46, 132, 133, 172, 173, 189, 210, 230, 291, 310, 358, 361, 386, 397, 398
명상  15, 16, 17, 18, 19, 20, 21, 37, 67, 100, 110, 112, 114, 147, 170, 190, 240, 299, 320, 321, 322, 332, 342, 350, 351, 356, 367, 382, 384, 385, 386, 387, 388, 389, 391, 392, 393, 398, 399
무상(無常)  24, 27, 30, 39, 41, 43, 110, 111, 124, 153, 221, 222, 230, 261, 262, 270, 283, 288, 292, 295, 312, 314, 322, 325, 345, 378, 396
무심(無心)  298, 305, 309, 311, 335
무아(無我)  49, 50, 60, 84, 110, 112, 194, 203, 204, 246, 256, 261, 288, 295, 314, 322, 371, 373, 396
무위(無爲)  261, 374
무주(無住)  336
무착(無着)  336

## ㅂ

반조(返照)  17, 82, 112, 164, 228, 229, 230, 243
방편(方便)  63, 115, 124, 136, 137, 138, 151, 172, 236, 271, 285, 287, 309, 326, 333, 393
배휴(裴休)  25, 29, 30, 31, 32, 33, 34, 35, 37, 38, 42, 44, 46, 47, 48, 49, 56, 125, 126, 181, 182, 198, 271, 298, 299
백장회해(百丈懷海)  9, 25, 46, 48, 99, 136, 137, 176, 183, 184, 210, 212, 219, 268, 269, 290, 304, 312
보리달마(菩提達磨, Bodhidharma)  64, 102, 133, 135, 136, 181, 190, 193, 194, 215, 219, 366, 398
본각(本覺)  355, 358
불립문자(不立文字)  57, 64, 68, 77, 134, 168, 335
불성(佛性)  222, 299, 304, 331, 353, 386, 395
비유(알레고리)  72, 75, 121, 122, 125, 126, 127, 128, 129, 138, 142, 143, 147, 152, 202, 204, 205, 206, 214, 224, 237, 253, 271, 279, 286, 291, 300, 314, 318, 322, 344, 345, 368, 372

## ㅅ

사교입선(捨敎入禪)  61, 62
사구(死句)  207
상대주의  162
선어(禪語)  151, 161, 170, 173, 174, 182, 191, 196, 197, 201, 202, 205
수사(修辭)  154, 168, 169, 170, 172, 173, 174, 175, 176, 179, 182, 184, 186, 187, 189, 191, 213, 342, 361
스즈키 다이세쓰(鈴木大拙, D. T. Suzuki)  47, 242, 312, 340
실체론(essentialism)  275

## ㅇ

알레고리 →비유
야나기다 세이잔(柳田聖山)　33, 34, 36, 42, 44, 46, 173, 182, 270, 291
언어도구론　135, 138, 139, 142, 146, 149, 156
언어문자　36, 54, 55, 56, 57, 58, 64, 75, 76, 132, 134, 135
연기(緣起)　26, 27, 28, 42, 43, 44, 50, 59, 84, 86, 110, 111, 112, 114, 124, 140, 144, 146, 152, 153, 154, 224, 258, 262, 271, 272, 278, 280, 281, 283, 288, 295, 314, 318, 352, 390, 396
열반(涅槃)　76, 126, 142, 171, 278, 281, 282, 283, 284, 296, 307, 331, 332, 348, 355, 358
영원의 철학(Perennial Philosophy)　346, 348, 349
오스틴(John Langshaw Austin)　104
완릉록(宛陵錄)　9, 30, 44, 53, 110, 126, 127, 128, 191, 192, 198, 237, 254, 257, 302, 324, 329, 354, 358, 361, 369
용수(龍樹, Nagarjuna)　276, 286
원융(圓融)　281
유식(唯識, Yogacara)　63, 301
이리야 요시타카(入矢義高)　28, 44, 135, 182, 200, 300, 301
이분법　60, 114, 144, 145, 249, 260, 274, 275, 276, 277, 282, 285, 286, 288, 318, 328, 358, 373
일심(一心)　109, 299, 300, 302, 303, 304, 305, 307, 309, 311, 319, 329, 331, 332, 333, 334, 336, 350, 354

임제의현(臨濟義玄)　9, 25, 33, 45, 46, 54, 58, 59, 61, 62, 63, 132, 168, 169, 172, 174, 175, 180, 188, 194, 195, 199, 200, 202, 203, 205, 212, 236, 237, 244, 245, 248, 249, 253, 269, 270, 306, 357, 372

## ㅈ

자성(自性)　27, 74, 75, 111, 112, 134, 138, 154, 203, 283, 304
장자(莊子)　138, 152, 154, 155
적용(application)　61, 64, 77, 83, 100, 111, 112, 114, 115, 116, 117, 118, 119, 123, 125, 151, 154, 159, 216, 223, 230, 238, 264, 275, 277, 291, 296, 316, 341, 354, 355, 370, 371, 378, 382
전등록(傳燈錄)　9, 29, 44, 62, 69, 73, 77, 89, 92, 99, 102, 103, 133, 137, 170, 172, 176, 177, 181, 183, 184, 185, 186, 187, 188, 191, 193, 195, 196, 199, 200, 201, 204, 205, 207, 211, 212, 214, 215, 217, 218, 219, 230, 234, 235, 236, 254, 255, 268, 273, 290, 291, 295, 375
전법(傳法)　8, 213, 271, 340, 352
전승(傳承)　14, 15, 16, 21, 27, 30, 38, 41, 43, 44, 48, 88, 133, 210, 212, 213, 215, 216, 218, 219, 223, 224, 228, 235, 246, 256, 258, 269, 271, 273, 295, 334, 377

전심(傳心)　　32, 170, 210, 211, 212,
　　215, 251, 269, 270, 271, 272, 280,
　　281, 283, 284, 290, 291, 296, 388
전어(轉語)　　　　　　202, 206, 207
조주종심(趙州從諗)　176, 177, 186, 191
종밀(宗密) →규봉종밀
중관(中觀, Madhyamika)　　　276, 307
직지(直指)　　134, 174, 183, 184, 185,
　　186, 187, 189, 190, 198, 207

## ㅊ

청규(淸規)　　　　　9, 219, 234, 240
체용(體用)　　273, 274, 275, 276, 277
침묵　　128, 129, 133, 136, 171, 174,
　　190, 191, 192, 193, 194, 198, 202,
　　320, 321

## ㅌ

타자(他者)　　87, 88, 119, 140, 178,
　　197, 248, 293, 294, 379
투과(透過)　　　　　　71, 74, 76, 154

## ㅍ

평상심(平常心)　　307, 308, 335, 336,
　　358, 386
포스트모더닉　　　11, 13, 97, 108, 144
포스트모던　　　11, 106, 146, 227, 316

## ㅎ

하이데거(Martin Heidegger)　105, 106,
　　107, 132, 315, 322
합리주의 11, 12, 341, 342, 343, 359,
　　376, 379
해탈(解脫)　　20, 235, 245, 246, 248,
　　251, 259, 260, 261, 262, 263, 264,
　　355
현존(現存)　　44, 98, 149, 178, 262,
　　303, 307, 311, 312, 313, 314, 315,
　　316, 317, 321, 375, 387
혜가(慧可)　　　　　　　　　　　193
혜능(慧能)　　　　　52, 170, 247, 314
혜해(慧海) →대주혜해
홍주종(洪州宗)　　40, 46, 57, 64, 71,
　　124, 132, 173, 178, 211, 306, 358,
　　359, 360
화엄(華嚴)　　29, 52, 63, 292, 301, 326
활구(活句)　　　　　　　　202, 207
황벽희운(黃蘗希運)　8, 9, 10, 11, 13,
　　14, 15, 17, 18, 19, 20, 21, 24, 25,
　　26, 27, 28, 29, 30, 31, 32, 33, 34,
　　35, 36, 37, 39, 40, 41, 42, 43, 44,
　　45, 46, 47, 48, 49, 50, 52, 53, 54,
　　55, 56, 57, 58, 61, 62, 64, 65, 66,
　　68, 69, 70, 71, 73, 77, 78, 79, 80,
　　81, 82, 83, 85, 87, 88, 89, 92, 93,
　　94, 97, 98, 99, 100, 101, 103, 104,
　　105, 106, 108, 109, 110, 112, 113,
　　114, 116, 120, 121, 122, 123, 124,
　　125, 127, 128, 129, 130, 132, 133,
　　134, 135, 136, 137, 138, 139, 149,
　　150, 151, 152, 153, 154, 155, 156,
　　160, 161, 164, 168, 170, 173, 174,
　　175, 176, 177, 178, 179, 180, 181,

182, 183, 184, 188, 190, 191, 192, 194, 195, 196, 198, 200, 202, 203, 205, 210, 211, 212, 219, 221, 236, 237, 239, 243, 245, 249, 251, 253, 254, 255, 256, 257, 261, 262, 268, 269, 270, 271, 272, 273, 279, 281, 282, 284, 285, 287, 290, 292, 293, 296, 298, 299, 300, 301, 302, 303, 304, 305, 306, 307, 308, 309, 310, 311, 312, 314, 317, 318, 319, 320, 322, 323, 324, 326, 327, 328, 329, 330, 333, 334, 336, 340, 343, 344, 345, 346, 347, 348, 349, 350, 351, 352, 353, 355, 356, 357, 358, 359, 361, 362, 363, 364, 365, 366, 367, 368, 369, 370, 371, 372, 373, 374, 375, 376, 377, 378, 379, 380, 382, 384, 385, 386, 396, 397, 398, 399

후기낭만주의 →포스트로맨틱

## 저자

### 데일 라이트(Dale S. Wright)

로스앤젤레스에 위치한 옥시덴털칼리지(Occidental College) 종교학 교수, 동양학 프로그램 주임. 전공 분야는 동아시아 철학 및 종교. 불교철학, 특히 중국 불교와 일본 불교 사상 전문. 스티븐 헤인(Steven Heine)과 함께 다음의 책들을 편집 출판하였다.

The Kōan: Text and Context in Zen Buddhism (Oxford: Oxford University Press, 2000)
The Zen Canon: Understanding the Classic Texts (Oxford: Oxford University Press, 2004)
Zen Classics: Formative Texts in the History of Zen Buddhism (Oxford: Oxford University Press, 2006)
Zen Ritual: Studies of Zen Buddhist Theory in Practice (Oxford: Oxford University Press, 2008).

## 역자

### 윤원철

서울대학교 인문대학 종교학과 교수. 전공 분야는 선불교. 주요 저술로 다음과 같은 것들이 있다.

- 논문

"On the Theory of Sudden Enlightenment and Sudden Practice in Korean Buddhism: Texts and Contexts of the Subitist/Gradualist Debates Regarding Sŏnmun chŏngno" (PhD dissertation, SUNY Stony Brook, 1994)
「선종의 역설적 성격」. 서울대학교 종교문제연구소 엮음. 『신화와 역사』(서울: 서울대학교 출판부, 2003)
「성철 돈오돈수론의 불이법적 세계관」. 조성택 엮음, 『퇴옹성철의 깨달음과 수행: 성철의 선사상과 불교사적 위치』(서울: 예문서원, 2006)

- 공저

『불교사상의 이해』(불교교재편찬위원회, 경북 경주: 동국대학교 불교문화대학, 1997)
『똑똑똑 불교를 두드려보자』(서울: 시공사, 1998)
『선과 자아』(교양교재편찬위원회 편, 서울: 동국대학교 불교문화대학, 1999)

- 번역

『깨침과 깨달음』(서울: 예문서원, 2002) (Sung Bae Park, Buddhist Faith and Sudden Enlightenment)
『세계의 종교』(서울: 도서출판 예경, 2004) (Ninian Smart, The World's Religions)
『종교의 탐구: 방법론의 문제와 원시종교』(서울: 제이앤씨, 2007) (Richard Comstock, The History of Religions and Study of Primitive Religion)

## 선불교에 대한 철학적 명상

**초판 인쇄** | 2011년 6월 30일
**초판 발행** | 2011년 7월 6일

| | |
|---|---|
| 저 자 | 데일 라이트(Dale S. Wright) |
| 역 자 | 윤원철 |
| 책임편집 | 윤예미 |
| 발행처 | 도서출판 지식과 교양 |
| 등 록 | 제 2010-19호 |
| 주 소 | 서울시 도봉구 창5동 320번지 행정지원센터 B104 |
| 전 화 | (02) 900-4520 (대표)/ 편집부 (02) 900-4521 |
| 팩 스 | (02) 900-1541 |
| 전자우편 | kncbook@hanmail.net |

인 지 는
저 자 와 의
합 의 하 에
생 략 함

ⓒ Dale S. Wright 2011 All rights reserved. Printed in KOREA

ISBN 978-89-94955-23-0 93150          정가 27,000원

* 저자 및 출판사의 허락 없이 이 책의 일부 또는 전부를 무단복제 · 전재 · 발췌할 수 없습니다.
** 잘못된 책은 교환해 드립니다.

이 도서의 국립중앙도서관 출판도서목록(CIP)은 e-CIP홈페이지(http://www.nl.go.kr/ecip)에서
이용하실 수 있습니다. (CIP제어번호 : CIP2011002688)